하나님 나라로 본
요한계시록
승리한 어린양의 신부

승리한 어린양의 신부
하나님 나라로 본 요한계시록

초판 1쇄 인쇄 | 2016년 5월 20일
개정판 1쇄 발행 | 2019년 9월 5일
개정판 3쇄 발행 | 2022년 5월 31일

지은이 | 유석영
펴낸이 | 정성준
펴낸곳 | 도서출판 목양

도서출판 목양
등록 | 2008년 3월 27일(제 2008호-04호)
주소 | 경기도 용인시 처인구 양지면 학촌로53번길 19
전화 | 070-7561-5247
팩스 | 0505-009-9585
Homepage | www.mokyangbook.com
E-mail | mokyang-book@hanmail.net
ISBN 979-11-92332-07-9 (03230)
copyright ⓒ 도서출판 목양

- 책 값은 뒤표지에 있습니다.
- 파본은 교환해 드립니다.
- 이 출판물은 저작권법에 의해 보호를 받는 저작물이므로 무단 복제할 수 없습니다.
- 독자의 의견을 기다립니다.

하나님 나라로 본
요한계시록

유석영 지음

**하나님 나라
성경 시리즈**

승리한
어린양의
신부

목양

추천의 글

　　항해사가 좋은 나침판을 가지면 목적지에 안전하게 도달할 수 있음같이 좋은 양서를 가지면 그 책이 나타내고자하는 목적에 안전히 도달할 수가 있습니다. 요한계시록에 대한 주석서와 강해서, 묵시문학 등 많은 책이 출판되었으나 이번에 유석영 목사가 출간한 『큰 환난을 통과한 보석 같은 어린양의 신부들』이라는 제목으로 쓴 요한계시록 주석서는 설교하는 이를 위한 주해와 설교서로서 신앙과 행위 목회와 삶에 접목하여 적용할 수 있도록 쉬우면서도 가장 본문을 잘 나타낸 요한계시록 강해와 주석서입니다.

　　요한계시록을 주경하는 분들이 세대론적으로 푸는 분들도 있고 지나친 영해를 하다가 본문의 계시와는 다르거나 본문의 내용의 핵심을 놓치는 경우가 허다하기도 합니다. 또한 계시록은 상징과 동형론과 문자 배후에 들어있는 신령한 뜻을 담은 내용들이 많기 때문에 잘못하면 오류를 범하기가 쉽습니다. 본문이 계시하는 내용을 충실히 나타내고 있으며 몸이 혈관들이 잘 통하여 한 몸을 유지함같이 계시록에 흐르는 계시와 그리스도의 혈관들을 잘 흐르게 하여 예수 그리스도의 초림과 재림 그리고 그 분에 대한 케리그마와 미래에 일어날 사건들을 잘 풀어 기록하였습니다.

　　부디 영성과 계시의 능이 있어 잘 풀어 놓은 이 책을 읽으므로 어려운 계시록의 내용을 쉽게 이해하여 접하고, 닫힌 계시의 뚜껑을 열어 보일 내용들을 접하므로 오실 그리스도와 오셔서 행하신일들이 밝아지기를 바랍니다. 사도 요한을 통하여 종말에 그리스도께서 재림하여 이루실 사건들이 더 정확히 밝아지고 정결한 신부가 되어 장차 오실 신랑 그리스도를 맞이할 준비를 잘 하는 성도와 교회가 된다면 더 바랄 것이 없을 것입니다. 이 책을 읽는 이 마다 요한을 통하여 다시 오셔서 새 하늘과 새 땅을 보게 하시고 만물을 새롭게 하실 그리스도를 미리 만나는 모든 분들이 되시기를 소망합니다. 이 책을 집필한 유 목사님의 수고는 오랫동안 기억되기 바라며 읽는 이 마다 유 목사님이 받았던 영안이 열리고 계시의 영감을 모두 받기를 바라며 이 책을 적극 추천합니다.

정인찬 _웨스트민스터 신학대학원 대학교 총장

"접근 금지" 계시록 앞에 그동안 붙어 있던 팻말이다. 이제는 그 팻말을 떼어내어야 할 때이다. 성경 다른 65권과 마찬가지로 계시록도 하나님이 우리들의 영적 성장을 위하여 허락해 주신 것이다. 계시록은 결코 몇몇 신학자들의 전유물이 되어서는 안 된다. 유석영 목사의 본서를 통해 난해하고 복잡해 보이는 계시록의 산에 오를 수 있는 길 안내를 제대로 해주고 있다. 그는 우리를 요한계시록이라는 산 정상에 오를 수 있도록 이끌어 주는 유능한 산악 대장이다. 그를 따라가기만 하면 어느새 계시록의 험산 준령을 넘어서고 있는 우리의 모습을 발견하고 놀라게 될 것이다. 계시록 전체에 대한 일목요연하고 빼어난 조망, 건강하고 탄탄한 주해 그리고 삶의 자리를 향한 적실성 있는 적용까지 뭐 하나 흠 잡을 것이 없다. 가히 계시록이라는 산을 완전 정복할 수 있는 확실한 안내서라고 말할 수 있을 것이다. 계시록에 대한 우리의 의문점과 답답함을 한 방에 날려 보낼 수 있는 시원한 청량제 같은 책이다. 목회자들과 평신도들의 일독을 강력히 권하고 싶다.

이우제 _백석대신학대학원 실천신학대학원장 교수

은퇴 후에도 하나님의 말씀 성경을 계속 상고하는 중 스스로 은혜를 받고 기뻐하며 내 영혼이 소생됨이 기뻐서 혹 성경 공부 세미나가 있으면 종종 참석하는 중에 유 바나바목사님의 "한눈에 보는 성경", "키아즘으로 보는 성경" 세미나에 참석하여 개혁주의 입장에서 본 "요한 계시록 강의"를 들어 보았습니다.

마침 수강자들의 열망에 의해 그 강의 내용을 책으로 볼 수 있게 해 달라는 요청에 의해 먼저 요한계시록을 출판하게 된다고 합니다.

요한계시록은 모든 성경의 마지막 결론 성경이요, 성경이 말씀하는 "하나님의 나라 완성"에 대한 말씀이며, 온 인류역사의 최종 계시이기 때문에 생각이 있는 사람이면 누구나 알아야할 하나님의 최종 계시의 말씀이기 때문입니다.

그래서 많은 분들이 계시록을 자기만의 해석을 주장하고, 난립되어 혼미하게 하고 있습니다. 이런 때에 특히 하나님의 역사를 모르는 다른 세대가 아닌, 하나님 나라를 세워가는 일에 전념하는 다음 세대의 유 바나바 목사님이 개혁주의 입장에서 계시록을 해석하는 책을 출판하신다 하니 참으로 감사합니다. 유 바나바목사님의 특유한 관점과 설명으로 독자로 하여금 새로운 영감을 얻을 수 있는 책이라고 믿고 이에 추천합니다.

이선 _대한 예수교 장로회(고신) 증경 총회장, 건강한 교회연구소 스마트 성경 말씀 대표

요한계시록은 성경 66권 가운데 가장 난해한 책이기에 많은 목사님들이 설교하기를 꺼리는 책입니다. 그런데 유석영 목사로부터 추천사를 부탁받고 책을 읽어가면서 지금까지 보았던 어떤 책보다도 흥미있게 읽어가면서 우리 교회 교인들에게도 이제 본격적으로 강해 해야겠다는 마음이 들 정도였습니다.

저는 많은 목사님들이 이 책을 통하여 복음주의적인 요한계시록을 설교하고 강해할 수 있는데 큰 도움이 되리라고 믿습니다. 왜냐하면 유석영 목사의 요한계시록은 계시록에 대한 전반적인 이해가 용이할 뿐만 아니라, 고난 가운데 있는 그리스도인들의 실제적 삶에 어떻게 적용될 수 있는지를 볼 수 있게 해주기 때문입니다.

정말이지 저자가 오랜 기간의 연구를 통해 정말 그리스도인들에게 특히 많은 목회자들에게 도움이 되는 좋은 책을 쓰셨다고 생각합니다. 또한 선교에 대해 가르치시는 분들은 이 책을 통하여 요한계시록을 선교적 관점에서도 주의 깊게 살펴 볼 수 있기에 선교사나 선교에 관심을 가지고 계신 분들께도 강력히 추천하는 바입니다.

사실 대부분의 목회자들은 복음주의적인 요한계시록을 잘 정리하여 그리스도인들에게 잘 전해야 겠다는 마음을 가지고 있을텐데, 이 책을 읽음으로써 고통받는 공동체의 현재를 재조정하기 위한 미래를 제시할 수 있을 것이라고 확신합니다. 이 시대에 강력한 교회 공동체를 세울 수 있게 되기를 바라는 마음으로 이 책을 적극 추천하며 "이 예언의 말씀을 읽는 자와 듣는 자들과 그 가운데 기록한 것을 지키는 자들이 복이 있나니"계 1:3의 말씀이 이루어지기를 간절히 소망합니다.

신예찬 _한국장로교총연합회 전문인선교훈련원 원장, 드림교회 담임목사

추천의 글 4

머리말 12

서문 15

서론 최근 해석경향, 해석 방법론, 본서의 강조점, 다양한 구조들 20

1장 서언 1장 1-8절:
하나님의 말씀과 예수의 증거를 가진 교회 45

2장 고난받고 전투하고 있는 7교회: 4교회 75

3장 고난받고 전투하고 있는 7교회: 3교회 101

4장 하나님과 어린양의 보좌, 천상의 예배:
창조주 하나님을 향한 경배 119

5장 하나님과 어린양의 보좌, 천상의 예배:
구속주이신 어린양에 대한 경배 131

6장 6인 심판:
세상나라 심판과 하나님 백성의 거룩 141

차례

7장 중심 계시 1:

　144,000과 흰 옷 입은 무리들의 특징　157

8장 나팔 심판:

　회개치 않더라 1　171

9장 나팔 심판:

　회개치 않더라 2　180

10장 중심 계시 2:

　두루마리 환상　191

11장 성전측량 환상과 두 증인 환상　199

12장 여자와 용과의 전쟁　215

13장 두 짐승과 666　233

14장 중심 계시 3:

　어린양과 144,000, 2종류의 추수　251

15장 모세의 노래, 어린양의 노래를 부르는 거룩한 신부들　267

16장 7대접 심판 275

17장 음녀 바벨론의 멸망 275

18장 큰 성 바벨론 심판 309

19장 백마탄 자와 하늘의 군대 319

20장 용과 불신자의 심판, 백 보좌 심판, 천년왕국 335

21장 새 하늘 새 땅 354

22장 마지막 시대의 교회의 사명 374

    요한계시록 장별 정리: 교회론으로 본 각장의 메시지 385

    미주 388

"이 예언의 말씀을 읽는 자와 듣는 자와

그 가운데에 기록한 것을 지키는 자는 복이 있나니 때가 가까움이라"

요한계시록 1장 3절

머리말

　필자는 이 책을 통해 작금에 유행하고 있는 계시록의 해석 경향 즉, 예수님의 재림 시기와 징조에 집중된 해석이 아닌 고난받는 교회를 향한 주님의 위로와 경고, 하나님 나라를 대적하는 세상 세력의 심판, 마지막 시대의 영적전쟁의 실체와 승리의 비결, 예수 그리스도의 신부된 교회의 영광과 단장의 과정을 중심으로 풀어가려고 합니다. 무엇보다도 히브리 문장 구조인 키아즘을 통해 성경의 신비로운 구조를 밝혀 성경구조에 담긴 하나님의 의도를 드러내고자 하였습니다.

　또한, 필자는 요한계시록을 십자가와 부활의 복음으로 풀어야 함을 역설할 것입니다. 요한계시록은 4복음서 못지않게 십자가와 부활의 복음이 강조되어있는 책이기 때문입니다.

　요한계시록에 관한 책들이 이미 많이 나와 있음에도 불구하고 필자가 요한계시록 주해를 함에 있어서 독자들의 삶의 적용에 초점을 두고, 목사님들을 위해 설교를 돕기 위한 책을 다시 내는 이유는 기존 계시록 관련 책들을 연구하면서 아쉬운 부분이 많았기 때문이다. 특히 계시록을 하나의 맥으로 보게 하여, 전체가 한눈에 들어오도록 만들어주는 안내서가 없다는 답답함을 느꼈기 때문이다. 또한 히브리 사람들이 문장과 단락을 구성하는 방식인 키아즘구조(대칭순환구조)로 계시록 전체의 구조를 파악할 필요를 느꼈기 때문이다. 키아즘 구조는 전체를 파악하게 할 뿐만 아니라 각 권의 중심 메시지가 무엇인지 보게 함으로써 전체 숲을 보게 하는 탁월한 해석의 도구이다. 필자는 앞으로 66권 '적용적 주해와 설교' 시리즈를 발간할 계획을 가지고 있는데 각 권을 키아즘 구조로 분석해 독자들이 전체의 맥을 한눈에 볼 수 있게 하려고 합니다.

본서는 필자가 국내외 목회자들과 세미나 현장에서 강의한 말씀을 기초로, 실제 목회 현장에서 요한계시록을 설교해야 할 현장 목회자들을 위해 쓰여졌습니다. 그러므로 지나치게 학문적이지 않으면서도 현장 설교자들이 설교와 적용을 쉽게 하도록 풀어낸 책입니다. 그러나 각 장의 핵심 구절들은 빠지지 않고 상세히 주해하고자 했습니다. 또한 본서는 서론, 본론, 결론, 대지라는 구조를 가진 일반적인 설교집도 아닙니다 (설교의 형태를 갖춘 요한계시록 설교집은 차후에 발간할 예정임). 그러나 현장 설교자들을 위해 각장의 말미에 '삶의 적용과 설교를 위한 Tip'을 통해 각 장 핵심 내용을 정리하여 설교와 적용에 도움을 드리고자 하였습니다.

본서는 필자가 계획하고 있는 66권 '적용적 주해와 설교' 시리즈인 '애플리포지션Appliposition' 의 첫 권으로 발간되었습니다. 필자가 '적용적 주해와 설교' 라고 명명한 것은 본서가 주해에만 머무르지 않고, 주해를 통해 설교의 적용을 목적하고 있기 때문입니다. 그래서 적용을 의미하는 Application과 주해를 의미하는 Exposition을 합성한 Appliposition(애플리포지션)이라는 단어를 사용한 것입니다. 본시 주해의 목적이 본문의 의도를 정확히 밝혀내어 설교를 돕기 위함이라면, 모든 설교는 적용을 향해 달려가야 합니다. 결국 삶을 변화시키기 위해 적용의 중요성을 아무리 강조해도 부족함이 없을 것입니다. 유명한 설교학자인 시드니 그레이다누스는 설교자가 주해를 할 때부터 적용을 염두해 두고 주해를 해야 한다고 하였습니다.[1] 그만큼 적용은 본문의 주해 과정만큼이나 중요한 부분입니다. 물론 적용이 제대로 나오려면 정확한 주해가 필수적임은 두말할 나위가 없습니다.

마지막으로, 필자가 어려울 때마다 늘 곁에서 위로가 되어주며 인생의 길의 벗인 아내와 아들 은찬, 은혁, 필자를 낳아주시고 목회자가 되기까지 기도해주시는 부모님 유백현 장로와 김명자 권사, 응원해주는 형제들, 무엇보다도 개척 때부터 지금까지 부족한 목회자인 저를 품어 주시고 어려운 고비마다 아픔과 기쁨을 함께한 열매맺는교회의 사랑하는 모든 성도들께 진심으로 감사드립니다. 또한 필자의 졸저에 바쁜 중에서도 기꺼이 추천사를 써주신 웨스트민스터 신학대학원대학교의 정인찬 총장님, 백석대 실천신학대원장님이신 이우제 교수님, 고신 증경총회장이신 이선 목사님, 한장총 선교훈련원장이신 신예찬 목사님께 깊은 감사를 드립니다.

또한, 필자는 책 후반부에 강의안(워크북)을 실었습니다. 이는 요한계시록의 연구자들이 본서의 내용을 좀 더 한눈에 쉽게 파악하게 하기 위함입니다. 이를 위해 본 주해서의 핵심과 많은 도표들, 1세기의 배경과 원어 설명을 추가하였다. 독자들이 이 강의안(워크북)을 꼭 보시기를 바란다.

또한, 본서를 출판하기까지 이름을 밝히지 않으시고 물질과 기도로 많은 도움을 주신 분들에게 진심으로 감사드립니다. 또한 필자와 함께 수고와 동역을 아끼지 않으신 도서출판 목양의 정인수 집사, 무엇보다도 그동안 필자의 강의에 참석해서 성경의 진리 앞에 함께 웃고 울었던 전국의 많은 목회 동역자에게도 진심으로 감사드립니다. 필자가 국내외에서 강의하고 있는 '한눈에 보는 성경세미나'에서는 성경 66권 전체를 한 권씩 강의하고 있습니다.

서문

요한계시록 마지막 장인 22장의 예수님 말씀 중에 이런 말씀이 있다. '때가 가까우니 이 예언의 말씀을 인봉치 마라'. 다시 말해 '계시록을 닫아두지 마라, 반드시 열어 가르치라'고 하신 것이다. 그 이유는 '때가 급하다'는 것이다. 2000년 전에도 때가 급해서 인봉치 말라 하셨다면 2000년이 지난 오늘은 얼마나 예수님의 재림의 때가 더 가깝겠는가?

계시록은 어렵다는 편견이 있는데 절대 그렇지 않다. 이러한 생각자체가 사탄의 전략이라고 필자는 생각한다. 사탄은 2000년 동안 교회 안에서 계시록이 건강하게 풀어지는 것을 방해해 왔다고 생각한다. 필자는 사탄의 방해 전략은 2가지이라고 말하고 싶다.

첫째는 요한계시록이 어렵다는 편견을 주어 설교자들 마음 안에 계시록을 본문으로 잡는 것으로 꺼려하게 만들었다. 그러나 이러한 사탄의 작전은 깨어 있는 설교자들로 인하여 성공하지 못하자 사탄은 두 번째 전략을 사용했다.

두 번째 전략은 계시록을 성령님께서 사도 요한에게 보이셨던 원래의 의도대로 풀지 못하게 하고 계시록의 핵심을 벗어나 부분적인 것에 몰입하여 왜곡된 해석이 되도록 만든 것이다. 다시 말해 예수님의 의도와 원저자인 사도 요한의 의도와는 전혀 상관없이 예수의 재림 시기나 징조에만 온갖 관심과 초점을 맞추도록 하였다. 필자가 보기에 계시록의 중심주제는 1) 요한계시록 11장 15-19절에 나오는 "세상나라가 주와 그리스도의 나라가 되는" 그리스도를 통한 하나님 나라의 완성과 2) 요한계시록 17장 14절에 "어린 양은 만주의 주시요 만왕의 왕이시므로 그들을 이기실 터이요 또 그와 함께 있는 자들 곧 부르심을 받고 택하심을 받은 진실한 자들도 이기리로다"와 3) 요한계시록 21~22장에 나오는 새 예루살렘 성인 성도들이 보석 같은 그리스도의 신부로 빚어지는 것이다. 그런데 원 저자의 의도original intention와 관계가 없이 관심을 다른 데로 쏟게 해서 왜곡되게 풀게 하였다. 이 2가지 사탄의 전략이 효과를 본 것 같다.

　요즘 유행하는 계시록 관련 세미나를 보면 지나치게 예수님의 재림 시기와 증조와 사건들, 자연적 재해를 계시록의 장수와 퍼즐 맞추기 식으로 푸는 경향이 많다. 필자가 보기에 건강한 계시록의 해석이 아니다. 그렇기에 더더욱 계시록의 말씀을 원저자의 의도에 충실하게 건강한 관점으로 풀어야 한다. 계시록을 해석할 때 원래 성령께서 사도 요한을 통해 1세기 원 독자들에게 의도하셨던 의도를 먼저 풀어야 한다. 그 다음에 오늘날의 의미와 적용도 있는 것이다.

고난 중에 있는 목회자들과 성도들을 가장 깊이 위로할 수 있는 성경책은 단연 요한계시록이다. 고난당하고 있는 성도들을 위로할 수 있는 좋은 본문들이 계시록에 많이 있다. 예를 들어 계시록 4장에서 하나님께서 천상의 보좌와 완성된 교회의 승리를 미리 보여주시면서 지상에서 환난당하고 있는 교회들을 위로하고 계신다. 1세기의 교회와 성도들은 유대교의 회유와 출교 조치, 로마의 황제숭배 강요와 핍박, 거짓복음의 유혹과 싸우면서 예수를 믿는 이유 하나만으로 모든 것을 박탈당하고 있는 현실을 살아냈다. '예수만이 주요, 예수만이 구원자'라는 이 고백을 포기하지 못해 환난당하고 순교하고 있는 교회 공동체를 보고 안타까우신 예수님이 "너희들의 현실이 아무리 절망적이지만, 너희들의 최종 승리는 이미 확보되어져 있다. 너희의 실체는 4장의 천상이란다. 그리고 도미티안의 보좌보다 더 강력한 나의 보좌가 너희들을 지키고 있다. 그러니 끝까지 싸워 이겨라"라고 피를 토하시는 심정으로 위로하시고 격려하시고 다시 일어설 것을 도전하시는 것이다.

어떤 분들은 4장이 휴거 본문이라고 한다. 세대주의자들은 고난받고 있는 교회공동체가 4장 1절에서 휴거되고 4장 2절 이후부터는 들림 받지 못한 불신자들에 대한 기록이라고 말한다. 그렇다면 4장 2절 이후는 교회와 아무 관계없는 남의 이야기일 수밖에 없다. 나중에 더 자세히 살펴보 겠지만 4장 1절에 '이리 올라오라'는 것은 휴거라기보다는 고난받는 교회에게 최종 승리와 사탄의 최후 멸망을 미리보고 오늘의 현실을 이기라고 하시는 것이다. 마지막 때의 교회의 완성과 승리를 미리 보여주시고 있는 것이다. 그러므로 우리의 삶이, 신앙생활이, 가정이, 목회가 고난이 있고 아픔이 있을 때 자꾸 성령의 임재가운데 붙잡혀서 하늘의 보좌와, 우리의 최종 승리를 보고 오늘을 이겨야 하는 것이다. 그러면서 5장에 24장로 중에 한 장로가 '울지 마라'라고 위로한다. 계시록을 재림징조나 시기로만 집중해서 보는 너무 왜곡된 해석은 이제는 균형을 잡아야 한다.

 밧모섬은 젊은이도 살아나오기 힘든 유배지였다. 90세가 넘은 사도 요한이 살아나오는 것은 불가능해 보였다. 그런데 요한은 끝까지 살아남아서 계시록을 완성했다. 아무리 힘들어도 사명이 있는 사람은 그 사명이 끝날 때까지 절대 죽지 않는다. 결국 하나님은 요한을 밧모섬에서 나오게 하셨다. 이 환상을 기록해야 성경이 완성되기 때문이다. 우리도 마찬가지다. 삶이 어려워도 이 땅에서 사명이 남아 있다면 안 죽는다. 하나님이 반드시 살리신다. 고난받고 있는 성도에게 '아무리 어려워도 하나님이 나를 통해 하실 일이 있는 한 끝이 아니라'고 위로하고 일으켜 세우려고 쓰신 책이 계시록이다. 고난받고 있는 교회, 사탄과 싸우고 전투하고 있는 교회 공동체에게 이기라고 하신 것이다.

독자들에게 다시 한번 부탁드린다. 요한계시록 22장에서 주님은 계시록을 '인봉치 마라 제발 닫아놓지 말고 열라'고 하신다. 그런데 이 시대에 계시록은 왜 설교하지 않는가? 다니엘 12장 4절에 '인봉하라'고 했던 마지막 때의 계시가 요한계시록 6장에서 일곱 인을 예수님이 떼시면서 완전히 열렸다. 이제는 공개적으로 가르치고 공개적으로 선포하라고 하신다. 예수님이 이미 열어놓으셨다. 마지막 때 일수록 가르치고 알리라고 하신다. 주님의 명령이다. 이 시대의 설교자들이 계시록이 열면 성도들도 열릴 것이다. 어렵고 위험하다고 닫아놓으면 성도들도 닫힌다. 사탄만 좋아할 일이다.

아무쪼록 본서가 고난받는 목회자들과 성도들을 일으켜 세우고, 너무나 치우쳐 있는 계시록의 왜곡된 견해를 균형 잡게 하는 하나님의 도구로 쓰여 지기를 소원한다.

날마다 그분의 손에 의해 빚어지고 길들여지기를 소원하는

유석영 목사

서론 | 최근 해석경향, 해석 방법론, 본서의 강조점, 다양한 구조들

▶ 최근 요한계시록 해석의 경향

최근까지도 한국에 있는 계시록 해석의 주요 경향들은 예수님의 재림 시기나 재림 직전의 현상들을 다루는 세대주의 해석들이 압도적으로 많다. 예를 들어 '예수님이 언제쯤이 오실 때가 되었나? 우리는 요한계시록 몇 장쯤 살고 있나?' 이런 식으로 요한계시록의 장 수와 세계에 일어나는 사건들과 자연현상들을 퍼즐 맞추기식으로 해석하고 있는 세미나가 주를 이룬다. 이런 경향이 과연 요한계시록에 대한 건강한 해석일까? 이 책이 그 답을 제시할 것이다.

▶ 요한계시록의 다양한 해석방법론

2,000년 간의 교회의 역사에서 요한계시록을 해석하는 다양한 해석

방법들이 있었다. 개괄적으로 살펴보는 것은 매우 유익할 것이다.

1. 과거적 해석

이 견해는 요한계시록이 전적으로 1세기 때의 일에 대한 과거의 메시지로 본다. 1914년 카톨릭 신학자였던 알카이저가 주장했다. 마틴 루터와 칼빈이 카톨릭을 비판하며 종교개혁을 일으켰을 때, 종교 개혁자들이 로마 카톨릭과 교황을 적그리스도 세력이라고 비판하자 자기들의 교리와 교황을 지키기 위하여 만든 학파이다.[2]

2. 역사적 해석

이 견해는 요한계시록이 예수님의 초림 이후 재림까지 일어날 역사적 사건들에 대한 예언이라고 본다. 12세기 피오레의 조아키노에게서 시작되었다.[3] 이 관점은 요한계시록이 역사적 사건들을 시간적 순서로 예언한 것이라고 보기 때문에 미래주의나 세대주의 해석의 길을 열어놓았다고 필자는 생각한다.

3. 미래적 해석

과거적 해석과는 반대로 요한계시록을, 예수님의 재림 직전에 일어날 미래적 사건으로 본 견해다. 이 주장에 따르면 계시록의 내용은 미래적 예언서이다. 이것도 카톨릭 사제인 프란시스 리베이라는 사람이 주장을 하였다. 교황과 로마 카톨릭이 적그리스도라는 비판이 일자, 자신들은 적그리스도의 세력이 아님을 주장하며, 교황을 보호하려고 만든 학파다.[4] 과거적 해석이든 미래적 해석이든 현재 적그리스도 역할을 하고 있는 로마 카톨릭과 교황을 보호하려고 했던 것이다.

필자는 생각은 이렇다. 많은 사람들이 미래에 나타날 적그리스도가 누군가에만 온통 관심을 기울이다가, 정작 교회와 성도들을 미혹하여 타락시키기 위해 지금도 활동하고 있는 오늘날의 적그리스도 세력에 대해 소홀히 여기는 것이 아닌가 하는 점이다. 지금의 적그리스도를 더 주시해야 한다. 본서는 이런 부분에 관심을 기울여 쓰였다.

4. 세대주의적 해석

미래학파 중에 요한계시록의 내용을 예수님의 파루시아(강림) 직전의 7년 대환난 전후의 사건이라고 보는 견해가 세대주의 학파이다. 특히 4장부터 22장은 성도의 휴거 이후의 사건으로 본다. 대표적 인물로는 존 다비이다. 전 세계적으로는 세대주의적 해석이 없어지고 있는 추세지만, 이 견해는 아직도 한국에서 득세하고 있고, 그 영향력은 막강하다.

5. 상징적 해석

이 해석은 요한계시록을 문자적이 아닌 상징으로 보는 견해다. 계시록을 묵시문학으로 보기 때문이다. 세대주의자들은 요한계시록을 거의 미래에 일어나는 일과 문자로만 푼다. 그런데 계시록을 문자적으로 푸는 것은 한계가 분명하다. 예를 들어 1장에서 밧모섬에서 나타나신 예수님의 모습이 10가지 정도이다.

촛대 사이에 예수님이 왔다갔다 하신다. 긴옷, 가슴에 금띠, 머리털 양털, 눈에서 불꽃이 나오고 주석같은 발, 입의 소리는 많은 물소리 같고, 입에서 검이 나오고… 이런 예수님을 상상해 보라. 결코 문자적으로 볼 수 없다. 세대주의자들 안에서도 이 부분은 상징으로 본다. 그런데 20장에 가서 천년왕국은 문자적으로 또 푼다. 성경해석에는 일관성이 있어야 한다. 요한계시록도 마찬가지다. 또한 2장에 서머나교회에게 하신 말씀 중 '십일동안 환난을 받으리라'고 하신다. 이 10일이 문자적 10일 이겠는가? 이 또한 상징으로 푼다. 즉 자기들이 하고 싶은 대로 푼다는 것이다. 성경은 일관되게 해석해야 한다.

6. 절충주의적 해석

이 관점은 위에서 언급한 관점가운데 하나 이상의 관점을 결합시키는 방법이다.[5]

필자는 기본적으로 상징주의적 해석을 바탕으로 하지만 각 학파의 해석을 존중할 것이다. 유명한 요한계시록의 대가요, 역사적 전 천년주의자인 그랜트 오즈번이 지적한 것처럼 이것은 싸울 문제가 아니다. 주님이 오시면 밝혀질 것이다.[6] 필자는 요한계시록을 1) 상징주의와 부분적 과거적 해석을 바탕으로 2) 문학적 구조(전체 구조, 부분 구조), 3) 하나님 나라의 완성이라는 신학적 관점, 4) 죄인을 구속하셔서 아들과 상속자, 어린양의 신부로 삼으시고 함께 왕 노릇하게 하시는 복음적 관점에서 해석하고자 한다.

▶ 요한계시록 해석에서 유의할 점

1) 성경 전체와 요한계시록 해석의 연속성과 일치성

요한계시록의 해석과 적용은 성경 전체 66권에서 말하고 있는 복음과 충돌하지 않아야 하며, 성경 66권에서 말하고 있는 복음을 완성하는 맥락으로 요한계시록을 해석해야 제대로 해석하는 것이다. 해석이 성경 66권 전체의 하나님 나라의 구속 경륜의 맥과 동일해야 한다. 성경은 66권이 하나님 나라라는 하나의 맥으로 흘러가면서 각 권이 서로 역할을 하고 있다. 요한계시록을 해석할 때 전체 성경을, 특히 구약의 선지서를 잘 알고 있어야 한다. 요한계시록만 수 백독 한다고 되는 것이 아니다.

2) 요한계시록의 역사적 배경이해의 중요성(원독자의 관점)

이 편지를 받아 보고 있는 원독자의 형편과 도미티안 황제 치하의 역사적 문화적 배경을 알아야 한다. 그래야 논쟁이 되고 있는 666의 의미가 무엇인지 알 수 있다. 666표가 1세기 독자들에게 무엇을 의미했는지를 먼저 원독자의 시각으로 객관적으로 보아야 한다. 원독자의 관점이 얼마나 중요한지를 마태복음으로 잠시 설명하겠다.

마태복음은 이스라엘이 기다리는 메시야 4대 조건을 꿰고 있어야 이해할 수 있다. 첫 번째는 다윗의 자손으로 와야 한다. 그래서 마태복음 1장부터 족보가 등장하는 것이고, "다윗의 자손"이라는 표현이 마태복음에서 10번이나 나오는 것이다.

두 번째 조건은 반드시 모세와 같은 선지자이어야 한다. 신명기 18장을 보면 나와 같은 선지자가 일어날 것인데 그의 말을 청종하라고 했다. 마태복음 17장의 변화산에서 하나님이 '그의 말을 청종하라'고 했을 때 그냥 하신 말씀이 아니다. 신명기 18장에 나오는 "나와 같은 선지자" 그 메시야의 말을 청종하라고 했던 것이 그대로 성취된 것이다. 예수님이 모세처럼 애굽에 갔다 나오고, 광야 시험을 겪으신 것도 이런 이유다. 마태복음 8~9장에 예수님이 10가지 기적을 일으키는 것은 10재앙을 일으켰던 모세와 같이 예수님을 10기적을 통해 새 출애굽을 이끄는 새 모세로 등장시키고 있다.

세 번째 조건은 메시야가 오시기 전에 엘리야의 사역이 있어야 한다. 엘리야를 상징하는 세(침)례요한이 마태복음 3장에 등장하고 마태복음 4장부터 예수님의 사역이 등장한다.

네 번째 조건은 치유 사역이 있어야 한다. 메시야가 치유하는 질병의 종류가 이사야 35장 6절의 말씀에 나온다. 그중에 하나가 소경치유이다. 사복음서에서 그토록 자주 소경치유 사건이 등장하는 이유를 알아야 한다.

마태복음에서 불쌍히 여기더라는 헬라어로 '스플랑크니조마이'라는 동사다. 명사인 '스플랑크논'에서 나왔다. 사람의 창자이다. '단장의 고통'이란 말이 있다. 창자가 끊어지는 고통을 겪는 것을 의미하는데, 이 단어가 마태복음 전체에 11번 나온다. 그런데 재미있는 것은 '불쌍히 여기다(스플랑크니조마이)'라는 말이 어느 배경에서 나오는가 하면 소경치유를 하실 때 처음 나오고, 마지막은 20장의 소경 바디매오를 고칠 때 나온다. 주님은 영적 소경을 향한 마음이 단장의 고통이셨던 것이다.

이렇듯 메시야의 4대 조건을 이해하는 것은 마태복음을 이해하는 데 필수적인 것이다. 원독자의 상황과 역사적, 문화적 배경을 이해하는 것은 너무나 중요하다. 요한계시록은 더더욱 그러하다.

요한계시록의 배경 시기는 도미티안 황제가 다스리고 있을 때이다. 도미티안 황제는 로마의 11대 황제이다. 책마다 도미티안의 대수가 다르게 나오는 경우를 볼 수 있다. 그 이유는 몇 개월씩만 집권한 황제를 추가 혹은 삭제했느냐에 따라 다르다. 도미티안 황제는 81년에 집권해서 96년 죽을 때까지 다스렸다. 대략 주후 94년, 95년경에 요한계시록이 쓰여졌다고 본다. 로마 황제들이 60명인데 그중에 기독교를 악랄하게 핍박했던 황제들이 10명 정도이고 이것을 기독교 10대 박해라고 한다. 대표적으로 베드로와 사도 바울을 죽였던 5대 황제 네로, 계시록의 시대적 배경이 되고 있는 11대 황제인 도미티안 황제가 있다.

로마 황제 60명 중에 신격화된 황제는 36명쯤이다. 로마 황제의 친족 중에서도 황제가 아님에도 불구하고 신격화 시켰던 사람이 27명 정도가 된다. 보통 황제로 추앙을 받으려면 그가 죽고 난 다음에 그 아들이 자기 아버지를 신으로 추앙한다. 그리고 자기는 신의 아들로 등장한다. 그런데 살아있을 때 스스로 자기를 신격화했던 세 사람이 있다. 3대 황제 갈리큘라, 5대 황제 네로, 11대 황제 도미티안이다.[7] 도미티안의 신격화가 가장 극심했을 때 쓰여진 책이 요한계시록이다. 그러니 황제 숭배를 거부한 유일한 집단인 교회가 당한 핍박은 상상을 초월했을 것이다. 원독자의 상황을 이해하는 것이 요한계시록을 이해하는데 필수적이다.

요한계시록에 나오는 표현들도 그 당시 황제 숭배와 관련되어 있다. 계시록 본문 안에는 '주 하나님'이라는 표현을 의도적으로 쓰고 있다. 24장로들과 천사들도 의도적으로 하나님을 '주 하나님'이라고 찬양한다.

그 당시 사람들은 경제적 활동을 하며 살아남기 위해서는 '길드'라는 상업조직에 가입해서 그리스 로마 신들에게 제사를 하고, 무엇보다도 도미티안 황제를 사람이 아니고 '신이고 주'라 고백해야 했다. 그렇지 않으면 온갖 고통을 당했다. 심지어 죽음까지도 말이다. 사도 요한은 24장로들의 찬양을 통해 이 고백은 오직 '하나님과 어린양이신 예수 그리스도만 받아야 함'을 나타내고 있는 것이다.

또한 '이제 장차 오실 이'란 문구는 그리스 로마의 신의 아버지 신인 제우스 신전에서 사람들이 제우스 신에게 고백했던 문구이다.[8] 요한은 이 고백을 진짜 받으셔야 할 분은 하나님과 어린양이신 예수 그리스도시임을 말하고 있는 것이다.

1세기 도미티안의 황제 숭배 강요라는 핍박 속에서 신앙생활을 했던 사도 요한과 성도들이 얼마나 고난이 심했겠나? 그러나 그들은 주신 바 사명을 고난이 심하다고 버리지 않았다. 우리가 아무리 힘들어도 사도 요한과 계시록 당시의 성도들만큼 힘들겠는가? 90세가 넘은 노 사도가 돌을 캐는 채석광인 밧모섬에서 견딜 수가 있었겠는가? 우리가 아무리 힘들어도 초대교회 성도만큼 힘들겠는가? 요한계시록을 공부하면서 위로도 받고, 새힘을 얻기 바란다.

그동안 우리는 요한계시록을 재림 직전에 일어나는 물리적 현상에 집중하는 세대주의적 메시지에 익숙해왔다. 필자는 자연적, 물리적 현상을 부정하는 것은 아니다. 그러나 이제는 너무 한쪽으로만 보지 말고 요한계시록을 건강하고 균형을 잡아 풀어보자는 것이다. 다시 강조하지만 고난받고 있는 자들을 위해 쓰인 책이 요한계시록이다. 고난받고 있는 사도 요한과 요한의 목회공동체 성도에게 "너희들은 이미 이긴 자이기에 이기라"고 위로하고 도전하고 있는 것이다. 2장과 3장에도 '이겨라'가 7번 나온다. 또한 12장, 15장, 21장, 22장에 '이기는 자'가 나온다. 요한계시록의 처음과 중간 끝에 '고난받는 나의 교회들아~ 내가 함께 하고 있고, 반드시 이긴 싸움이니 포기하지 말고 견디고 이기라'고 예수님은 호소하시는 것이다.

또한 요한계시록 4장 1절의 '이리 올라오라'를 휴거로 해석하는 분들도 있다. 이때 교회가 휴거된다고 한다. 과연 4장이 휴거를 말하는 본문일까? 필자가 보기에 하나님이 사도 요한에게 '올라오라'고 한 것은 하루 종일 돌을 캐느라 지칠 대로 지쳐서 찬 바닥에 쓰러져 있는 요한에게 하나님의 보좌를 보이심으로 "네 현실은 찬 바닥이지만 네 최종 운명은 이렇게 완성되어 있다"고 승리를 미리 보여주어 요한을 영적으로 일으키시려고 하신 것이다. 다시 말해 "오늘을 견디라"고 '승리한 완성'을 미리 보여주신 본문이다. 그런데 이것을 휴거로 푸니까 4장 이후로는 우리와 상관없는 휴거되지 못한 자들의 이야기로 풀게 되는 것이다.

이런 해석이 올바른 해석이 아닌 것은 7장에서 드러난다. 왜냐하면 구원얻은 성도들을 상징하는 "144,000과 흰 옷 입은 큰 무리"는 "큰 환난을 통과하여 나왔다"고 명백히 표현하고 있는데 어찌 환난 전에 휴거를 주장하고 있는지 이해되지 않는다. 하나님의 자녀가 고난을 통해 빚어지고 만들어진다는 성경 전체의 흐름과 맥에도 부딪치는 견해이다. 성도에게 고난이 면제되지 않는다. 하나님은 고난을 이길 힘과 은혜를 부으셔서 이기게 하신다.

7장의 144,000은 신·구약의 구원받은 모든 성도들을 상징하는 숫자이다. 144,000인 흰 옷 입은 무리는 어린양의 피로 씻겨져 희게 된 무리이다. 어린양의 피로 용서받은 의롭게 된 자들이다. 의롭게 된 하나님의 백성들은 구원받은 후에 고난과 환난을 겪게 된다. 현대 최고의 요한계시록 권위자인 G. K Beale은 "신자들의 환난이나 비신자들의 환난의 배후에는 하나님의 손길이 직접 놓여 있는 것이 사실이다. 이런 환난은 하나님이 자기 백성들을 연단하려고 보내신다. 신자들의 고난에 대한 답을 요한계시록 전체가 하고 있다"고[9] 말했다. 이것은 로마서 5장의 흐름과도 일치한다.

> "그러므로 우리가 믿음으로 의롭다 하심을 받았으니 우리 주 예수 그리스도로 말미암아 하나님과 화평을 누리자 또한 그로 말미암아 우리가 믿음으로 서 있는 이 은혜에 들어감을 얻었으며 하나님의 영광을 바라고 즐거워하느니라 다만 이뿐 아니라 우리가 환난 중에도 즐거워하나니 이는 환난은 인내를, 인내는 연단을, 연단은 소망을 이루는 줄 앎이로다" 롬 5:1-4.

이것이 4장 휴거설이 틀린 이유다. 휴거설은 4장 휴거설, 7장 휴거설, 11장 휴거설, 14장 휴거설 등으로 다양하다. 과연 그럴까? 4장은 휴거설을 말하는 것이 아니다. 고난받고 있는 요한 공동체와 지칠대로 지친 사도 요한에게 예수님은 하고 싶으신 메시지가 있으셨던 것이다. 젊은이도 들어가면 살아나오기 어렵다는 밧모섬에서 성령님은 요한을 일으켜 세우셔야 했다. 그는 살아남아 밧모섬에서 본 마지막 때의 환상을 기록해야 했다. 거기서 현실을 이기게 하기 위해 "지금이 끝인 것 같고 희망이 안보이고 미래가 안 보이는 것 같지만 이리 올라와 최후 승리를 보고 오늘을 견디라"고 하신 내용이 요한계시록이다. 끝까지 요한계시록은 우리 이야기이고 교회 이야기이다. 요한계시록의 시간적, 공간적 초월이라는 문학적 의도를 이해 못하고 문자적으로 풀면 왜곡된 해석이 나올 수 밖에 없다. 계시록은 이 세상에 대한 초월적 관점이 있다.[10]

요한계시록 7장에서 주님은 '어린양이 목자가 되셔서 모든 눈물을 씻어주실 것'이라고 위로하신다. 요한이 이 환상을 보고 얼마나 울었겠는가? 주님은 "좀 더 견디렴. 네 마지막 사명이 남았다. 네가 다른 사도들보다 더 오래 살아 여기까지 온 것은 네가 계시록을 완성해야 하는 사명이 있단다"라고 하시는 것이다. 요한은 밧모섬에서 살아남아 성도에게 이 환상을 써서 남겨주어야 했다. 우리도 마찬가지다. 사명이 있다면 안 죽는다. 사명이 있는 한 절대 죽을 수 없다. 목회하면서, 하나님의 자녀로 살아가면서 억울하게 놀림받고 모욕을 당하고 있는가? 주님 때문에 참고 주님 때문에 받아주고 말도 안 되는 중상모략을 당해도 주님 때문에 이 길을 걸어가는 자들에게 주님은 반드시 그 눈물을 씻겨주실 것이다.

예수님 때문에 흘린 눈물이 있어야 한다. 남을 품고 살리려 했던 눈물이 있어야 나중에 주님이 눈물을 씻겨 주신다. 양떼 때문에, 주님 때문에 흘린 눈물이 없는데 어떻게 주님이 눈물을 씻겨 주시겠는가? 억울함을 감수하고 인내하며 한 영혼을 살리려 애쓰고 있다면, 마지막 날에 "네가 참고 견뎌서 한 영혼이 내게 왔단다"고 주님이 하실 것이다. 그런데 억울하다고 분을 내며 목회하고 신앙생활을 했다면 내 속은 편하겠지만, 주님은 "닦아줄 눈물이 네게는 없구나……." 하실지도 모르겠다.

지금 흘리고 있는 사도 요한의 눈물과 도미티안 황제 숭배에 굴복치 않아서 재산이 몰수당하고, 굶주린 사자들에게 던져지며, 화형을 당하고 순교하고 있는 성도들의 눈물이라는 1세기의 원독자의 입장에서 보면 요한계시록 7장에 나오는 눈물의 의미와 주님의 위로가 좀더 생생하게 다가올 것이다. "나 때문에 참고 나 때문에 욕먹고 그 눈물이 있는 자들의 모든 눈물을 내가 다 씻겨줄 것이다"는 주님의 위로다. 요한계시록은 온기와 위로가 있고 안쓰러워 어찌할지 모르시는 주님의 마음이 담긴 책이다. 그래서 '울라'고 주신 책이고 동시에 '울지 말라'고 주신 책이다.

　7장의 '다시는 뜨거운 기운이 없고 목마름이 없고'라는 표현도 원독자의 입장에서 보아야 하는 이유가 있다. 물론 성경신학적 관점으로 보면 창세기 3장의 범죄 이후로 인류가 경험하는 근원적인 고통이 사라졌다는 종말론적 표현임은 확실하다. 또한 이사야 55장의 성취이기도 하다. 그러나 1세기의 상황속으로 들어가 보라. 왜 뜨거운 기운인가? 왜 목마른가? 화형당할 때 얼마나 뜨거웠겠는가? 재산이 몰수당하고 경제 활동이 원천적으로 봉쇄된 성도들이 얼마나 굶주리며 목말라 했겠는가? 원독자 상황과 그 찢어지는 주님의 마음으로 요한계시록을 풀면 울지 않고는 볼 수 없는 책이다.

　요한계시록을 교회론 중심으로 풀어야 하는 이유는 분명하다. 요한계시록 22장에 "나 예수는 교회를 위하여" 썼다고 주님은 말씀하고 있다. 고난받고 있는 교회, 전투하고 있는 교회가 어떻게 위로를 받고 어떻게 승리할 것인지까지 다 교회를 위해서 말씀하신 것이다. 그 방법은 하나님 말씀이고 예수의 십자가이다.

3) 묵시문학적 특징

　요한계시록을 이해할 때 묵시문학적 특징을 알고 있어야 한다. 1세기 당시는 로마가 전세계를 지배하고 있었다. 로마의 지배를 받는 식민지 백성들은 조국의 해방과 자유를 갈망하지만, 그것을 공개적으로 드러내 표현할 수 없었다. 그래서 상징이나 이미지, 기호나 숫자에 빗대어 말한 것이 묵시문학이다. 묵시문학은 대놓고 명백하게 말하지 않고 돌려서 모호하게 말하는 방식이다. 요한은 밧모섬에서 환상을 보고 서신을 써서 교회들에게 회람시키기를 원했지만, 로마의 검열을 피해야만 했다. 우리나라의 일제 식민지배 36년을 생각해 본다면 쉽게 이해될 것이다.

도미티안과 로마의 멸망을 공개적으로 쓸 수 있는 상황이 아니다. 서신을 검열하는 로마 관원들이 이것을 문제 삼지 못하도록 '상징 코드'로 가리지만, 이것을 받아본 성도들은 즉시 알아보도록 써야했던 것이다. 구약의 다니엘과 에스겔도 묵시문학이다. 묵시문학의 핵심은 악의 나라는 반드시 멸망한다는 것이다. 요한계시록은 이것을 다 담고 있다.

4) 요한과 요한목회 공동체와 싸우고 있는 3대전선이다.
① 로마 황제 숭배와 싸우고 있었다.
② 두 번째 유대교와의 싸움도 있었다.[11] 주후 70년에 예루살렘 성전이 다 파괴되었다. 예루살렘 성전을 파괴한 자가 10대 황제 티토스이고, 그의 동생인 도미티안이 11대 황제이다. 티토스는 병 때문에 일찍 죽었다. 성전이 주후 70년에 멸망당하며 유대교는 무너졌다. 그후 랍비들을 중심으로 유대교를 재건하자고 유대교 재건운동을 하면서 주후 90년에 얌니아 회의에서 구약 39권을 정경으로 확정하면서 유대교 운동을 본격화하기 시작했다. 이때 요한복음과 요한계시록이 쓰여졌다. 유대교는 원래는 유대교의 신자였지만 지금은 기독교인이 된 예전 유대교인들을 되찾으려고 했다. 옛날에 유대교인이었다가 기독교로 개종한 자들은 두 가지 결정을 해야 했다. 예수를 버리고 유대교로 들어가 유대교의 보호를 받으며 살 것인지 아니면 끝까지 예수를 붙들고 믿음을 지키면서 정치적 경제적 핍박을 감수할 것인지 결정해야 했다. 대다수가 돌아가고 소수만 남았다. 이런 유대교와의 영적 전쟁이라는 측면에서 본다면 요한복음이 더 명확히 보일 것이다. 요한복음 전체에 걸쳐 행위종교인 유대교보다 더 뛰어난 은혜의 복음만이 진정한 생수임을 선포하는 것이 요한복음이

다. 요한복음은 유대교와의 영적전쟁이라는 배경에서 보아야 한다. 유대교라는 옛 포도주는 끝났다고 말하고 있다. 은혜의 복음이라는 새 포도주인 기독교가 유대교를 완성했다는 것을 보여주고 있는 요한복음이다. 그래야 뚫린다. 요한복음 안에서도 기독교와 유대교와의 치열한 논쟁이 벌어지고 있다.

③ 세 번째는 거짓 교리와의 싸움이다

1세기의 교회 안에 활동한 거짓 교리는 율법주의의 교훈, 발람의 교훈, 니골라당의 교훈, 이세벨의 교훈 등이다. 특히 2~3장에 잘 나타나 있다.

5) 요한계시록은 종말의 시간표가 아니다

요한계시록을 공부할 때 또 하나 중요한 것이 있다. 많은 사람들이 요한계시록의 내용을 종말의 시간표라는 순서적 개념으로 자꾸 이해하는데, 요한계시록은 예수님의 초림부터 재림까지 일어날 일들을 반복적으로 계시한 책이다.[12] 단순한 반복이 아니고 점진적 강화이다. 약간씩 강도와 강조점을 달리해 새롭게 이야기하고 있는데 주제는 같다.

예를 들어 6장의 6번째인 심판으로 섬들이 다 없어졌는데, 16장의 대접 심판에서 섬이 다시 등장한다. 이미 없어진 섬들이 또 나온다. 같은 사건을 계속 반복하여 계시하고 있는 것이다. 이것을 시간의 순서대로 해석하니까 오해가 생기는 것이다.

요한계시록의 핵심은 중간계시에 있다. 7장이 중간계시 1이고, 10장부터 11장 14절까지가 중간계시 2이고, 12장부터 14장까지가 중간계시 3이다. 11장 11-19절이 대칭구조인 키아즘 구조로 보면 중앙이다. 7번째 나팔 소리가 나면서 "세상나라가 주의 나라가 되고 예수님이 왕 노릇하신다". 이것이 계시록의 딱 중앙이고 이것 위로 중간계시 2와 3으로 나뉘어 있다. 중간계시 1. 2. 3은 단순히 삽입이나, 막간 계시 정도가 아니다. 필자가 보기에는 요한계시록의 핵심이다. 중간계시는 다 교회론에 관한 것이며, 교회가 어떻게 용과 두 짐승과의 싸움에서 이길 것인지를 이야기하고 있다. 중간계시, 막간계시, 삽입이라고도 하는 학자가 있는데 필자는 중심 계시라고 생각한다.

6) 단락의 맥으로 보라

앞서 요한계시록의 전체 구조를 통해 파악하는 일이 중요하다고 했다. 또한 강조하고 싶은 것은 부분구조로써 단락과 단락의 맥으로 보는 것이다. 이것은 매크로 구조(거시구조)라고도 하고, 상호본문 연계해석 Connecting Paragraphs라고도 한다.[13] 한 본문을 인접한 다른 본문과의 흐름 안에서 연계해 해석하는 방법이다.

필자는 본서에서 이러한 접근법을 자주 사용할 것인데 독자들에게 새로운 경험과 성경을 보는 눈이 열리는 기회가 되기를 바란다. 예를 들어 2~3장과 4~5장, 6~7장과 9~10장, 17~18장, 21~22장 등은 단락의 흐름으로 그 의미가 명확해진다. 차후에 설명하겠다.

7) 구약적 배경

요한계시록은 총 404절이다. 그 중 278절이 직접적으로 구약성경을 언급하고 직·간접적으로 구약 본문의 언급이 500회 이상이다.[14] 70퍼센트 이상이 구약배경과 관련이 있다. 그러므로 구약배경의 이해없이 요한계시록 해석이 불가능하다.[15] 그러므로 구약에 대한 연구없이는 자의적이고 왜곡된 해석이 필연적인 것이다.

▶ 이 책의 강조점

1. 예수님의 재림 시기나 재림직전의 자연현상에만 집중하지 않았다. 성경의 전체 주제는 하나님 나라의 시작과 완성이다. 창세기 1장 1절에 시작된 하나님의 나라가 요한계시록에서 어떻게 완성되고, 그 완성의 동역자요, 상속자인 교회와 성도들이 겪을 종말의 고난은 무엇이며, 또한 교회가 어떻게 최종적으로 승리하며, 그 과정에서 그리스도의 신부된 교회들로 어떻게 준비하며 단장할 것인가에 초점을 맞추려고 하였다.

2. 두 번째 초점은 고난받고 있는 교회와 성도들을 향해 예수님의 피 눈물이 담긴 위로와 격려, 도전으로 요한계시록을 풀어가려고 했다. 이것은 계시록의 핵심주제이다.

3. 세 번째 초점은 용이 '입에서 강 같이 물을 쏟아내어(12장)' 교회와 성도들을 타락시키려고 하는 마지막 시대에 '용의 입에서 나오는 강 같은 물'의 정체는 무엇인가를 밝히고자 함이다.

4. 16장의 아마겟돈 전쟁이 세대주의자들의 주장처럼 중동 유브라데 강 근처에서 벌어질 이스라엘과 반 이스라엘 연합군의 핵전쟁, 제3차 대전인지 아닌지를 밝히고자 한다. 우리가 겪을 아마겟돈 전쟁의 실체는 무엇일까? 필자는 아마겟돈 전쟁이 단지 앞으로 일어날 제3차세계 핵전쟁으로만 보면 안된다는 시각을 가지고 있다. 필자는 아마겟돈 전쟁의 실체에 대한 견해를 요한계시록 본문 안에서 또한 구약을 배경으로 제시할 것이다. 또한 세대주의자들은 문자적으로 7년 대환난을 주장한다. 세대주의자들이 말하는 7년 대환난이라는 말이 계시록 안에는 없다. 세대주의자들이 주장하는 7년 대환난 전 휴거설이 과연 성경적 근거를 가지고 있는가? 성경 전체의 주제와 맥과 부합하는지 살펴보고자 한다.

필자는 이미 말한대로 요한계시록을 십자가와 부활의 복음으로 풀어야한다고 생각한다. 요한계시록은 4복음서 못지않게 십자가와 부활의 복음이 강조되어 있는 책이기 때문이다. 이 책을 읽는 독자들은 반드시 요한계시록을 통해 복음의 무엇인지 깨달아야 한다.

5. 마지막으로, 이 책의 가장 중요한 초점은 하나님 나라의 완성과 그리스도의 구속으로 인해 신부된 교회와 성도가 어떤 과정을 통해 거룩한 신부로 빚어지고 단장될 것인가이다. 또 신부로 단장되는 자들에게 주실 하나님의 보상과 영광은(요한계시록 21~22장) 무엇인가를 밝히고자 한다.

▶ 요한계시록의 구조 분석

성경을 볼 때에 전체 구조를 먼저 보아야만 한다. 큰 숲을 먼저 보고 (매크로 해석), 그 안에 있는 나무 하나하나를 보는(마이크로) 방법이다.[16] 필자는 성경의 전체 구조를 먼저 보고 각 권을 보아야 한다고 확신한다(이를 위해 필자는 성경 66권 전체를 한눈에 볼 수 있도록 66권 관통에 대한 책을 집필하고 있다. 단순한 스토리 흐름이나, 각 권을 요약하는 정도가 아닌 66권의 키아즘 구조, 성경의 핵심 주제인 하나님 나라와 상속자의 맥, 하나로 이어지는 66권의 맥, 한 권을 하나로 연결하는 장별의 맥 등을 하나로 통합하는 관통교재가 될 것이다. 이미 창세기부터 에스더까지 17권을 다룬 『한눈에 보는 성경관통 1』 (도서출판 목양)을 출간하였으니 참조하면 큰 도움이 될 것이다).

모든 성경이 그렇지만 요한계시록은 더더욱 전체 구조를 먼저 파악해야 한다. 그러면 요한계시록이 쉬워진다. 전체 구조를 파악하는 방법은 여러 가지다. 주제별, 시간적, 공간적, 장별 분석 등이 있지만, 필자가 연구해 본 결과 히브리 문장구조인 대칭 순환(병행)구조인 키아즘 구조가 가장 전체 구조를 파악하는 데에 도움이 된다고 생각한다.

요한계시록의 구조에 대해서는 일치된 견해는 없지만 그 중에서 몇 가지 전체의 숲을 파악하는데 도움이 되는 구조분석법을 소개한다. 복잡할수록 전체 구조를 보는 것은 필수적이기 때문이다. 리챠드 보캄은 "요한계시록이 문학적이며 사상적으로 통일된 작품이다"라고 말한다.[17] 다양한 구조가 있다. 7중 구조론, 요한계시록 안에 4번이나 나오는 "성령에 이끌리어(엔 프뉴마티)"라는 언어적 구조, 주제별 분석, 대칭순환구조인 키아즘 등이다.

1) 7중 구조
아주 단순하게 보면 요한계시록은 7중 구조이다.[18]

① 7복이 나온다
첫 복은 1장에 '말씀을 읽고 듣고 지키는 자가 복'이 있다. 둘째 복은 14장에 '주안에서 죽는 자들은 복'이 있다. 셋째 복은 16장에 '깨어 있어서 옷을 벗지 않고 부끄러움을 보지 않은 자들은 복'이 있다. 네 번째 복은 19장 '혼인잔치에 청함받은 자가 복'이 있다. 네 번째 복이 7복의 중심이다. 마지막 때 진짜 주고싶은 복은 예수의 신부가 되는 복이다. 다섯 번째 복은 20장에 '첫째 부활에 참여하는 복'이다. 여섯 번째 복은 22장에 '말씀을 듣고 지키는 자의 복'이다. 일곱 번째 복은 22장에 '두루마기를 빠는 자의 복'이다. 마지막 때에 하나님이 교회와 성도에게 처음으로 주고 싶은 복은 무엇인가? 마지막 때, 종말의 때, 어려운 때에 예수님이 주고 싶으신 복은 말씀의 복이다. 마지막 때에 종들에게 주고 싶으신 복은 말씀의 복이다. 이 복 중의 네 번째 복이 중심이다. 혼인 잔치에 청함받는 복이다. 예수님이 말세에 사는 교회와 주의 종들과 성도에게 주고 싶은 복은 신부로 초청되어 신부로 빚어지는 복이다. 그런데 우리는 이 땅의 복만을 구한다. 요한계시록의 7복은 다 하늘의 복이다.

② 7 교회(에서버두/ 사빌라)
③ 7 인 재앙
④ 7 나팔 재앙

⑤ 7 환상(숫자가 명시되지 않은 환상 : 12:1-15:4)

⑥ 7 대접 심판

⑦ 7 환상(숫자가 명시되지 않은 환상 : 19:11-21:8)

2) '엔 퓨뉴마티' 구조(리챠드 보캄)[19]

요한계시록에는 '성령에 감동되어, 이끌리어'(엔 퓨뉴마티)가 4번 나온다. 헬라어 '엔'은 ~안에, '퓨뉴마'는 성령님이다. 1장과 4장에는 '성령에 감동되어'라고 번역되었고, 17장과 21장은 '성령에 이끌리어'로 번역되었다. 원어는 똑같다. 요한계시록은 환상 덩어리가 네 덩어리가 있는 것이다. 1장 10절 '내가 주의 날에 감동하여', 4장 2절 '성령에 감동하여', 17장 3절 '성령이 나를 데리고' 21장 10절 '성령이 나를 데리고'에 나온다. 4개의 환상을 분석해보는 것도 유익하다.[20]

A. 제 1환상 : 고난받는 교회 (1장-3장)

B. 제 2환상 : 세상나라 심판 (4장-16장)

B′. 제 3환상 : 세상나라 심판 (17장-20:15)

A. 제 4환상 : 승리하여 완성된 교회(21:1-22:5)

이 구조가 의미하는 것은 무엇인가? 교회를 핍박하는(A) 세상 나라를 심판하시고(B, B′) 하나님 나라를 완성하신다(A′)는 것이다.

첫 번째 환상 덩어리는 1장부터 3장까지다. 그리스도의 영광스러운 모습과 고난받고 있는 지상의 7교회이다. 네 번째 환상 덩어리는 21장 10절부터인데 신부된 교회의 영광스러운 모습이다. 4장부터 16장까지가 두 번째 환상 덩어리인데, 인, 나팔, 대접 재앙을 통한 세상 심판이다. 17장 3절부터 19장까지가 세 번째 덩어리인데 음녀 바벨론 심판이다. 4가지 환상 덩어리만 보아도 정확하게 대칭 구조이다. 첫 번째와 네 번째 환상이 교회이고 둘째와 셋째는 세상 심판이다.

'엔 프뉴마티(성령에 감동되어, 성령에 이끌리어)' 구조는 의미가 깊다. 우리의 삶이 어렵고 힘들수록 성령안에 들어가야 한다. 성령안에 붙잡혀야 한다. 그래야 힘든 고난의 밧모섬을 이길 수가 있다. 왜 성령님은 네 번이나 사도 요한을 사로잡았을까. 단순하게 보면 요한계시록을 써야 하는 사명 때문이었을 것이다. 요한 개인으로 보면 견디기 힘든 고난의 한복판에서 성령께 붙들려 이겨야 했다. 우리도 고난의 한복판일수록 하늘을 바라보아야 한다. 말씀에 붙들려 위로를 받아야 한다. 힘들수록 주님이 위로하시고 사랑하시는 것을 보여주신다. 요한이 밧모섬에서 힘든 노동과 외로움과 고난을 이긴 비결은 성령께 네 번씩이나 붙잡혀 하늘을 본 것이다. 고난을 이기는 방법은 은혜에 사로잡히고 말씀에 사로잡히는 방법밖에는 없다.

"나는 종일 재난을 당하며 아침마다 징벌을 받았도다 내가 만일 스스로 이르기를 내가 그들처럼 말하리라 하였더라면 나는 주의 아들들의 세대에 대하여 악행을 행하였으리이다 내가 어찌면 이를 알까 하여 생각한즉 그것이 내게 심한 고통이 되었더니 하나님의 성소에 들어갈 때에야 그들의 종말을 내가 깨달았나이다" 시 73:14-17.

'내가 지성소에 들어갔을 때 결국을 깨닫게 되었다'는 말씀이 있다. 힘들수록 하나님의 은혜가운데 잡혀야 한다. 필자가 힘들 때에 붙들었던 말씀이 있다. 독자들도 이 말씀으로 용기를 내시기를 바란다.

"주의 법이 나의 즐거움이 되지 아니하였더라면 내가 내 고난 중에 멸망하였으리이다. 내가 주의 법도들을 영원히 잊지 아니하오니 주께서 이것들 때문에 나를 살게 하심이니이다" 시 119:92-93.

3) G. K. Beale의 구조[21]

세계적 요한계시록 대가인 G. K. Beale은 요한계시록의 구조를 아래와 같이 제시한다.

1장　프롤로그 (a)
2:1-3:22　7교회에게 보내는 편지; 세상 속에 존재하는 불완전한 교회(b)
4:1-5:14　하나님과 그리스도의 영광(c)
6:1-8:5　7인 심판(d)
8:6-11:19　7나팔 심판(e)
12:1-15:4　격화된 싸움 : 7환상 또는 표징(f)
15:6-16:21　7대접 심판(e′)
17:1-19:21　바벨론과 짐승에 대한 최후의 심판(d′)
20:1-15　천년왕국(c′)
21:1-22:5　새 창조와 영광 속에 들어간 완전한 교회(b′)
22:6-21　에필로그(a′)

(f)를 중심으로 키아즘 대칭구조를 이루고 있다 비록 단순한 형태지만 요한계시록의 전체 구조를 잘 파악하게 해 준다. 앞의 '7중' 구조나, '엔 프뉴마티' 구조보다 훨씬 정교한 구조이다. 필자가 보기에 G. K. Beale의 구조는 12장부터 15장까지의 중간계시를, 정확히 말하면 사탄과 어린양의 군대와의 싸움을 중심축pivot으로 본 것이다. 특히 b와 b′는 세상 속에 존재하는 불완전한 교회와 영광 속에 들어간 완전한 교회의 대조로 본 것은 참으로 탁월한 분석이다.

A. 1:1-8 〈서언〉
   1) 반드시 속히 될 일 2) 하나님 말씀과 예수님 증거
   3) 예수님의 재림약속 4) 교회의 고난 5) 알파와 오메가 6) 복된 자
B. 1:9-20 〈예수 그리스도의 영광〉
C. 2장~3장
   1) 7교회의 칭찬.책망 2) 이기는 자의 상
D. 4장~19장
a. 4~5장 〈하나님과 어린양 보좌〉
b. 6장 〈6인 심판〉
c. 7장: 중간계시(1) 〈144,000〉
d. 8~9장 〈6 나팔심판〉
e. 10장~11:14 - 중간계시(2) 〈두루마리와 두증인〉
f. 11:15-19 〈세상 나라가 주와 그리스도의 나라가 되어, 주가 세세토록 왕 노릇 하심〉
e′. 12~14장: 중간계시(3)
   1) 용 VS 여자와 아이(12장) 2) 두 짐승(13장)
   3) 어린양과 144,000, 2가지 추수(14장)
d′. 15~16장 〈7대접 심판〉
c′. 17~18장 〈큰성(음녀) 바벨론 심판〉
b′. 19:1~ 〈예수 그리스도 재림심판〉
a′. 19: 〈두 짐승 심판〉
C′. 20-21:8 〈용과 불신자 심판, 교회의 승리〉
B′. 21:9-22:5 〈어린양의 신부(교회)의 영광,새 예루살렘(교회)의 단장〉
A′. 〈결어〉
   1) 반드시 속히 될 일 2) 예언 말씀 3) 속히 오리라
   4) 교회의 상 5) 알파와 오메가 6) 복 된자 7) 속히 오리라

4) 키아즘 구조(대칭순환구조)

G. K. Beale의 구조를 좀 더 발전시킨 다음과 같은 구조도 있다.[22]

키아즘 구조란 히브리 사람들이 문장을 쓰는 방식을 이야기한다. 저자가 하고 싶은 이야기를 가운데 중심을 두고 논리를 양쪽 날개로 펼치는 구조이다. 대칭되는 큰 덩어리 단락들은 (A와 A') 앞에 이야기들을 보충하든지 강화하든지 설명을 하든지 무언가 논리적 관계를 가진다.

요한계시록을 키아즘 구조로 좀 더 자세히 설명해보겠다.

● A(1:1-8) 서언과 A'(22:6-21) 결어

A는 들어가는 말이다(1:1-8). 여기에 대한 대칭은 A'결어(22:6-21) 이다. 반복되는 단어들이 있다. '반드시 속히 오리라, 말씀을 듣고 지킨 자의 복, 알파와 오메가' 등이다. 단어뿐만 아니라 의미도 반복된다.

● B(1:9-22)와 B'(21:9-22:5)는 신랑이신 예수의 영광과 신부의 교회의 영광이다. B(1:9-22)는 승리하신 예수님의 부활의 모습이 10가지로 나와 있다. 그 대칭인 B'(21:9-22:5)는 그리스도의 신부들의 영광이 나오는 장면이다. 새 예루살렘의 영광이 나온다. 열두 진주문, 황금길, 열두 보석이 나온다. 모두 신부의 영광이다. 21~22장의 보석으로 가득한 새 예루살렘 성을 우리가 가야 할 천국에 보석이 많다고 해석하는 분들도 있다. 물론 그럴 수 있다. 필자는 이것을 부정하는 것이 아니다. 천국은 반드시 물리적 장소임에 틀림없다. 우리가 살아야 할 장소이기도 하지만 승리한 그리스도의 영광을 닮은 신부들의 영광의 모습이기도하다. 부활하신 주님과 똑같은 신부의 영광을 말하고 있는 것이다.

4장에 성부의 보좌가 나오고 보좌 위에 계신 하나님의 모습이 4가지로 묘사된다. 벽옥, 홍보석, 녹보석, 무지개, 하나님의 영광이 이렇게 빛난다는 이야기이다. 그런데 21장에 신부인 새 예루살렘 성이 12가지 보석으로 이루어져 있는데 4장의 벽옥, 홍보석, 녹보석이 들어가 있다. 이 메시지를 통해 말하고자 하는 것은 하나님의 자녀들에게서 하나님의 형상을 닮은 자녀들, 그리스도의 영광을 닮은 보석같은 신부들을 보고 싶다는 것이다. 천국이 보석으로 둘러싸여 있다는 것을 말하는 것 만이 아니다. 예를 들어, 새 하늘 새 땅이 완성되는 21장에는 바다가 없다. 새 하늘 새 땅에 바다가 없는 이유는 하나님 나라를 대적한 세력이 완전히 소멸되었음을 상징하고 있는 것이다.

"또 내가 새 하늘과 새 땅을 보니 처음 하늘과 처음 땅이 없어졌고 바다도 다시 있지 않더라" 계 21:1.

그런데 생명수 강은 천국에 존재한다. 왜 그럴까? 성경 전체에서 바다는 하나님 나라를 반대하는 세상세력을 대표하는 것이다.

"주께서 주의 능력으로 바다를 나누시고 물 가운데 용들의 머리를 깨뜨리셨으며" 시 74:13.

마태복음 14장에서는 예수께서 바다위를 걸으시면서 바다 자체를 밟고 정복하신다. 마태복음 14장의 오병이어 기적은 십자가 사건을 상징하고, 그 다음 바다를 걸으신 기적은 세상과 사망의 세력인 바다를 완전히 정복하는 부활의 사건이다. 십자가와 부활을 상징한다.

요한계시록 13장에 두 짐승이 나오는데 한 짐승은 바다에서 나온다.

"내가 보니 바다에서 한 짐승이 나오는데 뿔이 열이요 머리가 일곱이라 그 뿔에는 열 왕관이 있고 그 머리들에는 신성 모독 하는 이름들이 있더라" 계 13:1.

상징적인 의미이다.

● C(2~3장)와 C′(20-21:8) C는 고난받고 전투하고 있는 7교회에 대한 메시지이다. 이기라고 요구하신다. C′(20~21:8)는 교회를 핍박한 용과 불신자가 심판당하고 교회가 최후 승리를 누린다. 내용적으로 정확히 대칭이다.

D(4~19장)는 4장부터 19장이 키아즘의 몸통구조이다.
　요한계시록 4장~19장은 하나님과 어린양의 보좌(4~5장), 3개 심판 시리즈(6장, 8~9장, 15~19장), 중간 계시 3개(7장, 10~14장), 음녀 바벨론의 멸망이다.(17~19장) 이 부분이 요한계시록의 몸통이다. 필자가 보기에 그 중에서 가장 핵심 축은 11장 15-19절에 나오는 '세상 나라가 예수 그리스도의 나라로 바뀌어 예수님이 왕 노릇하시려는 것'이다. 이것은 요한계시록과 성경 전체의 주제이다. 창세기 3장에서 사탄에게 빼앗겼던 세상을 다시 찾으셔서 그리스도와 신부들이 왕 노릇 하는 그리스도의 나라에 우리를 부르셨다. 그 하나님 나라의 일에 동참하는 신부의 눈물을 닦아주시고 갚아주실 것이다.
　D를 다시 소문자로 구조 분석을 했다. 소문자로 분석된 구조를 보라. 소문자로 분석한 구조도 정확히 대칭이다. 자세한 설명은 나중에 자세히 할 것이다.

▶ 요한계시록의 핵심 단어들
　'하늘'은 50번, '땅'이 69번, '내가 보니(들이니)'가 54번이다. '보좌'가 47번, 하나님 88번, '어린양'이 29번, '교회'가 19번, '성령(일곱 영)'이 19번, '이기는 자(이기다)' 17번이다. 용 12번, 사탄 7번, 마귀 5번, 뱀 5번, (총 29번) '전능자' 9번, '땅에 거하는 자' 9번이다.

1. 예수 그리스도의 계시라 이는 하나님이 그에게 주사 반드시 속히 일어날 일들을 그 종들에게 보이시려고 그의 천사를 그 종 요한에게 보내어 알게 하신 것이라 2. 요한은 하나님의 말씀과 예수 그리스도의 증거 곧 자기가 본 것을 다 증언하였느니라 3. 이 예언의 말씀을 읽는 자와 듣는 자와 그 가운데에 기록한 것을 지키는 자는 복이 있나니 때가 가까움이라 4. 요한은 아시아에 있는 일곱 교회에 편지하노니 이제도 계시고 전에도 계셨고 장차 오실 이와 그의 보좌 앞에 있는 일곱 영과 5. 또 충성된 증인으로 죽은 자들 가운데에서 먼저 나시고 땅의 임금들의 머리가 되신 예수 그리스도로 말미암아 은혜와 평강이 너희에게 있기를 원하노라 우리를 사랑하사 그의 피로 우리 죄에서 우리를 해방하시고 6. 그의 아버지 하나님을 위하여 우리를 나라와 제사장으로 삼으신 그에게 영광과 능력이 세세토록 있기를 원하노라 아멘 7. 볼지어다 그가 구름을 타고 오시리라 각 사람의 눈이 그를 보겠고 그를 찌른 자들도 볼 것이요 땅에 있는 모든 족속이 그로 말미암아 애곡하리니 그러하리라 아멘 8. 주 하나님이 이르시되 나는 알파와 오메가라 이제도 있고 전에도 있었고 장차 올 자요 전능한 자라 하시더라 9. 나 요한은 너희 형제요 예수의 환난과 나라와 참음에 동참하는 자라 하나님의 말씀과 예수를 증언하였음으로 말미암아 밧모라 하는 섬에 있었더니 10. 주의 날에 내가 성령에 감동되어 내 뒤에서 나는 나팔 소리 같은 큰 음성을 들으니 11. 이르되 네가 보는 것을 두루마리에 써서 에베소, 서머나, 버가모, 두아디라, 사데, 빌라델비아, 라오디게아 등 일곱 교회에 보내라 하시기로 12. 몸을 돌이켜 나에게 말한 음성을 알아 보려고 돌이킬 때에 일곱 금 촛대를 보았는데 13. 촛대 사이에 인자 같은 이가 발에 끌리는 옷을 입고 가슴에 금띠를 띠고 14. 그의 머리와 털의 희기가 흰 양털 같고 눈 같으며 그의 눈은 불꽃 같고 15. 그의 발은 풀무불에 단련한 빛난 주석 같고 그의 음성은 많은 물 소리와 같으며 16. 그의 오른손에 일곱 별이 있고 그의 입에서 좌우에 날선 검이 나오고 그 얼굴은 해가 힘있게 비치는 것 같더라 17. 내가 볼 때에 그의 발 앞에 엎드러져 죽은 자 같이 되매 그가 오른손을 내게 얹고 이르시되 두려워하지 말라 나는 처음이요 마지막이니 18. 곧 살아 있는 자라 내가 전에 죽었었노라 볼지어다 이제 세세토록 살아 있어 사망과 음부의 열쇠를 가졌노니 19. 그러므로 네가 본 것과 지금 있는 일과 장차 될 일을 기록하라 20. 네가 본 것은 내 오른손의 일곱 별의 비밀과 또 일곱 금 촛대라 일곱 별은 일곱 교회의 사자요 일곱 촛대는 일곱 교회니라

1장 서언 1장 1-8절

하나님의 말씀과 예수의 증거를 가진 교회

"예수 그리스도의 계시라 이는 하나님이 그에게 주사 반드시 속히 일어날 일들을 그 종들에게 보이시려고 그의 천사를 그 종 요한에게 보내어 알게 하신 것이라" 1절.

1. 예수의 계시

'예수의'라는 말은 소유격이다. 이것은 주격으로 볼 수도 있고(예수가 계시함), 목적격으로 볼 수도 있다(예수를 계시함). 필자는 이 두 가지 의미를 통합하고 싶다. 계시록은 예수님이 예수 자신을 계시한 것이다. 성경은 인간이 스스로 알 수 있는 책이 아니다. 주님이 열어주셔야 깨달을 수 있는 것이다. 특히 마지막 때의 비밀을 담고 있는 계시록은 더욱 성령께서 열어주셔야 한다. 모든 성경이 그렇지만 계시록은 공부하면서 반드시 기도가 있어야 한다.

"내가 기도할 때에 기억하며 너희로 말미암아 감사하기를 그치지 아니하고 우리 주 예수 그리스도의 하나님, 영광의 아버지께서 지혜와 계시의 영을 너희에게 주사 하나님을 알게 하시고 너희 마음의 눈을 밝히사" 엡 1: 16-17.

2. 반드시 속히 될 일

22장에도 반드시 속히 될 일이라는 말씀이 3번이나 나온다. 계시록의 말씀이 비록 현실에서는 전혀 이루어질 것 같지 않아 보여도 반드시 속히 될 일임을 명심해야 한다. 우리는 주님의 재림이 늦어진다고 너무 안일하고 무감각하게 살아간다. 계시록은 주님의 다시 오심의 긴급함을 이토록 강조하고 있다.

3. 요한에게 보내어 알게 하신 것이라

"알게 하심"이라는 단어는 원문에 '세마이노'이다. 이 단어는 '상징하다, 신호하다, 상징을 통해 전달하다'라는 의미이다. 이 단어의 명사형은 '세메이온'이다. 표적이라는 뜻이다. 표적은 기적 자체보다는 그 기적이 의미하는 것을 상징하는 것이다. 그렇다면 계시록의 사건과 이미지나 숫자는 무엇인가를 상징하고 신호하는 것이다. 요한계시록을 문자적이 아닌 상징적으로 해석해야 함을 첫 구절부터 말씀하고 있는 것이다.[23]

"요한은 하나님의 말씀과 예수 그리스도의 증거 곧 자기가 본 것을 다 증언하였느니라" 2절.

하나님의 말씀과 예수그리스도의 증거를 증언함

계시록은 교회를 '하나님 말씀을 붙들고 예수 그리스도를 증거하는 곳이다'라고 한다. 교회의 본질은 건물도 아니고, 교회 사이즈도 아니다. 교회는 하나님의 말씀이 제대로 선포되는 곳이다. 예수가 누군지 드러내는 복음과 예수를 드러내는 삶이 있는 곳이다. 이것이 교회이고 성도이다. 말씀으로 예수를 붙들고, 삶으로 예수를 드러내는 곳이 교회요, 목사요, 성도인 것이다. 말씀을 붙드는 공동체가 아니면 교회가 아니다. 그냥 친목 단체요 커뮤니티에 불과한 것이다. 교회가 교회되는 것은 하나님의 말씀이 중심으로 설 때인 것이다. 이 표현은 요한계시록 안에서 굉장히 중요한 의미를 갖는다. 3장의 빌라델비아교회에게 하신 말씀 중에도 나온다. 12장에 교회를 상징하는 여인이 하나님의 말씀과 예수의 증거로 싸운다. 하나님의 백성들은 환경과 사람을 붙드는 자들이 아니라 하나님 말씀을 붙들고 예수를 드러내고 있는 자들이다.

"이 예언의 말씀을 읽는 자와 듣는 자와 그 가운데에 기록한 것을 지키는 자는 복이 있나니 때가 가까움이라" 3절.

1. 계시록의 첫 번째 복: 말씀을 읽고 듣고 지키는 자가 복이 있도다

계시록의 7복 중 첫 번째 복이 이것이다. 마지막 때에 주님이 주고자 하는 첫 번째 복은 말씀의 복이다. 말씀을 열어주시는 복이다. 혹시 독자들 중에 물질, 사업, 목회 다른 것이 열리지 않아도 말씀이 열리고 있으면 이미 최고의 복을 받는 것이다. 말씀을 열어달라고 기도하라.

2. 읽는 자와 듣고 지키는 자는 하나이다

1세기 당시의 예배는 성경을 대표로 읽는 사람이 있었다. 그리고 듣는 청중이 있었다. 듣고 지키는 자는 헬라어 정관사 하나로 처리하고 있다. 듣는 자 지키는 자가 하나다. 듣는 자는 곧 지켜야 한다는 의미이다.[24] 진짜 복은 듣는 것으로 끝나지 않고 반드시 말씀을 지키는 것이다. 우리는 우리의 입맛에 맞는 설교를 취사 선택할 수도 있는 시대에 산다. 그만큼 수많은 설교가 쏟아져 나온다. 그러나 그리스도인이 말씀대로 살고자 하는 삶의 몸부림이 없다면 그는 그리스도인이 아니다. 오늘날 우리의 삶은 어떠한가?

"요한은 아시아에 있는 일곱 교회에 편지하노니 이제도 계시고 전에도 계셨고 장차 오실 이와 그의 보좌 앞에 있는 일곱 영과 또 충성된 증인으로 죽은 자들 가운데에서 먼저 나시고 땅의 임금들의 머리가 되신 예수 그리스도로 말미암아 은혜와 평강이 너희에게 있기를 원하노라 우리를 사랑하사 그의 피로 우리 죄에서 우리를 해방하시고 그의 아버지 하나님을 위하여 우리를 나라와 제사장으로 삼으신 그에게 영광과 능력이 세세토록 있기를 원하노라 아멘" 4-6절.

1. 은혜와 평강이 있을지어다

요한계시록은 예언서이기도 하지만 서신서이기도 하다. 그래서 서신의 형태인 문안인사를 한다. 그런데 문안인사치고는 다른 서신서에 비해 너무 길다. 이것은 단순한 문안인사가 아니다. 깊은 의미가 있는 것이다.

은혜와 평강은 성부, 성자 성령으로부터 온다. 진짜 평강은 땅으로부터 오지 않는다. 세상에서는 진짜 평안도, 우리를 채워질 진정한 만족도 없다. 오직 하나님으로부터만 인생의 행복이 오는 것이다. 단순히 인사의 문구로만 보지 마라. 교회가 외적으로 부흥한다고 해서 성부, 성자, 성령이 주시는 행복과 비하겠는가? "너희들의 진짜 행복은 내게 있다는 것이다"라고 말씀하신다. 배가 채워져야 행복한 사람도 있지만 가슴이 비어 있으면 못 사는 사람들도 있다. 말씀 자체로 채워져야 한다. 삭개오는 돈으로 인생이 채워지지 않았다. 복음이 채워지면 집착하고 있었던 것이 내려놓아진다. 오늘날의 삭개오가 교회들마다 많이 있다. 복음으로 채워지면 자신이 집착했던 것이 놓아진다.

1) 성부
① 누가 참 하나님이신가?

"이전에 계셨고 지금도 계시고 장차 오실 분" 이 표현은 구약에서 하나님의 존재 방식인 "스스로 계신 자"인 "여호와"를 지칭하는 표현이다 (출 3:14, 사 41:4). 또한 문화·역사적 배경으로 보면 그 당시 그리스와 로마 신들의 아버지인 제우스 신에게 고백된 숭배 문구이다.[25] 그러면 그 모든 신들의 아버지인 제우스에게 바쳤던 문구를 사용하여 요한은 진짜 아버지이고 진짜 신은 제우스가 아닌 하나님이시라는 것이다. 1장 4절과 8절은 대칭이다. 이것을 '인쿨루지오 구조(수미 쌍괄식, 앞뒤 감싸기)'라고 한다. 똑같은 단어를 앞뒤로 싸서 설명하는 것이다.

② 현재를 강조하는 이유

이 문장의 동사시제의 순서를 보라. 보통은 과거, 현재, 미래를 써야 하는 것이 맞는데, 현재를 먼저 썼다. 요한의 의도적인 표현이다. 요한 안에 계신 성령의 의도는 이것이다. "너희들의 현실이 하나님이 안 계신 것 같은 고난의 한복판이지만, 하나님이 지금 함께 계시니 힘을 내라" 는 것이다. 요한의 창조적인 표현이다.[26]

마치 마태가 마태복음에서 구약을 65번 인용할 때 그대로 인용하지 않고 조금씩 바꾸었던 것과 같다. 예를 들어 미가 5장 2절의 '베들레헴에브라다야 너는 작을지라도…'를 마태는 창조적으로 바꾼다. '베들레헴아 결코 너는 작지 아니하도다'라고 말한다. 미가서에서 미가는 베들레헴이라는 마을의 작음만 보았다. 마태는 그 작은 동네에 예수님이 오셨기에 "베들레헴아 …결코 작지 아니하도다"라고 하는 것이다. 현실은 베들레헴이지만 그곳에 복음이 있고 하나님의 임재가 있다면 결코 작지 않다. 성도들은 설교자의 설교 중에 자기 삶의 정황에 맞는 한 문장에 꽂히게 되어 있다. 마태는 미가 5장 2절을 복음이 왔고 예수가 왔고 임재가 있다면 결코 작지 않다고 본 것이다. 왕이 오셨으니 결코 작지 않은 것이다.

③ 장차 오실 이

이 단어는(엘코메노스) 원문에는 미래형이 아니라 현재형으로 '오고 계시는 이'라고 번역할 수 있다. 미래에서부터 고난 받고 있는 현실을 바꾸려 달려오고 계신 하나님으로 쓰고 있다. 이것이 당시의 성도에게 얼마나 큰 위로가 되었겠는가? 우리에게도 마찬가지다. 주님은 고난받고 있는 당신의 백성들에게 달려오고 계신 분이시다. "고난받고 있는 내 교회를 위해 달려가고 있으니 조금만 참으라"고 하신다. 필자는 이 책을 읽는 모든 이가 다시 한 번 힘을 냈으면 하는 마음으로 이 글을 쓰고 있다.

현재형이 쓰인 곳은 로마서 8장이다. 사탄이 우리를 정죄할 때도 현재형이다. 날마다 정죄한다. 반면 우리를 위해 간구하시는 예수님의 간구도 현재형이다. 날마다 변호하고 계신다.

2) 성령 하나님

성령님은 계시록 안에서 덜 강조되고 있는 것처럼 보이지만, 언급된 빈도가 적다고 그 중요함까지 소홀히 여기면 안 된다.[27]

① 보좌 앞에 7영이라 한다. 완전수이다. 개수를 말하는 것이 아니

다. 성령님이 완전하신 분이며, 성령님의 사역도 완전하다는 의미로 일곱 영인 것이다.

② '보좌 앞'은 성령님은 단독으로 일하시지 않고 '성부 하나님과 어린양 예수님의 뜻을 받들어 일하시는 분이시다'라는 뜻이다. 누군가가 성령 사역을 하는데 예수님의 십자가와 반대로 말과 행동이 나온다면 그것은 잘못된 것이다. 왜냐면 그분은 성부의 뜻과 예수님의 뜻만 풀고 적용하는 분이시기 때문이다.

3) 어린양 예수의 구속사역

① 어린양 소개
삼위 하나님 중 어린양의 사역이 마지막으로 나온다. 계시록은 어린양의 구속사역이 중심이다. 예수님을 '충성된 증인, 죽은 자 가운데서 다시 살아나신 분, 땅의 임금들의 머리'로 묘사한다. 예수님은 하나님의 뜻을 증언하다 죽기까지 하셨고 부활하사 임금들의 머리가 되셨다. 하나님의 증인된 교회는 아버지의 뜻에 충성하다가 죽지만 반드시 다시 살아난다. 그리고 땅의 임금들의 머리이신 예수 그리스도와 함께 다스릴 자이다.

② 구속의 동기 : 우리를 사랑하사
예수님의 구속사역의 동기는 사랑이다. "너희들이 구원받을 자격이 있어서가 아니라 주님이 너희들을 사랑하고 불쌍히 여기어 구원했다. 내가 십자가에 죽을 수 있었던 이유는 너희들을 향한 나의 사랑과 은혜와 긍휼이었다"고 예수님은 말씀하신다.
우리의 삶도 마찬가지이다. 주님이 나를 구속하시고 불쌍히 여기셔서 구원하시고 회복시키셨다면, 나를 힘들게 하는 사람에게도 똑같은 하나님의 은혜와 긍휼로 대해야 한다. 나만큼 저 사람도 주님이 사랑하셨음을 안다면 힘들게 하는 사람들을 품을 수 있을 것이다. 그러기 위해서 내가 죽는 십자가의 길을 가야하는 것이다.

③ 구속의 방법 : 피로

예수님은 사랑을 말로만 한 것이 아니다. 실제 죽으심으로, 삶으로 하셨다. 자신의 생명을 내어주심으로 하신 것이다. 그저 말과 능력으로 한 것이 아니라 실제 몸을 주심으로 하셨다. 누군가를 사랑한다는 것은 그를 위해 죽을 수 있는 것이다.

④ 구속의 방향 : 아버지를 위해

왜 해방하셨는가? 이것이 중요하다. 아버지를 위한 존재가 되기 위하여 구속하셨다. 구속의 방향은 아버지이시다. 고린도후서 5장에서 바울은 새 피조물의 존재 목적이 화목의 사명임을 밝힌다.

"그런즉 누구든지 그리스도 안에 있으면 새로운 피조물이라 이전 것은 지나갔으니 보라 새 것이 되었도다 모든 것이 하나님께로서 났으며 그가 그리스도로 말미암아 우리를 자기와 화목하게 하시고 또 우리에게 화목하게 하는 직분을 주셨으니 곧 하나님께서 그리스도 안에 계시사 세상을 자기와 화목하게 하시며 그들의 죄를 그들에게 돌리지 아니하시고 화목하게 하는 말씀을 우리에게 부탁하셨느니라" 고후 5:17-20.

바울은 "이제는 너희 자신을 위해 살지 않고 하나님을 위해 사는 존재"를 새 피조물로 이야기하고 있다. "나를 위해 살지 않고 구속하신 아버지를 위해 방법과 동기와 목적과 방향이 전환된 자들이 새 피조물"인 것이다. 정말 구원받았다는 것은 내 삶이 하나님 아버지를 위한 목적과 가치로 바뀌었다는 것이다. 우리는 아버지가 우리를 위해 존재하기를 원한다. 그러나 반대이다. 우리가 아버지를 위해 존재하는 것이다. 아가 2장에 보면 '그는 나에게 속하였고 나는 그에게 속하였다'고 한 신부가 6장에 가면 ' 나는 그에게 속하였다' 고 고백한다.

"내 사랑하는 자는 내게 속하였고 나는 그에게 속하였도다" 아 2:16.
"나는 내 사랑하는 자에게 속하였고 내 사랑하는 자는 내게 속하였으며" 아 6:3.

신앙 성숙의 여정의 초기에 신부는 신랑이 자신을 위해 존재한다고 여긴다. 그런데 신부의 사랑이 성숙해가면서 나중에는 신부가 신랑을 위해 존재하게 된다. 이처럼 신앙도 점점 자라가야 한다. 구원받았을지라도 나를 위한 하나님인가 아니면 내가 하나님을 위해 존재하는가를 살펴보아야 한다.

⑤ 구속의 사명 : 나라와 제사장
나라는 헬라어로 '바실레이아'이다. 이 단어는 장소의 개념이 아니라 통치의 개념이다. '나라와 제사장'의 개념은 그리스도인이 누구인가에 대한 핵심 가치이다. 순서도 중요하다. 하나님의 통치가 내게 임하고 내 안을 채우고 넘치면 그 하나님의 긍휼을 흘려보낼 사명이 있다. 우리는 제사장의 사명을 감당해야 한다. 제사장의 사명은 출애굽기 19장과 베드로전서 2장에도 동일하게 나타난다.

"세계가 다 내게 속하였나니 너희가 내 말을 잘 듣고 내 언약을 지키면 너희는 모든 민족 중에서 내 소유가 되겠고 너희가 내게 대하여 제사장 나라가 되며 거룩한 백성이 되리라" 출 19:5-6.

"그러나 너희는 택하신 족속이요 왕 같은 제사장들이요 거룩한 나라요 그의 소유가 된 백성이니 이는 너희를 어두운 데서 불러 내어 그의 기이한 빛에 들어가게 하신 이의 아름다운 덕을 선포하게 하려 하심이라" 벧전 2:8-9.

즉, 신·구약 성도들의 근본적 사명이 열방을 하나님께로 불러들여야하는 것에 있는 것이다.

⑥ 구속의 목적: 하나님께 세세토록 영광 돌리기 위해

창조와 구속, 재창조의 목적이 하나이다. 하나님의 영광이다. 우리의 삶의 목적도 하나님의 영광이다. 요한계시록 문맥 안에서 하나님께 영광을 돌리는 것은 말씀을 붙들고 우상숭배를 끝까지 거부하여 믿음을 지키는 것이다.

"볼지어다 그가 구름을 타고 오시리라 각 사람의 눈이 그를 보겠고 그를 찌른 자들도 볼 것이요 땅에 있는 모든 족속이 그로 말미암아 애곡하리니 그러하리라 아멘" 7절.

1. 구름 타고 오시리라

구약 전통에서 구름은 하나님의 영광의 임재의 상징이다. 재림의 주님이 승천하실 때처럼 구름 타고 오신다는 것은 하나님의 영광을 가지고 오신다는 것이지 물리적인 구름이 아니라고 생각한다. 롱맨은 이것은 심판의 주요 전사이심을 말하는 것이라 한다.[28]

2. 그를 찌른 자들이 통곡할 것이요

1) 스가랴 12장 예언의 성취다

"내가 다윗의 집과 예루살렘 주민에게 은총과 간구하는 심령을 부어 주리니 그들이 그 찌른 바 그를 바라보고 그를 위하여 애통하기를 독자를 위하여 애통하듯 하며 그를 위하여 통곡하기를 장자를 위하여 통곡하듯 하리로다" 슥 12: 1.

이것은 예수님의 십자가와 부활과 성령의 역사로 인한 회개를 의미한다고 보는 학자들도 있다. 그러나 필자가 보기에 이것은 예수님의 재림 때에 발생할 사건으로 보는 것이 더 좋아 보인다. 그 이유는 요한계시록 6장에 6인 심판이 시작된다. 8장 9장에 7나팔 심판이 시작된다. 8장과 9장 끝에 '회개치 않더라'가 핵심이다. 마지막 재앙 시리즈인 15~16장의 대접 재앙에서도 '회개치 않더라'가 두 번 나온다. 그러니까 여기에 통곡의 사건은 재림할 때 후회하고 회개한다고 말하는 것이 아니라 계시록 문맥 전체를 먼저 공부해 본 자로서 깨닫게 하시는 성령의 은혜가 아니면 회개하지 않고 통곡하지 않는다. 그들은 혀가 아파서 깨물면서도 비방한다.

"주 하나님이 이르시되 나는 알파와 오메가라 이제도 있고 전에도 있었고 장차 올 자요 전능한 자라 하시더라" 8절.

1. 주 하나님

이미 서론에서 말했듯이 이 표현은 당시 도미티안이 자신에게 경배할 때 강요한 경배 문구이다. 요한계시록의 핵심 주제 중 하나는 "누가 세상의 진정한 주인가?"이다.[29] 사도 요한은 진정으로 이 고백을 받으실 분은 오직 하나님 한분이심을 강조한다. 그 당시는 도미티안이 주요 하나님인 시대이다. 당시에 황제의 신전에 가서 도미티안이 '주요 하나님' 이심을 고백해야만 매매를 하도록 666표를 주었다. 이 666표가 없으면 매매나 경제활동이 금지되었다. 이런 상황에서 보면 요한복음에 나오는 "당신이 주요 나의 하나님" 이심을 고백한 도마의 고백은 목숨을 걸고 한 고백인 것이다. 모든 사람이 도미티안을 '나의 주요 나의 하나님'으로 하지 않으면 목이 잘리는 상황에서 도마가 죽음을 각오하고 주님께 나의 주 나의 하나님으로 고백하였다.

> "그러므로 내가 너희에게 알리노니 하나님의 영으로 말하는 자는 누구든지 예수를 저주할 자라 하지 아니하고 또 성령으로 아니하고는 누구든지 예수를 주시라 할 수 없느니라" 고전 12:3.

'누구든지 성령이 아니면 예수를 주라 시인할 자가 없다'는 말씀은 성령만이 죽음을 각오하고 예수를 주와 그리스도로 고백하게 하신다. 성령만이 '예수를 저주받을 자가 아닙니다'라고 고백하게 하신다. 죽음의 순간 앞에 예수가 나의 주라고 고백하는 것은 성령이 아니고는 안 된다.

마태복음 10장에 예수께서 "나를 시인하는 자를 내가 시인하고 나를 부인하는 자를 내가 부인하리라" 하신 말씀도 원독자의 상황 속에서 요구되는 것을 알면 깊은 은혜가 있다. 예수님이 나의 주 나의 하나님을 고백할 수 없는 상황속에서 고백할 수 있다면 그것이 진정한 신앙인 것이다. 요한계시록 4장에 24장로가 엎드려 주 하나님이라 고백한다. 1세기의 교회와 성도가 로마 황제 핍박 가운데서 한 고백이라면 오늘날 신자들도 물질이라는 맘몬신과 맘몬신을 섬기도록 부추기는 번영신학과 거짓 복음 앞에서 예수를 '주요 하나님'이라고 고백할 수 있을까? 21세기의 성도에게 진짜 주는 누구인가? 정말 하나님일까?

2. 알파와 오메가

1장에 성부 하나님과 어린양이 "나는 처음이요 나중이요"라고 각각 한 번씩 선포하신다. 계시록 전체에 총 네 번 나온다. 여기서 성부 하나님과 예수 그리스도께서 자신을 '알파와 오메가'라고 계시하는 이유가 있다. 지금은 소망이 없어 보이고, 고난의 끝이 보이지 않고, 아무리 해도 안된다고 절망하며, 그래서 신앙 자체를 포기하려고 하는 교회와 성도에게 "시작한 이가 나이기에 끝도 내가 완성하리라"하시는 것이다. "나는 일을 시작했으면 중간에 힘들다고 어렵다고 포기하거나 중단하는 법이 없다. 나는 시작했으면 완성한다. 그러니 나를 믿고 끝까지 인내하며 이기라"는 주님의 위로요 의지이다.

바울은 고린도전서에서 교회 안에 있는 10가지가 넘는 문제들을 책망한다. 그러나 책망에 앞서 바울은 1장에서 하나님께 감사한다. 왜일까?

> "그리스도 예수 안에서 너희에게 주신 하나님의 은혜로 말미암아 내가 너희를 위하여 항상 하나님께 감사하노니" 고전 1:4.

바울의 눈에는 고린도교회의 문제는 산더미처럼 있지만 '시작하셨으면 완성하실 하나님의 은혜'가 먼저 보여 감사를 드리고 있는 것이다. 필자에게도 교회를 개척하면서 수많은 어려움 때문에 포기하고 싶을 때가 있었다. 그럴 때마다 위로한 성도들이 있었다. "목사님, 힘들지만 하나님이 이 교회를 시작하셨기에 하나님이 마치실 거예요"라는 위로를 받은 적이 있다. 이 책을 읽는 독자들에게도 말하고 싶다 "힘을 내세요! 시작하신 이가 끝까지 이루실겁니다."

3. 전능자라

'전능자'라는 말은 계시록 전체에 9번 나온다. 로마 황제 숭배 강요와 유대교의 핍박이 너무 심할 때 "내가 전능한 것을 믿느냐"라고 말씀하신다. "내가 너희 교회의 삶을 바꿀 전능자라는 것을 믿느냐"라고 하신다.

창세기 49장에 야곱이 요셉을 축복하면서 요셉을 '담장을 뻗는 가지… 그 사이에 많은 사람이 활로 너를 쐈도다'라는 이야기를 한다. 요셉 혼자만의 행복만이 아니라 열방을 살리는 자로 세우셨다. 축복이 흘러 다른 영혼들을 살리는 자리에 가기까지 너에게 쏘는 '화살'이 있었다는 것이다. 요셉의 13년간의 고난이 축복으로 역전되는 것은 '전능자'의 능력 때문이었다.

> "나 요한은 너희 형제요 예수의 환난과 나라와 참음에 동참하는 자라 하나님의 말씀과 예수를 증언하였음으로 말미암아 밧모라 하는 섬에 있었더니" 9절.

1. 사도 요한의 자기소개

요한은 '너의 형제요'라고 자신을 소개한다. 사도 요한의 겸손함을 엿볼 수 있다. 90살이 넘은 자신을 형제라고 한다. 높임도 존경도 받으려고 하지 않는다. 오늘날 교회 안에서 서로 높임을 받으려고 하는 싸움이 얼마나 많은지 모른다. 목회자도, 성도들도 노 사도의 겸손을 본 받아야 한다. 우리가 낮아지기만 한다면 대부분의 갈등은 해결될 것이다.

2. 예수의 환난

원문은 '예수 안에' 있는 환난이다. 예수 안에 들어오면 이 땅의 성공과 번영보다 오히려 하나님의 자녀답게 만드는 환난이 시작되고 고난이 시작된다. 성도는 그 환난꽈 고난에 동참하고 있는 자이다. 교회가 무엇이냐? 성도는 무엇이고 목사는 무엇인가? 예수 안에 있기에 환난과 고난이 있는 자이다. 그레이엄 골드워디도 다음과 같이 설명한다.

"그리스도인은 세상의 기준에 자신을 맞추지 않으므로 인해서 세상의 미움을 받는 것에 만족해야 할 것입니다. 그리스도인이 된다는 것은 고난으로부터 벗어나기는커녕 오히려 그것을 자초하는 것입니다."[30]

"그러므로 너는 내가 우리 주를 증언함과 또는 주를 위하여 갇힌 자 된 나를 부끄러워하지 말고 오직 하나님의 능력을 따라 복음과 함께 고난을 받으라" 딤후 1:9.

"그리스도를 위하여 너희에게 은혜를 주신 것은 다만 그를 믿을 뿐 아니라 또한 그를 위하여 고난도 받게 하려 하심이라" 빌 1:29.

예수의 참된 종이라면 예수님 때문에 당하는 개인적인 고난의 밧모섬이 반드시 있다. 우리의 밧모섬은 우리를 아프게 하고 힘들게 하기도 하지만, 내가 예수를 드러내고 있는 참 그리스도인의 증거이기도 하다.

환난이라는 헬라어 단어는 '들립시스'이다. '위에서 꽉꽉 위에서 누르다'라는 뜻이다. 탈곡기라는 라틴어 단어가 이 단어에서 나왔다.[31] 환난은 나의 육적 자아를 다 벗겨서 하나님이 원하시는 알곡으로 만드시는 것이다. "나는 완전한 것 같은데…"라고 생각하시겠지만, 고난이 있다는 것은 아직은 내게 벗겨 낼 것이 있는 것이다.

3. 하나님 말씀과 예수의 증거로 인한 환난 : 교회란 무엇인가?

주님은 말씀 붙들고 예수를 드러내는 자를 기뻐하신다. 우리시대의 부흥이 진짜 복음의 말씀으로 부흥한 것인가? 이미 말했지만 계시록에서 강조하고 있는 교회는 하나님의 말씀과 예수를 증거하는 교회이다. 교회는 하나님 말씀이 중심에 없으면 교회가 아니다. 분명한 진리의 말씀이 선포되어야 교회다. 그리고 예수를 삶으로 드러내는 삶의 증인들이어야 한다. 지금 우리가 선포하는 것이 복음인가 볶음인가?

"이 집은 살아 계신 하나님의 교회요 진리의 기둥과 터니라" 딤전 3:15.
"주의 날에 내가 성령에 감동되어 내 뒤에서 나는 나팔 소리 같은 큰 음성을 들으니" 10절.

1. 성령에 감동되어(엔 프뉴마티 1)

요한계시록의 4번의 '엔 프뉴마' 의 첫 번째이다. 요한은 성령에 감동된 것이다.

"내 백성아… 어려울수록 내 임재 안에 있으라. 성령에 붙잡혀 있으라." 하나님은 왜 고난의 때에 영광스러운 하늘을 보여주고 계신가? "너의 최종 운명은 하늘의 영광이니까, 오늘의 고난이 다가 아니고 끝이 아니니까 여기서 절망하지 말라"는 것이다. 그래서 천상을 보여주시는 것이다. 지상과 천상을 왔다갔다 하는 시간적, 공간적 초월이 계시록 안에 자주 나타나는 이유이다.[32]

2002년의 월드컵 축구 이탈리아와의 16강 경기를 기억해보라. 한국 대표팀이 1대 0으로 지고 있었다. 그런데 후반전 43분에 설기현 선수가 동점골을 넣었고 연장선에서 안정환 선수가 역전골을 넣었다. 당시 필자는 후반 43분까지 골이 안 나오자 지는 줄 알고 거의 포기한 상태에서 경기를 지켜보았다. 그런데 설기현과 안정환의 골로 역전했다. 지금은 그 경기를 보면 떨리지 않는다. 아무리 지고 있어도 43분쯤 되면 동점골이 터질 것을 알기 때문이다. 전반전과 후반전 내내 지고 있어도 결국 그 끝이 2-1이라는 것을 알고 있기에 전혀 떨리지 않는다.

1장, 4장, 7장, 14장에 나오는 천상의 장면은 휴거 본문이 아니다. 지금은 교회의 현실이 1-0으로 지고 있는 것 같은 현실이지만, 반드시 예수님의 재림때에 2대 1로 역전시킬 것이다. "죽을지라도 이겨라" 주님은 로마와 도미티안을 없애주시는 것이 아니다. 마지막 날 역전을 준비하고 계신 것이다.

2. 주의 날에 감동되어

요한은 성령의 감동에 사로잡혔다. 예수가 부활하신 날에 큰 음성이 들렸다. 주님의 진짜 큰 음성은 "지금의 고난과 환난이 끝이 아니라 마지막에 부활의 승리가 있다는 것이다. 주일 예배를 우습게 보지 마라. 주의 날은 주의 음성이 선포되는 날이요, 주의 부활의 능력을 경험하는 날이요, 고난을 이길 힘이 공급되는 날이다. 그래서 주일이 중요하다.

> "이르되 네가 보는 것을 두루마리에 써서 에베소, 서머나, 버가모, 두아디라, 사데, 빌라델비아, 라오디게아 등 일곱 교회에 보내라 하시기로 몸을 돌이켜 나에게 말한 음성을 알아 보려고 돌이킬 때에 일곱 금 촛대를 보았는데 촛대 사이에 인자 같은 이가 발에 끌리는 옷을 입고 가슴에 금띠를 띠고 그의 머리와 털의 희기가 흰 양털 같고 눈 같으며 그의 눈은 불꽃 같고 그의 발은 풀무 불에 단련한 빛난 주석 같고 그의 음성은 많은 물 소리와 같으며 그의 오른손에 일곱 별이 있고 그의 입에서 좌우에 날선 검이 나오고 그 얼굴은 해가 힘 있게 비치는 것 같더라" 11-16절.

요한이 본 예수님과 교회의 환상 (도표 1) [33]

요한계시록 1장의 예수님의 모습		구약적 배경		
1:13	인자 같은 이가	단 7:13	인자 같은 이가	심판주
1:13	발에 끌리는 옷을 입고 가슴에 금띠를 띠고	출 28:4	그들의 지을 옷은 흉패와 에봇과 겉옷과 반포와 속옷과 관과 띠라 제사장과	왕권
1:14	머리가 털의 희기가 흰 양털 같고 눈 같으며	단 7:9	그 옷은 희기가 눈 같고 그 머리털은 깨끗한 양의 털 같고	거룩한 하나님
1:14-15	그의 눈은 불꽃 같고 그의 발은 풀무에 단련한 빛난 주석 같고 그의 음성은 많은 물소리 같으며	단 10:6	그 눈은 햇불 같고 그 팔과 발은 빛난 놋과 같고 그 말소리는 무리의 소리와 같더라	감찰자 심판자
		겔 43:2	하나님의 음성은 많은 물소리 같고	여호와
1:16	그 입에서 좌우에 날선 검이 나오고	사 11:4;	그 입의 막대기로 세상을 치며	말씀이신 하나님
		사 49:2	내 입을 날카로운 칼 같이 만드시고	
1:16	그 얼굴은 해가 힘있게 비취는 것 같더라	단 10:6	그 얼굴은 번갯빛 같고	만군의 여호와
		삿 5:31	주를 사랑하는 자는 해가 힘있게 돋음 같게 하시옵소서	전사
1:17	나는 처음이요 나중이니	사 42:4	나 여호와라 태초에도 나요 나중 있을 자에게도 내가 곧 그니라	여호와
		사 44:6	나는 처음이요 나는 마지막이라 나외에 다른 신이 없느니라	

요한계시록 1장의 예수님의 모습			구약적 배경	
1:17	나는 처음이요 나중이니	사 48:12	나는 그니 나는 처음이요 또 마지막이라	여호와
1:18	곧 산 자라 세세토록 살아 있어	신 32:40	나의 영원히 삶을 두고 맹세하노니	여호와
1:18	이제 세세토록 살아 있어 사망과 음부의 열쇠를 가졌노니	사 22:22	내가 또 다윗 집의 열쇠를 그의 어깨에 두리니 그가 열면 닫을 자가 없겠고 닫으면 열 자가 없으리라	주권자

● 1장의 예수의 모습이 2-3장에서 예수의 모습으로 반복됨. 1:9-20에서 소개된 예수님의 모습이 2-3장 메시지의 서두에서 소개되는 예수님의 이름에 그대로 사용된다. 그리고 2-3장의 메시지 서두에 사용된 예수님의 이름은 다시 그 메시지의 내용과 관련된다.

1. 예수님의 영광스러운 모습

각각의 예수님의 모습은 구약을 배경으로 한다. 구체적 인용 구절은 도표를 꼭 참조하기를 바란다(필자의 렉쳐북에는 인용 구절들을 자세히 실었다).

1) 촛대 사이에 인자같은 이

① 인자

인자는 단지 예수님이 자신을 겸손하게 낮추어 부르시는 표현이 아니다. 다니엘서에서 나오는 인자는 마지막 날에 성부 하나님께 나가 심판권을 받으시는 심판자요, 주권자인 그리스도를 의미한다.

② 촛대 사이에

이 촛대는 7교회를 의미한다고 주님이 직접 풀어주신다1:20 승귀하신 영광의 주님이 촛대인 교회 사이에 계시다는 것은 교회의 주인이 주님이시고, 교회를 감찰하시고 보호하신다는 것이다.

2) 금띠와 발에 끌리는 옷

이것은 예수님의 대제사장권을 의미한다. 금띠는 왕권이다. 예수님이 왕이라는 것은 도미티안의 핍박을 이길 힘이 되고, 대제사장이라는 것은 교회의 죄악과 허물이 있어도 하나님께 나아갈 근거가 된다.

3) 불꽃같은 눈

불꽃같은 눈은 예수님의 감찰하심을 의미한다. 2장에 두아디라교회에 나타나신 주님의 모습이다. 죄인에게는 두려움의 눈이 될 것이나 고난받는 교회에게는 위로의 눈이 될 것이다.

4) 주석같은 발

주석같은 발은 심판자이심을 나타낸다. 주석은 놋이다. 구약에서 놋은 심판을 상징한다. 놋 뱀, 놋 제단이 그렇다. 두아디라교회에 나타나신 예수님의 모습이 주석같은 발과 불꽃같은 눈이다. 불꽃같은 눈은 감찰하고 꿰뚫어보는 주님이심을 말한다. 두 가지 표현이 사용된다는 것은 이 교회가 책망받을 것이 많다는 것이다. 에스겔서와 다니엘서를 인용한 것이다(도표1 참조).

5) 입에서 검이 나오고

입의 검은 예수님의 말씀의 권위와 능력을 이야기한다. '입'이라는 모티프는 요한계시록에서 중요하다. 입의 검 곧, 말씀은 두 가지 기능이다. 심판과 치유이다.

"그의 입에서 예리한 검이 나오니 그것으로 만국을 치겠고" 계 19:15.

"하나님의 말씀은 살아 있고 활력이 있어 좌우에 날선 어떤 검보다도 예리하여 혼과 영과 및 관절과 골수를 찔러 쪼개기까지 하며 또 마음의 생각과 뜻을 판단하나니" 히 4:12.

6) 얼굴은 해가 힘있게 비춤같고

사사기의 드보라와 바락이 미디안을 이기고 부른 노래 중에 나오는 대목이다. 이는 예수님이 전쟁에서 이기신 전사임을 드러낸다.

7) 교회를 7 금촛대로, 사자를 7 별로 비유하시는 이유

금 촛대는 교회를 의미한다고 계시록은 스스로 해석한다(계 1:19-20). 요한에게 환상을 보이셨는데 교회와 교회 사이를 거니시는 인자이신 예수님을 보이신다. 진짜 성령님이 보여 주시는 환상은 언제나 예수님과 몸된 교회이다. 구약 선지자들이 본 환상도 대부분이 새 성전이신 그리스도와 교회에 대한 환상이다. 성령이 임하시면 교회에 대한 비전을 받는다. 자나깨나 예수님은 교회밖에 없다. 그런데 예수님이 교회를 촛대에 비유하고 계신다. 왜 예수님은 교회를 금 촛대로 비유하실까? 성막에는 물두명도 있고 번제단도 있고 성소 안에는 떡상과 분향단이 있다. 성막의 7가지 기구 중에 하필이면 촛대을 교회로 비유하셨을까? 그것도 금 촛대라고 하셨을까? 필자가 보기에 예수님이 바라보신 교회는 어두운 세상에 생명의 말씀을 밝히는 교회이다. 빌립보서를 보면 생명의 말씀을 밝히는 교회가 교회인 것이다.

"너희가 흠이 없고 순전하여 어그러지고 거스르는 세대 가운데서 하나님의 흠 없는 자녀로 세상에서 그들 가운데 빛들로 나타내며 생명의 말씀을 밝혀" 빌 2:15-16.

어두움 가운데 복음을 드러내는지를 주님이 보신다. 일부러 금이라고 말하는 것은 변질되지 않은 복음을 전하고 있는 교회이다. 또한, 7교회의 사자들을 7별로 비유하시는 것도 별이 어둠을 밝힐 뿐만 아니라 사람들의 길을 인도하는 하나님의 백성들과 지도자들을 의미하기 때문이다. 마치 다니엘처럼 말이다

"지혜 있는 자는 궁창의 빛과 같이 빛날 것이요 많은 사람을 옳은 데로 돌아오게 한 자는 별과 같이 영원토록 빛나리라" 단 12:3.

"내가 볼 때에 그의 발 앞에 엎드러져 죽은 자 같이 되매 그가 오른손을 내게 얹고 이르시되 두려워하지 말라 나는 처음이요 마지막이니" 17절.

1. 내가 볼 때 엎드려져 죽은 자 같이 되었으매

요한이 주님의 영광스러운 모습을 보고 엎드려졌다고 한다. 24장로도 엎드려졌다. 문자적으로 엎드린 물리적 행동만을 말하는 것이 아니다. 시간, 가치, 돈, 인생 등이 하나님 주권 앞에 엎어지는 것이다. 이사야도 베드로도 엎드려진다. 주님을 만나면 다 엎드려진다. 이사야 6장을 보면 제단 숯불로 이사야의 입을 태우신다. 십자가 복음이 와서 그를 태우는 것이다.

"그 때에 내가 말하되 화로다 나여 망하게 되었도다 나는 입술이 부정한 사람

이요 나는 입술이 부정한 백성 중에 거주하면서 만군의 여호와이신 왕을 뵈었음이로다 하였더라" 사 6:5.

2. 오른손을 얹고 '두려워말라. 기록하라'

세대주의자들은 계시록을 시간적 연대기 순서로 본다. 1장 19절에에 '본 것, 지금 있는 것, 장차 될 일' 이라고 기록되었기 때문에 시간적 순서라고 주장하고 있다.[34] 아직도 한국에서는 이것이 대세이다. 그러나 계시록은 과거 현재 미래가 다 초월하여 넘나들기 때문에 시간적 순서의 개념이 아니다.

시간적 순서가 아님을 증명하겠다. 세대주의자들은 4장부터 교회가 휴거된다고 믿는다. 4장 이후가 예수님 재림 이후의 사건이라면 12장에 만국을 다스리는 철장권세를 가진 아이는 예수 그리스도의 초림과 성육신 사건을 말하는 것이 분명한데 도대체 이 아이는 누구로 볼 것인가? 이것은 분명 예수님의 성육신과 초림사건이다. 계시록은 초림과 재림사이의 일들을 반복적으로 점진적으로 강화시키는 반복적 구조를 가지고 있음을 앞으로 증명하겠다.[35]

2. 나는 처음이요 마지막이니

주님은 자신을 "처음과 마지막"이라고 선포하신다. 사도 요한과 7교회가 두려워하지 않아도 되는 이유가 바로 주님이 처음과 마지막이 되시기 때문이다. 주님은 우주와 역사와 교회를 시작하신 분이요 완성하실 자이기 때문이다. 이 말씀이 환난 중에 있는 사도 요한과 교회에게 큰 위로와 힘이 되었다. 우리도 마찬가지이다. 우리의 삶과 목회를 시작하게 하신 분도 주님이고, 마무리할 분도 주님이시기 때문에 우리도 두려워하지 말아야 한다.

"곧 살아 있는 자라 내가 전에 죽었었노라 볼지어다 이제 세세토록 살아 있어 사망과 음부의 열쇠를 가졌노니" 18절.

1. 전에 죽었다가 다시 살아 있는 자

예수님이 자신을 전에 "죽었다가 다시 살아 있는 자"로 선포하신다. 왜 죽었다 산 자로 선포하고 있는지를 이해해야 한다. "너희가 환난으로 인해 죽을지라도 반드시 내가 너희를 살릴 것이다. 나도 죽었지만 살아 났기 때문이다"라고 하시는 것이다. 이 표현은 1장에 한번, 2장에 서머나교회를 향한 메시지에서 한번 나온다. 지금 로마 황제 숭배를 거부해서, 666표 받기를 거부해서 굶주리고 심지어 순교하고 있는 성도들과 신앙을 지키고 있는 이들에게 "너희가 죽을 수도 있으나 고난 다음에는 하늘의 영광과 상이 반드시 있을 것이다. 그러니 끝까지 견디라. 혹, 이대로 끝내신다 할지라도 억울해하지 마라. 하나님이 천국에서 갚아 주실 것이다" 그런 의미에서 '죽었다 살았는데 세세토록 살았다 하신' 것이다.

2. 사망과 음부의 열쇠를 가지신 분

이 표현은 예수님이 온 세상의 우주의 왕이라는 것이다. 사탄과 로마 제국과 도미티안도 언제든지 음부 가운데 가둘 수 있는 분이시다. 그렇다면 독자들은 왜 주님은 도미티안이 교회와 성도들을 핍박하고 죽이는 현실을 방치하고 계신가에 대한 의문이 생길 수 밖에 없다. 그 답은 요한계시록 17장 17절에 나온다.

"이는 하나님이 자기 뜻대로 할 마음을 그들에게 주사 한 뜻을 이루게 하시고 그들의 나라를 그 짐승에게 주게 하시되 하나님의 말씀이 응하기까지 하심이라" 계 17:17.

"유대교의 핍박, 도미티안의 핍박을 허락하는 것은 너희를 향한 나의 뜻이 이루어지기까지이다"고 하신다. 시편 105편에도 같은 말씀이 나온다.

"그가 한 사람을 앞서 보내셨음이여 요셉이 종으로 팔렸도다 그의 발은 차꼬를 차고 그의 몸은 쇠사슬에 매였으니 곧 여호와의 말씀이 응할 때까지라 그의 말씀이 그를 단련하였도다" 시 105:17-19.

요셉이 차꼬에 매여 있었던 것은 하나님의 계획이 이루어질 때까지이다. 하나님이 도미티안을 없앨 능력이 없어서가 아니라 하나님이 교회를 위해 뜻을 이루시기까지 잠시 도구로 허락하신 것이다.

그러면 인 재앙, 나팔 재앙, 대접 재앙도 같은 이야기들이다. 이 심판 시리즈가 끝까지 복음을 거부하는 불신자들에게는 멸망의 심판이지만, 교회와 성도에게는 하나님의 섭리의 도구이다. 하나님이 교회와 성도에게 이런 재앙들을 허락하시는 진짜 이유가 있다. 주님은 "이런 고난과 아픔과 환난을 겪지만 성도는 멸망으로 가지 않고, 환난을 통해 나의 자녀들로 만들어지게 될 것이다. 환난과 고난을 통해 세상은 멸망 받지만, 너희들은 보석과 같은 성도로 단장될 것이다"고 하시는 것이다. 그래서 성도의 삶에 환난과 고난이 동원되고 있는 것이다.

만일 나의 삶에 고난이 있다면 그것이 물질이든, 자녀이든, 배우자이든, 건강이든, 관계적 문제이든 무엇이든지 간에 나를 빚으시고 다듬으시는 하나님의 도구이다. 특히 하나님의 자녀들은 사람을 통해 다듬어지는 경우가 많다. 나를 힘들게 하는 사람이 내 곁에 있다는 것은 나를 다듬는 하나님의 훈련이 시작된 것이다. 그 사람들이 나를 다듬는 도구라고 보면 된다.

마태복음 5장에 예수께서 '의를 위해 너를 핍박하는 일이 있으면 기뻐하고 즐거워하라'고 하셨다. 이 단어는 '잔치를 벌이라'라는 뜻이다. 그만큼 기뻐하고 즐거워하라는 것이다. 그를 일부러 내게 붙이신 이유가 있다. 나를 힘들게 하는 사람이 있든 없든 관계 없을 때가 되면 해결된다. 하나님은 우리의 머리털까지 세시는 분이시다. 그런 분이 우리에게 고난을 허락하신 것이라면 그만한 이유가 있는 것이다. 그분이 가만히 내버려 두신다면 다 이해할 수 없을지라도 분명 하나님의 뜻이 있지 않을까?

"그러므로 네가 본 것과 지금 있는 일과 장차 될 일을 기록하라" 19절.

"본 것, 지금 있는 일, 장차 될 일을 기록하라"는 말씀을 가지고 계시록의 구조를 푸는 학자들이 있다. 1장은 본 것, 2장은 지금 있는 일, 4장~22장은 장차 있을 일로 본다.[36] 그러나 계시록은 예수의 초림과 재림이 혼합되어 나온다. 예를 들어 12장에서 여자가 낳은 아이는 예수님의 성육신을 말하는 것이 분명하다. G.K Beale도 이 구절은 요한계시록 전체의 내용으로 보는 것이 더 자연스러움을 주장한다.[37]

"네가 본 것은 내 오른손의 일곱 별의 비밀과 또 일곱 금 촛대라 일곱 별은 일곱 교회의 사자요 일곱 촛대는 일곱 교회니라" 20절.

일곱 별과 일곱 촛대

성경에서 하나님의 오른손은 영광과 능력을 의미한다. 주님의 오른손에 교회와 주의 백성들이 있다는 것은 주님이 당신의 영광과 능력의 손으로 지키신다는 의미이다. 우리의 인생과 가정과 목회가 주님의 오른

손에 잡혀 있다는 사실에 힘을 내시기를 바란다.

주님은 요한에게 하늘 보좌와 마지막 때의 심판을 보여 주셨다. 비전이란 그런 것이다. 우리의 야망을 비전이라고 하지 않는다. 남들에게 보이지 않는 것을 보여주시면 그것은 사명이다. 우리의 마음에 불타는 소원이나, 긍휼이 불일 듯 일어나는 사람들이 있다. 하나님이 남들에게는 허락하지 않은 마음을 부어주셨다. 그것이 사명이다. 하나님이 무언가 보여주시면 할 일이 생겼다는 것이다.

삶의 적용과 설교를 위한 1장의 핵심 Tip

1. 요한계시록 안에서 강조하는 교회는 하나님의 말씀을 붙들고 예수를 증거하는 교회이다. 교회는 공동체요, 증인 공동체이다.

2. 마지막 때에 주님이 주시고자 하는 첫 번째 복은 말씀이 열리는 복, 말씀을 듣고, 지키는 복이다. 나는 어떤 복을 기도해 왔는가? 우리의 삶과 목회를 한번 되돌아보자.

3. 1장 4절에 "이제도 계시고" 라는 표현이 제일 먼저 나왔다는 의미는 무엇인가? 그리고 이것이 우리의 삶의 고난에 어떤 위로가 되는가?

4. 예수 그리스도의 구속사역의 목적이 '하나님을 위하여' 이다. 이를 위해 우리를 '나라와 제사장' 삼으셨다. 오늘날 신앙이 지극히 개인중심화 되는 현실 속에서 우리의 삶은 어떠해야 할까? 또한 우리의 설교에서 무엇을 외쳐야 하는가?

5. 주님이 자신을 '처음과 나중, 알파요 오메가' 또한 '죽었다가 다시 살아난 자' 라고 선언하시는 이유가 무엇인가? 이것이 그리고 삶과 가정을 목회를 포기하고 싶을 만큼 힘든 영혼들에게 어떤 용기를 주는가?

6. 예수 안에 있는 것이 '환난과 참음'이란 것이 그리스도인의 삶이 무엇이가를 말해주고 있다. 정말 우리가 당하는 고통과 어려움들이 예수 때문에 당하는 고난인가? 아니면 나의 욕심과 고집과 교만함으로 당하는 고난인가? 우리의 삶과 목회를 진지하게 살펴보자.

7. 요한은 주의 날에 성령에 감동되었다. 주의 날은 주일이다. 5일제 근무로 인해 주일을 소홀히 여기는 한국의 영적 분위기를 감안한다면 주일에 '성령에 감동된' 이 구절은 큰 의미를 갖는다. 주일의 중요성이 우리의 삶에 얼마만큼의 비중을 차지하고 있나?

8. 계시록에서 성령에 사로잡혀 환상을 본 것이 4번이다. 고난의 때일수록 성령에 붙잡혀야 한다. 그래야 고난을 견딜 수 있다.

9. 예수님의 영광스러운 모습은 문자적으로 해석하면 안 된다. 상징적 의미이다. 예수님의 모습 중 내게 가장 의미있게 다가오는 것은 무엇인가?

10. 주님의 오른손에 7교회와 7사자들이 있다는 말은 우리에게 어떤 위로와 용기를 주는가?

1. 에베소교회의 사자에게 편지하라 오른손에 있는 일곱 별을 붙잡고 일곱 금 촛대 사이를 거니시는 이가 이르시되 2. 내가 네 행위와 수고와 네 인내를 알고 또 악한 자들을 용납하지 아니한 것과 자칭 사도라 하되 아닌 자들을 시험하여 그의 거짓된 것을 네가 드러낸 것과 3. 또 네가 참고 내 이름을 위하여 견디고 게으르지 아니한 것을 아노라 4. 그러나 너를 책망할 것이 있나니 너의 처음 사랑을 버렸느니라 5. 그러므로 어디서 떨어졌는지를 생각하고 회개하여 처음 행위를 가지라 만일 그리하지 아니하고 회개하지 아니하면 내가 네게 가서 네 촛대를 그 자리에서 옮기리라 6. 오직 네게 이것이 있으니 네가 니골라 당의 행위를 미워하는도다 나도 이것을 미워하노라 … 12. 버가모교회의 사자에게 편지하라 좌우에 날선 검을 가지신 이가 이르시되 13. 네가 어디에 사는지를 내가 아노니 거기는 사탄의 권좌가 있는 데라 네가 내 이름을 굳게 잡아서 내 충성된 증인 안디바가 너희 가운데 곧 사탄이 사는 곳에서 죽임을 당할 때에도 나를 믿는 믿음을 저버리지 아니하였도다 14. 그러나 네게 두어 가지 책망할 것이 있나니 거기 네게 발람의 교훈을 지키는 자들이 있도다 발람이 발락을 가르쳐 이스라엘 자손 앞에 걸림돌을 놓아 우상의 제물을 먹게 하였고 또 행음하게 하였느니라 15. 이와 같이 네게도 니골라 당의 교훈을 지키는 자들이 있도다 16. 그러므로 회개하라 그리하지 아니하면 내가 네게 속히 가서 내 입의 검으로 그들과 싸우리라 17. 귀 있는 자는 성령이 교회들에게 하시는 말씀을 들을지어다 이기는 그에게는 내가 감추었던 만나를 주고 또 흰 돌을 줄 터인데 그 돌 위에 새 이름을 기록한 것이 있나니 받는 자 밖에는 그 이름을 알 사람이 없느니라 18. 두아디라교회의 사자에게 편지하라 그 눈이 불꽃 같고 그 발이 빛난 주석과 같은 하나님의 아들이 이르시되 19. 내가 네 사업과 사랑과 믿음과 섬김과 인내를 아노니 네 나중 행위가 처음 것보다 많도다 20. 그러나 네게 책망할 일이 있노라 자칭 선지자라 하는 여자 이세벨을 네가 용납함이니 그가 내 종들을 가르쳐 꾀어 행음하게 하고 우상의 제물을 먹게 하는도다 21. 또 내가 그에게 회개할 기회를 주었으되 자기의 음행을 회개하고자 하지 아니하는도다 22. 볼지어다 내가 그를 침상에 던질 터이요 또 그와 더불어 간음하는 자들도 만일 그의 행위를 회개하지 아니하면 큰 환난 가운데에 던지고 23. 또 내가 사망으로 그의 자녀를 죽이리니 모든 교회가 나는 사람의 뜻과 마음을 살피는 자인 줄 알지라 내가 너희 각 사람의 행위대로 갚아 주리라 24. 두아디라에 남아 있어 이 교훈을 받지 아니하고 소위 사탄의 깊은 것을 알지 못하는 너희에게 말하노니 다른 짐으로 너희에게 지울 것은 없노라 25. 다만 너희에게 있는 것을 내가 올 때까지 굳게 잡으라

2장 고난 받고 전투하고 있는 7교회:
4교회(에베소, 서머나, 버가모, 두아디아)

▶ 서론

2장과 3장에는 7교회에 대한 주님의 평가가 나타난다. 계시록 안에서도 매우 중요한 부분이다. 왜냐하면 계시록은 교회론이 중심이기 때문이다. 22장에 "나 예수는 교회를 위해" 쓰신 것이라고 하신다. 1세기 당시에 소아시아에는 7교회 말고도 많은 교회가 있었다. 근처에 골로새교회, 히에라폴리교회, 밀레트교회, 트랄레스교회도 있었다.[38] 그 많은 교회들중에서 왜 일곱 교회만 언급하시는가? 일곱이라는 완전수를 동원해서 앞으로 오고 오는 모든 교회를 담아 예수님의 재림까지 모든 교회를 상징적으로 보여준다고 보아야 한다.

세대주의자들은 역사적인 시대별 교회를 말하고 있는 것으로 본다. 즉, 에베소교회는 사도시대 교회이고, 서머나교회는 박해시대, 버가모교회는 세상과 타협했던 시대, 두아디라교회는 교황이 득세했던 천년의 종교암흑기 시대, 사데교회는 칼빈과 루터가 종교개혁을 일으켰던 시대, 빌라델비아교회는 선교시대, 라오디게아교회는 예수님의 재림 직전인 배교시대로 시대별 교회로 푼다. 그럴듯하나 그렇지 않다. 성경해석의 원칙 중 하나가 원독자의 관점이다. 필자는 7교회를 실제 1세기에 존재했고, 모든 세대의 교회들을 대표하는 교회로 보고 있다.

본격적으로 7교회를 살피기 전에 7교회를 개관해 보자. 7교회에 대한 주님의 핵심 메시지는 회개하라는 것과 이기라는 명령이다. 에베소교회와 라오디게아교회는 7교회의 처음 교회와 마지막 교회이다. 한 흐름으로 보면 주님의 회개의 명령을 끝까지 받아들이지 않으면 마지막 라오디게아교회처럼 주님이 토해내고 싶은 교회가 될 것이다.

또한 1장의 예수님의 모습과 2~3장에 나타나는 예수님의 모습이 겹친다. 주님은 어떤 교회에서는 불꽃같은 눈, 주석같은 발, 검으로 싸우시는 분으로, 어떤 교회에 위로의 주님으로, 부활의 주님으로 나타나신다. 모두 다르게 나타나신 것은 각 교회 영적상태가 다르기 때문이다. 이 책을 읽는 독자도 주시는 메시지가 다를 것이다. 어떤 이는 비움의 메시지가 계속 꽂힐 것이고, 어떤 이는 위로가 계속 부어질 것이다. 우리에게 예수님은 어떤 모습으로 나타나실까? 우리 교회는 어떤 평가를 내리실까?

▶ **7교회의 구조**

일곱 교회에 대한 구조에 대해 명쾌하게 말하고 있는 학자들이 많지 않다. 일반적인 구조부터 소개한다.

1. A(에베소)- B(서머나)- C(버가모, 두아디라, 사데)- B′(빌라델비아)- A′(라오디게아)[39]

이 구조는 C (버,두,사)를 중심에 두고 날개를 펼치는 구조이다. A와 A′는 처음 교회와 마지막 교회로 주님의 경고를 듣고도 회개치 않으면 주님이 토하고 싶은 심각한 영적 상태로 악화됨을 말한다. B와 B′는 칭찬만 받은 교회가 대칭을 이룬다. C(버가모,두아디라,사데)는 칭찬과 책망이 공존하는 교회들이다. 이 분석은 7교회를 이해하는 큰 틀을 제공한다는 점에서는 긍정적이지만, 필자에게는 딱히 마음에 와 닿지 않는다. 왜 3교회가 구조의 중앙에 위치하는 지에 대한 이유가 명확치 않다.

그래서 필자는 2장, 3장의 7교회의 새로운 구조를 제시하고자 한다.

1. 키아즘 구조로 본 7교회

- A파트 : 2장의 4교회 구조 : 에베소교회(a), 서머나(b), 버가모+두아디라(a′)
- B 파트 : 3장의 3교회 구조 : 사데교회(a), 빌라델비아(b), 라오디게아(a′)

A파트와 B파트에서 보여지는 공통점은 각 파트의 중심에 칭찬만 받는 교회(서머나, 빌라델비아)가 있고, 그 양쪽에 주님의 책망을 받는 교회들이 있는 구조이다. 마치 촛대와 같은 구조이다. A파트와 B파트의 차이점은 A파트(2장)에 있는 칭찬이 B파트(3장)에는 거의 없거나 전혀 없다는 것이다. A파트보다 B파트가 더 상태가 악화되고 있다. 주님의 회개의 요구를 거부하면 점점 영적상태가 악화되는 구조이다. 다음 촛대그림를 보라.

1) 2장의 구조(A)
처음 사랑을 버려서 책망받은 에베소교회(a)와 세상과 타협하고 있는 세속화된 버가모와 두아디라교회(a′) 사이에, 주님의 칭찬만을 받은 서머나교회(b)가 있다. 주님은 에베소교회와 버가모, 빌라델비아교회에게 가

2장과 3장의 키아즘 구조(촛대 구조)

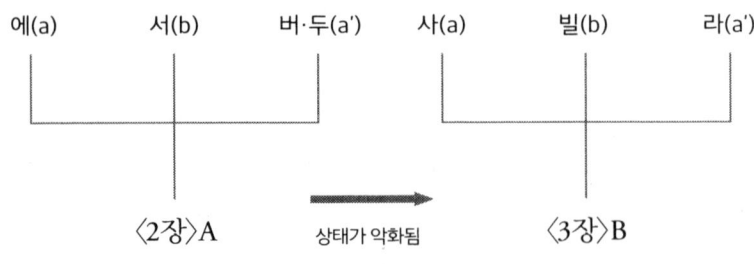

운데 있는 서머나교회를 지향할 것을 촉구하고 있는 것이다.

① 에베소교회(a)의 특징은 진리는 너무나 잘 지켜왔는데 거짓복음과 진리의 **싸움을** 하느라 사람들이 십자가의 사랑을 잃어버리고 독해지고 사나워진 **교회**이다. 만일 우리가 복음을 전하는데 독해지고 있다면 잘못 가고 있는 것이다. 정말 진리를 깨달았으면 사랑으로 가게 되어 있다. 왜냐하면 진리이신 예수님은 곧 사랑이시기 때문이다. 에베소교회는 바울이 개척했고 디모데, 아볼로, 브리스길라와 아굴라, 사도 요한이 목회했다. 초대교회 위대한 분들이 다 목회했던 교회다. 그런데도 실패했다. 사랑을 잃으면 다 잃어버린 것이다. 복음을 전한다는 것이 무엇인가? 죄인을 위해 자신의 아들을 죽이신 그 사랑을 전하는 것이 아닌가? 그런데 그 십자가 사랑을 전하는 자가 사랑을 잃어버렸다는 것은 복음의 전부를 잃어버린 것이다.

② 반면 주님은 두아디라교회(a')를 평가하면서 '너희의 나중 행위가 처음 행위보다 더하다'고 칭찬하셨다. 그 행위에는 분명 사랑도 있다. 두

아디라교회는 사랑을 지켰다. 그런데 사람을 품으려고 하다 보니까 이세벨의 교훈까지 다 품어버려 진리까지 잃어버렸다. 진짜 사랑은 진리로 사람을 세우는 것이다. 진리를 타협하면서 하는 사랑은 참 사랑이 아니다. 사람을 품으려다 진리를 잃어버린 교회가 되어서는 안 된다. 진리와 사랑은 함께 가는 것이다.

③ 버가모교회와 두아디라교회의 공통점

필자가 버가모교회와 두아디라교회를 하나로 보는 이유가 있다. 두 교회가 세상을 탐하는 세속화된 교회라는 것이다.

a. 버가모교회의 책망은 발람과 니골라당의 교훈을 받아들인 것이다. 니골라당은 율법 폐기론자이고 발람은 기복주의이다. 물질과 권력의 탐욕 때문에 세상과 짝하고 있다.

b. 두아디라교회는 이세벨의 교훈을 가르치는 거짓 선지자를 용납했다. 이세벨은 북이스라엘 왕국 아합왕의 아내로 바알숭배를 이스라엘 땅에 퍼트렸던 장본인이다. 바알신은 땅에 비를 내려주는 풍요의 신이다. 이 시대의 이세벨의 교훈이란 소위 기복주의 신앙, 번영신학이라고 할 수 있다. 두아디라교회에 대한 책망은 이세벨의 교훈을 용납한 것에 대한 것이다. 실제 이세벨이라는 여자 선지자가 있었던 것이 아니라 당시 이세벨의 교훈을 복음으로 선포한 거짓 설교자가 있었던 것이다. 두아디라교회는 바알과 아세라를 섬긴 이세벨처럼 여호와 하나님이 아닌 세상이 주는 형통과 부귀와 영화를 구했다. 그러니까 발람의 교훈, 니골라당의 교훈, 이세벨의 교훈은 다 한 가지다. 세상을 추구하도록 부추기는 거짓 복음인 것이다.

④ 서머나교회(b)

이 교회는 2장에서 유일하게 칭찬만 받은 교회이다. 환난과 궁핍 속에서도 말씀을 지킨 교회이다. 구조적으로 중앙에 위치한다.

2) 3장의 구조(b)

B파트인 3장의 구조는 사데교회(a)와 라오디게아교회(a′)를 양쪽에 두고 그 중심에 빌라델비아교회(b)가 위치해 있다. 칭찬만 받은 빌라델비아교회를 중심에 두고 양측에 주로 책망만 받은 두 교회를 놓고 너희가 어느 교회를 지향해야 할 것인지 묻고 계신 것이다. 빌라델비아교회는 세상의 눈으로 볼 때는 실패하고 아무것도 아닌 작은 교회지만, 하나님이 보시기에 거룩하고 칭찬받는 교회이다. 양쪽에 있는 대형교회들이 정말 지향해야 하는 모습이 어떤 교회의 모습인지 구도를 통해 알게 된다.

3) 세상의 평가와 주님의 평가

7교회를 향한 메시지에는 중요한 점이 있다. 서머나와 빌라델비아교회는 세상의 눈으로 보면 철저하게 초라한 교회이지만 하나님이 보시기엔 철저하게 성공한 목회이다. "네가 사람 눈에 보기에 성공한 교회가 되겠느냐? 아니면 나의 눈에 보기에 합한 교회로 세우겠느냐?"를 묻고 계신 것이다. 특히 라오디게아는 굉장히 부요한 교회이다. 주후 17년, 60년에 소아시아 지역에 지진이 크게 일어나 도시들이 무너졌다. 로마 정부에서 소아시아 도시마다 재건 비용을 제공해 주었는데 유일하게 로마 정부가 주는 지원을 거절하고 자체의 재정으로 도시를 재건할 정도로 부자인 도시와 교회였다. 그러나 주님이 보시기에 아무것도 없는 자요, 영적 거지였다. 하나님이 다수라고 무조건 기뻐하지 아니하신다. 이제 본격적으로 7교회를 살펴보자.

2. 7교회를 향한 메시지

(1) 에베소교회 :
진리를 지켰으나 처음 사랑을 잃어버린 교회(죽은 전통교회)

"에베소교회의 사자에게 편지하라 오른손에 있는 일곱 별을 붙잡고 일곱 금 촛대 사이를 거니시는 이가 이르시되 내가 네 행위와 수고와 네 인내를 알고 또 악한 자들을 용납하지 아니한 것과 자칭 사도라 하되 아닌 자들을 시험하여 그의 거짓된 것을 네가 드러낸 것과 또 네가 참고 내 이름을 위하여 견디고 게으르지 아니한 것을 아노라 그러나 너를 책망할 것이 있나니 너의 처음 사랑을 버렸느니라 그러므로 어디서 떨어졌는지를 생각하고 회개하여 처음 행위를 가지라 만일 그리하지 아니하고 회개하지 아니하면 내가 네게 가서 네 촛대를 그 자리에서 옮기리라 오직 네게 이것이 있으니 네가 니골라 당의 행위를 미워하는도다 나도 이것을 미워하노라 귀 있는 자는 성령이 교회들에게 하시는 말씀을 들을지어다 이기는 그에게는 내가 하나님의 낙원에 있는 생명나무의 열매를 주어 먹게 하리라 1-7절.

1) 에베소 도시

일곱 교회 중 에베소교회를 첫 번째 교회로 말씀하시는 이유는 에베소는 로마 제국의 4대 도시였고, 초대교회의 대표적 영적 지도자들이 목회했던 교회이며, 소아시아 교회들의 대표 교회이다. 또한 유방이 24개나 달린 풍요의 여신인 아데미 신전이 있어 영적 음행과 더불어 수천 명의 신전 창기와 육적 음행으로 타락한 도시이기도 하며, 영지주의인 케린투스의 영향이 컸던 도시이다.[40] (7도시의 역사적 문화적 지리적 종교적 배경을 더 자세히 살펴보려면 필자가 쓴 요한계시록 렉쳐북(강의안)을 보면 자세히 나와 있다. 본서에서는 지면 관계상 도표나 상세한 설명을 생략하였음을 밝혀둔다.)

또한 이 서신이 회람서신이라는 것이 분명한 것이 각 교회마다 책망과 칭찬을 하신 다음에 마지막은 '교회들은 성령이 교회들에게 하시는 말씀을 들을지어다'라며 하나의 교회에 말씀하다가 '교회들은' 이라고 마지막에 붙이고 있다. 회람서신이기 때문에 그렇다. 7교회(에서버두사빌라)가 있는 소아시아 지역에는 각각 도시마다 우체국이 있었다.[41] 요즘으로 말하면 외곽순환도로가 있는 도시로 편지를 돌리기에 용이한 지역이었다.

2) 주님의 모습

에베소교회의 주님은 '오른손에 있는 일곱 별을 붙잡고 일곱 금 촛대 사이를 거니시는 분'이시다. 그러기에 주님은 교회의 주인이시고 교회를 붙드시는 분이다. 예수님께서 일곱 별을 붙잡고 계신다. 여기서 '붙들었다'라는 헬라어 단어는 '크라톤'을 썼다. 현재형이다. 한번 붙잡으면 절대로 놓치 않는다는 단어이다.[42] 비록 나는 실패하고 무너질지라도 예수님은 날마다 계속해서 나를 붙드시고 계속 일으켜주고 계신다. 그런데 이 단어는 마가복음 1장 31절에도 나온다.

"나아가사 그 손을 잡아 일으키시니 열병이 떠나고 여자가 저희에게 수종드니라" 막 1:31.

예수님은 병든 자의 손을 잡았다고 할 때 쓴 단어와 같다. 이 단어의 용례를 볼 때 의미가 깊다. 비록 에베소를 비롯한 7교회의 상태가 심각하다 할지라도 주님은 병든 교회를 붙잡아 일으켜 세우시는 분이시라는 것이다. 우리의 내면이, 삶이, 가정이, 교회가, 민족이 아무리 가망이 없어 보일만큼 병들어 있어도 주님은 손 내밀어 붙잡아 일으키시는 능력을 가지고 계심을 믿고 힘을 내기를 바란다.

3) 칭찬과 책망
① 칭찬

이 교회는 초대교회 최고의 말씀사역자들이 모두 섬긴 교회였다. 그렇기에 진리는 지켜졌다. 진리를 지키기 위해 '악한 자들, 자칭 거짓 사도라 하는 자들을 용납하지 않고 교회를 지킨 것, 인내함, 게으르지 아니함' 등 많은 칭찬을 받은 교회이다.

② 책망

그런데 악한 세력과 싸우고 거짓 복음과 싸우다 보니까 에베소교회 성도들이 처음 사랑을 잃어버리고 독해졌다. 주님은 '처음 사랑을 잃어버렸다'고 하신다. 이 처음 사랑이 무엇인가? 단순히 감정적으로 뜨거웠던 때를 말하는 것이 아니다. 십자가를 깨닫고 은혜가 없으면 안되는 존재임을 행복해하던 처음 사랑이다. 단지 뜨거움을 말하는 것이 아니다. 그런데 하나님을 뜨겁게 사랑하고 그 사랑으로 이웃과 원수를 사랑했던 때의 사랑을 잃은 교회가 된 것이다.

4) 주님의 요구 : 회개하라, 이기라
① 아노라

일곱 교회마다 반복되는 두 단어가 있다. "아노라"와 "이겨라"이다. "네 고난과 아픔과 마음과 형편을 다 아니까 이겨라"고 하신다. "아노라"는 헬라어로 '오이다'이다. 이 단어는 어떤 사람과 사물의 속을 꿰뚫어 안다라고 할 때 사용하는 단어. 직관적 확실한 지식을 의미한다.[43] 안다라는 단어로 '기노스코'도 있다. '기노스코'는 경험해서 안다는 뜻이다

'오이다'를 사용한 것은 "너도 모르는 것까지 너의 깊은 속까지 나는 속속들이 다 안다"라는 것이다. 어려운 삶의 고난 때문에 고통당하고 있다면 '오이다'의 주님이 나와 함께 계신다는 것을 붙들고 위로를 받으시기를 바란다. 독자 중에 사람 때문에 고통받고 있다면 어떤 누구도 안 되어 네게 맡겼다는 것을 믿기를 바란다. 주님의 위로를 받고 일어서라. 주님은 에베소교회의 모든 것을 다 알고 계셨다.

② 회개하라 : 처음 사랑의 자리로

이 교회는 진리를 지키다가 독해지고 진리를 지키다가 사나워졌다. 처음 사랑의 자리로 돌이키기 위해서 우리는 '내가 비난하고 있는 사람만큼이나 내가 악한 사람이었다'는 것을 깨닫고 회개해야 한다. 처음 사랑은 십자가 없으면 안 되는 죄인이요, 내가 그 어떤 사람보다 더 큰 죄인이었다는 것을 항복한 십자가의 사랑에 기초한 사랑을 말한다. 내가 은혜 없으면 안 되는 죄인 중의 1호임을 인정해야 한다. 복음 전하는 사람이 사나워지고 있다면 잘못 가고 있는 것이다.

③ 니골라 당의 행위를 미워하노라

니골라 당에 대해서는 여러 학설이 있지만 확실하지 않다. 그러나 분명한 것은 주님은 이들의 행위를 미워하셨다. 아마 방종주의, 무율법주의자들이었을 것이다.[44] 은혜로 구원받았기 때문에 아무렇게 살아도 구원과 상관없다고 생각하며 세상의 가치를 추구하는 자들이다. 니골라는 '백성을 삼키다'라는 뜻이다. 버가모교회의 책망 중 "발람의 교훈을 쫓는 자"가 나오는데 이 발람의 뜻도 '백성을 삼키다'이다.[45] 그러니까 에베소교회와 버가모교회의 책망이 같은 것이다. 하나님의 백성에게 세상의 가치를 심어 세상에 취하게 만든 거짓 교사들인 것이다. 필자가 2장의 4교회 구조 분석에서 에베소(a)와 버가모(a')로 대칭으로 본 이유도 이것이다.

5) 주님의 경고 : 촛대를 옮기리라

그런데 이렇게 많은 칭찬을 받았는데도(네 행위와 수고와 네 인내를 알고 또 악한 자들을 용납하지 아니한 것과 자칭 사도라 하되 아닌 자들을 시험하여 그의 거짓된 것을 네가 드러낸 것과 또 네가 참고 내 이름을 위하여 견디고 게으르지 아니한 것) 촛대를 옮기겠다고 하신다. "너희가 겉으로는 교회의 외형을 유지할지는 모르지만, 실제 교회가 교회되지 못할 것이다. 나의 임재를 거두겠다. 교회의 생명을 잃어버리게 될 것이다"는 뜻이다. 구원을 취소하겠다고 보는 이도 있지만, 필자의 견해로는 구원론의 이야기는 아니다. "나는 떠날 것이다. 너희들끼리 해보라"하시는 것이다.

6) 이기는 자의 상 : 생명나무

이기는 자의 상이 7교회 마다 다르게 나오지만, 결국 표현만 다를 뿐 구원과 영생의 복, 예수를 말하는 것이다. 생명나무 과실. 생명의 면류관, 새 이름, 흰돌, 성전의 기둥, 흰 옷, 나의 보좌 등등… 그러나 각 도시의 문화와 특징을 아시는 주님이 각 도시의 문화적 배경을 사용하신 것이다. 예를 들어 버가모교회에게 '이기면 흰 돌을 주리라'고 하신다. 당시 검투사가 이기면 흰 돌을 주었고, 법정에서 승소를 하면 흰 돌을 주었고, 잔치에 들어갈 입장권으로 흰 돌을 주거나 했다고 한다.[46]

요한계시록 안에서 이긴다는 것은 믿음을 끝까지 지키고, 우상숭배를 하지 않는다는 것이다. '이기는 자'는 동사가 현재형으로 나온다. 한번 이기는 자가 아니라 계속해서 이기는 자이다. 주님은 교회들에게 각자에게 주어진 경고를 듣고 돌이키고 회개하는 싸움을 계속할 것을 말씀하신다. 교회가 가만히 있으면 저절로 이기는 것이 아니다. 항상 세상의 세력과 맞서 싸워야 하는 것이다.

(2) 서머나교회

"서머나교회의 사자에게 편지하라 처음이며 마지막이요 죽었다가 살아나신이가 이르시되 내가 네 환난과 궁핍을 알거니와 실상은 네가 부요한 자니라 자칭 유대인이라 하는 자들의 비방도 알거니와 실상은 유대인이 아니요 사탄의 회당이라 너는 장차 받을 고난을 두려워하지 말라 볼지어다 마귀가 장차 너희 가운데에서 몇 사람을 옥에 던져 시험을 받게 하리니 너희가 십 일 동안 환난을 받으리라 네가 죽도록 충성하라 그리하면 내가 생명의 관을 네게 주리라 귀 있는 자는 성령이 교회들에게 하시는 말씀을 들을지어다 이기는 자는 둘째 사망의 해를 받지 아니하리라" 8-11절.

1) 서머나 도시

이 도시는 황제 숭배의 중심지이다. B.C 195년 최초의 로마 여신전이 세워졌고, A.D 26년 11개 도시의 경쟁을 물리치고 티베리우스 황제 신전, A.D 117년 하드리안 황제 신전, 211년 카라칼라 황제 신전을 세웠다. 주변 도시의 황제 숭배를 총괄하는 도시였다. 그러기에 물질적 풍요를 누린 도시다. 황제 숭배와 관련된 경제 구조가 형성되었고, 신전 제사장들은 물질적 풍요를 누렸다. 현재의 이즈미르(Izmir, 터키 서부의 항구)이며, 소아시아에서 두 번째 로 큰 도시였고 현재까지 존재하는 유일한 도시이다. B.C 700년경 멸망하였다가 B.C 300년경 재건된 도시라서 요한의 시대에 "죽었다가 다시 살아난" 도시라 했다.[47]

서머나는 향기라는 뜻이다. 고린도후서에 '너희는 그리스도의 향기니' 라는 말씀이 있다. 이름처럼 주님께는 향기로운 교회였다. 우리는 구원받는 자들에게나 망하는 자들에게나 하나님 앞에서 그리스도의 향기니 성도는 이 세상의 그리스도의 향기고후 2:15이다. 겸손이 있고 낮아짐이 있으면 향기가 난다. 서머나교회는 주님께 향기였던 교회이다.

2) 주님의 모습

주님은 서머나교회에게 자신을 '처음과 나중, 죽었다가 살아난 자'라고 말씀하신다. 이는 서머나교회가 핍박으로 인한 순교가 일어나는 현실 속에서 "내가 이 교회를 시작했으니 내가 마무리 할 것이고, 너희가 믿음을 붙들다가 죽을 지라도 반드시 나처럼 다시 살리겠다"는 뜻이다.

3) 칭찬과 위로

① 환난과 궁핍을 아노라 : 현실의 모습

환난은 로마 황제 숭배 강요와 유대교의 외적 핍박이고, 궁핍은 그로 인한 내적·경제적 고통이다. 이미 설명했지만 그 당시 사람들은 경제적 활동하기 위해서는 길드라는 상업조직에 가입해서 그 조직이 섬기고 있는 로마의 신들을 숭배해야만 했다. 또한 도미티안 황제를 '신이고 주'라고 고백해야 했다. 이것을 거부하면 죽음을 각오하거나, 모든 불이익을 감수해야 했다. 초대교회 성도들의 경제적 궁핍은 오늘날 우리와는 질적으로 다른 고난이었다. 주님은 서머나교회의 고난을 속속들이 아신다고(오이다) 하신다. 이 편지를 읽었던 서머나교회 성도들이 얼마나 위로의 눈물을 흘렸겠는가? 예수님을 붙드는 믿음 때문에 고난을 당하고 있다면 모든 것을 아시는 주님 때문에 위로를 얻고 다시 힘을 내기 바란다.

② 실상은 부요한 자요 : 하나님의 관점

환난과 궁핍은 실제 서머니 교회가 당하고 있는 현실이요, 세상이 바라보는 평가이다. 그러나 하나님이 보시는 평가는 부요한 교회이다. 하나님의 눈에는 실제로는 다 가지고 있는 믿음에 부요한 교회이다. 반면 세상의 눈으로 봤을 때 다 갖춘 교회는 라오디게아교회이다. 그런데 주님 눈에는 하나도 없는 빈털터리 교회이다. 관점을 바꾸어야 한다. 하나님이 나를 어떻게 보시는가? 그것에 인생 전부를 걸어야 한다. 세상의 평가에 내 인생과 신앙, 목회를 내맡기지 말자. 오직 성령 안에 붙잡혀(엔 퓨뉴마티), 말씀 안에 붙잡혀 하나님의 평가에 전부를 걸어야 한다.

③ 실상은 사탄의 회라

유대교는 주후 70년에 예루살렘 성전이 파괴되고 난 후, 구약 39권을 정경으로 확정하면서부터 다시 유대교 재건운동을 본격적으로 일어났다. 이때 요한복음과 요한계시록이 쓰여진 것이다. 그러다 보니 유대교의 회유와 핍박이 기독교 공동체에 극심했던 상황이다. 로마의 황재 숭배강요도 벅찬 현실인데, 유대교마저도 교회를 공격한다. 주님은 이 회가 사탄의 조종을 받고 있는 것이라고 하신다. 그 뒤에는 12장에 나오는 용, 사탄의 공격이 있는 것이다. 교회 안에 있는 많은 갈등, 다툼, 분열, 시기, 질투, 타락의 배후에는 항상 어둠의 권세가 있는 것이다.

"시기와 다툼이 있는 곳에는 혼란과 모든 악한 일이 있음이라" 약 3:16.

4) 주님의 요구: 환난을 두려워 말라. 죽도록 충성하라

① 장차 10일 동안의 환난

필자는 "장차 고난이 없을 것이니라'라는 말씀이 나와야 한다고 생각한다. 그런데 주님은 "장차 10일간의 환난이 있을 것"을 말씀하신다. 그

리고는 '장차 받을 환난을 두려워마라'고 하신다. 우리는 고난 자체를 없애 주시기를 기대한다. 그런데 주님은 오히려 '죽도록 충성하라'고 하신다. 죽도록 충성하면 살리겠다가 아니라 '죽을지라도 충성하라' 그럴 때 장차 받을 고난을 이기게 하시겠다는 것이다. 성경 66권 전체에 하나님의 자녀들에게 고난이 면제되는 일은 없다. 그러니 7년 대환난 전의 휴거설은 성경 전체의 흐름에도 맞지 않는다.

워치만 니가 중국선교를 할 때 너무 힘들어 포기하려고 할 때 갑자기 꿈에 자기가 배를 타고 가는데 암초가 보이더란다 "암초 좀 없애 주세요" 했더니 암초가 없어지지 않고 하늘에서 비가 내려 덮게 하시어 가게 하시더란다. 나를 힘들게 하는 어떤 고난의 암초도 하나님이 은혜를 주시면 넘어갈 수 있다. 암초 자체가 없어지는 방식이 아니라 암초가 있든지 없든지 상관없이 이길 수 있는 은혜를 주신다.

우리에게 은혜의 단비가 내려야 한다. 나를 힘들게 하는 사람이 안 품어지는 것이 제일 힘든 것이다. 필자가 개인적으로 목회하면서 느끼는 것은 경제적으로 힘든 것도 힘들지만, 영혼을 품을 수 있는 실력이 내 안에 없다는 것을 절감할 때가 제일 힘들다. "주여! 품을 수 있는 마음 주소서"라고 늘 기도하게 된다. 어느 선교사님의 간증을 들은 적이 있다. "예수 믿고 산다는 것이 뭐냐? 선교가 뭐냐? 목회가 뭐냐? 그것은 알면서도 참고, 알면서도 당해주는 것이다" 정말 그럴 수만 있다면 많은 영혼들이 우리를 통해 드러나는 그리스도의 향기를 맡고 그리스도께로 돌아올 것이다. 이것이 신앙이고, 목회의 전부인 듯 싶다.

② 죽도록 충성하라
로마제국의 가치와 타협치 않고 진리이신 주님을 붙드는 싸움을 하다가 죽을지언정 끝까지 충성하라는 명령이다.

5) 이기는 자의 상: 둘째 사망의 해를 받지 않음

둘째 사망이란 하나님과 영원히 분리되어 지옥에 떨어져 영벌을 받는 것을 말한다. 둘째 사망의 해를 받지 않는 상도 주님이 주시는 영원한 구원, 영생을 말하는 것이다.

(3) 버가모교회[48]

"버가모교회의 사자에게 편지하라 좌우에 날선 검을 가지신 이가 이르시되 네가 어디에 사는지를 내가 아노니 거기는 사탄의 권좌가 있는 데라 네가 내 이름을 굳게 잡아서 내 충성된 증인 안디바가 너희 가운데 곧 사탄이 사는 곳에서 죽임을 당할 때에도 나를 믿는 믿음을 저버리지 아니하였도다 그러나 네게 두어 가지 책망할 것이 있나니 거기 네게 발람의 교훈을 지키는 자들이 있도다 발람이 발락을 가르쳐 이스라엘 자손 앞에 걸림돌을 놓아 우상의 제물을 먹게 하였고 또 행음하게 하였느니라 이와 같이 네게도 니골라 당의 교훈을 지키는 자들이 있도다 그러므로 회개하라 그리하지 아니하면 내가 네게 속히 가서 내 입의 검으로 그들과 싸우리라 귀 있는 자는 성령이 교회들에게 하시는 말씀을 들을지어다 이기는 그에게는 내가 감추었던 만나를 주고 또 흰 돌을 줄 터인데 그 돌 위에 새 이름을 기록한 것이 있나니 받는 자 밖에는 그 이름을 알 사람이 없느니라 두아디라교회의 사자에게 편지하라 그 눈이 불꽃 같고 그 발이 빛난 주석과 같은 하나님의 아들이 이르시되 내가 네 사업과 사랑과 믿음과 섬김과 인내를 아노니 네 나중 행위가 처음 것보다 많도다" 12-19절.

1) 버가모 도시
버가모는 로마제국의 소아시아 옛 수도이며, 우상 숭배의 중심지였다(사탄의 보좌) 제우스 신당, 의술의 신 아스클레피오스 신전(치유의 신으로 뱀을 상징), 지혜와 예신의 신 아텐 신전, 풍요의 신 데메테르 신전, 주신 디오니소스 신전 등이 있었다.⁴⁹ 소아시아의 도시들은 저마다 황제 숭배를 위한 공식적인 중심지를 의미하는 네오코로스(신당 수호자)로 불리우는 특권을 얻기 위해 심하게 경쟁했는데, 에베소가 가장 먼저 이 칭호를 얻었다. 버가모는 자칭 첫째 '네오코로스'라고 하면서 황제 숭배에 적극적으로 나섰던 도시다.⁵⁰

2) 주님의 모습

주님은 이 교회에게 좌우에 날선 검으로 나타나신다. 요한계시록 19장에 주님이 재림하실 때 날선 검으로 임하신다. 대칭이다. 버가모교회와 성도안에 있는 세상 사랑의 뿌리를 자르려고 검으로 오신다. 잘라야 할 무엇이 내 안에, 교회 안에 있으면 주님은 검으로 오신다. 앞에 서머나교회와 주님의 모습과 분위기가 완전 다르다. 어떤 모습이 주님의 진짜 모습인가? 둘 다이다. 하나님은 위로도 하시지만, 잘라야 할 것이 있다면 단호하게 자르시는 분임을 잊지 말라.

3) 칭찬과 책망

① 칭찬

a. 네가 어디에 사는지 내가 안다 : 사탄의 위가 있는 곳

버가모는 사탄의 위가 있는 곳이다. 버가모교회는 일곱 교회 도시 중에 신전이 많기로 유명하다. 로마 황제 중 3대 신전이 있었고 온갖 그리

스 로마의 만신전이 다 들어와 있었다. 왜 그럴까? 로마 황제들은 온갖 신전을 만들게 허락했다. 왜냐하면 신들이 로마 황제를 수호하는 수호신 역할을 한다고 생각했기 때문이다.

마태복음 16장에도 예수님이 제자들을 굳이 갈릴리 북쪽으로 40킬로미터나 떨어져 있는 가이사랴 빌립보에 가셔서 "주는 그리스도요 살아계신 하나님의 아들이십니다"라고 고백을 받으시는 이유가 있는 것이다. 가이사랴 빌립보는 온갖 신전이 다 모여있는 그런 곳이기에 일부러 데리고 고백을 받으신다. 주님은 우리가 어떤 상황에서 살고, 어떤 환경 속에서 목회하고 있는지 이미 알고 계신다. 어떤 환경이든지 신실하게 사명을 감당하고 있으면 된다.

b. 충성된 증인 안디바

이런 사탄의 역사가 있음에도 예수의 이름을 굳게 붙잡아 순교한 안디바가 있었다. 주님은 안디바를 '내 충성된 증인' 이라 하신다. 1장에서 주님은 자신을 충성된 증인이라고 계시하셨다. 주님에게 붙여진 칭호가 안디바에게 똑같이 불려지는 영광을 받은 것이다.

c. 사탄의 권좌

유대교의 회당이라 하지만, 그 배후에는 근본적으로 사탄의 역사가 있다. 사람이 문제가 아니다. 역사하는 사탄이다. 사람 미워하지 말고 불쌍히 여기시고 사랑으로 녹여내라. 사랑이 최고의 무기이다.

② 발람의 길, 니골라당의 교훈을 지키는 자들

민수기에는 세상, 물질 욕심 때문에 하나님의 백성들을 저주하려고 했던 발람 선지자가 나오는데 버가모교회에 이 발람의 교훈을 가르치는 자가 있었다. 복음의 이름으로 이 땅의 복만을 추구했던 자들이다. 또한 니골라당의 교훈에 대한 경고도 나온다. 교회를 어지럽히고 성도들을 바른 길에서 떠나게 하는 잘못된 거짓복음을 가르치는 자들이다. 은혜로 구원받았으니 어떤 식으로 살아도 구원과는 상관없다는 교훈들이다. 이들은 로마신전의 우상숭배를 정당화하며, 육적 행음을 통해 성도들을 영적 행음의 자리에 이끈자들이다. 그 당시 신전제사들이 대부분이 신전 창기와 성적 관계를 가지는 것이 그 당시의 당연한 문화였다.

여기서 '지키는 자들'이라는 헬라어 단어는 '크라툰타스'이다. 현재형이다. 2장 1절에 주님이 에베소교회를 붙잡고(호 크라톤, 현재 분사) 계신다고 할 때 쓴 단어이다. 한번 붙잡으면 절대로 놓치지 않는다는 의미이다. 그러니까 이 버가모교회의 성도들이 발람의 길, 니골라 당의 교훈을 어쩌다 한 두 번 지킨 것이 아니라 날마다 세상의 가치를 추구하고 굳게 붙들었다는 것이다.

이렇듯 세상의 가치에 미혹되지 않고 믿음을 지키는 일은 만만치 않다. 구약의 이스라엘 백성은 애굽을 하루에 나왔다. 애굽을 나오는 것은 하루 밖에 안 걸렸지만, 이스라엘 백성의 마음 안에 있는 애굽을 제거하는 데는 40년이 걸렸다. 버가모교회는 구원을 받았지만 그들이 마음에 애굽 사랑, 세상 사랑을 버리지 못한 교회이다.

4) 주님의 요구와 경고

① 회개하라

회개는 단순한 후회의 감정이나 뉘우침이 아니다. 헬라어로 '메타노에오'는 방향전환을 말한다. 예전의 삶의 목적, 가치, 자세, 내용이 근본적으로 하나님을 향한 새 목적, 새 가치, 새 원리, 새 자세, 새 방식으로 돌이키는 것이다. 책망받는 모든 교회에게 주님은 회개를 호소하신다.

오늘날 강단의 메시지에 회개를 촉구하는 메시지가 사라진지 오래이다. 우리에게 심각한 위기이다. 죄악이 더해 가는 것도 그렇지만, 죄악을 지적하고 회개를 말하는 종들이 나와야 하며, 듣고 순종하고 삶을 돌이키는 백성들이 나와야 한다.

② 회개치 않으면 내 입의 검으로 싸우리라
주님은 발람의 교훈과 니골라당의 교훈에서 돌이킬 것을 명령하신다. 세상의 가치, 로마의 가치를 따라 사는 세속화된 교회와 성도에게 세상 사랑을 말씀의 검으로 잘라낼 것을 촉구하시는 것이다. 오늘날의 교회와 버가모교회는 참 많이 닮아있다. 하나님 나라와 그의 의와 아무 상관 없이, 나만 이 땅에서 부귀영화와 만사형통을 누리려 욕심내고 있는 우리의 영적 현실을 보는 것 같다. 돌이켜야 한다.

5) 이기는 자의 상: 감추었던 만나, 흰 돌, 새 이름
주님은 모든 교회마다 '이기라'고 하신다. 감추었던 만나, 흰 돌, 새 이름은 영생의 축복을 말하는 것이다. 만나는 생명의 떡이신 예수님을 상징한다. 흰 돌은 그 당시 문화적 배경으로 보면 승리를 상징한다(강의안 참조). 또한 새 이름은 요한계시록 22장에 나온다. 끝까지 이긴 하나님의 백성들에게 예수님의 신부라는 새 이름을 새기실 것이다.

(4) 두아디라교회

"두아디라교회의 사자에게 편지하라 그 눈이 불꽃 같고 그 발이 빛난 주석과 같은 하나님의 아들이 이르시되 내가 네 사업과 사랑과 믿음과 섬김과 인내를 아노니 네 나중 행위가 처음 것보다 많도다 그러나 네게 책망할 일이 있노

라 자칭 선지자라 하는 여자 이세벨을 네가 용납함이니 그가 내 종들을 가르쳐 꾀어 행음하게 하고 우상의 제물을 먹게 하는도다 또 내가 그에게 회개할 기회를 주었으되 자기의 음행을 회개하고자 하지 아니하는도다 볼지어다 내가 그를 침상에 던질 터이요 또 그와 더불어 간음하는 자들도 만일 그의 행위를 회개하지 아니하면 큰 환난 가운데에 던지고 또 내가 사망으로 그의 자녀를 죽이리니 모든 교회가 나는 사람의 뜻과 마음을 살피는 자인 줄 알지라 내가 너희 각 사람의 행위대로 갚아 주리라 두아디라에 남아 있어 이 교훈을 받지 아니하고 소위 사탄의 깊은 것을 알지 못하는 너희에게 말하노니 다른 짐으로 너희에게 지울 것은 없노라 다만 너희에게 있는 것을 내가 올 때까지 굳게 잡으라 이기는 자와 끝까지 내 일을 지키는 그에게 만국을 다스리는 권세를 주리니 그가 철장을 가지고 그들을 다스려 질그릇 깨뜨리는 것과 같이 하리라 나도 내 아버지께 받은 것이 그러하니라 내가 또 그에게 새벽 별을 주리라 귀 있는 자는 성령이 교회들에게 하시는 말씀을 들을지어다" 18-29절.

1) 두아디라 도시

무역 통로로써 경제적 번영을 누리는 상업도시였다. 염색 세공업자들과 구리 세공업이 발달하여, 동종업에 종사하는 상인들의 협동조합인 "길드"가 발달하였고, 제우스의 아들인 "아폴로"라는 태양신을 숭배한 도시이다.

2) 주님의 모습

주님은 불꽃같은 눈과 빛난 주석 같은 발로 나타나신다.

① 불꽃같은 눈

다니엘 10장 6절에 있는 것을 인용한 것이다. 이것은 주님이 두아디라교회의 모든 것을 다 감찰하고 계신다는 것이다.

주석은 두 단어가 결합된 단어이다. 유황이라는 단어와 제사라는 단어가 합쳐졌다.[51] 성경에서 주석은 심판권을 의미한다. 성막의 놋 제단도 그렇고, 민수기의 놋뱀도 그렇다. 죄악이 심판당하는 곳이 번제단이고 놋뱀이기 때문이다. 이 주석이라는 단어는 십자가에 제사로서 얻으신 권세와 통치권을 의미한다.

3) 칭찬과 책망
① 칭찬: 너희의 나중 행위가 처음 행위보다 많도다.
이 교회는 많은 칭찬을 받은 교회다. "사업, 믿음, 섬김, 인내, 사랑"이라는 행위가 처음보다 나중이 훨씬 크다는 칭찬이다. 그 중에 사랑도 처음보다 더 많은 교회였다.

② 책망
그런데 문제는 사랑은 지켰는데 복음의 진리는 타협했다. 이세벨의 교훈을 마치 복음이라고 가르친 자를 용납한 것이다. 이세벨의 교훈은 바알의 교훈이다. 바알과 아세라의 복을 하나님의 복이라고 가르치는 것이다. 기복주의를 말한다. 그것을 용납했다. 사람들을 관용하고 품는 것도 좋지만 진리를 타협하면서까지 해야 하는 것은 아니다.[52] 필자가 제시한 2장의 구조에서 에베소교회와 두아디라교회를 대칭으로 본 이유도 여기에 있다. 에베소교회는 진리를 고수하다 사랑을 잃어버렸고, 두아디라교회는 사랑을 지키려다 진리를 버린 교회로써 서로 대칭인 것이다.

바알 신전에서 이스라엘 백성이 신전 창기들과 집단으로 혼음하는 것을 보고 바알과 아세라가 흥분하여 하늘에서 성적으로 결합하면 그것으로 비가 내린다고 믿었다. 이 교리는 성적 쾌락도 즐기면서 죄책감이

나 양심의 가책도 없다. 오늘날 이세벨의 교리를 선포하고 있는 자들이 누구인가? 세상 사람들이 추구하는 이 땅의 복을 성경의 복이라고 외치고 있는 자들이다. 물론 필자도 우리에게 건강, 물질, 지위, 안전등이 필요하다는 것을 인정하고 우리의 아버지인 하나님이 공급하시기를 기뻐하신다고 믿는다. 그러나 그것도 다 하나님의 나라와 의를 구하도록 주시는 것이다.

주님의 책망이 추상같다. '이세벨을 용납함이라' 성도들을 이 세상에 취하게 했다. 요한계시록 17~18장에 나오는 음녀바벨론의 미혹의 역사이다. 요한계시록 17~18장에 세상을 상징하는 음녀 바벨론이 음행의 포도주로 사람들을 취하게 만들었다. 성도들을 세상의 포도주로 취하게 만들었던 거짓 설교자들을 심판하겠다는 경고이기도 하다.

마태복음 24장에 가면 두 명의 종이 나온다. 충성된 종은 '때에 따라 양식을 나누는 종' 이고 악한 종은 '자기도 술 취하고 그 술로 다른 사람들도 취하게 하는 종' 이다. 그 술은 단순히 사람들이 마시는 알콜이 아니다. 세상가치로 취하게 하는 것을 말한다. 에베소서 5장에 '술 취하지 말라 이는 방탕한 것이니 오직 성령의 충만을 받으라' 는 말씀이 있다. 이때도 문자적인 의미만이 아니라 세상 가치에 취하지 말라는 것이다.

음녀 바벨론이 복술로 교회를 미혹했다. 음녀가 입고 있었던 자주 붉은 옷, 진주, 각종 보석… 이런 것이 모두 상징이다. 성도에게 하늘의 가치보다 이 세상이 매력있게 보이게 한다. 하늘의 것 말고, 십자가 복음 말고, 이 땅이 더 귀하게 보여 이 땅의 가치를 심었다. 조엘 오스틴이 대표적이다. 나도 모르게 음행의 포도주를 먹은 적은 없는지, 설교자들은 자신도 모르게 양떼들에게 음행의 포도주를 먹게 한 적은 없는지 진지하게 살펴보아야 한다.

4) 주님의 요구와 경고

회개하라! 그렇지 않으면 큰 환난 가운데 던지고, 사망으로 자녀를 던지시고, 침상에 던지실 것이다. 여기서 침상은 질병의 고통을 의미한다. 음행의 침상이 질병의 침상으로 바뀔 것이다.

5) 이기는 자의 상: 광명한 새벽별

끝까지 주님의 말씀을 굳게 잡고 있는 자들에게 주님은 만국을 다스리는 철장 권세를 주시겠다고 약속하시고, 새벽별이신 예수님 자신을 상으로 주시겠다고 하신다. 영생의 복을 말씀하시는 것이다. 이 새벽별은 민수기 24장의 "한 별"의 성취이다. 또한 종교적 배경과 관련해서 보면 이 새벽별은 금성으로 바벨론 이래로 통치의 상징이었다. 그렇다면 이기는 자에게 새벽벽을 주는 것은 예수님과 함께 통치의 권세를 받아 왕 노릇 할 것임을 약속하는 것이다.[53]

"나는 다윗의 뿌리요 자손이니 곧 광명한 새벽 별이라 하시더라" 계 22:16.

삶의 적용과 설교를 위한 2장의 핵심 Tip

1. 2장에 나오는 4교회를 보면서 나의 영적 상태와 교회는 어느 교회를 가장 많이 닮아있는가?

2. 에베소교회처럼 진리를 지키려다가 사랑을 잃어버려서 차갑고 사나운 사람과 교회가 되어가고 있다면 잘 못 가고 있는 것이다. 신앙의 열매는 반드시 사랑이어야 한다.

3. 서머나교회는 세상의 평가와 주님의 평가가 다른 교회였다. 우리는 누구의 평가에 인생과 목회의 전부를 걸어야 하겠는가? 인생과 목회의 성공은 나를 향한 하나님의 뜻을 이루어 드리는 것이 성경적 성공이다.

4. 버가모와 두아디라교회는 세상의 가치, 음녀 바벨론인 로마제국의 가치을 사랑하여 세속화된 교회이다. 오늘날의 한국교회와 많은 부분이 닮아있다. 우리는 예수님의 가치를 붙든다고 하지만 실제로는 세상의 가치를 욕심내고 있지는 않은지 우리의 삶과 교회를 성찰해야 한다.

5. 4개의 교회에게 주님은 한결같이 회개할 것과 이길 것을 요구하신다. 우리가 주님이 기뻐하시는 이기는 삶을 살아가기 위해 무엇을 회개하고 돌이켜야 하는가? 하나님의 말씀대로 살기 위한 최소한의 몸부림이 있어야 한다.

1.사데교회의 사자에게 편지하라 하나님의 일곱 영과 일곱 별을 가지신 이가 이르시되 내가 네 행위를 아노니 네가 살았다 하는 이름은 가졌으나 죽은 자로다 2.너는 일깨어 그 남은 바 죽게 된 것을 굳건하게 하라 내 하나님 앞에 네 행위의 온전한 것을 찾지 못하였노니 3.그러므로 네가 어떻게 받았으며 어떻게 들었는지 생각하고 지켜 회개하라 만일 일깨지 아니하면 내가 도둑 같이 이르리니 어느 때에 네게 이를는지 네가 알지 못하리라 4.그러나 사데에 그 옷을 더럽히지 아니한 자 몇 명이 네게 있어 흰 옷을 입고 나와 함께 다니리니 그들은 합당한 자인 연고라 5.이기는 자는 이와 같이 흰 옷을 입을 것이요 내가 그 이름을 생명책에서 결코 지우지 아니하고 그 이름을 내 아버지 앞과 그의 천사들 앞에서 시인하리라 6.귀 있는 자는 성령이 교회들에게 하시는 말씀을 들을지어다 7.빌라델비아교회의 사자에게 편지하라 거룩하고 진실하사 다윗의 열쇠를 가지신 이 곧 열면 닫을 사람이 없고 닫으면 열 사람이 없는 그가 이르시되 … 13.귀 있는 자는 성령이 교회들에게 하시는 말씀을 들을지어다 14.라오디게아교회의 사자에게 편지하라 아멘이시요 충성되고 참된 증인이시요 하나님의 창조의 근본이신 이가 이르시되 15.내가 네 행위를 아노니 네가 차지도 아니하고 뜨겁지도 아니하도다 네가 차든지 뜨겁든지 하기를 원하노라 16.네가 이같이 미지근하여 뜨겁지도 아니하고 차지도 아니하니 내 입에서 너를 토하여 버리리라 17.네가 말하기를 나는 부자라 부요하여 부족한 것이 없다 하나 네 곤고한 것과 가련한 것과 가난한 것과 눈 먼 것과 벌거벗은 것을 알지 못하는도다 18.내가 너를 권하노니 내게서 불로 연단한 금을 사서 부요하게 하고 흰 옷을 사서 입어 벌거벗은 수치를 보이지 않게 하고 안약을 사서 눈에 발라 보게 하라 19.무릇 내가 사랑하는 자를 책망하여 징계하노니 그러므로 네가 열심을 내라 회개하라 20.볼지어다 내가 문 밖에 서서 두드리노니 누구든지 내 음성을 듣고 문을 열면 내가 그에게로 들어가 그와 더불어 먹고 그는 나와 더불어 먹으리라 21.이기는 그에게는 내가 내 보좌에 함께 앉게 하여 주기를 내가 이기고 아버지 보좌에 함께 앉은 것과 같이 하리라 22.귀 있는 자는 성령이 교회들에게 하시는 말씀을 들을지어다

3장 고난 받고 전투하고 있는 7교회:
3교회 (사데, 빌라델비아, 라오디게아)

이제 B파트인 요한계시록 3장의 사데, 빌라델비아, 라오디게아교회를 살펴보자. 빌라델비아교회를 제외하고는 두 교회는 주로 책망을 받는다.

1. 사데교회

1) 사데 도시

이 도시는 섬유공업이 발달했으며, 고대 루디아 왕국의 수도였다. 금, 은 보석으로 풍요로운 삶을 살았다. 3면이 절벽이어서 천연 요새임을 자만하였던 도시다. 이 도시는 아데미 신전이 있었고 이 신전은 죽은 자를 살린다는 '키벨레'라는 여신에게 봉헌되었다.[54] 그렇다면 주님이 사데교회에게 너희가 '살았다는 이름은 가졌으나 죽은 교회'라고 하신 이유도 바로 죽은 자를 살린다는 키벨라의 헛됨을 폭로하시는 것이다.

2) 주님의 모습

주님은 하나님의 일곱 영과 일곱 별을 가진 분으로 나타난다.

① 일곱 영은 성령님을 의미한다. 주님은 교회를 성령으로 살리시고 인도하신다. 교회의 생명을 불어넣으시는 분은 성령님이다. 아담의 코에 생기가 들어가자 생령이 되고, 마른 뼈에 생기가 들어가자 군대가 되었다.

"여호와 하나님이 땅의 흙으로 사람을 지으시고 생기를 그 코에 불어넣으시니 사람이 생령이 되니라" 창 2:7.

"내게 이르시되 인자야 너는 생기를 향하여 대언하라 생기에게 대언하여 이르기를 주 여호와께서 이같이 말씀하시기를 생기야 사방에서부터 와서 이 죽음을 당한 자에게 불어서 살아나게 하라 하셨다 하라 이에 내가 그 명령대로 대언하였더니 생기가 그들에게 들어가매 그들이 곧 살아나서 일어나 서는데 극히 큰 군대더라" 겔 37:9-10.

이렇듯 성령님은 교회의 생명을 주시는 분이시다.

② 일곱 별을 잡으신 주님

주님이 일곱 별을 잡으신 것은 사데교회가 가망 없어 보이지만 성령과 교회 지도자들을 통해 치유하고 거룩한 자리로 회복시키려는 주님의 의지가 표현된 것이다. 이런 교회도 사랑하고 포기치 않는 주님이시다.

3) 책망

① 네 행위를 아노니: 살았다 하는 이름을 가졌으나 죽은 자로다

사데교회는 책망만 받은 교회이다. 어떤 분이 사데교회를 한자로 풀면 엄청나게 큰데(大) 영적으로 죽은(死)교회라고 했다.(신성종) 살았다는 말은 활기찬이란 뜻이고, 이름은 명성이란 뜻이다. 누가 봐도 활기차고 명성이 자자한 교회처럼 보인다. 그러나 겉으로는 살아있고 활기찬 명성의 교회처럼 보이는데 주님 눈에는 그 속은 죽은 교회이다. 경건의 모양은 있으나 경건의 능력을 부인하는 교회이다.

"경건의 모양은 있으나 경건의 능력은 부인하니 이같은 자들에게서 네가 돌아서라" 딤후 2:5.

"너희가 서로 영광을 취하고 유일하신 하나님께로부터 오는 영광은 구하지 아니하니 어찌 나를 믿을 수 있느냐" 요 5:44.

사람에게 오는 영광이냐 하나님께 오는 영광이냐의 싸움에서 사람의 영광을 구한 교회이다. 사데교회는 이단의 공격이나 외부의 핍박도 없었고, 경제적 풍요로움 속에서 신앙생활했던 교회다. 그러니 자연히 신앙의 간절함이 없고 안일하고 나태하게 되었다. 때로는 고난과 핍박이 우리를 지키는 영적인 도구이다. 고난이 없는 성도, 고난이 없이 자라난 교회가 무력한 이유를 아는가? 교회가 죄와 싸우고, 거짓 진리와 싸우고 움직일 때가 살아있는 교회다. 비록 환경은 힘들지만 말이다. 형식과 껍데기만 자기 자랑만 남으니 성령의 역사가 없을 수 밖에 없다.

② 온전함이 없다: 어느 한 가지도 하나님께 인정받는 것이 없다.

윤리적 온전함을 말하는 것이 아니다. 하나님의 말씀과 예수를 증거하는 삶이 전혀 없이 자기 만족에 빠져 사는 것을 말한다.

4) 주님의 요구와 경고
① "일깨어 죽게 된 것을 굳게 하라, 회개하라"
"죽게 된 것을 굳게 하라" 여기서 죽게 된 것은 동사가 미완료시제이다. 즉 계속해서 지금도 죽어가고 있는 상태이다. 교회의 타락도, 신앙적 침체도 어느날 갑자기 찾아오는 것이 아니다. 매일 매일의 싸움에서 지고 있는 것이다. 영적인 잠에서 깨어야 한다. "어떻게 복음을 받았으며 어떻게 복음을 들었는지 생각하고 지키라" 하신다. 분명 이 교회가 복음을 처음 받고 들을 때에 어떤 자세로 받았는지 짐작할 수 있다. 지금과 정반대의 자세가 있었을 것이다. 그때에는 스스로 살아있고 뛰어나 어떤 교회보다도 대단하다는 교만한 마음을 갖지 않았음을 충분히 추정해 볼 수 있다.

② 도둑같이 이르리니
주님의 오심을 준비치 않는 자들에게는 도둑같이 예고없이 오시게 될 것이다. 준비하는 자들에게는 신랑으로 오신다. 우리는 주님의 다시 오심을 준비해야 한다.

5) 이기는 자의 상
① 사데교회에 옷을 더럽히지 않는 몇 명은 주님께 칭찬을 받는다. 그들이 옷을 더럽히지 않았기 때문이다. 구약 이사야서의 남은 자, 그루터기들이다. 이 사람들은 비록 소수지만 흰 옷을 입은 자들이다. 흰 옷은 승리와 거룩을 상징하는 단어이다. 죄로, 자기 의로, 세상의 가치로 자

신을 더럽히지 않고 그리스도께서 주신 의의 옷을 깨끗하게 지킨 자들이다. 이들에게 '생명책에서 흐리지 않고 아버지 앞에서 시인하리라'는 약속이 주어진다.

오늘날 교회에 다닌다고 당연히 생명책에 기록되었고 구원받았다고 착각한 명목상의 그리스도인들에게 향한 경고이다. 세상의 인정을 받는 사데교회의 다수의 무리들을 주님은 백 보좌 심판에서(계 20장) 그들을 모른다 하실 수도 있다. 그러나 세상의 인정을 받지 못하는 사데교회의 소수의 남은 자들은 주님은 반드시 아버지 앞에서 인정받을 것이다.

2. 빌라델비아교회

1) 빌라델비아 도시

'형제 사랑'이라는 뜻을 가지고 있는 이 도시는 사데로부터 약 40킬로미터 지점의 소도시로 포도주로 유명하였다. 특히 술의 신 "디오니소스"를 숭배한 도시로, 1392년까지 인근의 도시들이 회교화 되었지만 기독교 도시로 남아 있었다고 한다.[55] 이 도시는 주후 214년에 황제 숭배를 위한 성소가 있는 도시에 붙여주는 전문용어인 '네오코로스(신전 수호자)'라는 명칭을 얻게 된다.[56]

2) 주님의 모습

① 주님은 '거룩하시고 진리이시고, 다윗의 열쇠를 가지신 분'으로 나타나신다. 1장에서도 음부의 열쇠를 가지신 분으로 자신을 계시하셨다. 이번에는 소도시의 작은 교회인 빌라델비아 교회에게 하늘 문을 여실 열쇠를 가지신 분으로 계시하신다.

② '열면 닫을 자가 없고 닫으면 열 자가 없다'

주님이 주권자이다. 주님이 여시면 막을 자가 없고, 닫으시면 아무도 열 자가 없다. 지금은 천국 문을 열고 계시는 때이다. 우리가 사방으로 우겨쌈을 당하여도 싸이지 아니하고 낙심치 말아야 할 이유는 하늘의 문이 열렸기 때문이다.

"우리가 사방으로 우겨쌈을 당하여도 싸이지 아니하며 답답한 일을 당하여도 낙심하지 아니하며 박해를 받아도 버린 바 되지 아니하며 거꾸러뜨림을 당하여도 망하지 아니하고" 고후 4:8-9.

그러나 열린 문을 닫으실 때가 있다. 그때는 닫은 문을 아무도 열지 못한다. 기회가 남아 있을 때 우리는 주님께로 돌아가야 한다. 우리의 삶도 마찬가지다. 영적이든, 육신적이든, 환경적이든지, 무엇이든지 주님이 열어주셔야 한다. 주님의 주권과 때를 신뢰하고 기다리라.

3) 칭찬

① 네가 적은 능력으로 인내의 말씀을 지켰으니

a 인내의 말씀

그냥 말씀이 아니다. 인내의 말씀이다. 빌라델비아교회와 성도들은 말씀을 지키기 위해 인내의 시간을 겪어야 했다. 말씀이 이루어지기까지 요셉은 13년을, 모세는 40년을, 아브라함은 25년을 인내해야 했다. 우리의 삶도 인내의 산고를 견뎌야 할 때가 있다. 주님을 신뢰하면서 기다리자. 주님은 반드시 약속을 이루시는 분이시다.

b. 적은 능력으로

이 교회는 성도도, 재정도 부족한 교회였다. 그러나 주님은 적은 능력으로도 말씀을 지키고 주님을 섬긴 교회라고 기뻐하신다. 우리는 항상 더 많은 능력과 물질과 세상적 지위와 명예를 달라고 기도한다. 그러나 주님은 말씀하신다. '더 많은 능력을 달라고 하지 말고, 이미 허락한 능력을 갖고 세상을 이기라'고 말이다. 오히려 적은 능력이었기에 하늘 문을 열어주신 것이다.[57] 우리가 약할 때 주님은 강함이 되어 주신다. 우리가 약해야 주님의 능력이 머무를 수 있다.

"나에게 이르시기를 내 은혜가 네게 족하도다 이는 내 능력이 약한 데서 온전하여짐이라 하신지라 그러므로 도리어 크게 기뻐함으로 나의 여러 약한 것들에 대하여 자랑하리니 이는 그리스도의 능력이 내게 머물게 하려 함이라 그러므로 내가 그리스도를 위하여 약한 것들과 능욕과 궁핍과 박해와 곤고를 기뻐하노니 이는 내가 약한 그 때에 강함이라" 고후 4:8-9.

② 열린문을 두었노니

이 교회는 3장(B파트)에서 칭찬만 받은 교회이다. 자칭 유대인이라 하지만 거짓말하는 자들 중 몇을 내게 주어서 그들이 절하게 하시겠다는 것이다. 교회를 대적한 자들 중에서 몇이 교회의 권세에 굴복하는 일이 있을 것을 약속하신다. 이사야 60장의 성취이다.

"너를 괴롭히던 자의 자손이 몸을 굽혀 네게 나아오며 너를 멸시하던 모든 자가 네 발 아래에 엎드려 너를 일컬어 여호와의 성읍이라, 이스라엘의 거룩한 이의 시온이라 하리라" 사 60:14.

이것이 주님이 이 교회를 사랑하시는 증거이다. 2장의 서머나교회는 순교하면서까지 환난과 궁핍을 견딘 교회라고 칭찬받았다면, 빌라델비아교회는 핍박을 견디었을 뿐만 아니라 조금 더 나아가 십자가 사랑으로 대적자들의 항복을 받아낸 교회이다. 우리의 삶과 교회에 이런 권세가 있어야 한다. 어둠의 권세가 물러가고, 복음을 대적한 자들이 주님께 돌아오게 하는 십자가와 부활의 복음의 권세가 있어야 한다.

4) 주님의 약속과 권면
① 너를 지켜 시험의 때를 면하게 하리니

이 교회가 주님의 인내의 말씀을 지키었기에 주님은 시험의 때에 이 교회를 지켜 주실 것이라고 하신다. "면하다"는 헬라어 단어는 '에크테레소'이다. 이 단어는 '~로부터 지키다' 는 뜻이다. 시험의 때를 아예 면제해 주겠다는 것이 아니라, 시험의 때에 믿음이 무너지지 않도록 지키시겠다는 것이다. 고난을 이길 힘을 주시겠다는 것이다. 진정한 능력은 시험이 없는 것이 아니고 시험을 이기는 것이다.

"내가 비옵는 것은 그들을 세상에서 데려가시기를 위함이 아니요 다만 악에 빠지지 않게 보전하시기를 위함이니이다" 요 17:15.

② 가진 것을 굳게 잡아 네 면류관을 빼앗지 못하게 하라

"굳게 잡아"는 헬라어로 '크라테이'로, 현재형이다. 이 단어는 2장의 에베소교회를 주님이 붙잡고 계신다고 할 때 썼던 같은 단어이다. 둘 다 현재형이다. 그러니까 주님도 교회를 날마다 계속(현재형)굳게 붙잡고 놓지 않으시는 것처럼 교회도 날마다 계속해서 주님의 말씀과 믿음을 굳게 붙들어야 함을 말씀하시는 것이다. 끝까지 굳게 서 있으라는 당부이시

다. 저절로 지켜지는 것이 아니다. 교회와 성도는 세상의 가치와 계속해서 싸우는 자인 것을 잊지 마라.

5) 이기는 자의 상: 성전의 기둥, 새 예루살렘의 이름과 주님의 이름 새김

빌라델비아 도시는 그 도시에 공헌을 한 사람은 주요 건축물마다 그 사람의 이름을 새겼다.[58] 빌라델비아에 그런 문화가 있다는 것을 주님이 아시고 하늘의 성전에 이름을 써주겠다고 한다. "세상의 건물에는 네 이름 새기지는 못해도 하늘나라에 네 이름을 새기리라." 이기는 자에게는 새 예루살렘의 이름이 새겨지리라. 신부의 이름이 새겨진다는 것이다. 또한 '성전의 기둥'이 되게 하신다는 말씀은 이 지역의 지진과도 관련된 말씀으로 보인다.

3. 라오디게아교회

1) 라오디게아 도시

이 도시는 경제적 부요를 누렸다. 많은 은행, 온천, 양털 생산의 고급 의류로 유명했고, 제우스와 치료의 신인 "멘카루"를 숭배했다. 의학교가 있어 '라오디게안' 나드 향유에서 추출한 귓병 약과 '브루기안'이라는 안질약으로 유명했다.[59] 주후 17년, 60년에 지진이 일어나기도 했다.

2) 주님의 모습

주님은 아멘이시요 충성되고 참된 증인, 창조의 근본이신 분으로 나타나신다. 1장에서 주님이 자신을 충성된 증인이라고 하셨는데 그 말씀으로 다시 나타나신 것이다. 특히 창조의 근본이라는 말이 중요하다. 우주와 만물과 세상과 역사를 시작하신 창조하신 분이 모든 만물을 재창조하시겠다는 것이다.

"이런 폐차 수준의 교회까지도 내가 다시 새롭게 만들 것이다. 이렇게 엉망진창인 교회라도 내가 만들었기에 내가 고쳐서 완성하겠다"는 주님의 선포인 것이다. 미국에서 어떤 사람이 운전을 하다가 자동차가 사막 같은 도로에 서 버렸다. 누가 와서 고치려고 해도 안되었다. 그런데 지나가던 한 노신사가 고쳤다. 이 사람은 누구일까? 포드 차를 제작한 사장 포드였다. 폐차 수준의 라오디게아교회이지만 주님이 만드셨기에, 주님이 시작했기에 재창조하겠다고 하신다. 계시록은 재창조의 완성이고, 복음은 재창조의 시작이다.

3) 책망

① 벌거벗은 교회

이 교회는 책망만 받은 교회이다. 이 교회는 스스로 부요한 자, 부족함이 없는 교회라 여겼다. 여러 가지 면에서 부유한 도시였다. 많은 온천, 양털 생산의 고급 의류로 유명 은행의 중심이 있었고, 검은 양모의 카펫과 섬유의 생산지, 의료학교와 많은 질병치료를 위한 재료가 있었다. 영적으로, 육적으로 자기자랑과 자기 과시가 대단한 교회였다. 그러나 주님의 평가는 매우 혹독하다. 주님의 눈에는 벌거벗은 교회요, 영적으로 소경된 교회이며, 주님이 토해버리고 싶은 교회라고 평가하신다.

② 차지도 덥지도 않다

라오디게아 도시는 북쪽으로 온천으로 유명한 히에라 폴리에라는 지역이 있고, 동남쪽에는 차가운 냉수을 공급해 주는 골로새 지역이 있다. 아이러니하게도 모든 것을 가지고 있다고 자부하는 라오디게아 도시에 먹을 생수가 없다는 것이다. 그러니까 이 도시는 10킬로미터 떨어진 온

천지 히에라 폴리의 '데니즐리'에서 온수를 끌어와야 했다. 그러나 북쪽에 10마일 떨어진 데니즐리에서 운반 도중 미지근해져서 먹을 수 없어서 토할 정도가 되었다고 한다. 남쪽으로 6마일 떨어진 골로새는 건강에 좋은 차가운 물이, 히에라폴리에는 온천수로 유명했다. 이 냉수가 운반되는 과정에 미지근해져서 먹을 수 없게 된 것이다. 이 도시의 상황을 잘 아시는 주님께서 라오디게아교회에게 말씀하신다. '뜨겁든지 차갑든지 하라'고 말이다. 이것은 차든지 뜨겁든지 교회의 분명한 정체성을 갖고 있어야 한다는 말씀이지, 뜨거워지라는 뜻이 아니다.

라오디게아교회는 모든 것을 다 가진 교회였다. 돈이 많아 모든 것을 다 가진 교회였는데 생수가 없다. 찬물이 필요하면 오는 중에 미지근해지고, 뜨거운 물은 오다가 식어버린다. 아이러니하게도 다 갖고 있는데 생수가 없는 교회가 있다. 사람을 살리는 진짜 복음이 없는 교회라면 라오디게아 같은 교회다. 다 갖고 있는데 생명수가 없으면 주님은 아무것도 없는 교회라고 하신다.

③ 자기 착각과 교만: 나는 부자라 부족함이 없다

주후 17년, 60년에 소아시아에 지진이 났을 때 로마 정부의 재정지원을 다 거부하고 스스로 일어났던 유일한 도시가 라오디게아 도시였다. 그 만큼 부유한 도시요, 부유한 교회였다. 영육간에 스스로를 대단하다고 여기는 자기 의로 충만한 교회이다. 호세아에도 같은 표현이 나온다. 이스라엘이 멸망한 전철을 밟지 말라는 것이다.

> "에브라임이 말하기를 나는 실로 부자라 내가 재물을 얻었는데 내가 수고한 모든 것 중에서 죄라 할 만한 불의를 내게서 찾아 낼 자 없으리라 하거니와"
> 호 12:8.

4) 주님의 평가와 경고

① "너는 곤고하고 가난하고 눈멀고 아무것도 없다. 흰 옷을 사서 입고, 안약을 사서 바르라"고 책망하신다. 이 도시는 의과대학이 발달한 곳이었다. "너희들이 안약으로 돈 버는 도시냐? 복음이라는 안약을 발라서 제발 영적인 눈 좀 떠라"고 하시는 것이다. 자기가 스스로 부족함이 없다고 자기 의를 자랑하고 있다면 그는 똑같은 주님의 책망을 받을 것이다. 하나님의 은혜는 자기 의를 의지하고 자랑하는 자들에게는 임하지 않는다. 십자가 앞에서 자기 의를 부정하는 자만이 주님 앞에 설 수 있다. 복음이 복음 되기 위해서는 자기 의가 먼저 무너지지 않으면 안 된다.

② 사랑하는 자를 책망하노니

주님이 이 교회를 혹독하게 책망하고 계시지만 그 동기는 사랑이다. 미워서가 아니다. 사랑하니까 쓴 소리를 하는 것이다. 오늘날 교회에서 실제로 이런 메시지를 선포했다면 과연 얼마나 많은 사람들이 주님의 호소를 듣고 삶을 돌이키겠는가?

③ "누구든지 내 음성 듣고 문을 열면 내가 그로 더불어 먹고 마시리라" 이 구절은 전도할 때 많이 쓰는 구절이다. 주님의 음성을 듣고 회개하는 자에게 주님과의 교제 회복을 말하는 것이지 전도용 본문이 아니다. 이스라엘 문화에서는 같은 식탁에 앉는다는 것은 친밀한 관계가 아니면 안 된다. 지금은 주님이 토해내고 싶은 교회지만 회개만 하면 언제든지 깊은 교제의 대상으로 회복시키시고 싶은 것이다.

④ 사랑하는 자를 책망하노니

필자는 주님이 이런 교회도 사랑할까 하는 생각이 든다. 그런데 주님은 "이런 교회까지도 사랑하신다"고 하신다. 하나님의 사랑이고 하나님의 긍휼이다. 또한 사랑하시니까 책망하신다. 아무리 죄가 많아도 주님은 끝까지 사랑하신다. 징계하실지언정 버리시지 않는다. 이 긍휼과 은혜가 나에게도 적용된다. 주님은 나를 끝까지 사랑하시고 끝까지 나에게 기회를 주신다. 이런 교회도 내 교회라 하시고, 이런 교회도 문을 열고 들어가 깨끗하게 만들어 교제하기를 원하신다. 살릴 수만 있다면 살리고 싶어하시는 분이시다. 주님은 교회를 버리지 않는다. 영혼을 포기하시지 않는다. 그래서 빌립보서에서 '예수의 심장을 품으라'고 하신다. 내 심장 떼내고 예수의 심장을 우리 안에 이식해야 한다.

"너희는 이 마음을 품으라 그리스도 예수의 마음이니그는 근본 하나님의 본체시나 하나님과 동등됨을 취할 것으로 여기지 아니하시고 오히려 자기를 비워 종의 형체를 가지사 사람들과 같이 되셨고 사람의 모양으로 나타나사 자기를 낮추시고 죽기까지 복종하셨으니 곧 십자가에 죽으심이라" 빌 2:5-11.

5) 이기는 자의 상: 보좌에 앉게 하심

주님은 라오디게아교회에게 이길 것을 촉구하시면서 상을 약속하신다. 하나님의 보좌에 함께 앉게 해주시겠다는 것이다. 저절로 보좌에 앉는 상을 얻는 것이 아니다. 반복해서 말하지만 이겨야 한다. 주님도 보좌에 저절로 앉았다고 하시지 않는다. 주님도 싸워서 이겨서 앉으신 보좌라고 하신다. 이 보좌라는 단어를 기억하고 있어야 한다. 왜냐하면 4장에서 그 시작이 하나님의 보좌이다. 단락과 단락은 반드시 연결되어져 있다. 꼬리에 꼬리를 물고 이어지는 것이다. 마지막으로 7교회의 메시지를 마무리 하면서 7교회 모두에게 공통적으로 하시는 말씀이 있다.

첫째: 아노라, 둘째: 회개하라, 셋째: 이기라, 넷째: 이기는 자에게 줄 상이다.

"내가 너희의 모든 고난의 아픔과 눈물과 약함과 부족함, 그리고 나를 향한 마음까지도 다 알고 있다. 그러니 칭찬받은 교회는 그대로 계속 싸움을 싸워가라. 그리고 책망받은 교회는 어서 빨리 돌이키고 회개하라. 사랑하기에, 아끼기에 책망하는 것이니라…. 모든 나의 교회여, 나의 신부여… 끝까지 싸워 이기라. 포기치 마라. 내가 이긴 것처럼 너희도 반드시 이기게 할 것이다."라고 주님은 말씀하는 것이다. 7교회 모두에게 "이기는 자"가 될 것을 명령하신다. 이 단어는 헬라어로 '니콘'이다. 현재형이다. 한 두 번 이기는 자가 아니라 계속해서 이기고 있는 자들에게 영생이 약속되어 있다. 믿기만 하면 무조건 구원받았다고 하면서 마음대로 살아가는 자들을 향한 경고의 메시지이기도 하다.

삶의 적용과 설교를 위한 3장의 핵심 Tip

1. 3장의 3개 교회와 나의 삶과 목회는 어느 교회를 닮아있나?

2. 사데교회처럼 겉으로는 살아있고 대단한 신앙과 교회같지만 주님이 보시기에 생명이 꺼져가는 신앙과 교회이라면 어찌할 것인가?

3. 빌라델비아교회처럼 적은 능력으로도 주님을 기쁘게 할 수 있다는 사실이 우리에게 어떤 위로를 주는가? 우리에게 진짜 필요한 것이 큰 능력인가? 아니면 순종인가? 내가 약함을 고백할 때 주님이 강함이 되어 주실 것이다.

4. 라오디게아교회처럼 스스로 대단하다는 자기 의와 착각에 빠져 영적으로 벌거벗고 소경된 삶을 살아가고 있지는 않나? 주님의 평가와 스스로의 평가가 극과 극이다. 라오디게아교회를 통해 나에게 하시는 말씀은 무엇인가?

5. 이기는 자는 현재형이다. 우리는 구원을 너무 우습게 여긴다. 계시록은

계속해서 죄와 싸워 의의 옷을 빨고 있는 자에게, 계속해서 이기고 있는 자에게 천국을 약속하고 있다. 우리의 삶속에 죄와 싸우는 몸부림이 있어야 한다.

6. 라오디게아는 책망만 들은 교회이다. 그러나 그렇게 혹독한 꾸지람(토해내리라)마저도 사실은 이 교회를 향한 주님의 포기치 않는 사랑 때문이었다.[60] 주님이 포기하는 교회와 자녀는 없다. 내 모습과 상황이 어떠할지라도 다시 일어날 수 있다. 주님의 포기치 않는 사랑이 있기 때문이다.

1.이 일 후에 내가 보니 하늘에 열린 문이 있는데 내가 들은 바 처음에 내게 말하던 나팔 소리 같은 그 음성이 이르되 이리로 올라오라 이 후에 마땅히 일어날 일들을 내가 네게 보이리라 하시더라 2.내가 곧 성령에 감동되었더니 보라 하늘에 보좌를 베풀었고 그 보좌 위에 앉으신 이가 있는데 3.앉으신 이의 모양이 벽옥과 홍보석 같고 또 무지개가 있어 보좌에 둘렸는데 그 모양이 녹보석 같더라 4.또 보좌에 둘려 이십사 보좌들이 있고 그 보좌들 위에 이십사 장로들이 흰 옷을 입고 머리에 금관을 쓰고 앉았더라 5.보좌로부터 번개와 음성과 우렛소리가 나고 보좌 앞에 켠 등불 일곱이 있으니 이는 하나님의 일곱 영이라 6.보좌 앞에 수정과 같은 유리 바다가 있고 보좌 가운데와 보좌 주위에 네 생물이 있는데 앞뒤에 눈들이 가득하더라 7.그 첫째 생물은 사자 같고 그 둘째 생물은 송아지 같고 그 셋째 생물은 얼굴이 사람 같고 그 넷째 생물은 날아가는 독수리 같은데 8.네 생물은 각각 여섯 날개를 가졌고 그 안과 주위에는 눈들이 가득하더라 그들이 밤낮 쉬지 않고 이르기를 거룩하다 거룩하다 거룩하다 주 하나님 곧 전능하신 이여 전에도 계셨고 이제도 계시고 장차 오실 이시라 하고 9.그 생물들이 보좌에 앉으사 세세토록 살아 계시는 이에게 영광과 존귀와 감사를 돌릴 때에 10.이십사 장로들이 보좌에 앉으신 이 앞에 엎드려 세세토록 살아 계시는 이에게 경배하고 자기의 관을 보좌 앞에 드리며 이르되 11.우리 주 하나님이여 영광과 존귀와 권능을 받으시는 것이 합당하오니 주께서 만물을 지으신지라 만물이 주의 뜻대로 있었고 또 지으심을 받았나이다 하더라

4장 하나님과 어린양의 보좌, 천상의 예배
창조주 하나님을 향한 경배

성경은 하나의 맥을 가지고 이야기한다. 꼬리에 꼬리를 물며 소 단락과 소 단락은 한 맥으로 이어진다. 3장 끝에 나오는 "이기는 자의 보좌"가 4장의 '하나님과 어린양의 보좌'로 맥이 이어져가는 것이다. 또한 3장의 빌라델비아교회에 "열린 문"을 두셨다고 했는데, 4장에 하늘 문이 열린다.

"이 일 후에 내가 보니 하늘에 열린 문이 있는데 내가 들은 바 처음에 내게 말하던 나팔 소리 같은 그 음성이 이르되 이리로 올라오라 … 내가 곧 성령에 감동되었더니 보라 하늘에 보좌를 베풀었고 그 보좌 위에 앉으신 이가 있는데" 1-2절.

1. 이리로 올라 오라

이 말씀은 세대주의자들이 주장하는 휴거 본문이 아니다. 요한계시록은 시간과 공간의 초월이 있다. 지상과 천상, 현재와 미래를 왔다 갔다 간다. 4~5장, 7장, 14장에 성령께서 완성된 교회의 하늘의 신분과 위치, 영광을 자주 보이시는 이유는 고난받고 있는 지상의 교회와 성도들이 믿음을 포기하지 않도록 위로하고 격려하기 위함이며, 이 고난도 과정일 뿐이라는 것이다. 이런 문학적 표현을 문자적으로 해석해서 4장을 '교회의 휴거다'라고 주장하는 것은 성경을 너무 얄팍하게 보는 것이다. 필자는 에베소서를 통해 이것을 증명하겠다.

"허물로 죽은 우리를 그리스도와 함께 살리셨고 (너희는 은혜로 구원을 받은 것이라) 또 함께 일으키사 그리스도 예수 안에서 함께 하늘에 앉히시니" 엡 2:5-6.

주님은 구원 얻은 성도들을 이미 주님과 함께 하늘에 앉히셨다고 하신다. "요한아! 현실을 보고 절망하지 말고, 내 보좌 위로 올라와라. 그리고 나의 통치가 어떻게 이루어지는지 보라"고 주님은 말씀하신다. 고난의 때에 주님의 음성을 들어야 한다. 이 땅의 성도들이 세상의 보좌, 돈의 보좌, 성공의 보좌, 권력의 보좌, 사탄의 보좌가 아닌 더 큰 하나님의 보좌를 믿음의 눈으로 바라보면서 하늘의 힘을 얻고 다시 싸워서 이겨야 한다. 고난받고 있는 성도에게 잠시라도 천상의 보좌와 완성된 승리를 보여주고 있는 것이다. 필자는 이 책을 읽고 있는 독자들이 천상의 보좌에 올라가 최종 승리와 완성을 미리 보게 되는 위로와 도전을 얻길 기도한다. 하나님이 허락한 현실을 도피하는 것이 아니라 고난의 현실을 품고 이겨낼 수 있는 힘과 용기가 보좌로부터 공급되어지기를 바란다.

2. 성령에 감동되어 (엔 프뉴마티 2)

두 번째 환상덩어리는 4장부터 16장까지 있다. 요한은 두 번째로 성령에 사로잡힌다. 주님은 요한에게 하늘의 하나님과 어린양의 보좌를 보이신다.

3. 하나님과 어린양의 보좌

계시록의 컨트롤 타워는 4~5장의 하나님과 어린양의 보좌이다. 공항으로 따지면 관제탑이다.[61] 우주 만물의 역사, 이 모든 것을 계획하고 집행하고 완성하는 하나님 나라의 컨트롤 타워는 하나님과 어린양의 보좌다.

우리 인생도 컨트롤 타워가 있다. 우리의 삶을 조정하고 간섭하신다. 이 보좌에서 인 심판도 나팔 심판도 대접 심판도 계획되고 집행된다. 여기에서 하나님 나라의 시작도, 예수님의 구속사역도 여기에서 결정된 것이다. 이 보좌에서 하나님 나라가 완성될 것이다.

지금 사도 요한에게 하나님의 보좌를 왜 보여주고 계신가? "도미티안 황제에 비하여 더 탁월하고 탁월한 전능자의 보좌를 보여주시는 것이다. 눈에 보이는 로마 황제의 보좌가 아무리 강력해 보일지라도, 더 강력한 컨트롤 타워인 하나님의 보좌를 보며 이기고 이겨라"라는 뜻이다.

여러분의 교회 위에 하나님의 보좌가 있음을 믿으라. 도미티안의 보좌를 언제든지 무너뜨릴 수 있는 더 크고 강력한 보좌를 붙들기 바란다.

"앉으신 이의 모양이 벽옥과 홍보석 같고 또 무지개가 있어 보좌에 둘렸는데 그 모양이 녹보석 같더라" 3절.

1. 보좌에 앉으신 하나님의 모습

1) 보좌에 앉으신 하나님의 모습이 벽옥, 홍보석, 무지개, 녹보석과 같다. 이 보석들의 개별적인 의미보다 전체적인 하나의 의미를 갖는다.[62] 하나님의 영광을 드러내는 것이다. 굳이 개별 보석의 의미를 살펴본다면 벽옥은 하나님의 생명과 거룩을 상징하고, 홍보석이 하나님의 공의, 무

지개는 언약을 상징하고겔 1:26-28, 녹보석은 화목을 상징한다. 모두 하나님의 성품을 드러낸다.

**4장의 보좌 위 하나님의 4가지 모습(보석)과 21장의
새 예루살렘의 12보석과의 관계**

그런데 요한계시록 전체의 맥으로 보면 4장의 하나님의 모습과 21~22장의 새 예루살렘 즉, 그리스도의 신부인 교회의 모습이 너무나 닮아 있다. 새 예루살렘 성이 12가지 기초석으로 이루어져 있는데 이 기초석 중에 벽옥, 홍보석, 녹보석이 있다. 하나님과 같은 보석의 모양을 21장 9절부터 그대로 성도들이 본받고 있다는 것이 핵심 포인트이다. 하나님 아버지의 형상을 닮아있는 자녀들이다. 계시록을 재림 징조와 현상으로 풀지 않아도 얼마든지 복음과 은혜로 풀 수 있다.

"또 보좌에 둘려 이십사 보좌들이 있고 그 보좌들 위에 이십사 장로들이 흰 옷을 입고 머리에 금관을 쓰고 앉았더라" 4절.

24보좌와 24장로

이 24장로들을 문자적으로 24명이라고 하면 안 된다. 24장로는 신약과 구약에 구원받은 자들의 상징수로 보면 된다. 흰옷은 거룩을 이야기하고 있다. 금관을 쓰고 있다. 사탄의 미혹과 핍박을 견디고 이겨 승리했던 자들을 상징한다. 지금은 고난받고 있는 교회이지만, 하나님의 구속 경륜사의 완성이라는 관점에서 거꾸로 보면 우리는 이미 24보좌 중에 한 보좌에 앉아 있는 것이다.

24장로는 계시록 안에서 12번 언급된다. 24장로들의 역할은 1) 하나님께 찬양, 2) 성도들의 기도를 하나님께 전달, 3) 환상을 해석함이다.[63]

필자는 이것을 교회의 세 가지 사명이라고 생각한다. 하나님께 예배함, 기도의 사명, 말씀 선포와 가르침이다.

"보좌로부터 번개와 음성과 우렛소리가 나고 보좌 앞에 켠 등불 일곱이 있으니 이는 하나님의 일곱 영이라" 5절.

번개와 음성과 우렛소리

모든 심판 시리즈의 마지막인 7번째 인, 7번째 나팔, 7번째 나팔에는 번개 음성, 우레가 나온다. 이것은 전형적인 구약의 표현으로 하나님의 임재를 상징한다. 하나님의 심판과 구원의 역사가 있을 때 나타난다시 18:9.

"보좌 앞에 수정과 같은 유리 바다가 있고 보좌 가운데와 보좌 주위에 네 생물이 있는데 앞뒤에 눈들이 가득하더라 그 첫째 생물은 사자 같고 그 둘째 생물은 송아지 같고 그 셋째 생물은 얼굴이 사람 같고 그 넷째 생물은 날아가는 독수리 같은데" 6-7절.

1. 수정 같은 유리바다

유리바다는 초월자이신 하나님과 피조물인 4생물 앞에 있어 창조주와 피조물을 구분하는 기능을 한다. 창조주와 피조물과의 거리를 말하며 창조주의 초월성을 말한다. 오늘날 설교자들이 말하는 하나님은 너무 만만하다. 사랑하시고 다가오시고 함께 하시는 내재하시는 하나님만이 지나치게 너무 부각되어 있다. 거룩하신 피조물과는 근본적으로 분리되어 있는 초월하신, 세상과 역사의 주권자요, 통치자요, 최종 심판자이신 하나님은 소홀히 여겨지고 있는 것이 아닌가하는 생각을 지울 수 없다. 우리는 하나님을 하나님으로 대접해 드리는 경외함이 점점 사라지는 시대를 살아가고 있다. 15장에도 유리바다가 나온다. 구원받은 성도들이 모세의 노래, 곧 하나님의 어린양의 노래를 부르는데 이때 유리바다가 나온다. 14장에 십사만 사천이 나오고 이 144,000명이 성도들이 불 섞인 유리바다에 섰다. 차이는 무엇이냐? 4장의 유리바다는 하나님의 초월성을 강조한 것이고, 15장의 불이 섞인 유리바다는 하나님의 심판과 불같은 연단을 통과하여 서서 구원의 노래를 부르고 있는 성도들을 강조하고 있다.

2. 4생물

1) 4생물은 에스겔 1장과 10장에 나오는데 사자, 송아지, 사람, 독수리는 각 피조물이다.[64] 사자는 짐승의 왕, 송아지는 가축의 왕, 독수리는 조류의 왕, 사람은 모든 피조물의 대표이다. 각 피조물의 대표들이 나와 하나님을 찬양한다.

2) 앞뒤 가득한 눈과 여섯 날개

이것은 이사야와 에스겔에 나오는 스랍과 그룹을 인용한 것이다. 가득한 눈은 감찰하시는 하나님을 대리하는 천사들의 사역을 상징한다. 여섯 날개는 사역의 신속성을 말한다.[65]

"네 생물은 각각 여섯 날개를 가졌고 그 안과 주위에는 눈들이 가득하더라 그들이 밤낮 쉬지 않고 이르기를 거룩하다 거룩하다 거룩하다 주 하나님 곧 전능하신 이여 전에도 계셨고 이제도 계시고 장차 오실 이시라 하고 그 생물들이 보좌에 앉으사 세세토록 살아 계시는 이에게 영광과 존귀와 감사를 돌릴 때에 이십사 장로들이 보좌에 앉으신 이 앞에 엎드려 세세토록 살아 계시는 이에게 경배하고 자기의 관을 보좌 앞에 드리며 이르되 우리 주 하나님이여 영광과 존귀와 권능을 받으시는 것이 합당하오니 주께서 만물을 지으신지라 만물이 주의 뜻대로 있었고 또 지으심을 받았나이다 하더라" 8-11절.

1. 24장로와 피조물들의 찬양

1) 이십사 장로들과 생물들이 드리는 "모든 영광과 존귀와 권능"의 경배는 오직 하나님께만 드려져야 하는 것이다. 당시 도미티안이 이런 숭배를 강제로 받고 있는 상황을 염두해 두고 이 본문을 바라. 누가 과연 이런 경배를 받으실 분인가? 4장은 성부 하나님의 창조 사역을 높이고 있는 장면이고, 5장은 어린양의 구속 사역을 말하고 있다.[66] 4장과 5장에 찬양이 몇 번 나오냐면 5번 나온다. 성부께 두 번, 성자께 두 번, 성부 성자 합쳐서 한 번 나온다. 주의 깊게 살펴볼 것은 4장, 5장, 7장, 11장, 12장, 14장, 19장의 성도를 상징하는 무리들이 나올 때마다 그들은 항상 하나님을 찬양한다. 이것은 하나님의 창조 목적과 구속 목적이 찬양을 받으시기 위함임을 말한다.

2) 천상의 예배, 찬양과 기도

① 천상의 예배의 예고편
이 천상의 예배 환상은 완성된 하나님 나라에서 영원토록 경배와 찬양을 드리는 것의 예고편이다.

② 잃어버린 기도와 찬양을 회복하라
이 서신을 읽고 있는 1세기의 원 독자 입장에서 보면 요한이 5장과 8장에서 성도들의 기도를 강조하는 이유가 있다. 당시 로마 황제 숭배 강요와 유대교의 핍박으로 인해 고난의 절정에 처한 성도들이 기도와 찬양을 잃어버리고 있는 상황이라는 것은 쉽게 추측할 수 있다. 성령께서 교회와 성도에게 잃어버린 찬양, 멈춰버린 기도를 다시 시작할 것을 촉구하고 있는 본문이다. 다시 찬양과 기도를 회복하라고 하시는 것이다.

이 서신을 받아 읽은 원 독자들은 분명 "그래… 다시 기도해야지. 다시 찬양하고 다시 주님을 붙들어봐야지!"라고 결심했으리라고 필자는 생각한다. 우리도 마찬가지이다. 어느 정도 견딜만큼 힘들면 기도가 된다. 그런데 그 한계를 넘어서는 고통이 오면 기도가 안 나온다. 필자도 그런 경험이 있었다. "아버지" 한 번 불러놓고 한참 있다가 "아버지"를 다시 부르고 그렇게 보낸 세월이 있었다. 하나님이 내 형편을 알고 계시는 건가 하는 절망과 탄식에 고민한 적이 있었다. 사람이 막판에 몰리면 기도가 안 나온다. 그러기에 기도할 수 있을 때 기도를 쌓아 놓아야한다.

③ 세상나라를 심판하는 근거: 성도들의 기도

요한계시록 6장에서 다섯 번째 인 재앙은 순교한 순교자들의 신원기도이다. 그 후에 6번째 인 심판이 이어진다. 또한 8장에 일곱 번 나팔 재앙이 시작되기 전에 성도들의 기도가 있다.

이것은 하나님이 성도들의 기도를 통해 심판하기 시작하신다는 것이다. 우리의 삶에 기도가 많이 있어야 한다. 교회를 공격하는 사탄을 대적하기 위하여 금 대접의 기도가 가득해야 한다. 흥미로운 것은 성도들의 기도를 대접에 받는다. 5장에서도, 8장에서도 대접에 받는다. 마지막 심판 재앙이 대접 재앙이다. 의미가 있는 것이다.

"네 생물과 이십사 장로들이 그 어린 양 앞에 엎드려 각각 거문고와 향이 가득한 금 대접을 가졌으니 이 향은 성도의 기도들이라" 5:8.

"또 다른 천사가 와서 제단 곁에 서서 금 향로를 가지고 많은 향을 받았으니 이는 모든 성도의 기도와 합하여 보좌 앞 금 제단에 드리고자 함이라 향연이 성도의 기도와 함께 천사의 손으로부터 하나님 앞으로 올라가는지라" 8:5.

3) 면류관을 드리며

교회를 상징하는 24장로들은 승리의 상징인 면류관을 벗어 보좌 앞에 드린다. 이는 모든 것을 하나님이 하신 일이라고 그 영광을 하나님께로 돌려드리는 행위이다. 우리도 마찬가지이다. 인생을 살아가면서 얻는 축복이 있다면 그것을 허락하신 하나님께 우리의 면류관을 벗어드리는 훈련을 날마다 해야 한다. 로마의 역사가 타키투스에 의하면 페르시아의 속국의 왕인 티리다테스는 네로의 상 앞에서 자신의 왕관을 벗어 그의 발 앞에 놓았다고 한다. 복종과 자신의 통치권 포기를 의미하는 것이다.[67]

4) 창조주 하나님 향한 경배

> "우리 주 하나님이여 영광과 존귀와 권능을 받으시는 것이 합당하오니 주께서 만물을 지으신지라 만물이 주의 뜻대로 있었고 또 지으심을 받았나이다 하더라" 11절.

하나님이 영광과 존귀와 권능을 받으시는 것이 합당한 이유는 만물을 뜻대로 지으신 창조주요 섭리자이기 때문이다. 원문에는 '호티(왜냐하면)'가 빠져 있다. 그렇다. 우리가 하나님을 찬양해야 할 이유는 만물과 우주와 역사와 나라들과 인생과 교회를 만드신 창조자이기 때문이다. 그리고 자신의 창조 목적을 이루시기 위해 그 만물을, 역사를, 교회를, 인생을 존재케 하시고, 보호하시고 완성시키는 섭리자이기 때문이다.

여기에 나오는 피조물들의 경배의 환호성은 로마 황제의 승전 시 황제에게 인사하는 환호성을 염두에 두고 사용한 것이다.[68] 경배의 환성을 받으실 분은 오직 하나님과 어린양이다. 나는 누구를, 무엇을 예배하며 살아가고 있는지 하나님께 여쭙고 들어야 한다.

삶의 적용과 설교를 위한 4장의 핵심 Tip

1. 혹시 4장이 휴거장이라고 듣고 배웠던 경험이 있다면 필자가 제시하고 있는 관점(4장은 휴거가 아니라 지상에서 고난받고 있는 하나님의 백성들을 위로하고 도전하기 위해 미리 완성된 최종 승리를 주는 것이다)에 대해 어떻게 생각하는가?

2. 우리의 삶과 목회에 고난이 있다면 "이리로 올라오라"는 성령님의 음성에 붙잡혀 계속 하나님의 보좌를 바라 보아야 한다. 우리의 삶의 환경을 통치하시는 하나님의 통치보좌를 신뢰하면 고난을 이길 수 있는 힘이 생긴다.

3. 요한이 기도와 찬양을 강조하는 이유가 무엇인가? 인생을 살아오면서 너무 지치고 힘들어서 하나님께 기도할 힘도, 찬양 할 마음도 다 잃어버리고 살았던 경험이 있는가? 하나님이 우리의 기도와 찬양을 차곡차곡 받아 담아 놓고 계신다는 것을 깨닫는 순간 다시 기도와 찬양을 시작하라.

4. 24 장로들이 면류관을 주님께 벗어 드리는 행위의 의미는 무엇인가? 그리고 내 삶과 목회에서도 면류관을 하나님께 드리는 자세가 있는가?

5. 보좌에 앉으신 하나님의 모습이 3가지 보석으로 묘사된 것과 계시록 21장-22장의 새 예루살렘 성의 기초석은 같은 보석이 같다. 이것은 하나님의 형상을 닮아있는 성도를 말한다. 신앙과 목회의 목적이 하나님의 형상을 회복함에 있다는 것을 명심해야 한다. 사역이 아닌 우리의 존재됨이 더 중요하다.

6. 4장의 하늘 보좌 환상은 "이런 고난을 겪으면서까지 예수를 붙드는 것이 옳은 일인가"라고 고민하는 고난받고 있는 교회와 성도에게 순교를 하더라도 그 만한 가치가 있는 분이라고 선포하는 것이다. 우리도 고난 가운데 이런 갈등이 있었을 것이다. 정말 주님은 나에게 어떤 댓가를 치루더라도 믿고 따라야 하는 분이라고 고백하는가?

1. 내가 보매 보좌에 앉으신 이의 오른손에 두루마리가 있으니 안팎으로 썼고 일곱 인으로 봉하였더라 2. 또 보매 힘있는 천사가 큰 음성으로 외치기를 누가 그 두루마리를 펴며 그 인을 떼기에 합당하냐 하나 3. 하늘 위에나 땅 위에나 땅 아래에 능히 그 두루마리를 펴거나 보거나 할 자가 없더라 4. 그 두루마리를 펴거나 보거나 하기에 합당한 자가 보이지 아니하기로 내가 크게 울었더니 5. 장로 중의 한 사람이 내게 말하되 울지 말라 유대 지파의 사자 다윗의 뿌리가 이겼으니 그 두루마리와 그 일곱 인을 떼시리라 하더라 6. 내가 또 보니 보좌와 네 생물과 장로들 사이에 한 어린 양이 서 있는데 일찍이 죽임을 당한 것 같더라 그에게 일곱 뿔과 일곱 눈이 있으니 이 눈들은 온 땅에 보내심을 받은 하나님의 일곱 영이더라 7. 그 어린 양이 나아와서 보좌에 앉으신 이의 오른손에서 두루마리를 취하시니라 8. 그 두루마리를 취하시매 네 생물과 이십사 장로들이 그 어린 양 앞에 엎드려 각각 거문고와 향이 가득한 금 대접을 가졌으니 이 향은 성도의 기도들이라 9. 그들이 새 노래를 불러 이르되 두루마리를 가지시고 그 인봉을 떼기에 합당하시도다 일찍이 죽임을 당하사 각 족속과 방언과 백성과 나라 가운데에서 사람들을 피로 사서 하나님께 드리시고 10. 그들로 우리 하나님 앞에서 나라와 제사장들을 삼으셨으니 그들이 땅에서 왕 노릇 하리로다 하더라 11. 내가 또 보고 들으매 보좌와 생물들과 장로들을 둘러 선 많은 천사의 음성이 있으니 그 수가 만만이요 천천이라 12. 큰 음성으로 이르되 죽임을 당하신 어린 양은 능력과 부와 지혜와 힘과 존귀와 영광과 찬송을 받으시기에 합당하도다 하더라 13. 내가 또 들으니 하늘 위에와 땅 위에와 땅 아래와 바다 위에와 또 그 가운데 모든 피조물이 이르되 보좌에 앉으신 이와 어린 양에게 찬송과 존귀와 영광과 권능을 세세토록 돌릴지어다 하니 14. 네 생물이 이르되 아멘 하고 장로들은 엎드려 경배하더라

5장 하나님과 어린양의 보좌, 천상의 예배:
구속주이신 어린양에 대한 경배

"내가 보매 보좌에 앉으신 이의 오른손에 두루마리가 있으니 안팎으로 썼고 일곱 인으로 봉하였더라" 1절.

1. 두루마리 책
1) 이 두루마리는 다니엘서 12장에서 인봉되었던 책이다

"다니엘아 마지막 때까지 이 말을 간수하고 이 글을 봉함하라 많은 사람이 빨리 왕래하며 지식이 더하리라" 단 12:4.

2) 안팎으로 썼고 일곱 인으로 봉인 됨
이 두루마리의 내용을 세대주의자들은 종말시대에 있을 7년 대환난에 관한 것이라고 주장한다. 필자가 보기에는 하나님 나라의 모든 경륜의 구속 역사를 담고 있는, 하나님 나라의 시작과 완성의 책이다. 하나님의 구속경륜에 대한 계시가 가득 쓰여져 있는 두루마리는 7인으로 봉인되어 아무도 볼 수 없게 봉해져 있다.

"또 보매 힘있는 천사가 큰 음성으로 외치기를 누가 그 두루마리를 펴며 그 인을 떼기에 합당하냐 하나 하늘 위에나 땅 위에나 땅 아래에 능히 그 두루마리를 펴거나 보거나 할 자가 없더라" 2-3절.

천사의 음성

"누가 그 두루마리를 펴며 그 인을 떼기에 합당하냐"고 외친다. 이 "합당하다"는 표현이 5장에서만 4번이나 나온다.

"그 두루마리를 펴거나 보거나 하기에 합당한 자가 보이지 아니하기로 내가 크게 울었더니" 4절.

인을 뗄 합당한 자가 없음과 요한의 울음

이 두루마리를 아무도 뗄 합당한 자가 없어서 사도 요한이 울고 있다. 교회를 대표하는 24장로 중 한 장로가 와서 요한에게 "울지 마라"고 한다. 교회의 사명은 무엇인가? 고난으로 인해 절망하여 믿음과 삶을 포기하기 직전에 있는 교회와 인생들에게 '울지 말라'고 위로하며 그들을 일으켜 세워야 한다.

"장로 중의 한 사람이 내게 말하되 울지 말라 유대 지파의 사자 다윗의 뿌리가 이겼으니 그 두루마리와 그 일곱 인을 떼시리라 하더라" 5절.

유다지파의 사자, 다윗의 뿌리

유다지파의 사자요, 다윗의 뿌리가 메시라라
이는 야곱의 유언을 배경으로 한다. 메시야에 대한 예언이다.

"유다는 사자 새끼로다 내 아들아 너는 움킨 것을 찢고 올라갔도다 그가 엎드리고 웅크림이 수사자 같고 암사자 같으니 누가 그를 범할 수 있으랴" 창 49:9.

"이새의 줄기에서 한 싹이 나며 그 뿌리에서 한 가지가 나서 결실할 것이요" 사 11:1.

"내가 또 보니 보좌와 네 생물과 장로들 사이에 한 어린 양이 서 있는데 일찍이 죽임을 당한 것 같더라 그에게 일곱 뿔과 일곱 눈이 있으니 이 눈들은 온 땅에 보내심을 받은 하나님의 일곱 영이더라" 6절.

1. 한 어린양

1) 일찍 죽임을 당한 것 같음
① "죽임 당하다"는 헬라어로 '스파조'이다. 이 단어는 '도축하다, 도살하다'라는 의미다. 예수님의 죽음의 성격이 희생제물이었다는 것이다. [69]

2) 일곱 뿔과 일곱 눈
일곱 뿔은 어린양이신 그리스도의 능력을, 일곱 눈은 성령님을 말한다.

3) 하나님의 오른 손에 있는 두루마리 책을 취하심
이것은 어린양이 하나님 아버지로부터 모든 권세를 넘겨받으심을 의미한다.

"예수께서 나아와 말씀하여 이르시되 하늘과 땅의 모든 권세를 내게 주셨으니 그러므로 너희는 가서 모든 민족을 제자로 삼아 아버지와 아들과 성령의 이름으로 세례를 베풀고 내가 너희에게 분부한 모든 것을 가르쳐 지키게 하라 볼지어다 내가 세상 끝날까지 너희와 항상 함께 있으리라 하시니라" 마 28: 18-20.

"그 두루마리를 취하시매 네 생물과 이십사 장로들이 그 어린 양 앞에 엎드려 각각 거문고와 향이 가득한 금 대접을 가졌으니 이 향은 성도의 기도들이라 그들이 새 노래를 불러 이르되 두루마리를 가지시고 그 인봉을 떼기에 합당하시도다 일찍이 죽임을 당하사 각 족속과 방언과 백성과 나라 가운데에서 사람들을 피로 사서 하나님께 드리시고 그들로 우리 하나님 앞에서 나라와 제사장들을 삼으셨으니 그들이 땅에서 왕 노릇 하리로다 하더라 내가 또 보고 들으매 보좌와 생물들과 장로들을 둘러 선 많은 천사의 음성이 있으니 그 수가 만만이요 천천이라 큰 음성으로 이르되 죽임을 당하신 어린 양은 능력과 부와 지혜와 힘과 존귀와 영광과 찬송을 받으시기에 합당하도다 하더라 내가 또 들으니 하늘 위에와 땅 위에와 땅 아래와 바다 위에와 또 그 가운데 모든 피조물이 이르되 보좌에 앉으신 이와 어린 양에게 찬송과 존귀와 영광과 권능을 세세토록 돌릴지어다 하니 네 생물이 이르되 아멘 하고 장로들은 엎드려 경배하더라" 8-14절.

네 생물과 24장로들과 천사들과 피조물들의 찬양
4장에서 성부에 대한 찬양은 창조와 주권에 대한 경배와 찬양(2번), 5

장에서 예수님에 대한 찬양은 구속사역에 대한 경배와 찬양(2번), 마지막 1번은 창조주인 성부와 구속주인 어린양에 대한 경배와 찬양으로 총 5번의 찬양이 나온다.

1. 엎드려짐

네 생물과 24장로들은 어린양 앞에 엎드린다. 예배의 본질은 하나님 앞에 우리의 모든 것을 내려놓는 것이다.

2. 거문고와 향이 가득한 금 대접을 가짐

이 장면은 이미 5장에 나온 장면이다. 이 향은 성도들의 기도이다.

> "나의 기도가 주의 앞에 분향함과 같이 되며 나의 손 드는 것이 저녁 제사 같이 되게 하소서" 시 141:2.

사도 요한이 기도와 찬양을 강조하는 이유는 무엇인지 충분히 설명했다. 천사들의 찬양의 내용이 완전수인 7개이다(능력, 부, 지혜, 힘, 존귀, 영광, 찬송). 이것은 하나님과 어린양이 찬양을 받으시기에 완전하시다는 것이다. 4~5장의 중요한 주제 중 하나는 예배이다. 오늘날 사람 중심의 예배, 감정에만 호소하는 예배, 꿈의 성취에만 맞추어져 있는 예배와 4장의 천상의 예배와 얼마나 다른가? 물론 청중을 고려하고 분석할 필요는 있지만, 사람에게 예배하는 것이 아닌가라는 의구심이 들 정도이다.

예배의 중심, 찬양과 기도의 중심도 삼위 하나님이시다. 우리의 예배가 회복되기 위해서 요한계시록 4~5장을 깊이 연구하고 적용해야 할 것이다.

3. 어린양이 인봉 떼시기에 합당하시도다

1) 어린양의 죽으심과 합당하심

누가 합당하여 두루마리의 인을 뗄 것인가? 동물의 왕인 사자가 인을 떼야 하지 않을까? 그런데 6장에서 실제로 인을 떼시는 것은 어린양이 떼신다. 왜일까? 왜 어린양이 합당한 것일까? 원문에는 원인 접속사가 있다. 다시 써 보면 "합당하시도다.(왜냐하면, 호티) 일찍 죽임 당하셨기 때문이다"로 되어 있다. 5장에 어린양이 죽임당했다는 단어가 3번 나온다. 3이라는 완전 숫자를 썼다. 어린양은 인 떼시기에 합당한 이유는 죽임당하셨기 때문이라는 것이다.

예수님이 얻으신 사자의 권세는 어린양의 죽음으로서 얻으신 권세이다. 그렇다면 교회와 목회자와 성도의 권세도 예수님처럼 죽음을 통한 권세이다. 예수님도 사탄을 사자의 힘으로 이긴 것이 아니라 어린양의 죽음으로 이기셨다. 이것이 5장의 핵심이다. 사자의 능력으로 이긴 것이 아니라 어린양의 미련해지심과 찌끼 되심과 낮아지심으로 이기셨다. 사자의 권세는 창조 전의 모습이기도 하지만, 재림할 때 오실 때의 권세이다. 어린양은 초림의 모습이시다. 그런데 지금은 어린양으로 인을 떼고 계신다.

우리는 사자의 권세를 얻어 한방에 인생의 문제를 다 해결하고 싶어 한다. 주님은 우리에게 사자의 권세를 먼저 주시지 않는다. 어린양의 죽음을 먼저 통과하라고 하신다. 사람들이 그렇게 소원하는 영권(?)을 누구에게 주시는가? 어린양처럼 십자가에서 죽은 자들에게 주신다. 예수님도 죽어서 얻은 권세이다. 그런데 십자가에서 죽을 마음이 조금도 없는 자에게 어찌 사자의 권세를 주겠는가? [70]

마태복음의 팔복 중에 세 번째 복이 온유한 자의 복이다. 온유한 자가 얻을 복은 땅을 기업으로 차지하는 것이다. 이때 땅은 여호수아가 차지했던 영적 기업인 가나안의 땅을 말하는 것이다. 신약 식으로 말하면 하늘의 기업인 영생이기도 하고, 영혼들이기도 하다. 찌꺼기 되어지고 낮아진 자에게 고전 4장 영혼들이 기업으로 붙여진다. 우리의 생각에 강하고 카리스마 넘치는 리더십이 있으면 영혼이 붙을 것 같지만 성경은 말씀에게 길들여진 온유한 자에게 영적 기업인 영혼을 맡기신다. 물론 종말론적으로는 천국의 기업으로 말하는 것이기도 한다.

4. 어린양의 죽으심의 목적

1) 피값으로 하나님께 드리심

구원은 우리 쪽에서 보면 공짜지만 예수님 쪽에서 보면 생명의 대가를 지불하신 것이다.

2) 나라와 제사장과 왕으로 삼으시기 위해

"우리를 사랑하사 그의 피로 우리 죄에서 우리를 해방하시고 그의 아버지 하나님을 위하여 우리를 나라와 제사장으로 삼으신 그에게 영광과 능력이 세세토록 있기를 원하노라 아멘" 1:5-6.

나라는 통치의 개념이고 제사장은 하나님께 받은 은혜와 긍휼을 흘려보내는 개념이다. 구원의 목적은 하나님의 통치를 받고, 하나님의 은혜와 사랑이 내 안에 채워지고 흘러 넘쳐서, 열방을 하나님께로 부르는 자들로 세우는 것이다. 십자가 복음의 통치가 내 속을 다스리고 채우고 쌓이면 흘러나가게 된다. 복음이 쌓이면 흘려보내게 된다. 사랑과 용서로 흘려보내게 된다. 억지로 용서하려고 하지 말아라. 억지로 품으려고 하지 말라. 복음이 쌓이면 흘려보내게 된다. 우리는 못한다. 주님이 하신다. 우리 안에 그런 능력이 없기에 예수께 붙잡혀 있어야 한다. 그분이 열매 맺게 해주실 때가 있다. 내가 맺고자 하면 율법주의로 가는 것이다. 주님을 구하다 보면 넘치다 넘쳐서 흘러가게 될 때가 있다.

"내 안에 거하라 나도 너희 안에 거하리라 가지가 포도나무에 붙어 있지 아니하면 스스로 열매를 맺을 수 없음같이 너희도 내 안에 있지 아니하면 그러하리라 나는 포도나무요 너희는 가지라 그가 내 안에, 내가 그 안에 거하면 사람이 열매를 많이 맺나니 나를 떠나서는 너희가 아무 것도 할 수 없음이라" 요 15:4-5.

3) 성도들의 왕 노릇

땅에서 왕 노릇한다는 것이 계시록에 6번 나오는데 예수님과 함께 성도들이 사랑과 용서와 복음으로 왕 노릇한다는 것이다. 왕 노릇은 군림과 억압의 개념이 아니라 예수의 심장으로 한다는 것이다.

삶의 적용과 설교를 위한 5장의 핵심 Tip

1. 주님은 사자와 어린양으로 묘사된다. 사자와 어린양의 의미는 무엇인가? 인을 떼시는 것이 사자가 아닌 어린양이시다. 어린양이 인을 떼시기에 합당한 이유는 죽으셨기 때문이다. 우리는 사자의 힘과 권세를 원하지만 어린양의 고난과 십자가의 죽음을 먼저 경험해야 한다.

2. 한 장로가 요한에게 "울지 말라"고 한다. 교회가 상처입고, 절망하며, 삶의 고난으로 인해 울고 있는 수 많은 영혼들을 위로하고 소망을 주는 존재가 되어야 한다. 나의 삶과 교회는 어떠한가?

3. 어린양의 피로 우리를 사신 이유는 나라와 제사장을 삼아 하나님께 드리기 위함이다. 신앙이 지극히 개인화 되는 오늘날의 영적 상황에 비취어 볼 때 구원의 목적을 다시 배우고 가르쳐야 한다. 나의 삶의 목적은 무엇인가?

4. 4장과 5장에서 주님은 고난과 영적전투 한 가운데 있는 지상의 교회들에게 "이 싸움은 너희만 싸우는 것이 아니란다. 내가 함께 하고 있다. 그러니 힘내라"고 하신다. 우리도 "하나님과 어린양의 보좌"가 내 삶과 목회위에 좌정하고 다스리고 함께 하시고 있다는 것을 붙들어야 한다.

1.내가 보매 어린 양이 일곱 인 중의 하나를 떼시는데 그 때에 내가 들으니 네 생물 중의 하나가 우렛소리 같이 말하되 오라 하기로 2.이에 내가 보니 흰 말이 있는데 그 탄 자가 활을 가졌고 면류관을 받고 나아가서 이기고 또 이기려고 하더라 3.둘째 인을 떼실 때에 내가 들으니 둘째 생물이 말하되 오라 하니 4.이에 다른 붉은 말이 나오더라 그 탄 자가 허락을 받아 땅에서 화평을 제하여 버리며 서로 죽이게 하고 또 큰 칼을 받았더라 5.셋째 인을 떼실 때에 내가 들으니 셋째 생물이 말하되 오라 하기로 내가 보니 검은 말이 나오는데 그 탄 자가 손에 저울을 가졌더라 6.내가 네 생물 사이로부터 나는 듯한 음성을 들으니 이르되 한 데나리온에 밀 한 되요 한 데나리온에 보리 석 되로다 또 감람유와 포도주는 해치지 말라 하더라 7.넷째 인을 떼실 때에 내가 넷째 생물의 음성을 들으니 말하되 오라 하기로 8.내가 보매 청황색 말이 나오는데 그 탄 자의 이름은 사망이니 음부가 그 뒤를 따르더라 그들이 땅 사분의 일의 권세를 얻어 검과 흉년과 사망과 땅의 짐승들로써 죽이더라 9.다섯째 인을 떼실 때에 내가 보니 하나님의 말씀과 그들이 가진 증거로 말미암아 죽임을 당한 영혼들이 제단 아래에 있어 10.큰 소리로 불러 이르되 거룩하고 참되신 대주재여 땅에 거하는 자들을 심판하여 우리 피를 갚아 주지 아니하시기를 어느 때까지 하시려 하나이까 하니 11.각각 그들에게 흰 두루마기를 주시며 이르시되 아직 잠시 동안 쉬되 그들의 동무 종들과 형제들도 자기처럼 죽임을 당하여 그 수가 차기까지 하라 하시더라 12.내가 보니 여섯째 인을 떼실 때에 큰 지진이 나며 해가 검은 털로 짠 상복 같이 검어지고 달은 온통 피 같이 되며 13.하늘의 별들이 무화과나무가 대풍에 흔들려 설익은 열매가 떨어지는 것 같이 땅에 떨어지며 14.하늘은 두루마리가 말리는 것 같이 떠나가고 각 산과 섬이 제 자리에서 옮겨지매 15.땅의 임금들과 왕족들과 장군들과 부자들과 강한 자들과 모든 종과 자유인이 굴과 산들의 바위 틈에 숨어 16.산들과 바위에게 말하되 우리 위에 떨어져 보좌에 앉으신 이의 얼굴에서와 그 어린 양의 진노에서 우리를 가리라 17.그들의 진노의 큰 날이 이르렀으니 누가 능히 서리요 하더라

6장 6인 심판: 세상 나라 심판과 하나님 백성의 거룩

▶심판 시리즈의 서론 (인, 나팔, 대접 재앙)

1. 요한계시록에 심판 시리즈가 세 번 나온다. 6장에 인 재앙, 8장과 9장에 나팔 재앙, 15장과 16장에 대접 재앙이 나온다. 왜 수많은 단어 중에 '인'이라고 했을까? '인'이라고 한 것은 감추어지고 봉인된 것을 개봉하고 공개한다는 뜻이 있고, 나팔은 경고한다는 뜻이 있고, 대접은 실제로 쏟아지고 있다는 뜻이다.[71] 인, 나팔, 대접이라는 히브리인들의 개념을 사용하신 것이다.

2. 3개의 심판 시리즈는 계단식 구조이다. 일곱 번째 인이 펴지면서 일곱 나팔이 펼쳐지고 일곱 번째 나팔이 펼쳐지면서 일곱 나팔이 펼쳐진다.

3. 6장은 여섯 개의 인 심판이 있다. 일곱 번째 인 심판은 8~9장으로 넘긴다. 심판 시리즈를 공부할 때 원칙이 있다. 인 심판이든 나팔 심판이든 대접 심판이든 자연적 현상에 더하여 상징적이고 영적인 면이 공존함을 기억해야 한다. 자연재해를 통해 하나님의 영적인 메시지를 담은 것이다. 특히 나팔, 대접 재앙은 구약의 출애굽의 10재앙을 모티프로 삼고 있다. 출애굽기의 10재앙이 애굽 사람들의 우상을 심판하는 우상심판적 성격을 가지고 있다면 그것을 차용한 계시록도 당연히 음녀요 큰 성인 바벨론이 숭배하는 우상을 심판하는 우상심판적 성격인 것이 자명한 것이다. 이렇게 계시록은 구약의 배경과 밀접한 관계를 가지고 있는데도 구약을 연구할 생각은 안하고 지구촌에서 일어나고 있는 사건들과 자연 현상에 몰입하며 계시록의 장수를 맞추고 있는 해석들을 보면 참으로 안타깝다.

요한계시록을 문자적으로 해석할 수 없는 이유가 있다. 예를 들어 8~9장의 황충재앙은 다섯 번째 나팔 재앙이다. 황충이 올라오면서 사람들을 다섯 달 동안 괴롭힌다. 불신자들을 5개월 동안 괴롭힌다. 이 횡충은 머리털도 있고 금관도 있다. 이것을 어떻게 문자적으로 물리적인 황충으로 볼 수 있는가? 문자적 해석에 치우친 세대주의자인 라일이라는 사람이 이 황충을 문자로 풀어 마지막 때 미 공군이 개발할 아파치 헬기라고 풀었다.[72] 세대주의 자들은 요한계시록을 모두 문자로만 풀면서 일관성이 없이 1장의 예수님의 모습은 상징으로 본다. 어느 때는 상징적으로, 어느 때는 문자적으로 푼다. 황충은 영적 세력을 이야기하는 것이다.

또한 여섯 번째 인 재앙 때에 해가 총담 같이 검어진다. 어떤 자들은 이것이 '그랜드크로스'라고 주장한다. 과연 그럴까? 계시록의 404절 중에 70퍼센트 이상이 구약에서 인용했다는 것을 알고 구약 배경을 이해해야 계시록의 심판 시리즈에 나오는 자연 현상들을 제대로 풀 수 있는 것이다. 선지서에서 해가 검어진다는 의미를 깨달아야 그것을 적용한 계시록의 의미가 풀린다. 구약을 모르면 신약 해석은 불가능하다. 구약 안에서 의미를 보아야 한다. 요엘서에서 마지막 때 해가 검어지는 것은 하나님의 심판 날의 전형적인 구약적 표현이다. 그러나 주의 이름을 부르는 자는 구원을 얻게 된다.

> "그 앞에서 땅이 진동하며 하늘이 떨며 해와 달이 캄캄하며 별들이 빛을 거두도다 여호와께서 그의 군대 앞에서 소리를 지르시고 그의 진영은 심히 크고 그의 명령을 행하는 자는 강하니 여호와의 날이 크고 심히 두렵도다 당할 자가 누구이랴" 욜 2:11-12.

이 해가 검어지는 것을 세대주의자는 3차 핵전쟁이 일어나 지구가 완전히 암흑으로 들어간다고 이 부분을 푼다. 이분들은 요한계시록과 인터넷만 보는 것 같다. 징조를 맞추려고 하는 것이다.

666은 한국 종말론의 최대 화두가 되었다. 666표가 베리칩이냐 아니냐가 중심 주제가 된 듯하다. 이것을 가지고 싸운다. 그러나 1세기의 원독자들에게 666이 뭘 의미했는지 그 당시의 원독자, 원저자 입장에서 먼저 깊이 살펴보고 그 다음을 적용해야 할 것이다.

또한 미래에 나타날 적그리스도을 주시하면서도 지금 활동하고 성도와 교회를 미혹하고 있는 오늘날의 적그리스도에 대해서는 무관심하면 안 된다. 미래도 주시하면서 현재도 주시해야 한다. 세대주의자들이 지구촌에 어떤 사건이 벌어질 때마다 들고 나오는 것이 아마겟돈 전쟁이다. 지난 1992년에 미국과 이라크 간의 걸프전쟁이 중동에서 일어났는데 그때 수많은 세대주의자들이 자기들의 주장이 신학적으로 맞다고 했다. 그러나 걸프전쟁이 10개월 만에 끝나고 아무 일도 일어나지 않자 그들의 주장은 꼬리 내렸다. 주님은 오시지 않았다. 이렇듯 심판 시리즈를 문자적으로만 풀면 안된다. 자연적인 것을 살피고 그 안에 담겨 있는 구약적 배경 안에서 영적인 것을 살펴보고 적용해야 한다.

    4. 세 가지 심판 시리즈를 통해서 주님은 세상을 향해 회개를 촉구하지만 결국 회개하지 않는다. 교회와 성도들이라고 해서 이 심판이 면제되지 않는다. 세대주의자들은 4장이든 11장이든지 환난설, 휴거설을 주장하지만 주님은 서머나교회에 환난을 두려워하지 말라고 하셨다. 환난의 면제가 아닌 환난으로부터 지켜내려고 했다. 주님은 환난에서 빼주겠다고 하신 것이 아니라 그것으로부터 지켜내려고 하셨다고 했다.
    역사적 전천년설을 주장하는 그랜트 오즈번이라는 학자는 7장의 144,000을 민족적 이스라엘로 본다. 필자가 보기에 이 숫자는 당연히 신·구약 구원받은 대표적인 숫자를 말하고 있는 것이다. 흰 옷 입은 무리와 십사만 사천은 구원받은 무리를 뜻하고 고난을 통과하여 하나님의 영광을 본 자들을 뜻한다. 그런데 환난 전 휴거를 주장하는 세대주의자들의 주장을 따르려면 계시록 본문 안에서 충돌이 생긴다. 성경 전체로 보면 성도는 말씀과 고난으로 만들어진다. 고난은 성도에게 하나님의 사람으로 만들어져가는 하나님의 도구이다.

    5. 요한계시록의 3심판 시리즈는 세상심판이 목적이 아니라 세 개의 심판을 통과하는 교회와 성도에게 "교회여~ 세 개의 심판을 통과하면서 나의 형상을 본받으라. 나를 닮아라. 거룩해져라. 하나님 성품을 닮아라" 하시는 것이다. 하나님의 형상과 성품을 닮아가게 하려고 하는데 그 과정이 연단과 아픔과 고난을 통해서 만들어내고 있다는 것이다. 하나님은 성도를 말씀으로 만들어가신다. 그런데 그 말씀이 그 사람에게 스며

들려면 말씀 앞에 항복할 사건을 하나님이 만드셔야지만 그 말씀이 스며든다. 사람은 말씀만으로는 만들어지지 않는다. 우리는 생각보다 훨씬 완악한 존재들이다. 누군가 더 따뜻해지고 더 낮아졌다면 하나님이 그를 고난이라는 맷돌 안에 놓고 걸고 갈았던 일이 많았다는 것이다. 고난을 하나님이 허락하셨다는 것이다. 하나님의 사람이 빚어지는 것은 말씀으로만 안 된다. 반드시 고난이 있다.

6. 인 심판 나팔심판 대접심판은 시간적 순서가 아니라 반복적 점진적 계시임이 확실하다. 그 이유는 다음과 같다. 6번째 인 재앙에서 해가 총담 같이 다 검어졌는데, 8~9장의 4번째 나팔 재앙때 다시 해가 1/3만 검어진다. 이것이 시간적 순서라면 6장에서 총담같이 다 검어진 해가 또 언제 회복되어 3분의 2은 밝고 3분의 1은 검어지게 되는 것인가?

또한 만일 3가지 재앙 시리즈가 재림 직전에 있을 시간적 스케줄 표라면, 12장에 여자가 낳은 아이는 누구인가? 이 아이는 분명 예수님의 성육신과 초림사건임이 분명해 보이는데 이것을 어찌 설명할 것인가? 세대주의자들은 미래에 나타날 위대한 하나님의 종이라고 본다. 철장 권세를 가진 아이가 예수님인 것은 확실하다. 이러한 근거로 요한계시록 사건들은 반복적이고 점진적 계시임이 확실하다. 이제 본격적으로 6장을 펼쳐보자.

"내가 보매 어린 양이 일곱 인 중의 하나를 떼시는데 그 때에 내가 들으니 네 생물 중의 하나가 우렛소리 같이 말하되 오라 하기로" 6:1.

1. 어린양이 인을 떼심
인봉된 두루마리를 뗄 사람이 없어 사도 요한은 운다. 장로 중 한 사람이 울지 말라고 한다. 이 두루마리의 인을 사자가 아닌 어린양이 떼신다. 앞서도 말했지만, '죽임 당한'이라는 표현이 3번이나 나온다. 여기에 헬라어 '호티'라는 종속접속사가 빠져 있는데, 이를 넣어서 해석하면 '인 떼시기에 합당하도다. 왜냐하면 죽으셨기에'가 된다. 진짜 영적 권세는 죽어야 얻어진다. 우리 성질이 죽고 자존심이 죽고, 우리의 잘남이 죽어가는 만큼 하나님이 우리를 통해 일하실 수 있다.

오직 어린양만이 인을 떼시는 것은 모든 하나님의 계시와 비밀은 오직 그리스도를 통해서만 열리게 됨을 의미한다.[73]

2. 1-4번째 인 재앙: 네 말 탄자와 구약의 배경

스가랴 1장과 6장에 4말이 나온다. 색깔도 거의 비슷하다. 이 말들은 땅을 두루 살피기 위해 하나님이 보내시는 4말이다. 요한계시록의 4말은 마지막 때에 하나님 말고 세상을 사랑하는 사람들의 우상을 심판하는 것이다. 하나님보다 더 사랑하는 것이 우상이다. 돈, 건강, 명예, 쾌락, 지위, 자기 사랑, 이런 것들을 심판하신다는 것이다. 하나님 말고 더 의지하고 사랑하고 있는 모든 것을 심판하고 있는 것이 세 가지 심판 시리즈의 핵심인 것이다. 왜냐하면 나팔심판과 대접심판은 출애굽기 심판의 이미지와 똑같다. 출애굽기의 심판의 의미를 그대로 사용한다. 왜 출애굽 모티브를 그대로 끌고 오고 있나? 애굽의 10재앙은 그 성격이 애굽을 지켜준다고 믿고 그들이 의지하는 애굽의 10가지 거짓 신을 심판하시는 것이다.

오늘날도 하나님은 목사들이 성도들이 하나님 보다 다른 것을 더 의지하고 믿고 사랑하는 것에 대해 심판하고 계신다. 그러므로 이 3가지 심판 시리즈는 예수님의 재림직전의 7년 대환난에 임할 사건만이 아니라 예수의 초림과 재림사이의 모든 사건들의 반복인 것이다.

(1) 첫 번째 흰말 탄 자에 관한 해석

가장 논란이 많은 부분이다. 많은 학자들이 아주 오랫동안 흰말 탄 자를 그리스도로 보아 왔다(에레니우스, 핸드릭슨).[74] 그러나 최근에는 대부분의 학자들은 흰말 탄 자를 적 그리스도로 본다. 필자의 생각도 이 흰말 탄 자를 그리스도를 완벽하게 패러디하려고 애쓰는 적그리스로 본다. 그 이유가 몇 가지가 있다.

1) 흰말 탄 자가 쓴 면류관이 있다

얼핏보면 그리스도로 보인다. 19장에 예수께서 백마를 타고 많은 면류관을 쓰고 오시기에 6의 흰말 탄 자도 당연히 예수님으로 보는 것이다. 또한 이기고 이기려고 하니까 그리스도로 해석을 했다. 그런데 흰말 탄 자가 썼던 면류관(스테파노스)과 19장에 예수님이 쓰신 많은 면류관(디아데마타)이 원문에 보면 다른 단어이다. 19장에 예수님이 쓰신 디아데마타는 왕족들이 쓰는 면류관이다. 비슷한 면류관을 사용했지만 다른 면류관이다. 요한계시록은 사탄의 3인조(용, 두 짐승)가 계속 삼위 하나님을 패러디 한다.

2) 그 당시 문화적 배경을 확인해보면 흰 말의 정체를 더 자세히 볼 수 있다

활을 갖고 있다고 했는데 신약에서는 예수님을 묘사할 때 항상 검을 들고 계시지 활을 들고 계시지 않는다. 예수님은 요한계시록 1장에서도 검으로 나타나신다. 이 당시에 교회를 핍박하고 있는 도미티안은 살아 있을 때 자신을 신격화했다. 제우스의 아들인 아폴로는 활의 신이다. 도미티안 황제가 아폴로를 무척 좋아해서 활을 차고 다녔다는 내용이 있다. 예수님은 검으로 역사하시는데 흰말 탄 자는 활을 가졌다. 어쩌면 사도 요한은 흰말 탄 자를 도미티안으로 빗대어 이야기하고 있는지도

모르겠다. 또한, 흰말 탄 자를 고대 로마가 두려워했던 파르티아 군대로 보기도 한다. 이들은 흰 말을 타면서 활을 잘 쏘는 것으로 유명했고, 주전 55년과 62년에 로마 군대를 물리치기도 했다.[75]

3) 세 번째는 문법적인 이유다

이 흰말 탄 자가 이기고(니콘) 이기려고 하더라(카이 히나 니케세)라고 했는데, 첫번 째 동사(니콘)가 현재 분사형이다. 계속해서 이기고 이기려고 하더라는 뜻이다. 예수님은 단번에 이기셨다. 그런데 이 흰말 탄 자는 계속해서 이기려고 애를 쓴다. 예수님의 사역과는 다르다. 마지막 때에 사람들의 소유욕으로 볼 수도 있다.[76] 가지고 있는데도 또 가지려고 하는 사람들의 멈추지 않는 소유욕이라고 보는 해석이다. 정복했는데도 또 정복하려하고, 가졌는데 또 가지려하고… 이게 인류에게 재앙이다. 좋은 통찰력이라고 여겨진다.

4) 논리적으로 모순이기에 흰말 탄 자가 그리스도일 수가 없다

네 말이 전부 재앙의 성격을 가지고 있는데 재앙의 첫 시작이 예수님의 복음 사역이라는 것은 논리적으로 모순이다. 또한 이 네 재앙은 신명기 32장 23-25절의 언약적 심판과 연관된다(강의북을 참조하라). 만일 필자의 흰말탄 자가 그리스도를 흉내내는 적그리스도의 세력이라는 필자의 해석에 동의한다면 하나님이 이 땅에 허락하신 첫 번째 재앙은 거짓복음의 역사다. 거짓 복음의 역사를 재앙으로, 심판으로 허락했다는 것은 어떤 의미가 있는 것일까? 디모데후서 4장 말씀을 보자.

"때가 이르리니 사람이 바른 교훈을 받지 아니하며 귀가 가려워서 자기의 사욕을 따를 스승을 많이 두고 또 그 귀를 진리에서 돌이켜 허탄한 이야기를 따르리라" 딤후 4:3-4.

그 스승을 존경해서 좇아다니는 것이 아니다. 나의 야망을 이루기 위해 그 야망을 뒷받침해 줄 수 있는 성경적인 근거를 설교해주는 거짓 스승들을 좇아 다닌다. 이것이 심판이다. 세상을 추구하는 자에게 세상의 형통과 성공을 추구하는 목사를 붙이는 것이 심판이다. 만일 어떤 성도가 세상을 추구하고 있고 하나님은 그 성도를 진짜 사랑하면, 그 성도에게 하늘을 선포하고 십자가 선포하는 목회자를 붙이시는 것이다. 계시록 전체에 성부 성자 성령에 대한 패러디가 흘러가고 있는 것을 볼 때, 흰말은 적그리스도로 보인다. 또한 흰말 탄 자를 로마를 두 번이나 패배시켰던 활의 민족 파르티안으로 보기도 한다.[77]

(2) 두 번째: 붉은 말 탄자
구약 배경은 스가랴 1장이다. 붉은 말은 전쟁을 의미한다. 붉은 말 탄 자는 하나님께 권세를 허락받아 재앙을 일으킨다. '허락받아'는 헬라어로 '에도떼'로 신적 수동태이다. 다시 말해 모든 사탄의 활동도 하나님의 주권 아래에 있다는 것이다.

(3) 세 번째: 검은 말 탄 자
검은 말 탄 자는 기근을 일으킨다. 밀과 보리의 값이 평소보다 물가가 8배에서 12배이다. 엄청난 인플레이션으로 사람들이 고통을 당한다.

(4) 네 번째: 청황색 말 탄 자
청황색은 시체색이다. 전염병과 질병으로 인구의 4분의 1이 죽는다. 인 재앙의 규모가 1/4이고, 나팔 재앙의 규모는 1/3, 대접 재앙의 전면적 심판이다. 반복적 사건이나 그 강도가 점진적으로 강화된다.

전쟁, 기근, 질병, 전염병은 7년 대환난때 있을 자연적 현상이 아니다. 이것들은 예수님의 초림과 재림 사이에 있어 왔고 지금도 일어나고 있으며, 앞으로 일어날 심판이기도 하다. 전쟁, 기근, 질병, 전염병을 통해 너희들이 의지하는 것은 헛된 것이니 하나님은 나에게 돌아오라고 하시는 것이다.

3. 다섯 번째 인: 순교자의 신원기도

(1) 먼저 순교한 자들이 제단 앞에서 대적자들을 보복해 달라는 탄원기도를 하고 있다. 개인적 감정이 섞인 기도를 말하고 있는 것 같지만, 하나님 나라의 공의를 실현해 달라는 신원기도이다. 순교자들이 하나님의 말씀 붙들다가 죽었고 예수를 드러내는 증거와 삶 때문에 죽었다. 로마 황제 숭배를 거부하다가 목이 베여 죽임을 당하였다. 유대교의 회유를 거부했기에 동족에게 버림받고 핍박도 받았다. 영적인, 육적인 수많은 환난과 핍박 때문에 순교한 것이다.

북한에서 실제 집행되었던 순교 영상을 보니 사형 집행을 당하면서 "주여!" 외마디를 외치고 목을 떨구었다. 이렇듯 북한은 지금도 예수를 믿는다는 이유 하나만으로 수용소에 끌려가 고문을 당하고 총살당해 죽는 순교의 일이 비일비재하다. 반면 우리는 어떤가? 남한의 순교 양상은 다르다. 세상 가치와의 싸움에서 날마다 죽어야 한다. 필자는 한국이 어쩌면 십자가 신앙을 지키기가 훨씬 더 어렵다고 생각한다.

(2) '순교자의 수가 차기까지 기다리라'

하나님이 대답 하신다. 순교자의 수가 차기까지 재림이 연기된다는 것이다. 우리 교회와 우리 가정의 대적들을 언제 심판하시고 언제 우리를 세우시나? 누군가가 교회와 가정에서 죽을 때까지이다. 6장의 이 신원기도가 언제 응답되는가? 18장에 '성도들이여 즐거워하라 교회들이여 즐거워하라 신원이 응답되었도다'라는 말씀에서 응답된다. 큰 성 바벨론이 완전히 멸망되는 순간이다.

(3) 순교자들의 기도와 여섯 번째 인 심판

6장에 심판이 시작되기 전에도 요한계시록 5장 8절에 '성도들의 기도의 향'이 하늘로 올라갔다. 그리고 성도들의 기도의 응답으로 하나님의 심판이(인 재앙) 시작되는 구조를 갖고 있었다.

8장에서도 나팔 재앙이 시작되기 전에 잠시 성도들의 기도가 8장 3절에서 5절까지 나오고 심판이 시작된다. 그 성도들의 기도를 듣고 하나님은 움직이신다. 교회를 공격하는 세력들을 대적하고 물리치는 근거는 그 교회 목사와 성도들의 기도가 있어야 하나님이 들으시고 세상 세력들을 심판하신다는 메시지가 있다. 교회와 목사와 성도의 기도가 부족한 교회는 반드시 사탄이 역사한다. 계시록 구조는 항상 하나님이 세상을 심판하실 때 성도들의 기도를 요구하신다. 그렇다면 개인이나 가정이나 교회를 대적하는 원수 마귀를 심판하기를 원하시는데 그 근거는 하나님이 충분한 기도를 요구하고 계신다. 기도가 부족하면 사탄이 마음대로 유린할 수 있다. 대적 사탄을 심판할 근거가 성도들의 기도인데 기도가 부족하면 하나님을 움직일 근거가 없다. 구조에도 메시지가 있다.

물론 하나님이 우리의 기도가 없어도 스스로 모든 일을 해내시는 분임에도 하나님은 기도를 요구하신다. 왜냐하면 기도는 "내가 할 수 없고 하나님만이 하실 수 있습니다"라는 고백이기 때문이다. 내 힘으로 한 것이 아니라 하나님이 하셨다는 것에 항복하라는 것을 요구하시는 것이다. 기도 하지 않으면 하나님이 꼼짝도 못한다가 아니라 "하나님이 하셨다"는 영광을 받으시기 위하여 기도하라고 하시는 것이다. 이런 맥락 안에서 하나님은 기도하면 움직이신다. 기도라는 것 자체가 주님만이 하실 수 있으시다는 고백이다. 이 영광을 주님이 받고 싶어 하시는 것이다.

4. 여섯 번째 인 : 우주적 심판

여섯 번째 인 심판은 우주적 심판이다. 해가 총담같이 검어지고, 달이 피로 변하고, 별이 떨어지고, 산과 섬이 옮겨진다. 첫 하늘 첫 땅이 없어지는 것 같다. 물론 구약의 배경을 가지고 있는 표현들이다. 이는 이스라엘에게는 우상 숭배에 대한 심판이고, 이방 민족에게는 하나님이 허락한 이상으로 하나님 백성을 괴롭히고 약탈한 것에 대한 심판이다.

또한 처음 하늘과 처음 땅이 다 사라진다. 사람들이 영원할 것이라는 믿고 있는 것들이 순식간에 다 없어진다. 6번째 인 심판은 예수님의 재림때의 일을 미리 보여준다.[78] 재미있는 것은 6장에서 이미 해와 달이 다 검어지고, 별들이 다 사라지고 떨어진다. 그런데 8장의 4번째 나팔 재앙에서도 해와 달, 별의 삼분의 일이 타격을 받아 다시 어두워진다. 또한, 6번 째 인 재앙에서 각 섬과 산악이 옮겨지는데(에키네떼산) 16장의 7번째 대접 재앙이후 각 섬과 산악이 다시 사라진다. 만일 인 재앙과 나팔 재앙이 시간의 순서라면 이는 논리적으로 모순이다. 다시 말해 3대 재앙시리즈는 재림의 시간적 순서가 아닌 반복적, 점진적 강화의 형식의 계시이다. 마가복음 13장에서 주님이 말씀하신 재림 때의 징조를 보면 더 확실하다막 13:24-27.

논리적으로 모순이다. 다시 말해 반복계시이다. 시간적 순서로 기록된 것이 아니다.

3가지 심판 시리즈는 목적이 있다. 하나님 나라를 대적하는 세상을 심판하는 것이 그분의 유일한 목적이라면 한 순간이면 충분하다. 그런데 예수의 초림과 재림 사이의 오랜기간이 허락되고 있는 것은 이유가 있다. 첫째는 불신자들에게 회개의 기회를 주시는 하나님의 오래 참으심이고, 둘째는 환난과 고난과 연단을 통과하여 예수의 형상을 닮은 거룩한 신부들을 빚으시기 위한 시간과 과정인 것이다.

5. 하나님과 어린양의 진노의 큰 날

하나님의 진노의 날은 예수님의 재림 때를 말한다. 이 하나님의 진노에서 불신자 중 살아남을 자는 없다. 그러나 오직 한 소수의 무리만이 하나님의 심판의 날에 그 진노를 피하여 당당히 어린양 옆에 서는 자들이 있다. 누가 하나님의 진노에서 가리우랴? 누가 능히 서리요? 그 답을 7장에서 십사만 사천으로 하고 있다. 6장 17절에의 질문의 답이 7장 9절인 것이다. 사도 요한의 의도적인 구조적 배치이다.

"그들의 진노의 큰 날이 이르렀으니 누가 능히 서리요 하더라" 6:17.

"각 나라와 족속과 백성과 방언에서 아무도 능히 셀 수 없는 큰 무리가 나와 흰 옷을 입고 손에 종려 가지를 들고 보좌 앞과 어린 양 앞에 서서" 7:9.

이런 구조는 8장과 9장에도 나온다. 8장과 9장의 핵심은 '회개치 않더라'이다. 두 번이나 나온다. 물론 순서적인 개념은 아니지만 6개의 인 재앙과 6개 나팔 재앙, 도합 12개의 하나님의 심판이 퍼부어지고 있는데 세상은 도대체 회개하지 않는다. 그럼 누가 복음에 반응하여 회개하는가? 그에 대한 답으로 10장과 11장이 있는 것이다. 교회를 상징하고 있는 두 증인이 복음을 전할 때 소수가 회개할 것이다. 단락의 구조에도 메시지가 있는 것이다.

삶의 적용과 설교를 위한 6장의 핵심 Tip

1. 6장부터 시작되는 3가지 심판 시리즈가 시간적 순서 즉, 예수님이 오시기 전에 일어날 종말의 시간표라고 믿고 있는가? 그렇게 믿는 다면 필연적으로 세상에서 벌어지는 사건들과 자연적 현상들을 계시록의 장수에 맞추는 것에 관심을 가지게 된다. 계시록의 의도가 아니다. 필자가 주장한 반복적 계시에 대해서 어떻게 생각하는가?

2. 6가지 인 심판은 이중적 목적이 있다. 세상 나라는 심판하시지만, 하나님의 백성들은 거룩하게 빚어가신다. 내 인생과 목회의 아픔과 고통들이 나를 하나님의 사람으로 성숙케 하는 하나님의 도구임을 신뢰하자.

3. 필자와 같이 흰말 탄 자를 적그리스도의 세력으로 본다면 마지막 때의 심판이 적그리스도의 거짓 복음이라고 볼 수 있다. 그렇다면 하나님의 첫 심판이 적그리스도의 다른 복음의 활동을 허락하신다는 것은 어떤 의미를 가지는가?

4. 6번째 인 심판에서 "진노의 큰 날이 이르렀으니 누가 능히 서리요?"에 답이 7장이라고 설명했다. 이렇듯 성경은 단락들이 다 맥으로 연결되어져 있다. 필자가 제시한 단락의 맥으로 보는 방법이 (상호 본문 연계 해석)[79] 성경을 보는 데에 도움이 되기를 바란다.

1. 이 일 후에 내가 네 천사가 땅 네 모퉁이에 선 것을 보니 땅의 사방의 바람을 붙잡아 바람으로 하여금 땅에나 바다에나 각종 나무에 불지 못하게 하더라 2. 또 보매 다른 천사가 살아 계신 하나님의 인을 가지고 해 돋는 데로부터 올라와서 땅과 바다를 해롭게 할 권세를 받은 네 천사를 향하여 큰 소리로 외쳐 3. 이르되 우리가 우리 하나님의 종들의 이마에 인치기까지 땅이나 바다나 나무들을 해하지 말라 하더라 4. 내가 인침을 받은 자의 수를 들으니 이스라엘 자손의 각 지파 중에서 인침을 받은 자들이 십사만 사천이니 5. 유다 지파 중에 인침을 받은 자가 일만 이천이요 르우벤 지파 중에 일만 이천이요 갓 지파 중에 일만 이천이요 6. 아셀 지파 중에 일만 이천이요 납달리 지파 중에 일만 이천이요 므낫세 지파 중에 일만 이천이요 7. 시므온 지파 중에 일만 이천이요 레위 지파 중에 일만 이천이요 잇사갈 지파 중에 일만 이천이요 8. 스불론 지파 중에 일만 이천이요 요셉 지파 중에 일만 이천이요 베냐민 지파 중에 인침을 받은 자가 일만 이천이라 9. 이 일 후에 내가 보니 각 나라와 족속과 백성과 방언에서 아무도 능히 셀 수 없는 큰 무리가 나와 흰 옷을 입고 손에 종려 가지를 들고 보좌 앞과 어린 양 앞에 서서 10. 큰 소리로 외쳐 이르되 구원하심이 보좌에 앉으신 우리 하나님과 어린 양에게 있도다 하니 11. 모든 천사가 보좌와 장로들과 네 생물의 주위에 서 있다가 보좌 앞에 엎드려 얼굴을 대고 하나님께 경배하여 12. 이르되 아멘 찬송과 영광과 지혜와 감사와 존귀와 권능과 힘이 우리 하나님께 세세토록 있을지어다 아멘 하더라 13. 장로 중 하나가 응답하여 나에게 이르되 이 흰 옷 입은 자들이 누구며 또 어디서 왔느냐 14. 내가 말하기를 내 주여 당신이 아시나이다 하니 그가 나에게 이르되 이는 큰 환난에서 나오는 자들인데 어린 양의 피에 그 옷을 씻어 희게 하였느니라 15. 그러므로 그들이 하나님의 보좌 앞에 있고 또 그의 성전에서 밤낮 하나님을 섬기매 보좌에 앉으신 이가 그들 위에 장막을 치시리니 16. 그들이 다시는 주리지도 아니하며 목마르지도 아니하고 해나 아무 뜨거운 기운에 상하지도 아니하리니 17. 이는 보좌 가운데에 계신 어린 양이 그들의 목자가 되사 생명수 샘으로 인도하시고 하나님께서 그들의 눈에서 모든 눈물을 씻어 주실 것임이라

7장 중심 계시 1 :
144,000과 흰 옷 입은 무리들의 특징

구원 이후 성도의 환난의 이유

요한계시록은 중간 계시가 매우 중요하다. 그래서 학자들이 이 부분을 중간 계시, 막간 계시, 삽입이라는 표현으로 사용하지만 이와 같은 표현이 적절치 않아 보인다. 필자의 생각에는 그야말로 계시록의 중심 계시이다. 그래서 필자는 앞으로 '중심 계시'라고 부를 것이다.

그런데 6장에서 6번째 인 심판이 끝나면 바로 7번째 인이 시작되어야 할 텐데 실제로 7번째 인 심판은 8장에 시작된다. 6장과 8장 사이에 중심 계시(1)를 배치한 요한의 의도가 무엇일까? 분명 저자의 의도가 있는 것이다. 세상을 향한 심판이 쏟아지고 있다 할지라도 교회는 반드시 보호하며 지켜 승리케 할 것이라는 것이다.

3개의 심판 시리즈를 통한 하나님 심판의 목적은 세상을 심판하는 것이 다가 아니다. 교회의 빚어짐과 승리와 완성을 목적으로 하고 있다. 교회와 성도를 신부답게, 보석답게 만들려는 목적이다. 주님은 이미 승리하고 완성되어져 있는 교회의 모습을 4장과 5장에서 미리 보여주었고, 다시 7장에서 다시 보여주고 계신 것이다. 그 최종적 승리를 미리 보여주면서 오늘을 이기라는 구조라고 했다. 이제 본격적으로 7장을 살펴보자.

"이 일 후에 내가 네 천사가 땅 네 모퉁이에 선 것을 보니 땅의 사방의 바람을 붙잡아 바람으로 하여금 땅에나 바다에나 각종 나무에 불지 못하게 하더라" 1절.

사방의 바람을 천사들이 막음

하나님이 환난의 바람을 막아주시고 있다. 그 이유는 하나님의 자녀들을 인치시기 위함이다. 인을 친다는 것은 소유와 보호를 의미한다. 하나님이 막아 주셔야지만 바람이 없다. 우리의 삶과 가정, 교회, 목회, 나라와 민족도 하나님이 환난의 바람을 막아주셔야 한다. 그래서 기도하셔야 한다. 기도할 때에 주님이 환난의 바람을 잠재우시는 것이다.

"또 보매 다른 천사가 살아 계신 하나님의 인을 가지고 해 돋는 데로부터 올라와서 땅과 바다를 해롭게 할 권세를 받은 네 천사를 향하여 큰 소리로 외쳐 이르되 우리가 우리 하나님의 종들의 이마에 인치기까지 땅이나 바다나 나무들을 해하지 말라 하더라" 2-3절.

1. 하나님의 인침
1) 다른 천사의 인침
그 사이 다른 천사가 이마에 하나님의 백성들의 이마에 인을 친다. 이는 에스겔 9장에 나오는 인침을 배경으로 한다.

"너는 예루살렘 성읍 중에 순행하여 그 가운데에서 행하는 모든 가증한 일로 말미암아 탄식하며 우는 자의 이마에 표를 그리라 하시고" 겔 9:4

또한 이마와 손목에 인을 치는 것은 신명기를 배경으로 하고 있다.

"오늘 내가 네게 명하는 이 말씀을 너는 마음에 새기고 네 자녀에게 부지런히 가르치며 집에 앉았을 때에든지 길을 갈 때에든지 누워 있을 때에든지 일어날 때에든지 이 말씀을 강론할 것이며 너는 또 그것을 네 손목에 매어 기호를 삼으며 네 미간에 붙여 표로 삼고 또 네 집 문설주와 바깥 문에 기록할지니라" 신 6:6-9.

이스라엘 사람들은 신명기의 쉐마 본문을 이마와 손목에 말씀을 늘 차고 다닌다. 이는 문자적인 의미도 있겠지만, 그 이상의 의미가 있다. 단지 물리적인 이마, 손목이 아닌 것이다.

이마에 말씀을 붙이라는 의미는 "네 생각과 가치관과 인생관과 목적에 사상에 나의 말씀으로 채우라"는 의미이다. 유대인들은 머리는 세상 것으로 다 채워놓고 띠만 채우고 다니면 다 된 줄 안다. 쉐마 본문만 차고 다니면 율법을 이룬 것으로 알고 있다. 손목은 삶의 행위들을 의미한다. 하나님께서 이스라엘 백성에게 손목에 말씀을 띠고 다니라는 이유는 성도의 삶에 하나님의 소유된 자의 증거가 있어야 한다는 것이다.

2) 요한계시록 13장에 적그리스도와 거짓 선지자도 불신자들의 이마와 손등에 그들의 인을 친다. 이 짐승의 표가 베리칩일까? 필자의 생각은 이렇다. 만일 이 짐승의 표가 물리적인 베리칩이라면, 하나님 백성의 이마에 친 하나님의 '인'도 물리적인 것이어야 하지 않겠는가? 또한 1차

저자인 사도 요한이 1차 독자에게 666이라는 숫자를 사용할 때는 적어도 그 당시에는 베리칩을 의미하지는 않았다는 것은 분명하다. 원독자와 원저자의 관점에서 666이 무엇을 의미했느지를 먼저 연구해야 한다. 그 다음에 오늘날의 666이 어떤 의미를 가지는지가 나오는 것이 아닌가? 그 당시의 문화·역사적 배경에 대한 연구를 하지 않고 666를 풀려고 하니까 본문의 의도와는 상관없는 해석들이 나오는 것이다. 한국에서는 유행하는 종말론들은 대개 짐승의 표를 베리칩으로 절대 확신하고 있다. 하지만 신명기의 맥락과 계시록을 연결해보면 이 표는 단순한 물리적인 표가 아닌 것이 확실하다. 신명기 6장의 쉐마 본문에 '미간과 손목에 차고 다니라'는 뜻은 다른 것이 아니고 네 생각과 사상과 가치관 속에 하나님의 복음으로 채우고, 그것이 구체적으로 일상의 삶 속에서 행동으로 나와야 한다는 말씀이다. 그 속이 어떠하면 행동과 말이 따라오게 되어 있다.

3) 구약 백성에게 인이란 것은 보통 세 가지로 설명된다. 첫째는 내 것이라는 소유의 의미와 둘째는 내 것이니까 내가 책임진다는 보호의 의미가 있다. 셋째는 "내 소유기 때문에 책임지고 보호할 뿐만 아니라 주인이 원하는 대로 만들어간다"라는 의미가 하나 더 있는 것이다. "내 것이니까 내가 만들거야"라는 것이다.

2. 144,000의 의미

7장에는 십사만 사천이 나온다. 이것을 이단들은 문자적인 숫자로 보고 자기들에게 속한 144,000만이 구원받는다는 미혹의 메시지로 영혼들을 미혹하고 있다. 거짓 선지자의 미혹의 역사에 성도들이 다 넘어가고 있는 것이다. 미혹의 영이 역사하면 다 넘어가게 되어 있다. 미혹의 역사는 세상의 학력과 지혜와 관계없다. 왜 사도 요한은 구원받은 하나님 백성의 수를 144,000으로 표현하는지 설명해 보겠다.

(1) 우선 144,000이 혈통적 이스라엘인가에 대한 논쟁이 있다. 이스라엘의 12지파(12지파×12,000명) 숫자이기 때문이다. 144,000을 혈통적 이스라엘의 구원으로 보는 분들은 이후에 나오는 이방인의 구원을 상징하는 흰옷 입은 무리와 다르게 본다(월부드, 건드리). 필자는 144,000과 흰옷 입은 무리는 같은 대상이라고 본다(G.K 빌, 오니)[80]. 같은 대상을 표현을 다르게 한 것이다.[81] 그 이유는 강조점이 다를 뿐이다. 그러므로 신구약의 충만한 하나님의 자녀들을 말한다.

(2) 12×12×1000= 144,000

12는 구약 12지파로, 구약의 하나님 백성의 숫자이다. 12는 신약 12사도로 신약의 하나님 백성의 숫자이다. 1,000은 히브리 문학적 표현으로 충만수이다. 그래서 144,000은 신구약을 통틀어 구원 얻은 하나님 백성의 충만한 숫자이다.

(3) 144,000은 영적 군사의 성격을 의미한다.

필자가 왜 이렇게 보는지 설명하겠다. 민수기 1장과 26장을 보면 20세 이상과 싸움에 나갈 수 있는 수를 계수한다. 이것은 단지 인구조사가 아니다. 가나안 군대와 싸울 수 있는 하나님의 영적 군대를 이야기 하는 것이다. 이스라엘이 홍해를 건너기 전에 이미 7장 12, 14장에 '내 군대 내 백성'이라고 말씀하고 계신다.

"내가 내 손을 애굽에 뻗쳐 여러 큰 심판을 내리고 내 군대, 내 백성 이스라엘 자손을 그 땅에서 인도하여 낼지라" 출 7:4.

하나님은 출애굽 이전부터 이미 하나님의 군대로 보고 있다. 출애굽기는 하나님의 군대라는 표현이 네 번 나온다. 민수기의 백성의 계수는 분명 군대의 계수이다. 그 전통을 따라 여기에 십사만 사천을 썼다는 것은 완성된 교회의 승리를 의미하는 것 뿐만 아니라 사탄과 세상의 세력과 진리의 싸움을 싸워야 하는 하나님의 군대의 계수라고 보아야 한다. 이 시대의 가나안 군대 곧, 세상 가치와 싸워야 하는 십자가 복음의 군사들이다. 그러므로 십사만 사천도 마지막 때에 진리를 붙들고 사탄의 세력과 싸워야 하는 성도이다. 싸우지 않으면 교회가 아니다. 살아있는 고기는 강물을 거슬러 올라간다. 저항하고 있는 것들은 살아있는 것이다.

(4) 창세기 49장에 열두지파 기록과 계시록 7장의 12지파 기록이 다르다.

① 먼저 유다지파부터 나온다. 창세기에는 육적장자로 르우벤 지파가 가장 먼저 나오지만 계시록에는 영적 장자 지파인 유다지파가 먼저 나온다. 왜일까? 예수님이 유다지파에서 나오셨기 때문이다. 이우제 교수는 이 부분을 "민수기에 대한 기독론적인 재해석이며, 육적차원 보다 영적차원의 순서를 더 우선시 했다"고 해석한다.[82]

② 구약에는 레위지파가 48개 성읍으로 흩어졌다. 이 땅에는 기업을 얻지 못했다. 그런데 계시록에 오면 12지파에 포함되어 있다. 우리 믿는 자는 이땅에서 세상의 복을 누리지 못할 수도 있다. 그러나 반드시 하늘에서 준비된 기업이 있음을 믿고 실망해서는 안 된다.

③ 구약에 있는 단 지파가 계시록에는 빠져 있다. 왜 빠져 있을까?

사사기에 보면 단 지파는 제비뽑아 얻었던 땅이 호전적 민족인 블레셋과 접경에 있었다. 이 강한 민족과 싸울 수 없다고 생각한 것이다. 그래서 단 지파는 원래의 기업을 포기한다. 북쪽의 땅인 라이스 지역의 주민을 내쫓고 정착한다. 그 과정에서 미가의 신상을 취해 옮겨오고 모세의 손자인 요나단을 제사장으로 삼아 데리고 갔다. 레위 제사장을 세워 미가의 신상을 숭배하는 죄악을 저지른다. 하나님이 주신 땅 어렵고 힘들다고 하나님이 주신 영적 기업 포기하고 우상을 숭배했기에 하늘의 백성에서 제외된 것이다. 또한 창세기 49장에서 단은 적그리스도가 나오게 될 지파라고 해석할 수도 있기 때문이다.[83]

"단은 길섶의 뱀이요 샛길의 독사로다 말굽을 물어서 그 탄 자를 뒤로 떨어지게 하리로다" 창 49:17.

④ 에브라임 지파가 계시록에 없다. 대신 에브라임의 아버지인 요셉이 들어간다. 요셉으로 대치되었긴 했지만 이것으로는 에브라임이 제외된 이유가 명쾌하지 않다. 왜 에브라임 지파가 빠졌을까? 필자의 생각은 이렇다. 사사기 전체를 뚫어보면 에브라임 지파가 북쪽 10지파의 장자 지파이다. 인구 수로도 크다. 여호수아가 에브라임에서 나왔다. 실제적인 북쪽의 수장지파이다. 그런데 사사기를 보면 중요한 싸움에서는 에브라임 지파는 수수방관하고 있다가 다른 지파가 이겨 놓으면 왜 자신들은 안 불렀냐고 시비를 걸어온다. 하나님이 그 지파를 계시록에서 제외시키신다.

"이 일 후에 내가 보니 각 나라와 족속과 백성과 방언에서 아무도 능히 셀 수 없는 큰 무리가 나와 흰 옷을 입고 손에 종려 가지를 들고 보좌 앞과 어린 양 앞에 서서" 9절.

흰 옷 입은 무리와 종려나무

(1) 흰옷을 입었다는 것은 거룩을 상징한다. 종려가지는 승리를 상징한다. 이스라엘이 예수님이 오시기 전에 셀류코스 왕조에 백 년간 지배를 당한 적이 있다. 신구약 중간사를 보면 그리스 알렉산더 대제가 죽고 난 다음 네 명의 장군이 그리스 대제국을 4등분을 했다. 그중에 하나가 셀류코스 왕조이다. 예수님이 오시기전 로마가 팔레스타인을 지배하기 전까지 백년간 팔레스타인을 지배한 왕조가 셀류코스왕조이다. 이 왕조 중 안티오쿠 에피파네스 4세는 성전에 제우스 신상을 세우고, 부정한 짐승인 돼지피로 성전을 더럽히고, 할례를 금지하고 하는 등 유대인의 분노를 일으킨다. 이에 마카비(몽둥이) 라는 별명을 갖고 있던 유다라는 제사장 계열의 사람이 셀류코스 왕조를 몰아내고 마카비 혁명을 성공시켜 성전을 되찾는다. 이때 사람들은 예루살렘에 입성하는 마카비 유다에게 종려나무 가지를 흔들었다. 이것이 수전절의 유래이다. 승리자의 의미이고 해방자의 의미이다. 예수님께서 예루살렘에 입성하실 때 수 많은 자들이 종려나무 가지를 흔든 것은 마카비가 셀류코스를 몰아내었던 것처럼 예수님은 로마를 몰아내어 달라고 종려가지 나무를 흔들어 댄 것이다.

"장로 중 하나가 응답하여 나에게 이르되 이 흰 옷 입은 자들이 누구며 또 어디서 왔느냐 내가 말하기를 내 주여 당신이 아시나이다 하니 그가 나에게 이르되 이는 큰 환난에서 나오는 자들인데 어린 양의 피에 그 옷을 씻어 희게 하였느니라 그러므로 그들이 하나님의 보좌 앞에 있고 또 그의 성전에서 밤낮 하나님을 섬기매 보좌에 앉으신 이가 그들 위에 장막을 치시리니" 13-15절.

흰옷 입은 무리의 특징

1) 어린양의 피에 씻겨 희게 되었다. 죄사함과 칭의의 사건을 이야기한다

2) "큰 환난에서 나온 자" 라는 말을 의도적으로 붙이고 있다

어린양의 피로 씻기고 난 다음에 바로 22장의 어린양의 신부로 서는 것이 아니다. 보석같은 신부로 만들기 위하여 연단의 과정이 있는 것이다. 이 연단 중에는 진짜 사랑한 사람들의 배반도 있고, 질병, 경제적 어려움, 자녀나 배우자의 고난, 관계의 연단 등이 다 동원되는 것이다. 그런 사람까지도 용서하고 품을 수 있겠는가? 그럴 때 신랑 닮은, 보석같은 신부들이 나오는 것이다.

그러므로 환난 전 휴거설은 말도 안 된다. 하나님은 당신의 자녀들을 환난을 통해서 만든다. 만일 누가 예전보다 훌륭해졌다면 스스로 된 것이 아니다. 자신을 바꿀 능력이 인간에게는 원래 없다. 하나님이 하셔야 한다. 환난을 통해 보석이 되는 것이다. 큰 환난을 통과한 자들이 144,000이다. 하나님이 보석 같은 목사 만들려고 환난을 주는 것이다.

3) 밤낮 하나님을 섬긴다. 뒤에 20장에 가면 불신자들이 밤낮 괴로움을 당한다는 것에 대한 대칭이다

"그러므로 그들이 하나님의 보좌 앞에 있고 또 그의 성전에서 밤낮 하나님을 섬기매 보좌에 앉으신 이가 그들 위에 장막을 치시리니 그들이 다시는 주리지도 아니하며 목마르지도 아니하고 해나 아무 뜨거운 기운에 상하지도 아니

하리니 이는 보좌 가운데에 계신 어린 양이 그들의 목자가 되사 생명수 샘으로 인도하시고 하나님께서 그들의 눈에서 모든 눈물을 씻어 주실 것임이라" 15-17절.

1. 하나님의 장막

예수님이 재림하셔서 하나님 나라가 완성되면 하나님이 영원히 함께 하신다.

2. 목마름도, 주림도, 뜨거운 기운도 없음

그 때에는 목마름도, 주림도, 뜨거운 기운도 없다. 이것은 이사야 49장의 성취이다.

"그들이 주리거나 목마르지 아니할 것이며 더위와 볕이 그들을 상하지 아니하리니 이는 그들을 긍휼히 여기는 이가 그들을 이끌되 샘물 근원으로 인도할 것임이라" 사 49:10.

3. 어린양이 목자가 되심

이것은 에스겔 34장의 성취이다.

"내가 한 목자를 그들 위에 세워 먹이게 하리니 그는 내 종 다윗이라 그가 그들을 먹이고 그들의 목자가 될지라" 겔 34:23.

그런데 설교자의 입장에서 보면 이것을 구약의 인용이고 성취라고만 하면 성도에게 은혜가 안 된다. 이 사람들이 왜 굶주렸는가? 666표 딱지 받으면 잘 먹고 잘 살 수 있다. 그런데 우상숭배를 거부하니까 경제활동을 전혀 할 수 없고 당연히 주리고 목마른 것이다. 그러나 그 나라에서는 다시는 갈증이 없고 배고픔이 없을 것이다. 타죽는 뜨거움이 없을 것이다.

서머나교회 담임목사였던 폴리갑이 타죽을 때 친구인 총독이 한번만 예수를 부인하면 살려주겠다고 했다. 그때 폴리갑은 "예수님은 나를 86년 간 한 번도 배반하지 않았는데 나도 부인할 수 없다" 고 하며 11명의 성도들과 함께 순교한다. 그게 서머나교회이다. 주를 위해 전부를 버린 자에게 향기가 난다. 복음 때문에 예수 때문에 억울해도 참고 중상모략 당해도 참고, 예수님이 참아주신 것 때문에 나도 참아주는 자들에게는 예수의 향기가 난다.

(3) 모든 눈물을 씻어주심

예수님 때문에 복음 때문에 영혼을 살리려는 눈물이 있는 자의 눈물을 씻어 주시는 것이다. 영혼 구원을 위해 스스로 약해짐을 선택하니까 눈물이 있는 것이다. 주님 때문에 생긴 각자의 '스티그마'가 있는 것은 당연한 것이다.

삶의 적용과 설교를 위한 7장의 핵심 Tip

1. 네 천사가 사방에서 바람을 붙잡고 이는 동안 다른 천사가 하나님의 백성들에게 인을 친다. 우리의 삶도 목회도 마찬가지이다. 주님께서 환난의 바람을 막아야 주셔야 한다. 우리의 힘으로 살 수 있는 것이 아니다. 영육간에 주님의 보호하심을 기도하자.

2. 144,000과 흰 옷 입은 무리는 동일한 대상이다. 이들의 특징은 무엇인가? 그리고 이들이 예수의 피로 의롭게 된 후에 큰 환난을 통해 나온다는 것은 구원 이후의 성도들의 삶에 고난이 있다는 것이다. 그 이유는 무엇일까?

3. 오늘날 전 세계, 특히 미국을 중심으로한 구원론은 참으로 얄팍하다. 구원 받았다는 것이 얼마나 풍성하고 신비롭고 깊은 것인가를 모른다. 우리 신자들의 구원은 믿고 천국가는 것만이 다가 아니다. 구원 이후의 삶의 여정에 계획한 하나님의 목적은 참으로 놀라운 것이다. 단지 이 땅에서 잘살고 잘 먹다가 천국가는 것이라면 그리스도가 주신 생명이 너무 허무하지 않는가? 구원 이후에 하나님이 준비하신 것이 무엇인지 생각해보라

4. 주님은 마지막 날에 주님 때문에 손해보고 고난당하고 눈물흘린 자들의 눈물을 닦아주실 것이다. 주님 때문에 흘린 눈물이 있는가? 반면 주님 때문에, 영혼을 살리기 위해 흘린 눈물이 없다면 주님이 나중에 닦아주시는 일도 없을 것이다. 흘린 눈물이 있어야 주님의 닦아 주심도 경험할 것이다.

1.일곱째 인을 떼실 때에 하늘이 반 시간쯤 고요하더니 2.내가 보매 하나님 앞에 일곱 천사가 서 있어 일곱 나팔을 받았더라 3.또 다른 천사가 와서 제단 곁에 서서 금 향로를 가지고 많은 향을 받았으니 이는 모든 성도의 기도와 합하여 보좌 앞 금 제단에 드리고자 함이라 4.향연이 성도의 기도와 함께 천사의 손으로부터 하나님 앞으로 올라가는지라 5.천사가 향로를 가지고 제단의 불을 담아다가 땅에 쏟으매 우레와 음성과 번개와 지진이 나더라 6.일곱 나팔을 가진 일곱 천사가 나팔 불기를 준비하더라 7.첫째 천사가 나팔을 부니 피 섞인 우박과 불이 나와서 땅에 쏟아지매 땅의 삼분의 일이 타 버리고 수목의 삼분의 일도 타 버리고 각종 푸른 풀도 타 버렸더라 8.둘째 천사가 나팔을 부니 불 붙는 큰 산과 같은 것이 바다에 던져지매 바다의 삼분의 일이 피가 되고 9.바다 가운데 생명 가진 피조물들의 삼분의 일이 죽고 배들의 삼분의 일이 깨지더라 10.셋째 천사가 나팔을 부니 횃불 같이 타는 큰 별이 하늘에서 떨어져 강들의 삼분의 일과 여러 물샘에 떨어지니 11.이 별 이름은 쓴 쑥이라 물의 삼분의 일이 쓴 쑥이 되매 그 물이 쓴 물이 되므로 많은 사람이 죽더라 12.넷째 천사가 나팔을 부니 해 삼분의 일과 달 삼분의 일과 별들의 삼분의 일이 타격을 받아 그 삼분의 일이 어두워지니 낮 삼분의 일은 비추임이 없고 밤도 그러하더라 13.내가 또 보고 들으니 공중에 날아가는 독수리가 큰 소리로 이르되 땅에 사는 자들에게 화, 화, 화가 있으리니 이는 세 천사들이 불어야 할 나팔 소리가 남아 있음이로다 하더라

8장 나팔 심판 :
회개치 않더라 1

8장, 9장의 나팔 재앙은 일곱번째 인을 떼니까 일곱나팔 재앙이 전개되는 계단식 구조이다. 반복해서 말하지만 이것은 종말의 시간표가 아니라 예수의 초림부터 재림까지의 전 기간 동안에 일어날 하나님의 심판을 반복적으로 점진적 강화의 방식으로 표현하고 있는 것이다.

"일곱째 인을 떼실 때에 하늘이 반 시간쯤 고요하더니 내가 보매 하나님 앞에 일곱 천사가 서 있어 일곱 나팔을 받았더라" 1-2절.

반시간의 시간

일곱째 인 재앙이 시작되기 전에 반시간 동안 하늘이 고요하다. 태풍도 중심부에 들어오면 고요하다. 하나님의 마지막 심판이 있기 전의 폭풍전야이다. 큰 성 바벨론이 심판받고, 두 짐승과 사탄, 불신자가 심판받고 세상이 심판받는 폭풍전야이다.

"또 다른 천사가 와서 제단 곁에 서서 금 향로를 가지고 많은 향을 받았으니 이는 모든 성도의 기도와 합하여 보좌 앞 금 제단에 드리고자 함이라 향연이 성도의 기도와 함께 천사의 손으로부터 하나님 앞으로 올라가는지라 천사가 향로를 가지고 제단의 불을 담아다가 땅에 쏟으매 우레와 음성과 번개와 지진이 나더라" 3-5절.

1. 성도들의 기도의 향

① 5장에서 나온 금대접과 기도의 향이 다시 등장한다. 5장과 같은 구조이다. 심판 전에 성도들의 기도가 있고 그 다음에 하나님의 심판이 있다. 하나님은 우리의 기도가 없이도 모든 일을 홀로 다 해내실수 있지만 교회가 기도해야만 움직이겠다고 하시는 것이다. 하나님의 일은 기도 없이 이뤄지지 않는다. 에스겔서에 이런 말씀이 있다.

"여호와께서 이같이 말씀하셨느니라 그래도 이스라엘 족속이 이같이 자기들에게 이루어 주기를 내게 구하여야 할지라 내가 그들의 수효를 양 떼 같이 많아지게 하되" 겔 36:36.

2. 성도들의 기도를 강조하는 이유

지금 사도 요한이 하나님의 심판의 과정 중에 두 번이나(5장과 8장) 성도들의 기도를 강조하는 이유는 무엇일까? 필자는 그 이유를 절체절명의 위기와 감당할 수 없는 고난으로 인해 기도할 수 있는 힘마저 다 잃어버려 가고 있는 교회와 성도들을 위로하고 다시 기도하도록 도전하기 위함이라고 생각한다. 이 책을 읽고 계시는 독자들 가운데 여러 가지 고난으로 인해 기도의 힘을 잃어버리고 있는 분들도 있을 것이다. 비록 졸저이지만 성령님이 이 책을 사용하셔서 다시 기도의 힘과 능력을 일으키시기를 기도한다.

3. 금 대접과 성도들의 기도

그런데 왜 하나님은 금대접에 기도의 향을 담아 받으실까? 5장에도 같은 내용이 이미 나왔다. 그러나 5장 8절과 반복되기는 하지만 다른 점도 있다. 8장 3절에는 금 대접에 불, 곧 심판의 불을 담아서 쏟아 붓게 된다. 기도를 담은 대접이 심판의 불을 담은 대접으로 바뀌게 되는 것이다. 계15장, 16장은 마지막 최종심판이 대접 재앙이다. 그리고 수많은 표현 중에 왜 요한은 하나님의 심판을 인, 나팔, 대접이라고 썼을까? 이것말고도 심판을 의미하는 단어가 있었을텐데 말이다. 앞서 언급했지만 히브리 사람에게 인이란 감추어진 것을 공개하고 나팔은 시작됐다는 선포이고 대접은 실제로 임하는 것이다.

"일곱 나팔을 가진 일곱 천사가 나팔 불기를 준비하더라" 6절.

7나팔 심판의 성격

1. 시간적 순서가 아닌 반복구조이다. 계시록을 시간적 순서로 속단하고 보는 분들은 반드시 계시록의 장 수와 역사의 사건들을 꿰어 맞추게 되어 있다. 그러나 반복적 점진계시로 보면 무궁무진한 계시들이 숨겨져 있다.

2. 나팔 재앙과 대접 재앙은 공통점이 많다. 우선 재앙의 장소가 똑같다. 같은 장소에 하나님의 심판이 임한다. 도표로 정리해 보면 한눈에 보인다. 반복계시라는 뜻이다.

나팔 심판과 대접 심판[84]

	나팔 심판	대접 심판
1	땅	땅
2	바다	바다
3	강과 물	강과 물
4	해	해
5	어두워지며	어두워지며
6	큰 강 유브라데	큰 강 유브라데
7	번개, 우레, 음성, 지진, 큰 우박	번개, 우레, 음성, 지진, 큰 우박

3. 심판의 강도가 더 강해졌다. 1/4에서 1/3로 확대되었다.

4. 계시록의 재앙들이 대부분 출애굽기에 나오는 재앙들과 맞아 떨어진다. 애굽에 내린 10가지 재앙은 하나님께서 애굽인들이 자신들을 지켜주리라고 믿고 있는 우상을 치신 것이다. 하나님 자녀들이 하나님이외에 힘 삼는 것이 있다면 그것이 무엇이든지 하나님은 기뻐하지 않으신다. 물질, 지위, 학력, 재정등 무엇이든지 하나님처럼 의지하면 하나님이 거룩한 칼로 수술하신다.

5. 7나팔을 받은 천사

7나팔을 받은 천사가 오른발로 바다를, 왼발로는 땅을 밟고 있다. 바다는 바다 짐승인 적그리스도가 올라오는 곳이고, 땅은 땅 짐승인 거짓 선지자이 올라오는 곳이다. 이것은 바다와 땅을 지배하고 통치하고 계시는 분은 두 짐승이 아니라 하나님이시라는 것이다.

"첫째 천사가 나팔을 부니 피 섞인 우박과 불이 나와서 땅에 쏟아지매 땅의 삼분의 일이 타 버리고 수목의 삼분의 일도 타 버리고 각종 푸른 풀도 타 버렸더라" 7절.

첫째 나팔 재앙: 땅

피 섞인 우박과 불이 땅에 쏟아진다. 자연의 삼분의 일이 타격을 받는다. 이는 출애굽 당시의 7번째 재앙인 우박재앙을 닮아있다.

"둘째 천사가 나팔을 부니 불 붙는 큰 산과 같은 것이 바다에 던져지매 바다의 삼분의 일이 피가 되고 바다 가운데 생명 가진 피조물들의 삼분의 일이 죽고 배들의 삼분의 일이 깨지더라" 8-9절.

두 번째 나팔 재앙: 바다

불붙은 큰 산과 같은 것이 바다에 던져진다. 그러자 바다의 삼분의 일이 피로 변한다. 바다의 생물들의 삼분의 일이 죽고 배 들의 삼분의 일이 깨어진다. 이는 출애굽 당시의 1번째 재앙인 피 재앙을 닮아있다. 불불는 큰 산은 무엇을 의미하나? 구약에서 악한 세력인 바벨론을 큰 산이라고 표현하고 있다. 지금 교회를 핍박하고 있는 로마제국을 던질 것이라는 의미이다.

"너희 눈 앞에서 그들이 시온에서 모든 악을 행한 대로 내가 바벨론과 갈대아 모든 주민에게 갚으리라 여호와의 말씀이니라 온 세계를 멸하는 멸망의 산아 보라 나는 네 원수라 나의 손을 네 위에 펴서 너를 바위에서 굴리고 너로 불 탄 산이 되게 할 것이니" 렘 51: 24-25.

"셋째 천사가 나팔을 부니 횃불 같이 타는 큰 별이 하늘에서 떨어져 강들의 삼분의 일과 여러 물샘에 떨어지니 이 별 이름은 쓴 쑥이라 물의 삼분의 일이 쓴 쑥이 되매 그 물이 쓴 물이 되므로 많은 사람이 죽더라" 10-11절.

세 번째 나팔 재앙: 강과 샘의 근원

횃불 타는 큰 별이 강과 샘의 근원에 떨어진다. 강물과 샘이 1/3이 쑥이 된다. 많은 사람이 죽게 된다. 쓴 쑥은 구약에서 우상숭배에 대한 심판의 용어이다.

"그 마음의 완악함을 따라 그 조상들이 자기에게 가르친 바알들을 따랐음이라 그러므로 만군의 여호와 이스라엘의 하나님께서 이와 같이 말씀하시니라 보라 내가 그들 곧 이 백성에게 쑥을 먹이며 독한 물을 마시게 하고" 렘 9:14-15.

이는 출애굽 당시의 1번째 재앙인 피재앙을 닮아있다. 예레미야 9장과 신명기 29장을 보면 우상숭배하는 이스라엘에게 계속해서 우상숭배하면 너희들의 인생이 쓴맛을 보게 할 것이라는 문맥에서 나오는 말씀이다.

"넷째 천사가 나팔을 부니 해 삼분의 일과 달 삼분의 일과 별들의 삼분의 일이 타격을 받아 그 삼분의 일이 어두워지니 낮 삼분의 일은 비추임이 없고 밤도 그러하더라" 12절.

네 번째 나팔 재앙: 해와 달, 별

해, 달, 별들의 1/3이 어두워지게 된다. 그런데 해와 별은 6장의 6번째 인 심판때에 이미 다 어두워졌고, 피로 물들었다. 계시록은 시간적 순서가 아니라 같은 내용의 반복적 점진적 계시임이 분명하다. 또한 해, 달, 별은 첫 창조의 대표적 피조물이다. 즉, 첫 창조가 사라지고 예수 안에서 재창조가 완성될 것임을 말하는 것이다.

"그 날 환난 후에 즉시 해가 어두워지며 달이 빛을 내지 아니하며 별들이 하늘에서 떨어지며 하늘의 권능들이 흔들리리라" 마 24:29.

※ 나머지 3가지 나팔 재앙의 예고: 독수리의 화 선포(8:13)

① 5번째 나팔을 불기전에 세 마리의 독수리가 날아가면서 화를 선언한다. 1번째 화는 5번째 나팔 재앙이고, 2번째 화는 6번째 나팔 재앙이고, 3번째 화는 7번째 나팔 재앙이다.

② 독수리의 2가지 이미지
성경에서 독수리의 이미지는 2가지이다. 첫째가 하나님의 인도와 보호이다.

"곧 여호와께서 멀리 땅 끝에서 한 민족을 독수리가 날아오는 것 같이 너를 치러 오게 하시리니 이는 네가 그 언어를 알지 못하는 민족이요" 신 28: 49.

둘째는 하나님의 심판과 재앙에 대한 상징이다.

"나팔을 네 입에 댈지어다 원수가 독수리처럼 여호와의 집에 덮치리니 이는 그들이 내 언약을 어기며 내 율법을 범함이로다" 호 8:1.

다섯 번째 나팔 재앙에 앞서 독수리의 '3화' 선포를 미리 보여줌으로써 앞으로의 심판이 얼마나 강렬할 것인지 준비시키고 있는 일종의 서론이다. 사망과 저주의 의미를 갖고 있는 독수리를 등장시키셔 다섯 번째 나팔, 여섯 번째 나팔, 일곱 번째 나팔이 얼마나 강할 것인지 알게하시는 것이다.

1. 다섯째 천사가 나팔을 불매 내가 보니 하늘에서 땅에 떨어진 별 하나가 있는데 그가 무저갱의 열쇠를 받았더라 2. 그가 무저갱을 여니 그 구멍에서 큰 화덕의 연기 같은 연기가 올라오매 해와 공기가 그 구멍의 연기로 말미암아 어두워지며 3. 또 황충이 연기 가운데로부터 땅 위에 나오매 그들이 땅에 있는 전갈의 권세와 같은 권세를 받았더라 4. 그들에게 이르시되 땅의 풀이나 푸른 것이나 각종 수목은 해하지 말고 오직 이마에 하나님의 인침을 받지 아니한 사람들만 해하라 하시더라 5. 그러나 그들을 죽이지는 못하게 하시고 다섯 달 동안 괴롭게만 하게 하시는데 그 괴롭게 함은 전갈이 사람을 쏠 때에 괴롭게 함과 같더라 6. 그 날에는 사람들이 죽기를 구하여도 죽지 못하고 죽고 싶으나 죽음이 그들을 피하리로다 7. 황충들의 모양은 전쟁을 위하여 준비한 말들 같고 그 머리에 금 같은 관 비슷한 것을 썼으며 그 얼굴은 사람의 얼굴 같고 8. 또 여자의 머리털 같은 머리털이 있고 그 이빨은 사자의 이빨 같으며 9. 또 철 호심경 같은 호심경이 있고 그 날개들의 소리는 병거와 많은 말들이 전쟁터로 달려 들어가는 소리 같으며 10. 또 전갈과 같은 꼬리와 쏘는 살이 있어 그 꼬리에는 다섯 달 동안 사람들을 해하는 권세가 있더라 11. 그들에게 왕이 있으니 무저갱의 사자라 히브리어로는 그 이름이 아바돈이요 헬라어로는 그 이름이 아볼루온이더라 12. 첫째 화는 지나갔으나 보라 아직도 이 후에 화 둘이 이르리로다 13. 여섯째 천사가 나팔을 불매 내가 들으니 하나님 앞 금 제단 네 뿔에서 한 음성이 나서 14. 나팔 가진 여섯째 천사에게 말하기를 큰 강 유브라데에 결박한 네 천사를 놓아 주라 하매 15. 네 천사가 놓였으니 그들은 그 년 월 일 시에 이르러 사람 삼분의 일을 죽이기로 준비된 자들이더라 16. 마병대의 수는 이만 만이니 내가 그들의 수를 들었노라 17. 이같은 환상 가운데 그 말들과 그 위에 탄 자들을 보니 불빛과 자줏빛과 유황빛 호심경이 있고 또 말들의 머리는 사자 머리 같고 그 입에서는 불과 연기와 유황이 나오더라 18. 이 세 재앙 곧 자기들의 입에서 나오는 불과 연기와 유황으로 말미암아 사람 삼분의 일이 죽임을 당하니라 19. 이 말들의 힘은 입과 꼬리에 있으니 꼬리는 뱀 같고 또 꼬리에 머리가 있어 이것으로 해하더라 20. 이 재앙에 죽지 않고 남은 사람들은 손으로 행한 일을 회개하지 아니하고 오히려 여러 귀신과 또는 보거나 듣거나 다니거나 하지 못하는 금, 은, 동과 목석의 우상에게 절하고 21. 또 그 살인과 복술과 음행과 도둑질을 회개하지 아니하더라

9장 나팔 심판 :
회개치 않더라 2

"다섯째 천사가 나팔을 불매 내가 보니 하늘에서 땅에 떨어진 별 하나가 있는데 그가 무저갱의 열쇠를 받았더라 그가 무저갱을 여니 그 구멍에서 큰 화덕의 연기 같은 연기가 올라오매 해와 공기가 그 구멍의 연기로 말미암아 어두워지며" 1-2절.

다섯 번째 나팔 재앙: 황충과 어둠

1. 다섯 번째 나팔 재앙의 성격

앞의 4재앙과 조금 다르다. 어둠이 임한다. 이 어둠은 물리적인 어둠일까? 필자는 아니라고 생각한다. 요엘 1장의 재앙이 메뚜기, 황충재앙이다.

"팥중이가 남긴 것을 메뚜기가 먹고 메뚜기가 남긴 것을 느치가 먹고 느치가 남긴 것을 황충이 먹었도다" 욜 1:4.

요엘서 1장과 2장에서 나오는 메뚜기 심판의 의미는 이스라엘이 너무나도 우상숭배를 하니까 바벨론이라는 제국을 도구로 이스라엘의 우상숭배를 심판하시겠다는 것이다. 그래서 메뚜기가 동원된다.

2. 무저갱의 열쇠를 받은 별 하나

이 별을 사탄으로 보는 견해도 있고, 하나님의 사자로 보는 견해도 있다. 어떻게 보든지 큰 문제는 아니다. 필자는 하나님의 사자로 본다. 왜냐면 별은 요한계시록 문맥에서 하나님의 사자(엥겔로스, 천사, 하나님의 보내심을 받은 자)이기 때문이다. 이 부분에 대한 더 자세한 설명은 강의북을 참조하라. 그리고 무저갱에서 연기와 황충이 올라온다. 그런데 황충이 전갈의 권세를 가졌다.

"또 황충이 연기 가운데로부터 땅 위에 나오매 그들이 땅에 있는 전갈의 권세와 같은 권세를 받았더라 그들에게 이르시되 땅의 풀이나 푸른 것이나 각종 수목은 해하지 말고 오직 이마에 하나님의 인침을 받지 아니한 사람들만 해하라 하시더라 그러나 그들을 죽이지는 못하게 하시고 다섯 달 동안 괴롭게만 하게 하시는데 그 괴롭게 함은 전갈이 사람을 쏠 때에 괴롭게 함과 같더라 그 날에는 사람들이 죽기를 구하여도 죽지 못하고 죽고 싶으나 죽음이 그들을 피하리로다 황충들의 모양은 전쟁을 위하여 준비한 말들 같고 그 머리에 금 같은 관 비슷한 것을 썼으며 그 얼굴은 사람의 얼굴 같고 또 여자의 머리털 같은 머리털이 있고 그 이빨은 사자의 이빨 같으며 또 철 호심경 같은 호심경이 있고 그 날개들의 소리는 병거와 많은 말들이 전쟁터로 달려 들어가는 소리 같으며 또 전갈과 같은 꼬리와 쏘는 살이 있어 그 꼬리에는 다섯 달 동안 사람들을 해하는 권세가 있더라 그들에게 왕이 있으니 무저갱의 사자라 히브리어로는 그 이름이 아바돈이요 헬라어로는 그 이름이 아볼루온이더라 첫째 화는 지나갔으나 보라 아직도 이 후에 화 둘이 이르리로다" 3절-12절.

1. 황충의 모습

몸은 메뚜기인데 여자의 머리털과 얼굴은 사람이다. 꼬리는 뱀의 꼬리이다. 그들에게는 왕이 하나가 있는데 그 뜻은 파괴자이다. 이런 모습을 보면 이 황충이 물리적인 것일 수는 없다. 영적인 메시지를 담아놓은 것이다. 왜냐하면 이 황충의 세력은 뱀의 꼬리와 전갈의 권세를 가졌다. 이 뱀과 전갈의 의미는 사탄의 세력임이 복음서에 잘 나타나 있다.

"내가 너희에게 뱀과 전갈을 밟으며 원수의 모든 능력을 제어할 권능을 주었으니 너희를 해칠 자가 결코 없으리라" 눅 10:19.

그러므로 이 황충의 세력은 마지막 때에 사람들이 복음과 하늘에 눈 뜨지 못하게 만드는 어둠의 세력들, 영적인 눈을 뜨지 못하도록 가리우는 사탄의 공격들을 의미한다고 보는 것이 좀 더 계시록 전체의 맥락과도 일치한다. 복음이 무엇인지, 생명이 무엇인지를 알아가는 일을 가리는 세력들을 말하는 것이다.

2. 문자적 해석의 오류

① 물론 이 황충을 물리적인 것으로 보아서 미국의 헬기라고 주장하는 사람도 있다. 과연 그럴까? 무저갱에서 나오며 파괴자라는 왕의 존재가 과연 헬기일까? 너무 무리한 해석이다. 물론 계시록의 해석에는 정답

은 없다. 다시 말해 나의 해석만이 옳다 할 수 없는 것이다. 예수님이 오셔야 분명한 실체가 드러난다. 그렇다고 아무렇게나 계시록을 해석할 수 있다는 것은 아니다. 예수 십자가와 부활의 복음, 성경 66권의 전체의 맥, 구약 배경과의 연관성, 1세기 당시의 역사적 문화적, 지리적 배경을 꼼꼼하게 연구하면서 교회론을 중심으로 건강하게 해석해야 한다.

② 7장과 14장에 나오는 십사만 사천도 문자적으로 144,000명일까? 이것을 문자적 144,000명으로 해석해서 사기를 치는 수 많은 이단이 있다. 7장에서의 144,000은 예수의 피로 구원을 받고, 보석같은 그리스도의 신부가 되기 위해 지금도 훈련받고 고난받고 있는 교회 공동체를 강조하는 것이고, 14장의 144,000은 세상이라는 음녀와 더럽히지 않고 어린양이신 예수님이 어디로 가시든지 그 길을 순종하여 가는 승리한 공동체임을 강조하고 있다.

③ 독신주의자들
14장의 십사만 사천이 여자로 더럽히지 않는다는 의미를 정말 문자적으로 해석하여 독신주의자들로 사는 자들도 있다.[85] 세대주의자들은 실제로 결혼하지 않는다. 17장부터 시작하고 싶은 음녀 바벨론은 로마로 대표되는 세상의 가치, 바벨론 문화, 이땅의 형통, 번영만 부추기는 거짓 복음를 말한다. 이때 여자는 인간의 성을 말하는 것이 아니다. 독신을 요구하는 본문이 아니다.

3. 황충의 역사
① 다섯 달 동안 사람들을 괴롭힘
이 황충은 전갈의 권세로 하나님의 인이 없는 사람들을 5달 동안 괴

롭힌다. 팔레스타인에는 4월에서 8월까지가 메뚜기의 철이다. 이 지리적 배경을 통해 말씀하신 것이다. 그런데 이 황충은 하나님의 인 맞은 자녀들을 괴롭히지 못한다. 불신자들을 괴롭히고 있다. 주님이 황충으로부터 신자들을 보호하신다. 한 가지 더, 필자가 보기에 요한은 창세기의 홍수 심판기간을 사용한 것 같다. 비가 쏟아진 날이 약 150일 즉, 5개월 정도이기 때문이다.[86]

"여섯째 천사가 나팔을 불매 내가 들으니 하나님 앞 금 제단 네 뿔에서 한 음성이 나서 나팔 가진 여섯째 천사에게 말하기를 큰 강 유브라데에 결박한 네 천사를 놓아 주라 하매 네 천사가 놓였으니 그들은 그 년 월 일 시에 이르러 사람 삼분의 일을 죽이기로 준비된 자들이더라 마병대의 수는 이만 만이니 내가 그들의 수를 들었노라 이같은 환상 가운데 그 말들과 그 위에 탄 자들을 보니 불빛과 자줏빛과 유황빛 호심경이 있고 또 말들의 머리는 사자 머리 같고 그 입에서는 불과 연기와 유황이 나오더라 이 세 재앙 곧 자기들의 입에서 나오는 불과 연기와 유황으로 말미암아 사람 삼분의 일이 죽임을 당하니라 이 말들의 힘은 입과 꼬리에 있으니 꼬리는 뱀 같고 또 꼬리에 머리가 있어 이것으로 해하더라" 13-19절.

여섯 번째 나팔 재앙: 유프라데스 강과 이만만의 마병대

1. 유프라데스의 의미

여섯 번째 나팔 재앙은 장소가 여섯 번째 대접 재앙과 같다. 유프라테스이다. 이 유프라데스 강에서 이만만 즉, 2억의 마병이 전쟁하러 몰려든다. 또 이 강에서 16장에서는 아마겟돈 전쟁이 벌어진다. 원저자인 사도 요한은 하고 싶은 이야기가 있는 것이다. 그렇다면 유프라테스는 성경 안에서 무슨 의미를 갖고 있냐를 확인해 보자. 창세기 15장의 횃불 언약의 장면으로 가 보자.

> "그 날에 여호와께서 아브람과 더불어 언약을 세워 이르시되 내가 이 땅을 애굽 강에서부터 그 큰 강 유브라데까지 네 자손에게 주노니" 창 15:18.

15장 8절에 아브라함과 횃불 언약을 맺으시면서 아브라함의 후손에게 줄 땅의 지경을 약속하시는데 가장 위쪽의 경계가 유프라테스까지이다. 다시 말해 하나님의 나라의 경계가 유프라테스인 셈이다.(신 1:7, 11:24, 수 1:4, 사 7:20, 8:7, 렘 46:10, 강의안 참조)[87]

적용해보면 세상과 교회의 경계기준이 유프라테스이다. 진리와 비진리가 싸우고, 거짓복음과 참 복음이 싸우고 있는 곳이 유프라데스 강이다. 또 이사야를 보면 '큰 강물이 너를 덮게 하리니' 예레미야는 '큰 강 유프라테스로 너희들을 치게 하리라.' 고 묘사한다.

이렇듯 유프라테스는 이스라엘과 이방의 경계이다. 교회와 세상의 경계이다. 그렇다면 9장의 2억의 마병대 전쟁이나, 16장의 아마겟돈 전쟁이 세대주의자들이 말하는 장차 유프라테스에서 일어날 제 3차 핵전쟁일까? 그럴 수도 있다. 그러나 필자는 진짜 아마겟돈 전쟁은 우리의 마음 안에, 가정 안에, 교회 안에, 나라 안에, 전 세계 안에서 벌어지고 있는 하나님 나라와 세상나라와의 영적전쟁, 다시 말해 진리와 비진리, 참 복음과 거짓 복음과의 전쟁이라고 생각한다. 지금도 우리는 거룩의 경계를 무너뜨리려 밀고 들어오는 음녀 바벨론이라는 2억의 마병대와 매일 영적 전쟁을 하고 있는 것이다.

3. 유프라테스의 강물이 마름

하나님은 유프라테스의 결박한 네 천사를 놓으라고 하신다. 이 천사들은 사람 3분의 1 죽이기로 된 자들이다. 그리고 마병대 이만만이 등장한다. 이것은 실제 숫자라기보다는 상징수이다. 중요한 것은 유프라테스의 강물이 말랐다는 것이다. 이것은 이제 하나님 나라인 교회와 세상의 경계가 사라졌다는 말이다.[88] 세상과 교회의 경계가 허물어지고 세상이 추구하는 것을 똑같이 교회도 추구하게 된다는 것이다.

4. 마병대의 모습

마병대는 불빛, 자주빛, 유황빛 흉갑이 있고, 사자의 머리를 가지고 있다. 입에서 불과 연기와 유황이 나온다. 입과 꼬리의 힘이 있고, 꼬리는 뱀 같다. 사람 1/3이 죽게 된다. 입에 힘이 있고 꼬리는 뱀 같은 마병대가 과연 문자적으로 물리적인 실체일리는 없다. 계시록에서 뱀은 영적 세력인 사탄이다. 입의 힘은 이들이 말로, 거짓으로 사람들을 미혹하는 힘이 있다는 것을 상징한다. 계시록에서 용은 핍박과 분노를 상징하고 뱀은 창세기 3장의 미혹의 역사를 말하는 것이다.

"이 재앙에 죽지 않고 남은 사람들은 손으로 행한 일을 회개하지 아니하고 오히려 여러 귀신과 또는 보거나 듣거나 다니거나 하지 못하는 금, 은, 동과 목석의 우상에게 절하고 또 그 살인과 복술과 음행과 도둑질을 회개하지 아니하더라" 20-21절.

1. 남은 자들이 회개치 않음 (2번)

여섯 나팔 재앙이 이렇게 쏟아지고 있는데도 하나님이 은혜 주시지 않으시면 회개하지 못한다. 9장에 회개치 않는다는 표현이 2번이나 나온다. 하나님이 은혜 주신 자가 아니면 회개하지 않는다. 혀가 아파서 깨물면서도 하나님을 욕하고 비방한다. 그리고 귀신과 우상숭배, 살인, 복술, 음행, 도적질의 죄악에서 돌이키지 않는다.

여기서 중요한 메시지가 있다. 심판과 재앙으로는 사람들은 회개치 않는다는 사실이다. 사사기에서 이스라엘이 범죄했을 때 하나님의 심판이 임했다. 이방민족에게 포로로 끌려가 고통당하게 하셨다. 잠시 뉘우치는 것 같이 하다가도 회복시켜주면 곧 다시 우상을 숭배한다. 심판과 채찍은 사람을 변화시킬 수 없다. 기적으로도 사람은 변하지 않는다. 하나님이 주시는 은혜 안에서만 가능한 일이다. 설교자가 최선을 다해 준비하지만 은혜는 하나님이 주신다. 요나의 사역을 보라. 니느웨 성은 삼일 길인데 요나가 하루만에 끝내버렸다. 그런데도 니느웨 사람들이 회개했다. 하나님이 하신 것이다. 하나님이 하셔야 열매가 있다. 그러려면 기도해야 한다. 기도할 때 하나님이 움직이신다.

2. 그러면 누가, 어떻게 회개할 수 있나?

9장에는 "그러면 누가, 어떻게 회개할 수 있나?"라는 표현이 없다. 그러나 행간의 의미는 이 질문을 하고 있는 것이다. 이에 대한 답으로 10~11장의 두 증인 사역이 등장하는 것이다. 교회를 상징하는 두 증인이 죽어서 소수를 살려낸다. 단락의 맥으로 보면 8장 9장은 질문이고 10~11장은 답으로 연결되어져 있다.

삶의 적용과 설교를 위한 8-9장의 핵심 Tip

1. 요한계시록은 하나님의 심판이 시작되기 전에 성도들의 기도의 향이 하나님 앞으로 올라가는 장면이 2번이나 나온다. 이것은 하나님께서 성도들의 기도를 받아서 세상을 심판하시는 것을 의미한다. 우리의 기도가 얼마나 중요한지를 증명하는 본문이다. 기도의 중요함을 깨달았다면 다시 기도해야 한다.

2. 6나팔 심판은 전부 우상 숭배 심판의 성격을 띠고 있다. 하나님은 오늘날에도 우리가 하나님 보다 더 의지하고 믿고 있는 것을 심판하신다. 6나팔심판은 종말의 마지막 때에 있을 일이 아닌 지금 우리 가운데 일어나는 하나님의 역사이다.

3. 유프라데스는 교회와 세상의 경계선 같은 것이다. 유프라데스가 말라서 동방의 왕들이 오는 길이 열렸다는 것은 어떤 의미인가? 교회가 세상을 섬기고 그들을 품고 나아가는 것과 교회가 세상가치에 물든다는 것은 전혀 다른 차원이다.

4. 결국 세상은 6나팔 심판으로도 전혀 회개치 않는다. 아파서 고통을 당하면서도 하나님께 돌아오지 않는다. 회개의 은혜는 하나님이 주시는 것이다.

5. 우리의 인생에도 하나님이 '반시간의 침묵'의 기간이 있다. 이럴 때 우리는 잘 견뎌야 한다. 하나님이 이 침묵의 시간을 허락하시는 것은 우리의 믿음의 훈련이다.

1.내가 또 보니 힘 센 다른 천사가 구름을 입고 하늘에서 내려오는데 그 머리 위에 무지개가 있고 그 얼굴은 해 같고 그 발은 불기둥 같으며 2.그 손에는 펴 놓인 작은 두루마리를 들고 그 오른 발은 바다를 밟고 왼 발은 땅을 밟고 3.사자가 부르짖는 것 같이 큰 소리로 외치니 그가 외칠 때에 일곱 우레가 그 소리를 내어 말하더라 4.일곱 우레가 말을 할 때에 내가 기록하려고 하다가 곧 들으니 하늘에서 소리가 나서 말하기를 일곱 우레가 말한 것을 인봉하고 기록하지 말라 하더라 5.내가 본 바 바다와 땅을 밟고 서 있는 천사가 하늘을 향하여 오른손을 들고 6.세세토록 살아 계신 이 곧 하늘과 그 가운데에 있는 물건이며 땅과 그 가운데에 있는 물건이며 바다와 그 가운데에 있는 물건을 창조하신 이를 가리켜 맹세하여 이르되 지체하지 아니하리니 7.일곱째 천사가 소리 내는 날 그의 나팔을 불려고 할 때에 하나님이 그의 종 선지자들에게 전하신 복음과 같이 하나님의 그 비밀이 이루어지리라 하더라 8.하늘에서 나서 내게 들리던 음성이 또 내게 말하여 이르되 네가 가서 바다와 땅을 밟고 서 있는 천사의 손에 펴 놓인 두루마리를 가지라 하기로 9.내가 천사에게 나아가 작은 두루마리를 달라 한즉 천사가 이르되 갖다 먹어 버리라 네 배에는 쓰나 네 입에는 꿀 같이 달리라 하거늘 10.내가 천사의 손에서 작은 두루마리를 갖다 먹어 버리니 내 입에는 꿀 같이 다나 먹은 후에 내 배에서는 쓰게 되더라 11.그가 내게 말하기를 네가 많은 백성과 나라와 방언과 임금에게 다시 예언하여야 하리라 하더라

10장 중심 계시 :
두루마리 환상

　　10장부터 14장까지가 계시록에서 제일 중요한 부분이다. 물론 19장의 예수의 재림이 가장 절정이지만, 핵심 포인트는 재림 직전에 어떤 교회로 세워질 것인가이다. 어떤 분들은 20장에 나오는 천년왕국이 지상 천년인가 아니면 상징적 천년왕국인가에 집중하는 분들이 있다. 또 어떤 분들은 몇장이 휴거장인가에 목숨을 건다. 필자는 계시록의 핵심이 그러한 것들에 있다고 생각지 않는다.

　　진짜 신랑만 사랑하고, 신랑만이 전부인 신부는 신랑이 어디로 데리고 가서 살 것인지 관심이 없다. 신랑만 있으면 된다. 사랑에 빠진 연인들을 보라. 그들은 서로만 함께 있으면 된다. 만나서 어디로 가든 무엇을 먹든 관심도 없다. 똑같다. 신부인 우리는 신랑이신 주님만 곁에 계시면 되는 것 아닌가? 성도는 주님 자체를 기다리는 자들이다. 주님이 재림하셔셔 어디로 데리고 가시든 그것이 중요하지 않다. 그것이 진정한 신부이다.

아가서에서 신부를 비둘기로 표현하고 있다. 비둘기는 서로에게 평생을 수절한다. 새들 중에 양쪽을 바라보는 두 개의 포커스인 부엉이도 있지만 비둘기는 원포커스이다. 하나만 본다. 신랑 자체가 중요한 것이다. 신랑 이외에는 관심이 없고 심지어 신랑이 주는 것도 관심이 아니다.

10장을 본격적으로 살펴보기 전에 먼저 10장부터 14장의 흐름을 살펴보자.

두루마리(10장)→ 성전 측량(11:1-2)→ 두 증인(11:3~14)→ 7번째 나팔(11:15 세상나라가 예수 그리스도의 나라로)→ 24장로 찬양(11장)→ 성전과 언약궤(11장)→ 해은 여자와 용(12장)→ 두 짐승과 666표(13장)→ 144,000, 2 추수(14장)

10장에서 14장까지는 중심 계시 2, 3이 다 있다. 계시록의 핵심 중의 핵심이다. 그 중에서도 11장 15절에서 19절이 계시록의 중심축Pivot이다. 이 중심축을 두고 앞부분에 중간계시 2가 있고, 뒷부분에 중간계시 3이 있다.

"내가 또 보니 힘 센 다른 천사가 구름을 입고 하늘에서 내려오는데 그 머리 위에 무지개가 있고 그 얼굴은 해 같고 그 발은 불기둥 같으며 그 손에는 펴 놓인 작은 두루마리를 들고 그 오른 발은 바다를 밟고 왼 발은 땅을 밟고 사자가 부르짖는 것 같이 큰 소리로 외치니 그가 외칠 때에 일곱 우레가 그 소리를 내어 말하더라" 1-3절.

1. 힘센 다른 천사

힘센 다른 천사가 하늘에서 내려온다. 이 천사는 머리 위에 무지개가 있고, 얼굴이 해 같고, 발은 불기둥 같은 모습은 마치 1장의 예수님을 닮아있다. 예수님의 대행자임을 말한다.

2. 작은 두루마리 책

이 천사는 손에 작은 두루마리 책을 들고 있다. 이 작은 두루마리가 6장의 두루마리와 같은 것인가 아닌가에 대한 논쟁이 있지만 필자는 동일한 두루마리로 본다.

3. 땅과 바다를 밟음

천사의 오른발은 바다를 밟고 왼발은 땅을 밟고 있는 것은 13장의 두 짐승의 출현 장소가 땅과 바다와 무관하지 않아 보인다. 즉, 두 짐승이 올라오는 땅과 바다를 하나님이 통치하고 다스리심을 의미하는 것이다.

우리의 인생도 마찬가지이다. 모든 일이 주님의 주권 안에 벌어지는 일이다. 주님의 통제 아래 있음을 안다면 환경과 상황 속에서 좌절하고 절망하지 말아야 한다.

4. 일곱 우레가 소리

일곱 우레가 소리가 사자 같은 큰 소리와 같다. 우레는 성경에서 하나님이 임재하셔서 구원하실 때나 심판하실 때에 등장하는 표현이다.

"일곱 우레가 말을 할 때에 내가 기록하려고 하다가 곧 들으니 하늘에서 소리가 나서 말하기를 일곱 우레가 말한 것을 인봉하고 기록하지 말라 하더라 내가 본 바 바다와 땅을 밟고 서 있는 천사가 하늘을 향하여 오른손을 들고 세세토록 살아 계신 이 곧 하늘과 그 가운데에 있는 물건이며 땅과 그 가운데에 있는 물건이며 바다와 그 가운데 있는 물건을 창조하신 이를 가리켜 맹세하여 이르되 지체하지 아니하리니 일곱째 천사가 소리 내는 날 그의 나팔을 불려고 할 때에 하나님이 그의 종 선지자들에게 전하신 복음과 같이 하나님의 그 비밀이 이루어지리라 하더라" 4-7절.

천사의 선포
그리고 이 천사가 선포한다. "창조하신 이가 지체하지 아니하리니 하나님의 비밀이 선지자들에게 전하신 복음같이 이루리라"

1. **창조하신 이**

창조하신 분이시기에 타락한 세상을 다시 재창조하실 수 있는 것이다. 계시록은 창세기의 완성이다. 계시록은 창조주 하나님을 강조하고 있다. 우리도 마찬가지이다. 우리의 삶이, 가정이, 교회가 나라가 아무리 망가졌다 할지라도 하나님은 다시 새롭게 할 수 있다.

2. **지체치 않으심**

또한 그분은 지체치 않으실 것이다. 우리는 하나님이 도무지 아무일도 않하시는 것 같은 현실을 보면서 실망하지만 말씀을 붙들어야 한다. 우리의 때가 아닌 그 분의 때에, 우리의 방법이 아닌 그분의 방법으로 이루실 것이다.

3. **복음과 같이 이루리라**

하나님 나라의 재창조 사역은 복음을 통해 완성된다. 에베소서 1장의 말씀처럼 '그리스도 안에서 만물을 통일시키려' 하시는 것이다. 복음 안에서 재창조이다. 그러므로 교회는 하나님의 재창조 사역에 복음으로 동참하는 동역자이다.

"내가 천사에게 나아가 작은 두루마리를 달라 한즉 천사가 이르되 갖다 먹어 버리라 네 배에는 쓰나 네 입에는 꿀 같이 달리라 하거늘 내가 천사의 손에서 작은 두루마리를 갖다 먹어 버리니 내 입에는 꿀 같이 다나 먹은 후에 내 배에서는 쓰게 되더라 그가 내게 말하기를 네가 많은 백성과 나라와 방언과 임금에게 다시 예언하여야 하리라 하더라" 9-11절.

1. 두루마리를 먹으라

이 천사는 사도 요한에게 두루마리를 먹으라고 한다. 두루마리를 먹는 것은 그 배경을 에스겔서에 두고 있다.

"또 그가 내게 이르시되 인자야 너는 발견한 것을 먹으라 너는 이 두루마리를 먹고 가서 이스라엘 족속에게 말하라 하시기로 내가 입을 벌리니 그가 그 두루마리를 내게 먹이시며 내게 이르시되 인자야 내가 네게 주는 이 두루마리를 네 배에 넣으며 네 창자에 채우라 하시기에 내가 먹으니 그것이 내 입에서 달기가 꿀 같더라" 겔 3:1-3.

이 환상은 교회의 본질과 정체성이 무엇인가에 대한 것이다. 즉, 계시록 11장에서 교회를 상징하는 두 증인이 복음을 선포하기 전에 먼저 해야 할 일이 복음으로, 말씀으로 자신을 채워져야 하는 것임을 말하는 것이다. 복음의 말씀을 먹고, 내 힘이 되어져서 전해야 함을 반드시 명심해야 한다. 우리는 주님께 채워짐도 없이 자꾸 사역에 뛰어들려고 한다. 반드시 지치고 탈진하게 되었다.

2. 입에는 꿀같이 달지만

입에 꿀같이 단 것은 복음에 담긴 하나님의 은혜의 단 맛을 의미한다. 복음을 들었을 때의 감격, 그 복음 안에 담긴 나를 향하신 하나님의 사랑을 깨닫는 기쁨을 의미한다. 그리고 사역적으로는 이 복음을 전할 때 영혼들이 하나님께로 돌아오는 회개의 역사를 경험하는 것이다.

3. 배에는 쓰더라

이 말씀은 복음에는 단 맛만 있는 것이 아니라 쓴 맛도 있다는 것을 가르치시는 말씀이다. 복음을 들을 때는 큰 감격이지만, 그 복음을 삶으로 녹여내려는 몸부림이 결코 쉽지 않음을 말씀하고 있다. 또한 복음을 삶에서 녹여내는 순종의 과정의 아픔뿐만 아니라 외적으로는 복음을 전할 때 복음을 거부하는 자들의 조롱, 무시, 핍박과 죽음의 위협을 감수해야하는 쓴 맛을 말씀하고 있는 것이다.

4. 다시 예언하여야 함

이 말씀은 미래의 일을 예언한다는 뜻이 아니라 내게 소화된 말씀을 하나님을 대적하고 있는 세상에(백성과 나라와 방언과 임금에게) 다시 전하여야 하는 증인의 사명, 선교적 사명을 말씀하고 있는 것이다. 세대주의자들은 이때부터 환난기간 중 3년 반이 시작된다고 해석한다.

삶의 적용과 설교를 위한 10장의 핵심 Tip

1. 두루마리를 먹는 것은 하나님의 말씀을 먹는 것이다. 11장부터 펼쳐질 두 증인의 복음증거 사명 이전에 두루마리를 먹어야 한다. 나는 하나님의 말씀을 충분히 먹고 채우고 있는가? 혹시 영적 영양실조에 걸린 것은 없는가? 주일마다 말씀의 단 맛을 경험해야 한다. 이를 위해 설교자는 최선을 다해 준비하고, 성도들은 최선을 다해 기도해야 한다. 본서가 독자들에게 복음의 단맛을 경험케 하는 하나님의 도구가 되기를 소망하다.

2. 복음이 입에는 달았던 경험이 있는가? 이것이 반드시 있어야 한다. 그리고 배에는 쓰다는 것을 경험한 적이 있는가? 말씀대로 믿고 말씀대로 사는 것이 얼마나 힘든 일인지 아는가? 그러나 정말 거듭난 그리스도인 이라면 말씀을 삶으로 녹여내려고 하는 몸부림이 있어야 한다. 그리고 복음을 전할 때 거부하고 조롱하며 대적하는 쓴 맛이 있음도 알아야 복음증거 사역에 좌절치 않을 수 있다.

3. 또한 복음을 증거하는 과정의 쓴 맛을 이길 수 있는 비결은 말씀의 단 맛에 붙들려야 한다는 것이다. 두 증인이 이런 비밀을 알았기에 고난과 사명을 감당했던 것이다.[89] 은혜의 단 맛을 맛본자들에게 사역의 쓴 맛도 이길 힘이 생기는 것이다.

1.또 내게 지팡이 같은 갈대를 주며 말하기를 일어나서 하나님의 성전과 제단과 그 안에서 경배하는 자들을 측량하되 2.성전 바깥 마당은 측량하지 말고 그냥 두라 이것은 이방인에게 주었은즉 그들이 거룩한 성을 마흔두 달 동안 짓밟으리라 3.내가 나의 두 증인에게 권세를 주리니 그들이 굵은 베옷을 입고 천이백육십 일을 예언하리라 4.그들은 이 땅의 주 앞에 서 있는 두 감람나무와 두 촛대니 5.만일 누구든지 그들을 해하고자 하면 그들의 입에서 불이 나와서 그들의 원수를 삼켜 버릴 것이요 누구든지 그들을 해하고자 하면 반드시 그와 같이 죽임을 당하리라 6.그들이 권능을 가지고 하늘을 닫아 그 예언을 하는 날 동안 비가 오지 못하게 하고 또 권능을 가지고 물을 피로 변하게 하고 아무 때든지 원하는 대로 여러 가지 재앙으로 땅을 치리로다 7.그들이 그 증언을 마칠 때에 무저갱으로부터 올라오는 짐승이 그들과 더불어 전쟁을 일으켜 그들을 이기고 그들을 죽일 터인즉 8.그들의 시체가 큰 성 길에 있으리니 그 성은 영적으로 하면 소돔이라고도 하고 애굽이라고도 하니 곧 그들의 주께서 십자가에 못 박히신 곳이라 9.백성들과 족속과 방언과 나라 중에서 사람들이 그 시체를 사흘 반 동안을 보며 무덤에 장사하지 못하게 하리로다 10.이 두 선지자가 땅에 사는 자들을 괴롭게 한 고로 땅에 사는 자들이 그들의 죽음을 즐거워하고 기뻐하여 서로 예물을 보내리라 하더라 11.삼 일 반 후에 하나님께로부터 생기가 그들 속에 들어가매 그들이 발로 일어서니 구경하는 자들이 크게 두려워하더라 12.하늘로부터 큰 음성이 있어 이리로 올라오라 함을 그들이 듣고 구름을 타고 하늘로 올라가니 그들의 원수들도 구경하더라 13.그 때에 큰 지진이 나서 성 십분의 일이 무너지고 지진에 죽은 사람이 칠천이라 그 남은 자들이 두려워하여 영광을 하늘의 하나님께 돌리더라 14.둘째 화는 지나갔으나 보라 셋째 화가 속히 이르는도다 15.일곱째 천사가 나팔을 불매 하늘에 큰 음성들이 나서 이르되 세상 나라가 우리 주와 그의 그리스도의 나라가 되어 그가 세세토록 왕 노릇 하시리로다 하니 16.하나님 앞에서 자기 보좌에 앉아 있던 이십사 장로가 엎드려 얼굴을 땅에 대고 하나님께 경배하여 17.이르되 감사하옵나니 옛적에도 계셨고 지금도 계신 주 하나님 곧 전능하신 이여 친히 큰 권능을 잡으시고 왕 노릇 하시도다 18.이방들이 분노하매 주의 진노가 내려 죽은 자를 심판하시며 종 선지자들과 성도들과 또 작은 자든지 큰 자든지 주의 이름을 경외하는 자들에게 상 주시며 또 땅을 망하게 하는 자들을 멸망시키실 때로소이다 하더라 19.이에 하늘에 있는 하나님의 성전이 열리니 성전 안에 하나님의 언약궤가 보이며 또 번개와 음성들과 우레와 지진과 큰 우박이 있더라

11장
성전측량 환상과 두 증인 환상

11장의 핵심은 두 가지 환상이다. 성전측량 환상과 두 증인 환상이다. 사실 10장의 두루마리 환상과 11장의 성전측량 환상과 두 증인 환상은 서로 유기적으로 연결되어 있다.

필자가 분석해 본 바 이 네 가지 환상은 구조적으로 잘 짜여진 것이다. 성령님의 의도가 있음에 분명하다.

"또 내게 지팡이 같은 갈대를 주며 말하기를 일어나서 하나님의 성전과 제단과 그 안에서 경배하는 자들을 측량하되 성전 바깥 마당은 측량하지 말고 그냥 두라 이것은 이방인에게 주었은즉 그들이 거룩한 성을 마흔두 달 동안 짓밟으리라" 1-2절.

1. 성전측량 환상

비록 2절 밖에 안 되지만 아주 중요한 환상이다. '성전 안쪽 마당은 측량하고 성전 바깥마당은 내버려두라'고 하신다. '바깥마당은 이방인들에게 짓밟히게 하리라' 하신다. 이 의미가 무엇인지를 살펴보자.

(1) 성전과 제단과 경배하는 자들을 측량해보라

성전의 안쪽 부분, 성전과 제단과 경배하는 자들을 측량하라고 하신다.

① 성전 측량의 구약적 배경은 스가랴 2장과 에스겔 40장이다.

"그가 내게 대답하되 예루살렘을 측량하여 그 너비와 길이를 보고자 하노라 하고 말할 때에" 슥 2:2.

② 하나님의 보호하심

측량하다는 단어는 '매트레손'이라는 단어이다. 이 단어는 무엇을 재라는 뜻만 있는 것이 아니다. 구약에서 측량은 2가지 의미이다. 첫째로 보호이다(겔 40-42장). 두 번째로는 심판이다 삼하 8:2, 왕하 21:13, 암 7:7-9, 사 34:11.[90] 여기서는 '보호하다, 만들어내다'라는 뜻이 있다.[91] 무엇을 측량하되 보호하고, 만들어내려고 재는 것이다. 측량의 범위가 성전과 제단과 경배하는 자들까지이다. 교회와 성도가 정말 하나님이 원하시는 교회, 성도인지 그들의 예배와 삶이 하나님께서 받으실 만한 예배인지 재보라고 하신 것이다.

(2) 성전 바깥마당은 측량치 말라

이 명령의 의미는 참 깊다. 왜 성전 바깥마당은 측량치 말라고 하시는 것인가? 성전 바깥마당은 마흔 두 달 동안 이방인에게 짓밟히게 된다는 것인가? 이에 대한 해석이 다양하다. 그중에서 3가지가 적절한 해석이다.

① 이것은 하나님의 교회는 하나님께서 보호하시지만, 세상은 심판하시겠다는 의미일 수도 있다. 신자와 불신자의 구별이다.

② 참 교회는 하나님께서 보호하시나 거짓 교회는 심판하신다는 것이다.

③ 그러나 필자가 보기에 7장에 큰 환난을 통과하여 나오는 거룩한 교회라는 계시록의 맥락에 좀 더 충실하게 해석해 보면 이렇게 해석할 수도 있다. 성전 안쪽 즉, 성도의 영혼과 신분과 운명은 하나님이 보호하신다. 그러나 성도의 바깥 마당 즉, 성도의 외적 삶은 복음을 대적하는 자들에게 핍박과 고난을 받도록 허용하시겠다는 것이다.[92] 이 해석은 계시록 안에서 뿐만 아니라 성경 전체의 맥과도 일치한다.

하나님이 성도의 환경과 외적인 삶에 고난을 허락하시는 이유가 있다. 고난과 핍박을 통해 교회와 당신의 신부들을 다듬으시기 위함이다. 그렇게 빚어진 신부들을 왕 같은 제사장으로 삼으셔서 이방인들을 하나님께로 불러들이는 통로로 사용하시기 위함이다. 그들을 통해 이방인에게 회개의 기회를 주시고자 함이다.

(3) 이 성전측량 환상은 10장의 두루마리 환상과 11장 3절부터 나오는 두 증인 환상 사이에 위치하고 있다. 장 맥으로 보면 다음과 같은 구조이다.

두루마리 환상(10장, a)→성전측량 환상(11:1-2절, b)←두증인 환상(11;3-13,a′)

① 이 구조는 두루마리를 먹은 증인의 삶에 하나님의 보호하심(단 맛, 성전 안 측량) 뿐만 아니라 고난과 핍박(쓴 맛, 성전 바깥마당)이 있을 것을 보여준다. 복음의 두루마리를 먹은 자들의 삶이 어떠할지를 구조로 보여주는 것이다. 구원받은 신분과 위치와 최종 운명, 영혼과 믿음은 지키시겠지만 성도들의 외적인 삶은 고난과 핍박과 어려움 속에 두셨다는 것이다.

이 책을 읽는 독자들 가운데 이런 고난의 관점이 익숙하지 않다면 잠시 나의 생각을 내려놓고 객관적으로 성경을 다시 일어보시기를 권면드린다. 우리는 하나님의 구원을 자기중심적으로 이해하고 싶어 한다. 나의 구원, 행복, 나의 위로, 나의 형통을 위하여 일하시는 하나님이시기를 요구한다. 물론 하나님이 당신의 자녀들의 전인격적인 행복을 원하신다고 믿는다. 하나님은 우리가 육신을 가지고 구체적 환경 안에 살아야하는 존재임을 너무나 잘 아신다. 왜냐하면 예수님도 몸소 육신의 삶을 체휼해 보셨기 때문이다. 그러나 우리에게 주신 구원이 이 땅의 성공과 형통만을 위한 것이 아니다. 이런 것들은 하나님의 생명을 이 세상에 흘려보내라고 주신 사명이다. 구원의 경륜의 깊이는 더 깊고 더 풍성하다.

세상이 그토록 추구하는 세상의 4복(필자가 보기에)즉, '부귀영화, 만사형통, 만수무강, 호의호식'을 하나님의 백성마저도 전부인 양 똑같이 추구하고 있다면 세상의 목적과 가치와 삶의 원리와 자세와 비교해 하나도 다를 게 없다. 우리 성도들은 왕 같은 제사장들이다. 그래서 그 사명을 감당하게 하기 위해 고난과 환난을 통해 다듬으시고 만드시는 것이다. 주님은 말씀하신다. '환난을 당하나 담대하라. 내가 세상을 이기었노라' 하시었다.

"이것을 너희에게 이르는 것은 너희로 내 안에서 평안을 누리게 하려 함이라 세상에서는 너희가 환난을 당하나 담대하라 내가 세상을 이기었노라" 요 16:33.

주님은 환난이 면제된다고 하지 않으셨다. 오히려 환난을 통해 보석 같은 신부들로 만들고 십자가의 삶을 통해 불신자들을 주님께로 이끌게 될 것이다. 예수님을 제대로 믿는다는 것은 결코 만만한 것이 아니다. 제대로 믿는다는 것은 좁은 길을 가는 것이다. 그래서 이 좁은 길을 걷는 자들이 많지 않을 것을 주님은 경고하셨다.

"좁은 문으로 들어가라 멸망으로 인도하는 문은 크고 그 길이 넓어 그리로 들어가는 자가 많고 생명으로 인도하는 문은 좁고 길이 협착하여 찾는 자가 적음이라" 마 7:13-14.

이것은 우리의 의지로 되는 것이 아니다. 가지는 포도나무에 붙어있어야 된다고 하셨다. 주님이 우리 안에서 일하셔야 맺는 열매인 것이다 (요 15:7).

② 두루마리의 단 맛과 쓴 맛(10장)과 성전측량 환상(11장)의 관계

10장의 두루마리의 단 맛은 11장의 성전 안의 측량 환상과 관련이 있고, 10장의 두루마리의 쓴 맛은 11장의 성전 바깥 마당의 짓밟히는 환상과 관련이 있다.[93]

"하늘로부터 큰 음성이 있어 이리로 올라오라 함을 그들이 듣고 구름을 타고 하늘로 올라가니 그들의 원수들도 구경하더라 그 때에 큰 지진이 나서 성 십

분의 일이 무너지고 지진에 죽은 사람이 칠천이라 그 남은 자들이 두려워하여 영광을 하늘의 하나님께 돌리더라 둘째 화는 지나갔으나 보라 셋째 화가 속히 이르는도다 일곱째 천사가 나팔을 불매 하늘에 큰 음성들이 나서 이르되 세상 나라가 우리 주와 그의 그리스도의 나라가 되어 그가 세세토록 왕 노릇 하시리로다 하니 하나님 앞에서 자기 보좌에 앉아 있던 이십사 장로가 엎드려 얼굴을 땅에 대고 하나님께 경배하여 이르되 감사하옵나니 옛적에도 계셨고 지금도 계신 주 하나님 곧 전능하신 이여 친히 큰 권능을 잡으시고 왕 노릇 하시도다 이방들이 분노하매 주의 진노가 내려 죽은 자를 심판하시며 종 선지자들과 성도들과 또 작은 자든지 큰 자든지 주의 이름을 경외하는 자들에게 상 주시며 또 땅을 망하게 하는 자들을 멸망시키실 때로소이다 하더라" 12-18절.

두 증인 환상

11장 3절부터 끝까지는 두 증인이 복음을 전하다가 죽고 부활하여 승천하는 환상의 장면이다. 성전측량 환상은 짧게 나오지만, 두 증인 환상은 중요하게 다룬다. 11장 마지막 부분에 보면 두 증인의 증거를 통해 비록 소수지만 하나님께 돌아오는 역사가 있게 된다. 그동안의 심판(6인, 6나팔)이 쏟아져도 사람들은 회개하지 않는다. 사람은 십자가의 사랑에 무너져야만 돌아오게 된다. 그래서 두 증인이 이런 십자가 증인의 사역을 감당하게 되는 것이다. 그래서 두 증인 사역 앞의 10장에서 먼저 '두루마리를 먹으라'는 단락이 있는 것이다. "네가 먼저 먹고, 채우고, 네가 먼저 하나님의 긍휼과 사랑에 잡혀 있어야 한다"는 것이다.

1. 두 증인 사역

이제 두 증인이 본격적으로 사역하신다. 두 증인은 누구일까?

(1) 두 증인 해석

① 과거적 인물로 보는 견해

이 견해는 이 두 증인을 과거적 인물로 본다. 1세기의 베드로와 야고보이거나 사도 바울과 베드로와 같이 보는 견해이다.

② 미래적 인물로 보는 해석

미래학파들은 두 증인을 미래 인물로 본다. 마지막 때에 등장할 탁월한 영적 지도자들로 본다. 예수님 재림 직전에 모세와 엘리야를 연상시킬 능력의 종들이 나타날 것으로 본다. 필자가 보기에 두 증인은 역사상 존재해왔던, 그리고 지금도 존재하고, 앞으로도 존재할 주님의 증인인 모든 교회와 성도들을 말하고 있다고 본다. 여기서 증인이 두 명인 것은 이유가 있다. 히브리인들에게는 두 명은 증인의 숫자이다. 법정에서 한 명은 증인이 될 수 없다. 그것이 아무리 그 증언이 사실이더라도 두 명 이상은 되어야 법적 근거를 갖는다. 마태복음 9장에도 두 소경, 두 벙어리 치유 장면이 나온다. 의도적인 것이다. 증인의 수는 최소 두 세 명이다.

③ 두 증인에 대한 건강한 해석은 복음을 받은 교회와 성도들로 보는 것이다. 계시록이 이 두 증인을 두 감람나무요. 두 촛대로 풀고 있다. 1장에서 촛대는 교회라고 주님이 풀고 계신다. 계시록 안에서 스스로가 해석하고 있다. 과거나 미래 인물로 보는 것은 무리가 있어 보인다. 그런데 같은 감람나무라도 스가랴 4장에서는 일곱 감람나무이다. 이는 7자라는 완전수를 쓰고 있는 것이고, 요한계시록은 증인의 숫자이기 때문에 두 감람나무가 있는 것이다. 그렇다면 두 증인은 교회라는 것이 분명해

졌다.

2. 두 증인의 권세

두 증인 사역이 권세를 받았다. 여기서 권세는 사도행전에서 나오는 '두나미스'가 아니라 '엑수시아'이다. 복음서에도 나오는 권세이다. '엑크'라는 단어는 '~로부터'이다. 그리고 '우시아'는 '본질'이라는 뜻이다.[94] 본질로부터 나오는 것이 권세이다. 진짜 권세는 외적 능력을 말하는 것이 아니라 존재로부터 나오는 권세, 본질에서부터 나오는 것이다. 본질이신 예수로부터, 또한 하나님의 자녀라는 존재됨으로부터, 예수닮은 성품으로부터 나오는 것이다. 본질에서 나오는, 십자가와 부활의 능력에서 나오는 권세를 주신 것이다. 예수님의 형상을 본 받는 존재로써 세상을 무너뜨려야 한다고 계시록에서는 말하고 있다. 우리 안에는 이런 권세가 없다. 우리 안에 없던 것을 예수님이 우리 안에 오셔서 만들어 내려니 신자의 인생이 고달픈 것이다.

두 증인의 권세는 엘리야의 권세고 모세의 권세이다. 세대주의자들은 모세와 엘리야와 같은 7년 대환난에 있을 실제 두 증인으로 본다. 모세와 엘리야의 특징은 모세는 애굽의 신을 심판했고 엘리야는 바알 신을 심판했다. 그 시대 하나님을 대적하는 우상들과 죽도록 싸운 이들이다.

내가 하나님만큼이나 의지하는 것이 무엇인가? 내 인생의 안정의 기반이 되고 있는 것이 무엇인가? 우상을 깨뜨리는 것이 복음의 증인이기도 하다. 그래서 사람들이 두 증인을 싫어하고 죽이려 하는 것이다. 이 시대에 사람들이 굳게 붙들고 놓치 않고 있는 것들을 내려놓으라고 선포해야 한다. 땅의 사람들이 복음 전하면 싫어한다. 땅을 추구하는 사람을 괴롭히고 있기 때문이다. 누가복음 6장에 모든 사람들이 다 너희를 칭찬하면 거짓 선지자인줄 알라고 한다.

"모든 사람이 너희를 칭찬하면 화가 있도다 그들의 조상들이 거짓 선지자들에게 이와 같이 하였느니라" 눅 6:26.

땅이 전부라고 생각하고 추구하는 자들에게 그것이 다가 아니라고 선포하는데 좋아하겠는가? 반면 내 입에 달콤한 이야기들, 소위 긍정의 힘과 같은 메시지에는 열광한다. 어떤 교회를 세워야 할지 답이 나온다.

사람은 매로 바뀌는 존재가 아니다. 내면 안에서 진정한 항복은 사랑으로만 가능하다. 사랑과 용서, 인내와 품어주는 것 만이 마음의 항복을 받아낼 수 있는 것이다. 만일 내가 누군가를 받고 용서하고 품으려는 마음이 생겼다면 그 마음을 주님이 주신 것이지 내 안에서 나온 것이 아니다.

"나는 그에게 아버지가 되고 그는 내게 아들이 되리니 그가 만일 죄를 범하면 내가 사람의 매와 인생의 채찍으로 징계하려니와" 삼하 7:14.

만일 누군가가 예전보다 많이 달라졌다면 하나님의 거룩한 맷돌에 갈려서 그렇게 된 것이지 스스로 된 것이 아니다. 남의 이야기라 웃을 수 있지만 갈리는 본인은 아프다. 우리는 하나님의 사역을 자꾸 외적 행위로만 하는 사역으로 생각한다. 오히려 성경은 우리의 존재됨에 더 많은 강조를 한다. 소금이 되어야 빛의 사명을 감당하는 것이다. 존재로서 사역하는 것을 복음의 증인이라 한다.

3. 두 증인의 죽음

① 그런데 이 두 증인이 죽임을 당한다. 왜 죽는 것일까? 그들이 전한 메시지가 원인이었던 것이다. 두 증인이 베옷을 입었다는 것은 그들

이 전한 메시지가 회개의 메시지였다는 것이다. 만일 두 증인이 세상이 좋아하는 메시지를 전했다면 세상은 결코 두 증인을 죽이지 않았을 것이다. 두 증인이 '땅에 있는 자들을 두 증인을 미워하고 괴롭혔다'고 말한다.

> "이 두 선지자가 땅에 사는 자들을 괴롭게 한 고로 땅에 사는 자들이 그들의 죽음을 즐거워하고 기뻐하여" 계 11:10.

요한계시록에서 "땅에 거하는 자"는 우상숭배자를 가리키는 전문용어이다.[95] 세상은 왜 그렇게 두 증인을 죽여버릴만큼 미워했을까? 두 증인이 선포하는 내용이 세상 사람들의 귀에 거슬렸던 것이다. 하늘의 것, 영원의 것, 생명에 대한 것에는 관심이 없고, 오직 이 땅이 전부인 줄 아는 그들을 돌이키고자 "이 세상 것은 헛되고 헛되고 헛된 것이니 어서 빨리 하나님께로 돌아오라. 반드시 심판이 있을 것이기에 그 날을 준비하라"고 전한 것이다. 오늘날도 마찬가지다. 진짜 십자가와 부활의 복음을, 하나님 나라의 가치를 전하면 세상은 싫어한다. 마지막 때의 증상이다.

> "때가 이르리니 사람이 바른 교훈을 받지 아니하며 귀가 가려워서 자기의 사욕을 따를 스승을 많이 두고 또 그 귀를 진리에서 돌이켜 허탄한 이야기를 따르리라" 딤후 4:3-4.

② 42달과 1,260일의 의미

바다 짐승 적그리스도가 활동하는 기간이 마흔 두 달이다. 10장에서 성전 바깥마당이 이방인에게 짓밟히는 기간도 마흔 두 달이다. 그런데 똑같은 기간인데 두 증인이 활동하는 기간이 천 이백 육십 일이다. 왜 같은 기간을 표현을 달리했을까? 지겨워서? 아니다. 바다 짐승의 활동으로 인해 성도의 외적인 삶이 고난이 있지만 아무리 힘들어도 마흔 두 달이다. 견딜 수 있는 짧은 기간을 의미한다. 그러나 1,260은 두 증인의 복음 증거의 기간이고, 12장에 여자인 교회가 광야에서 영육받는 기간이기도 하다. 같은 기간이지만 길게 묘사한다. 원저자의 의도가 있는 것이다. 고난은 짧고, 하나님의 보호하심은 영원하다는 것이다.

③ 무저갱에서 올라온 짐승이 두 증인과 싸워 두 증인을 죽여 버린다. 이 곳은 영적으로는 애굽, 소돔과 고모라같은 곳이며 예수님이 못 박히신 골고다와 같은 곳이다. 두 증인이 부활하고 승천한다. 이것은 교회의 휴거를 말하는 것이라기보다는 두 증인인 교회가 예수님과 똑같은 길을 걸어가고 있다는 것을 표현한 것이다. 마지막 날에 심판대 앞에서 예수님께 "네가 나와 똑같은 길을 걸어가고 있구나"라는 말을 들어야 한다. 세상적으로 아무리 성공했다하더라도 주님이 보시기에 다른 길을 걸었다면 그것이 실패이다.

4. 두 증인의 사역의 결과: 회개의 역사

"그 때에 큰 지진이 나서 성 십분의 일이 무너지고 지진에 죽은 사람이 칠천이라 그 남은 자들이 두려워하여 영광을 하늘의 하나님께 돌리더라" 11:13.

두 증인의 목숨을 건 사역으로 인해 소수 사람들이 회개한다. 이것이 진짜 회개인가에 대해 G.K 빌은 회의적으로 본다.[96] 그러나 계시록에서 '하나님을 두려워하고 하나님께 영광을 돌리더라'는 전형적인 회개의 용어이다. 그렇기에 필자는 회개로 본다.

"그가 큰 음성으로 이르되 하나님을 두려워하며 그에게 영광을 돌리라" 계 14:7.

"이에 하늘에 있는 하나님의 성전이 열리니 성전 안에 하나님의 언약궤가 보이며 또 번개와 음성들과 우레와 지진과 큰 우박이 있더라" 19절.

언약궤 환상
11장 19절은 단 한절이지만 굉장히 중요한 환상이다. 언약궤는 구약에서 이스라엘에게는 매우 중요한 의미를 갖는다. 언약궤는 첫째로 하나님이 함께하신다. 둘째로 하나님이 보호하신다. 셋째로 전쟁의 승리라는 의미를 담고 있다.

아무리 용과의 전쟁이 격렬할지라도 언약궤가 앞서가면 승리한다. 여리고성도, 요단강도 언약궤 앞에서 무너지고 갈라졌다. 하나님의 임재와 통치 앞에 세상나라는 반드시 무너진다. 주님은 언약궤 환상을 통해 로마제국과 도미티안의 황제 숭배 강요라는 현실속에서 싸우고 있는 당신의 교회와 성도에게 언약궤를 보이시면서 하나님의 임재와 보호와 승리가 있으니 담대히 싸워 이기라는 것이다. 12장과 13장의 용과의 영적 전쟁의 승리 비결은 언약궤에 있다.

언약궤 환상(11:19)과 용과 여자 환상(12장)의 구조적 의미
비록 한 절이지만 이 언약궤 환상은 이어서 나오는 12장의 용과 여자와의 전쟁환상과 밀접한 관계가 있다. 이것을 단락의 맥으로 보면 굉장히 의미기 깊다. 성전 안에 있는 언약궤 환상이 보이고, 12장부터는 용과 교회를 상징하는 여자와의 전쟁이 시작된다.

문맥적, 단락적 의도는 무엇일까? 용과의 싸움이 두 장 12-13장이나 걸쳐 이어지는데 그 전에 언약궤 환상이 먼저이다.

삶의 적용과 설교를 위한 11장의 핵심 Tip

1. 성전 안은 측량하고, 성전 바깥마당은 측량치 말라는 의미는 무엇인가? 하나님은 당신의 백성들이 신분과 구원은 보호하시지만 외적인 삶에는 고난을 겪도록 허락하신다. 왜일까? 구원의 목적지가 아들의 형상을 본받기 위함이라는 것과 연관해서 생각하면 쉽다

2. 교회와 신자의 삶은 증인의 삶이다. 그리스도인의 삶는 예수님을 증언하는 삶이어야 한다. 비록 고난이 기다리고 있을 지라도 말이다. 그런데 우리는 예수를 증언하는 삶은커녕 예수의 이름이 모욕당하는 삶을 살때가 많다. 심각하게 삶을 돌이켜야 한다.

3. 두 증인이 죽임을 당한 이유가 땅의 사람들을 괴롭게 했기 때문이다. 복음은 땅의 가치를 추구하는 자들에게는 괴로운 것이다. 우리는 내 귀에 편안한 메시지가 좋은 메시지로 생각한다. 그러나 때로는 나의 내면을 수술하는 말씀이 더 내게 유익함을 인정하고 순종의 자세로 나아가야 한다.

4. 마지막 언약궤 환상은 12장에서의 용과 교회의 영적전쟁에 앞서 나온다. 하나님은 항상 우리보다 앞서 가신다. 하나님이 함께 하는 싸움은 항상 백전 백승이다. 우리의 신앙의 여정에 하나님이 함께 하시고 앞서 가심을 신뢰하자.

1. 하늘에 큰 이적이 보이니 해를 옷 입은 한 여자가 있는데 그 발 아래에는 달이 있고 그 머리에는 열두 별의 관을 썼더라 2. 이 여자가 아이를 배어 해산하게 되매 아파서 애를 쓰며 부르짖더라 3. 하늘에 또 다른 이적이 보이니 보라 한 큰 붉은 용이 있어 머리가 일곱이요 뿔이 열이라 그 여러 머리에 일곱 왕관이 있는데 4. 그 꼬리가 하늘의 별 삼분의 일을 끌어다가 땅에 던지더라 용이 해산하려는 여자 앞에서 그가 해산하면 그 아이를 삼키고자 하더니 5. 여자가 아들을 낳으니 이는 장차 철장으로 만국을 다스릴 남자라 그 아이를 하나님 앞과 그 보좌 앞으로 올려가더라 6. 그 여자가 광야로 도망하매 거기서 천이백육십 일 동안 그를 양육하기 위하여 하나님께서 예비하신 곳이 있더라 7. 하늘에 전쟁이 있으니 미가엘과 그의 사자들이 용과 더불어 싸울새 용과 그의 사자들도 싸우나 8. 이기지 못하여 다시 하늘에서 그들이 있을 곳을 얻지 못한지라 9. 큰 용이 내쫓기니 옛 뱀 곧 마귀라고도 하고 사탄이라고도 하며 온 천하를 꾀는 자라 그가 땅으로 내쫓기니 그의 사자들도 그와 함께 내쫓기니라 10. 내가 또 들으니 하늘에 큰 음성이 있어 이르되 이제 우리 하나님의 구원과 능력과 나라와 또 그의 그리스도의 권세가 나타났으니 우리 형제들을 참소하던 자 곧 우리 하나님 앞에서 밤낮 참소하던 자가 쫓겨났고 11. 또 우리 형제들이 어린 양의 피와 자기들이 증언하는 말씀으로써 그를 이겼으니 그들은 죽기까지 자기들의 생명을 아끼지 아니하였도다 12. 그러므로 하늘과 그 가운데에 거하는 자들은 즐거워하라 그러나 땅과 바다는 화 있을진저 이는 마귀가 자기의 때가 얼마 남지 않은 줄을 알므로 크게 분내어 너희에게 내려갔음이라 하더라 13. 용이 자기가 땅으로 내쫓긴 것을 보고 남자를 낳은 여자를 박해하는지라 14. 그 여자가 큰 독수리의 두 날개를 받아 광야 자기 곳으로 날아가 거기서 그 뱀의 낯을 피하여 한 때와 두 때와 반 때를 양육 받으매 15. 여자의 뒤에서 뱀이 그 입으로 물을 강 같이 토하여 여자를 물에 떠내려가게 하려 하되 16. 땅이 여자를 도와 그 입을 벌려 용의 입에서 토한 강물을 삼키니 17. 용이 여자에게 분노하여 돌아가서 그 여자의 남은 자손 곧 하나님의 계명을 지키며 예수의 증거를 가진 자들과 더불어 싸우려고 바다 모래 위에 서 있더라

12장
여자와 용과의 전쟁

"하늘에 큰 이적이 보이니 해를 옷 입은 한 여자가 있는데 그 발 아래에는 달이 있고 그 머리에는 열두 별의 관을 썼더라" 1절.

해를 옷 입은 여자: 신부된 교회

여자는 교회를 상징한다. 구약과 신약에서 하나님의 백성을 하나님의 신부로 묘사한다(남편과 아내라는 메타포는 필자의 강의안을 참조하기 바란다).

"내가 네게 장가 들어 영원히 살되 공의와 정의와 은총과 긍휼히 여김으로 네게 장가 들며 진실함으로 네게 장가 들리니" 호 2:19-21.

하나님과 하나님 백성의 관계를 묘사하는 방식이 여러 가지이다. 왕과 백성, 목자와 양, 아버지와 자녀, 남편과 아내등과 같은 것이다. 그중에서 남편과 아내라는 은유는 가장 깊고 친밀한 관계를 표현하는 방식이다. 신앙의 본질이 무엇인가를 말해준다. 신앙의 본질은 하나님과의 친밀한 교제이다.

시내 산에서 주신 십계명은 단지 '하라, 하지마라'라는 구속의 차원이 아니다. 예레미야 31장에서 시내 산 언약의 본질이 무엇인지를 말씀하신다.

"이 언약은 내가 그들의 조상들의 손을 잡고 애굽 땅에서 인도하여 내던 날에 맺은 것과 같지 아니할 것은 내가 그들의 남편이 되었어도 그들이 내 언약을 깨뜨렸음이라 여호와의 말씀이니라" 렘 31:32.

시내 산 언약은 신랑과 신부의 법이다. 하나님은 이스라엘을 신부로 대하신다. 예레미야 31장에서 하나님은 아내인 이스라엘이 다른 남자를 사랑함으로 남편과 아내의 약속을 깨뜨렸다고 하신다. 즉, 하나님보다 바알을 더 사랑한 것이다.

요한계시록에는 두 종류의 여자가 나온다. 하나님의 백성을 미혹해 세상으로 끌고 가 타락시키는 음녀인 바벨론이 있고, 어떤 고난이 있어도 신랑이신 그리스도만을 사랑하는 거룩한 신부들이 있다.

"이 여자가 아이를 배어 해산하게 되매 아파서 애를 쓰며 부르짖더라" 2절.

여자(교회)의 영광
해를 옷 입고, 달이 발 아래 있고, 열두 별의 면류관을 쓰고 있다. 이것은 신부된 교회의 영광을 말한다. 물론 상징이지만 상상해보라. 그 빛이 얼마나 찬란하고 화려하겠나? 이렇게 영광스럽고 찬란스러운 존재로 여자(교회)를 그리고 있는 이유는 무엇일까?

지금 고난당하고 있는 신부인 교회는 스스로 보기에 너무 초라하고, 비참해 보인다. 그런데 하나님은 교회를 가장 찬란한 영광의 빛으로 보신다. 하나님의 시선은 우리와 다르다. 온갖 휘황찬란한 빛으로 옷 입은 자라고 하신다. 육신의 눈으로 보면 비참한 현실만 보이고, 믿음의 눈을 열어 주시면 영광스러운 모습이 보인다. 주님은 "네가 네 인생, 네 목회를 어떻게 평가하든지, 나의 눈에는 나의 영광으로 옷 입은 나의 신부란다."고 하시는 것이다. 우리는 해를 옷 입은 자들이다. 힘을 내시기를 바란다.

"하늘에 또 다른 이적이 보이니 보라 한 큰 붉은 용이 있어 머리가 일곱이요 뿔이 열이라 그 여러 머리에 일곱 왕관이 있는데" 3절.

1. 붉은 용(사탄)의 예수님 패러디

요한계시록은 패러디(흉내)라는 주제가 있다. 사탄의 3인조인 용과 두 짐승은 삼위 하나님을 패러디한다. 용은 하나님을, 바다 짐승은 예수님을, 땅의 짐승은 성령님을 흉내낸다.

용은 7머리이고 7왕관을 썼다. 마치 1장의 예수님의 모습처럼 말이다. 이것은 용이 예수님을 흉내내고 있는 것이다. 일곱 머리라는 것은 용 자신이 최고의 지혜를 갖고 있는 것을 과시하는 것이다. 그리고 용이 쓴 면류관도 19장에 예수님이 쓰신 면류관인 디아데마타이다. 사람들에게 자신이 완벽히 예수님이라고 미혹하는 것이다. 이 시대에도 마치 자신이 하나님이라도 된 듯, 예수님이라도 된 듯 사람들을 미혹하는 사상들과 사람들, 이단의 교주들이 있다.

용을 붉은 용이라고 하는 것은 용이 예수님을 증언하느라 순교한 성도들의 피에 물들어 있음을 드러내는 것이라고 볼 수도 있다. 구약에서 용은 하나님의 대적자이다 시 74:12, 사 27:1, 51:9, 겔 29:3, 욥 7:12.[97]

"주께서 주의 능력으로 바다를 나누시고 물 가운데 용들의 머리를 깨뜨리셨으며 리워야단의 머리를 부수시고 그것을 사막에 사는 자에게 음식물로 주셨으며" 시 74:13-14.

"그 꼬리가 하늘의 별 삼분의 일을 끌어다가 땅에 던지더라 용이 해산하려는 여자 앞에서 그가 해산하면 그 아이를 삼키고자 하더니" 4절.

아이를 향한 용의 공격

(1) 용이 별 3분의 1을 끌어다가 땅에 던짐

별 1/3에 대한 해석이 분분하지만 별은 1장에서 교회의 사자들이라고 하셨다.

"네가 본 것은 내 오른손의 일곱 별의 비밀과 또 일곱 금 촛대라 일곱 별은 일곱 교회의 사자요 일곱 촛대는 일곱 교회니라" 계 1:19.

그렇다면 별은 주님의 신실한 지도자들과 성도들을 의미한다. G.K Beale도 필자와 같은 주장을 한다. "12장 1절의 별이 하늘에 속한 참 이스라엘의 정체성을 표상하는 것으로 보아 떨어지는 별은 신실한 언약 공동체에 대한 공격을 상징한다."[98] 예전이나 지금이나 사탄은 주님의 신실한 종들을 미혹하여 타락시켜 왔다. 필자는 용이 별 1/3을 땅으로 별들을 던졌다는 것은 하나님의 신실한 종들이 땅의 가치를 추구하는 땅의 사람들이 되도록 미혹하여 땅의 사람들이 되게 했다고 생각한다.

(2) 아이를 삼키려는 용

여자가 아이를 배어 해산하려 한다. 아이를 배어 해산하려 하는 여자는 구약교회를 말한다.

"시내 산에서 말하던 그 천사와 우리 조상들과 함께 광야 교회에 있었고" 행 7:38.

여자의 해산의 고통은 구약교회의 기나긴 투쟁을 이야기하고 있는 것이다. 용인 사탄은 그리스도가 이 땅에 오시는 일을 방해하기 위해 그 혈통에 대한 공격을 끊임없이 해 왔다. 가인을 통해 아벨을 죽인 일, 사라를 바로가 취하게 하려던 일, 아달랴 여왕이 모든 유다의 왕자들을 죽이려고 한 일, 무엇보다도 헤롯의 칼을 통해 예수님을 살해하고자 한 일, 이 모든 배후에는 사탄의 역사가 있는 것이다.

"여자가 아들을 낳으니 이는 장차 철장으로 만국을 다스릴 남자라 그 아이를 하나님 앞과 그 보좌 앞으로 올려가더라" 5절.

1. 그리스도의 성육신과 권세

이 아이는 철장으로 만국을 다스릴 권세를 가진 아이다. 필자는 이 아이를 예수 그리스도로 보지만, 혹자들은 이 아이를 미래에 나타날 존재로 보기도 하고, 7장의 144,000이나, 11장의 두 증인의 연장으로 보기도 한다. 이에 대한 자세한 설명은 강의북을 꼭 참조하기 바란다.

"네가 철장으로 그들을 깨뜨림이여 질그릇 같이 부수리라 하시도다" 시 2:7-8.

주님의 권세는 세상나라를 부수시는 철장의 권세이다. 그런데 주님은 요한계시록 2장에서 두아디라교회에게 '이기면 철장으로 만국을 다스릴 권세를 주신다'고 하셨다. 주님의 권세가 곧 교회와 성도의 권세이다. 이 권세는 십자가와 부활의 권세이다. 힘과 폭력의 권세가 아니다. 십자가 사랑에 잡혀서 그 하나님의 사랑과 긍휼을 뿜어내는 권세이다. 그리고 부활의 능력으로 고난을 이기는 권세이다.

2. 그리스도의 부활과 승귀

하나님 앞에 이 아이가 올라갔다. 예수님의 생애를 생략하고 그리스도의 부활과 승천을 이야기하는 것이다. 12장에는 그리스도의 초림과 구속사역, 부활과 승천이 다 나오는 것이다. 계시록이 마지막 때의 시간의 스케줄이라고 말하는 세대주의자들의 주장이 틀린 이유다. 다시 말하지만 계시록을 시간적의 순서로 풀면 안 된다.

"그 여자가 광야로 도망하매 거기서 천이백육십 일 동안 그를 양육하기 위하여 하나님께서 예비하신 곳이 있더라" 6절.

여자(교회)의 광야훈련

1. 광야 훈련의 목적

교회의 훈련이 시작된다. 천이백육십일이다. 용이 여자(교회)를 핍박하니까 하나님이 이 여자를 광야로 이끄신다. 성경에서 광야는 어떤 의미를 가지는가?

첫째는 내가 누구의 힘으로 살아가는 존재인지를 확인하는 곳이다. '내가 정말 힘으로 여기며 의지하는 것이 무엇이었나'를 깨닫는 기간이다. "내가 하나님이 아닌 다른 것을 의지하며 살았구나"를 절실하게 깨달아 회개시키는 곳이 광야이다.

둘째로 광야는 나의 옛 자아가 죽는 곳이 광야이다. 출애굽한 1세대가 광야에서 죽고 2세대만이 가나안에 입성한 것은 단순히 세대의 교체를 말하는 것이 아니다. 신약적으로 적용하면 이것은 광야를 지나면서 신자의 옛 자아가 죽고, 새 사람으로 사는 것을 의미한다.

셋째로 광야는 하나님의 말씀이 들려지는 곳이다. 히브리어로 말씀은 '다바르'이다. 또한 광야는 '미드바르'이다. 두 단어의 어원이 같다. 광야에서 내 야망이 내려지고 내 욕심이 내려지면 비로써 하나님의 음성이 들린다. 그래서 많은 자들이 광야에서 하나님의 음성을 들은 것이다. 모세도, 야곱도 그러했다. 그런데 세대주의자들 중 일부가 이 광야를 문자를 풀어서 마지막 때의 환난을 피할 장소로 요르단의 패트라 지역을 사려고 모금운동을 벌였다고 한다. 그리고 독수리를 문자로 풀어서 미국의 공군기를 사용하려 했다는 것이다.[99] 참으로 어처구니 없는 일이다.

2. 하나님이 준비하신 광야

요한계시록은 이 광야를 하나님이 준비하신 곳이라고 한다. 그렇다. 고난과 아픔은 그냥 있는 것이 아니라 보석 같은 신부로 만들려고 준비한 하나님의 손길이라고 하신다.

"하늘에 전쟁이 있으니 미가엘과 그의 사자들이 용과 더불어 싸울새 용과 그의 사자들도 싸우나 이기지 못하여 다시 하늘에서 그들이 있을 곳을 얻지 못한지라" 7-8절.

미가엘과 용의 싸움

1. 용이 미가엘과 싸움에서 이기지 못해 땅으로 쫓김

용이 싸움에서 패해 땅으로 쫓겨나간 사건을 사탄의 타락 사건으로 볼 것인가(딜러스베르거, 크라프트), 아니면 예수 그리스도의 십자가와 부활로 패배한 사건인가이다. 필자는 대부부의 주석가처럼 이것을 예수 그리스도의 십자가와 부활로 사탄의 머리가 깨뜨려짐(창 3:15의 성취)으로 본다. 그 이유는 하나님 앞에서 쫓겨나면서 용이 분노하는데 그 이유가 '자기 때가 얼마남지 않은 것 알고 분노하여 내려갔다'고 한다. 이 분노라는 단어는 헬라어로 '슈모스'인데 '하나님과 어린양의 진노'와 같은 단어이다. 마치 용이 하나님인 것처럼 흉내 내는 것이다.

"큰 용이 내쫓기니 옛 뱀 곧 마귀라고도 하고 사탄이라고도 하며 온 천하를 꾀는 자라 그가 땅으로 내쫓기니 그의 사자들도 그와 함께 내쫓기니라 내가 또 들으니 하늘에 큰 음성이 있어 이르되 이제 우리 하나님의 구원과 능력과 나라와 또 그의 그리스도의 권세가 나타났으니 우리 형제들을 참소하던 자 곧 우리 하나님 앞에서 밤낮 참소하던 자가 쫓겨났고" 9-10절.

1. 용의 4가지 이름: 큰 용, 옛 뱀, 마귀, 사탄.

계시록 안에서 사탄은 다양한 표현으로 나온다. 용은 계시록 문맥 안에서 분노와 핍박을 상징한다. 옛 뱀은 창세기 3장의 미혹의 역사를 상징한다. 마귀는 참소하는 자이고 사탄은 대적하는 자이다. 용이 교회에 대해서 극단적인 분노한다. 미혹하다가 안 되면 분노하고 고소하고 최종적으로 하나님을 대적하는 자인 것이다.

2. 밤 낮 참소하던 자가 쫓겨남

"또 우리 형제들이 어린 양의 피와 자기들이 증언하는 말씀으로써 그를 이겼으니 그들은 죽기까지 자기들의 생명을 아끼지 아니하였도다 그러므로 하늘과 그 가운데에 거하는 자들은 즐거워하라 그러나 땅과 바다는 화 있을진저 이는 마귀가 자기의 때가 얼마 남지 않은 줄을 알므로 크게 분내어 너희에게 내려갔음이라 하더라 용이 자기가 땅으로 내쫓긴 것을 보고 남자를 낳은 여자를 박해하는지라" 11-13절.

1. 교회의 승리의 비결
교회는 어린양의 피와 자기들이 증언하는 말씀으로 용을 이긴다. 스스로의 힘으로는 영적싸움에서 결코 이길 수 없다. 순교하기까지 말씀을 지킨 자들이다.

2. 마귀가 분노: 땅과 바다는 화 있을진저~

(1) 자기의 때가 얼마 남지 않음을 알고 분노하여 내려감
예수님의 십자가와 부활로 인해 사탄은 머리가 깨뜨려졌다. 예수님의 재림의 때까지만 활동할 수 있다는 것을 알기에 분노하여 땅과 바다로 내려간다. 땅과 바다에 화가 선포된다. 용이 내려간 곳이기 때문이다. 13장에 두 짐승이 올라오는 장소도 땅과 바다이다.

(2) '하늘에 있는 자는 즐거워하라'

'하늘에 있는 자'라는 것은 미리 순교하여 하늘에 있는 자들 뿐만 아니라 땅에 살지만 하늘에 속한, 하늘의 가치로 살아내는 하나님의 백성이다.

(3) 용이 여자(신약교회)를 핍박함

용이 남자(예수 그리스도)를 낳은 여자(신약교회)를 핍박한다. 이유는 용이 자기의 때가 얼마 남지 않은 것을 알고 분노하여 교회를 핍박한다. 모든 주님의 교회는 사탄의 핍박과 공격을 받게 되어져 있다. 사탄은 물리적이든, 영적이든 모든 방법을 동원하여 교회를 공격한다. 교회는 항상 사탄의 공격이 있음을 알고 깨어 있어야 한다.

"그 여자가 큰 독수리의 두 날개를 받아 광야 자기 곳으로 날아가 거기서 그 뱀의 낯을 피하여 한 때와 두 때와 반 때를 양육 받으매" 14절.

1. 교회 향한 하나님의 양육
(1) 큰 독수리의 두 날개를 받아

그런데 이 광야에 교회를 이끄시는 도구가 독수리의 날개이다. 구약에서 독수리는 하나님의 인도와 보호라는 의미이다.

"내가 애굽 사람에게 어떻게 행하였음과 내가 어떻게 독수리 날개로 너희를 업어 내게로 인도하였음을 너희가 보았느니라" 출 19:4.

(2) 한 때와 두 때와 반 때를 양육받음

교회는 뱀의 낯을 피하여 한 때와 두 때와 반 때를 양육 받는다. 이것은 세대주의 자들이 말하는 7년 대환난의 3년 반이 아니고 예수님의 초림과 재림 사이 기간을 의미한다. 구원받은 교회와 성도들은 반드시 하나님으로부터 양육을 받고 훈련을 받는다. 광야를 거치면서 거룩함을 훈련한다. 점점 하나님의 형상을 닮아가는 경건의 훈련과 양육과정을 거치는 것이다.

"하나님의 말씀과 기도로 거룩하여짐이라" 딤전 4:5.

예수 믿고 직분을 받아 놓고도 전혀 자라지 않는 자들이 얼마나 많은가? 도무지 자라지 않는 고린도교회를 향한 바울의 탄식을 기억해야 한다.

"형제들아 내가 신령한 자들을 대함과 같이 너희에게 말할 수 없어서 육신에 속한 자 곧 그리스도 안에서 어린 아이들을 대함과 같이 하노라 내가 너희를 젖으로 먹이고 밥으로 아니하였노니 이는 너희가 감당하지 못하였음이거니와 지금도 못하리라" 고전 3:1-2.

"여자의 뒤에서 뱀이 그 입으로 물을 강 같이 토하여 여자를 물에 떠내려 가게 하려 하되" 15절.

1. 뱀의 공격

여기서 주의 깊게 보아야 할 것은 용이 분노하여 내려와 교회를 핍박하는데 이 구절에서는 용이 뱀으로 바뀌어서 나온다. 왜일까? 용의 핍박의 방법은 뱀의 미혹의 역사이다.

2. 뱀의 입에서 나오는 물

여자(신약교회)의 뒤에서 용이 입의 물로 교회인 여자를 떠내려가게 하려고 한다. 용의 입에서 나오는 물은 무엇을 의미할까? 필자는 이 물이 고린도후서 11장에 나오는 다른 복음, 다른 예수, 다른 영을 말한다고 본다. 왜냐하면 이 물이 용의 입에서 나오기 때문이다.

"만일 누가 가서 우리가 전파하지 아니한 다른 예수를 전파하거나 혹은 너희가 받지 아니한 다른 영을 받게 하거나 혹은 너희가 받지 아니한 다른 복음을 받게 할 때에는 너희가 잘 용납하는구나" 고후 11:4.

"그런 사람들은 거짓 사도요 속이는 일꾼이니 자기를 그리스도의 사도로 가장하는 자들이니라 이것은 이상한 일이 아니니라 사탄도 자기를 광명의 천사로 가장하나니" 고후 11;13-14.

포이쓰레스는 "요한계시록은 거짓된 종교들을 대항하는 강력한 해독제를 제공한다. 힌두교나 이슬람같은 비기독교 종교뿐만 아니라 로마 카톡릭, 율법주의, 현세주의와 같은 왜곡된 형태로 나타날 수 있다"고 한다.[100] 요한계시록에서는 두 종류의 입이 대조된다. 용의 입과 19장의 백마를 타고 오시는 그리스도의 입이다.

"그의 입에서 예리한 검이 나오니 그것으로 만국을 치겠고 친히 그들을 철장으로 다스리며" 계 19:15.

마지막 시대의 전쟁은 입과 입의 전쟁이다. 사상적으로는 교회 밖의 인본주의 사상, 예를 들어 유물론, 공산주의 이데올로기, 세상의 문화,

가치관, 철학, 종교적으로는 이슬람, 힌두교, 불교와 같은 타 종교의 미혹의 역사라고 볼수 있다.

그러나 더 심각한 것은 교회 안에서 역사하는 용의 물을 분별치 못하고 있는 점이다. 거짓 선지자들의 거짓 복음이 더 무섭다. 복음의 이름으로 하나님 나라와 상관없이 이 땅을 추구하게 만들고, 육신의 자아를 추구하게 만들어 나만의 행복, 나만의 영광을 위해 사는 것이 당연한 듯 성경을 풀고 있는 거짓선지자들의 거짓 메시지를 말하고 있는 것이다. 복음의 이름으로 선포되고 있는 이 땅의 복만을 추구하게 만드는 기복주의적 메시지, 번영신학, 또한 종교통합주의, 예수 이외에 구원이 있다고 부르짖는 종교 다원주의, 성경적 성령사역이 아닌 극단적 신비주의 등이다. 마지막 때의 사탄과의 싸움은 물리적 전쟁이 아니라 진리의 전쟁이다. 진리와 비 진리의 전쟁, 참 복음과 거짓 복음과의 전쟁인 것이다. 그런데 용의 입에서 쏟아지는 물에 사람들이 미혹되는 이유가 무엇일까? 디모데후서 4장에 그 이유를 분명히 말씀하고 있다.

"때가 이르리니 사람이 바른 교훈을 받지 아니하며 귀가 가려워서 자기의 사욕을 따를 스승을 많이 두고 또 그 귀를 진리에서 돌이켜 허탄한 이야기를 따르리라" 딤후 4:3-4.

마지막 때에는 사람들이 진리에 귀를 막는 이유가 무엇인가? 그것을 이루기 위해 자기의 사욕을 정당화해 줄, 자기의 귀를 즐겁게 하는자를 추종한다는 것이다. 또한 용의 물의 역사는 요한복음의 성령님의 생수의 역사를 모방하는 것이라고도 볼 수 있다. 흉내임에 불과하다.

"나를 믿는 자는 성경에 이름과 같이 그 배에서 생수의 강이 흘러나오리라 하시니" 요 7:38.

"땅이 여자를 도와 그 입을 벌려 용의 입에서 토한 강물을 삼키니" 16절.

땅이 여자를 도와 강물을 삼킴: 하나님의 보호하심

이것은 민수기 16장 31-33절에 나오는 고라의 심판 사건의 내용을 인용한 것이다.

"그가 이 모든 말을 마치자마자 그들이 섰던 땅바닥이 갈라지니라 땅이 그 입을 열어 그들과 그들의 집과 고라에게 속한 모든 사람과 그들의 재물을 삼키매 그들과 그의 모든 재물이 산 채로 스올에 빠지며 땅이 그 위에 덮이니 그들이 회중 가운데서 망하니라" 민 16:31-33.

"용이 여자에게 분노하여 돌아가서 그 여자의 남은 자손 곧 하나님의 계명을 지키며 예수의 증거를 가진 자들과 더불어 싸우려고 바다 모래 위에 서 있더라" 17절.

여자의 남은 자손인 교회의 승리 비결

1. 여자의 남은 자손(교회) 과 용의 싸움

(1) 용이 계명을 지키며, 예수의 증거를 가진 자들과 싸우려고 함

요한계시록의 교회론은 하나님의 말씀과 예수의 증거를 가지는 교회이다. 주님이 마지막 때에 원하시는 교회는 용의 거짓 메시지가 아닌 하나님의 말씀을 붙드는 교회, 예수를 삶으로, 진리로 증언하는 교회이다.

용은 이런 교회와 성도들을 죽이려고 한다. 교회의 승리의 비결은 내 힘, 내 공로, 내 자격, 내 의가 아닌 오직 어린양의 대속의 은혜와 피로 인해 이기는 것이다. 오직 하나님의 긍휼만을, 그리스도의 대속의 피를 붙들어야 한다. 구원 이후에도 신자도 언제든지 죄에 넘어진다. 자기 자신의 모습이 아무리 절망적으로 보여도 그리스도의 피를 붙들어라. 사탄의 참소를 이길 수 있는 길이다. 사탄은 우리가 넘어지고 실수한 것들을 가지고 공격한다. 그때에 우리는 "그러니까 날 위해 예수가 죽으셨고 모든 부채는 지불 완료되었음"을 선언해야 한다.

예수의 증거, 다시 말해 예수를 증거함으로써 이긴다는 것은 아이러니다. 이 당시 신자가 복음을 증거하면 할수록 죽을 수 있는데, 그 증거로 이겼다는 것이다. 비록 복음을 증거하다가 죽을지라도 복음을 증거하는 일이 진정한 승리의 길이라는 것이다. 요한계시록에서 이기는 자의 주제는 매우 중요하다. 이 '이김'의 주제는 2장과 3장에서만 7번, 12장 11절에 성도들의 '이기었음'이 나오고, 계시록 21장 7절에 '이기는 자의 상'이 또 나온다. 처음, 중간, 마지막 부분에 '이김'의 주제가 구조를 이루고 있다. 주님은 당신의 교회에게 이길 것을 계속 촉구하고 계시는 것이다.

2. 용이 바다에 서서

왜 사탄은 바다에 서 있는 것일까? 바다는 세상세력의 근원이다. 바다에서 올라올 자신의 대리자인 짐승(적그리스도)를 불러 올려서 함께 사탄의 진을 형성하려고 하는 것이다. 또한 이 사탄의 진영은 14장에 어린 양과 144,000의 어린양의 군대의 진영과 대치하게 되는 구조를 가지고 있다. 창세기 3장 이후로 하나님 나라와 세상 나라와의 전쟁은 늘 있어 왔다.

삶의 적용과 설교를 위한 12장의 핵심 Tip

1. 교회는 항상 용(사탄)과의 영적 전투를 한다. 예수 믿고 난 후부터 하나님의 백성은 원하든 원치 않든 세상나라와 진리의 싸움을 하게 된다. 이 사실에 동의한다면 우리는 말씀과 기도로, 사랑으로 무장하고 깨어 있어야 한다.

2. 용은 입에서 나오는 물로 교회를 타락시키려 한다. 용의 입에서 나오는 물은 인본주의 사상들, 자아 숭배, 거짓 종교들, 거짓 복음, 기복주의 신앙, 극단적 신비주의, 왜곡된 성경해석 등이다. 우리는 이 시대의 메시지를 분별해야 할 때를 살고 있다.

3. 하나님은 두 증인에게 복음을 전할 능력을 주셨다. 모세와 엘리야와 같은 능력이다. 나에게 맡기신 사명이 무엇이든지 그것을 감당할 능력도 같이 허락하셨음을 믿으라.

1.내가 보니 바다에서 한 짐승이 나오는데 뿔이 열이요 머리가 일곱이라 그 뿔에는 열 왕관이 있고 그 머리들에는 신성 모독 하는 이름들이 있더라 2.내가 본 짐승은 표범과 비슷하고 그 발은 곰의 발 같고 그 입은 사자의 입 같은데 용이 자기의 능력과 보좌와 큰 권세를 그에게 주었더라 3.그의 머리 하나가 상하여 죽게 된 것 같더니 그 죽게 되었던 상처가 나으매 온 땅이 놀랍게 여겨 짐승을 따르고 4.용이 짐승에게 권세를 주므로 용에게 경배하며 짐승에게 경배하여 이르되 누가 이 짐승과 같으냐 누가 능히 이와 더불어 싸우리요 하더라 5.또 짐승이 과장되고 신성 모독을 말하는 입을 받고 또 마흔두 달 동안 일할 권세를 받으니라 6.짐승이 입을 벌려 하나님을 향하여 비방하되 그의 이름과 그의 장막 곧 하늘에 사는 자들을 비방하더라 7.또 권세를 받아 성도들과 싸워 이기게 되고 각 족속과 백성과 방언과 나라를 다스리는 권세를 받으니 8.죽임을 당한 어린 양의 생명책에 창세 이후로 이름이 기록되지 못하고 이 땅에 사는 자들은 다 그 짐승에게 경배하리라 9.누구든지 귀가 있거든 들을지어다 10.사로잡힐 자는 사로잡혀 갈 것이요 칼에 죽을 자는 마땅히 칼에 죽을 것이니 성도들의 인내와 믿음이 여기 있느니라 11.내가 보매 또 다른 짐승이 땅에서 올라오니 어린 양 같이 두 뿔이 있고 용처럼 말을 하더라 12.그가 먼저 나온 짐승의 모든 권세를 그 앞에서 행하고 땅과 땅에 사는 자들을 처음 짐승에게 경배하게 하니 곧 죽게 되었던 상처가 나은 자라 13.큰 이적을 행하되 심지어 사람들 앞에서 불이 하늘로부터 땅에 내려오게 하고 14.짐승 앞에서 받은 바 이적을 행함으로 땅에 거하는 자들을 미혹하며 땅에 거하는 자들에게 이르기를 칼에 상하였다가 살아난 짐승을 위하여 우상을 만들라 하더라 15.그가 권세를 받아 그 짐승의 우상에게 생기를 주어 그 짐승의 우상으로 말하게 하고 또 짐승의 우상에게 경배하지 아니하는 자는 몇이든지 다 죽이게 하더라 16.그가 모든 자 곧 작은 자나 큰 자나 부자나 가난한 자나 자유인이나 종들에게 그 오른손에나 이마에 표를 받게 하고 17.누구든지 이 표를 가진 자 외에는 매매를 못하게 하니 이 표는 곧 짐승의 이름이나 그 이름의 수라 18.지혜가 여기 있으니 총명한 자는 그 짐승의 수를 세어 보라 그것은 사람의 수니 그의 수는 육백육십육이니라

13장
두 짐승과 666

두 짐승

13장에는 용을 대리할 두 짐승이 등장한다. 정치적 제국과 그 제국의 지도자를 상징하는 바다 짐승(적그리스도)이 바다에서 올라온다. 그런데 왜 바다 짐승인 적그리스도가 바다에서 올라올까? 바다는 하나님 나라를 대적하는 세상세력을 상징한다. 재미있는 것은 11장에서 두 증인의 복음 증거 사역과 13장에서 두 짐승의 미혹의 역사를 대조하는 구조이다.

두 번째로 땅에서 올라오는 짐승이 등장하는데 이 땅짐승은 사람들이 바다 짐승을 숭배하도록 교리적으로, 사상적으로 뒷받침하는 거짓 선지자이다.

"내가 보니 바다에서 한 짐승이 나오는데 뿔이 열이요 머리가 일곱이라 그 뿔에는 열 왕관이 있고 그 머리들에는 신성 모독 하는 이름들이 있더라" 1절.

1. 바다 짐승
(1) 구약의 배경

이 짐승이라는 모티프는 다니엘 7장에 그 배경을 두고 있다. 다니엘 7장에는 네 짐승은 대 제국들을 말한다. 즉, 바벨론, 바사, 헬라, 로마를 상징한다. 이 짐승이 요한계시록에서 하나로 합쳐진 것이다. 다니엘서나 계시록 문맥 안에서 짐승은 하나님 나라를 대적하는 거대 제국을 이야기하고 있다. 바다 짐승을 대 제국으로 본다면 적그리스도는 지금 존재하는 공산주의, 이슬람 제국 등으로 볼 수 있다. 그 바다 짐승은 한 개인일 수도 있고 한 제국일 수도 있다.

"내가 본 짐승은 표범과 비슷하고 그 발은 곰의 발 같고 그 입은 사자의 입 같은데 용이 자기의 능력과 보좌와 큰 권세를 그에게 주었더라" 2절.

바다 짐승의 모습

(1) 열 뿔을 가지고 있다. 뿔은 능력을 의미한다. 자신의 능력이 대단하다는 것을 과시한다.

(2) 왕관을 쓴 것은 자신이 세상의 왕이라는 것이다.

(3) 일곱 머리에 앉았다.

로마는 원래 7개의 언덕 가운데 작은 도시국가로 시작했던 나라이다. 그렇기에 그들은 일 년에 한 번 칠산절 절기를 지킨다. 이런 표현은 사도 요한이 바다 짐승을 로마라고 드러내놓고 말할 수 없는 묵시문학적 상황속에서 표현한 방식이다. 음녀 바벨론도 결국 하나님의 교회를 미혹하여 타락시키는 로마를 빗대어 말하고 있는 것이다.

바다 짐승의 권세

용은 능력과 권세와 보좌를 바다 짐승에게 준다. 이것도 예수님의 패러디이다. 예수님은 하나님께 능력을 받으셨다5:12. 또 보좌를 받았다 3:21. 권세를 받았다12:10. 예수님이 하나님께 받은 것과 똑같이 짐승은 용에게 받는다. 용과 바다 짐승의 관계가 마치 성부와 성자의 관계인 것처럼 보인다.

"그의 머리 하나가 상하여 죽게 된 것 같더니 그 죽게 되었던 상처가 나으매 온 땅이 놀랍게 여겨 짐승을 따르고" 3절.

바다 짐승의 죽은 상처가 나음

바다짐승의 머리 하나가 죽은 상처로부터 나왔다. 바다 짐승, 곧 적그리스도는 죽었다가 부활한 것처럼 묘사한다. 이는 13장에 정확히 3번 나온다.(3, 12, 14절) 예수님이 죽으셨다가 부활하신 것을 흉내내고 있는 것이다.

"그가 먼저 나온 짐승의 모든 권세를 그 앞에서 행하고 땅과 땅에 사는 자들을 처음 짐승에게 경배하게 하니 곧 죽게 되었던 상처가 나은 자니 큰 이적을 행하되 심지어 사람들 앞에서 불이 하늘로부터 땅에 내려오게 하고" 12-13절.

또한 요한계시록 5장에서 어린양이신 예수님이 왜 인을 떼시기에 합당하냐고 할 때에 어린양이 죽으셨기에 합당하다고 말하였다. 어린양이 죽임당하셨다는 표현을 3번이나 썼다. 바다 짐승은 어린양을 패러디한 것이다.[101] 이것으로 인해 땅이 바다 짐승에게 경배하게 된다. 이 바다 짐승은 '누가 이 짐승과 같으랴?'는 경배를 받는다. 이것은 구약에서 하나님에게 드려졌던 '누가 여호와와 같으랴?'의 패러디이다.

이것은 그 당시 네로에 대한 소문을 배경으로 한다. 그 당시 "자살한 네로가 실제로 죽은 것이 것이 아니라 살아남아서 '파르티아'라는 이방민족과 합세하여 다시 로마를 정복하려고 온다"는 소문을 배경으로 쓴 것이다.

"용이 짐승에게 권세를 주므로 용에게 경배하며 짐승에게 경배하여 이르되 누가 이 짐승과 같으냐 누가 능히 이와 더불어 싸우리요 하더라 또 짐승이 과장되고 신성 모독을 말하는 입을 받고 또 마흔두 달 동안 일할 권세를 받으니라 짐승이 입을 벌려 하나님을 향하여 비방하되 그의 이름과 그의 장막 곧 하늘에 사는 자들을 비방하더라 또 권세를 받아 성도들과 싸워 이기게 되고 각 족속과 백성과 방언과 나라를 다스리는 권세를 받으니" 4-7절.

바다 짐승의 활동

(1) 42달 동안

42달은 3년 반이다. 세대주의자들이 말하는 예수님의 재림 직전에 있을 문자적 3년 반이 아니다. 예수의 초림과 재림 사이의 기간을 말하는 것이다. '42달, 3년 반, 1,260일, 한 때, 두 때 반' 표현만 다를 뿐 다 같은 동일한 의미를 지닌다.

(2) 신성 모독의 말, 과장함

바다 짐승은 입을 벌려 하나님 비방한다. 12장에서는 용의 입에서 물이 나와 교회를 떠내려가게 하려고 했다. 계시록에서는 입이 강조된다. 마지막 때의 전쟁이 입의 전쟁, 즉, 진리의 전쟁임을 다시 확인할 수 있다. 바다 짐승은 하나님과 하늘에 거하는 자들을 비방한다. 하늘에 사는 자들이란 이 땅에 살지만 하늘에 속한 사람들을 말하는 것이지 휴거된 자들을 말하는 것이 아니다.

(3) 성도들을 이김

바다 짐승이 잠시 성도들을 이기는 듯 보인다 단 7:21. 성도들이 받는 고난과 환난과 순교로 인해 그렇게 보일 수도 있다. 그러나 결코 성도들이 패배한 것이 아니다. 죽음으로 승리한다. 이것을 사탄은 모르고 이겼다고 착각하는 것이다.

"죽임을 당한 어린 양의 생명책에 창세 이후로 이름이 기록되지 못하고 이 땅에 사는 자들은 다 그 짐승에게 경배하리라 누구든지 귀가 있거든 들을지어다" 8-9절.

생명책에 녹명된 자 외에 다 짐승에게 경배함

하나님이 택하셔서 구원얻고 하나님의 은혜로 보호받는 자들 이외에는 마지막 때에 적그리스도에게 다 미혹되게 된다. 그만큼 적그리스도의 미혹의 역사는 강력한 것이다. 이 시대의 짐승은 무엇일까? 이 시대의 사람들이 하나님처럼 경배하고 의지하는 것이 무엇일까? 필자는 맘모니즘 즉, 돈일 수도 있다고 생각한다. 더 깊이 이야기해보면 하나님을 대적하는 이 시대의 진짜 적그리스도는 자기 사랑이라고 생각한다. 돈은 자기 사랑을 채우기 위한 수단이다. 바울은 마지막 시대의 증상을 이렇게 말한다.

"너는 이것을 알라 말세에 고통하는 때가 이르러 사람들이 자기를 사랑하며 돈을 사랑하며 자랑하며 교만하며 비방하며 부모를 거역하며 감사하지 아니하며 거룩하지 아니하며 무정하며 원통함을 풀지 아니하며 모함하며 절제하지 못하며 사나우며 선한 것을 좋아하지 아니하며 배신하며 조급하며 자만하며 쾌락을 사랑하기를 하나님 사랑하는 것보다 더하며 경건의 모양은 있으나 경건의 능력은 부인하니 이같은 자들에게서 네가 돌아서라" 딤후 3:1-5.

하나님의 생명책에 기록된 자들은 예수님을 경배하지만 복음의 눈이 안 뜨인 자들은 이 땅이 전부인 줄 알기에 돈이라는 우상에 경배하게 된다. 14장에 나오는 짐승의 표인 666표 받은 자와 구원받은 자를 구별할 수 있는 방법이 있다. 하나님과 어린양의 인을 받은 자는 자나 깨나 예수님을 묵상한다. 하늘을 생각한다. 그러나 짐승의 표를 받은 자들은 자나 깨나 돈만 생각한다. 자나깨나 이 땅의 복만을 생각한다. 짐승은 사람일수도 있지만 돈일 수도 있다. 하나님의 생명책에 기록된 자들은 예수님을 경배하지만 이 눈에 안 뜨인 자들은 돈이 전부인 줄 아는 시대가 왔다.[102] 하나님의 인 맞은 자와 짐승의 인 맞은 자는 삶의 목적과 가치와 원리가 다르다. 위 옛 것을 찾든지 아니면 땅의 것을 찾든지 둘 중 하나다. 하나님의 인을 맞아야 하늘을 꿈꾸게 된다.

"사로잡힐 자는 사로잡혀 갈 것이요 칼에 죽을 자는 마땅히 칼에 죽을 것이니 성도들의 인내와 믿음이 여기 있느니라" 10절.

성도와 교회의 승리의 비결: 성도들의 인내와 믿음으로 이김

세상의 모든 자들이 돈이라는, 명예라는, 쾌락이라는, 자기 사랑이라는 바다 짐승에게 경배하는 현실 속에서도 교회와 성도는 하나님의 말씀을 붙드는 믿음과 인내로 승리하는 것이다.

"내가 보매 또 다른 짐승이 땅에서 올라오니 어린 양 같이 두 뿔이 있고 용처럼 말을 하더라 그가 먼저 나온 짐승의 모든 권세를 그 앞에서 행하고 땅과 땅에 사는 자들을 처음 짐승에게 경배하게 하니 곧 죽게 되었던 상처가 나은 자니라 큰 이적을 행하되 심지어 사람들 앞에서 불이 하늘로부터 땅에 내려오게 하고 짐승 앞에서 받은 바 이적을 행함으로 땅에 거하는 자들을 미혹하며 땅에 거하는 자들에게 이르기를 칼에 상하였다가 살아난 짐승을 위하여 우상을 만들라 하더라 그가 권세를 받아 그 짐승의 우상에게 생기를 주어 그 짐승의 우상으로 말하게 하고 또 짐승의 우상에게 경배하지 아니하는 자는 몇이든지 다 죽이게 하더라 그가 모든 자 곧 작은 자나 큰 자나 부자나 가난한 자나 자유인이나 종들에게 그 오른손에나 이마에 표를 받게 하고 누구든지 이 표를 가진 자 외에는 매매를 못하게 하니 이 표는 곧 짐승의 이름이나 그 이름의 수라 지혜가 여기 있으니 총명한 자는 그 짐승의 수를 세어 보라 그것은 사람의 수니 그의 수는 육백육십육이니라" 11-18절.

2. 땅의 짐승
(1) 어린양과 같은 두 뿔, 용처럼 말함

땅에서 올라오는 짐승은 어린양처럼 두 뿔을 가지고 있다. 예수님을 패러디 한 것이다. 그런데 말은 용처럼 말한다. 이 땅의 짐승은 거짓 선지자이다. 바다 짐승을 하나님처럼 숭배케 부추기는 자들이다.

오늘날 이들은 교회 밖에도 있지만 교회 안에도 있다. 복음을 이야기하고 성경을 이야기하지만 그 내용은 땅을 추구케 하는 용의 메시지이다. 용의 메시지는 뻔하다. '너도 하나님처럼 된다. 네가 네 인생의 주인이다.' 이다. 1969년에 세워진 사탄교의 1권 4장에 이런 말이 있다. '네 인생의 주인은 바로 너 자신이다.' 이렇듯 거짓 선자자들은 자기 자신을 숭배하게 하는 자들이다. 땅 짐승을 요한계시록과 마태복음이 거짓선지자라고 풀고 있다. 마태복음 24장에 가면 적그리스도와 거짓선지자가 순서대로 나온다.

"거짓 그리스도들과 거짓 선지자들이 일어나 큰 표적과 기사를 보여 할 수만 있으면 택하신 자들도 미혹하리라" 마 24:24.

"또 내가 보매 개구리 같은 세 더러운 영이 용의 입과 (바다)짐승의 입과 거짓 선지자의 입에서 나오니" 계 16:13.

땅 짐승의 정체에 관해서는 그 당시의 역사적 배경을 연구하면 알 수 있다. 1세기 당시 로마제국에 속한 도시들마다 '황제 사제단'이 따로 구성되어 있었다고 한다.[103] 이 '로마 황제 숭배 사제단'은 소아시아 지역을 중심으로 로마황제 숭배를 총괄했던 조직화된 사제단이다. 황제 신전을 세우는 부지와 건축자재들을 관장했고 황제 숭배의식을 집행하는 사제들이었다. 실제로 사람들로 하여금 황제신상에 1년에 경배하도록 한 자들이다. 황제 숭배를 거부하면 경제활동을 금지하고 재산을 몰수하고 심지어 죽이기까지 한 자들이다.

(2) 땅 짐승의 사역
① 이 땅 짐승인 거짓 선지자는 바다 짐승을 경배케 하는 것이 주 임무이다.

② 큰 이적 행함
땅 짐승은 불이 하늘에서 내려오게 한다. 이것은 요한계시록 11장의 두 증인이 했던 일이다. 마치 자기가 참 하나님의 종인 것처럼 흉내낸다.

목적은 땅의 사람을 적그리스도를 숭배케 하는 것이다.

③ 또한 땅 짐승은 성령님을 패러디한다. 마치 에스겔 37장에 '마른 뼈들에게 생기를 주어 살리시는 성령의 역사'처럼 바다 짐승에게 생기를 주는 일을 한다. 오늘날에도 성령사역이라는 이름으로 행해지는 일들 중에 정말 성령께서 행하시는 것인지 아닌지 분별해야 한다고 생각한다. 기적적인 현상만 있으면 그것이 성령님의 역사인지, 거짓 선지자의 역사인지도 상관하지 않는다. 성령님의 이름으로 얼마나 많은 영혼들이 거짓 선지자들의 미혹에 넘어가 인생이 피폐해지고 있는지 모른다. 기적이 다가 아니다. 복음이냐 아니냐를 보아야 한다.

③ 짐승 우상숭배 거부자를 죽임
트라얀 황제 통치하에서 그리스도인들을 식별하기 위해 이방신들에게 제물을 받치고 황제의 상 앞에 향을 피우며 로마 황제를 '주와 신'으로 고백해야 했다. 이것을 거부하는 자는 그리스도인으로 여겨 처형했던 것이다.[104] 땅 짐승은 바다 짐승이라는 우상을 숭배치 않고 거부하는 자들을 살해한다. 대부분 그리스도인들이 죽어갔다. 그러나 유대인들은 성전에서 로마 황제 제사 드리는 것으로 타협하여 살아남았던 것이다.

짐승의 표
(1) 666의 1차적 의미의 중요성
이 거짓 선지자는 사람들의 오른손과 이마에 짐승의 표를 받게 하고 짐승의 표를 가진 자 외에는 매매를 못하게 한다. 계시록에서 가장 논란이 많은 부분이기도 하다. 미리 말하자면 이 짐승의 표가 베리칩이냐 아니냐는 부차적인 문제다. 이 666이 1세기 당시의 원 독자들에게 어떤 의

미였는지를 먼저 살펴보아야 하는 것이 중요하다. 성경을 해석할 때 1차원 독자, 1차 저자의 의도original intention을 파악하는 것은 너무나 중요한 것이다. 먼저 성경에서 인을 친다는 것의 의미가 무엇인지 살펴보자.

(2) 인

에스겔 9장의 배경으로 보면 온 유대백성이 하나님을 떠나 우상을 숭배하여 심판을 받는 상황 속에서 하나님은 우상숭배를 거부하고 하나님만을 섬기는 소수의 성도들의 이마에 인 치신다. 에스겔 9장의 문맥 안에서 인을 친다는 것은 주인의 소유요, 주인의 보호를 받는 존재라는 의미이다. 또 한 가지 중요한 것은 주인답게 만드심에 있다. "너는 내 것이기에, 내가 책임진다. 그러니 나답게 만들 것이다." 라는 의미이다. 신약에도 하나님 자녀들에게 성령으로 인치심을 말한다엡 1:3.

거짓 선지자가 왜 짐승 숭배자들에게 666이라는 인을 치고 있을까? 그것은 하나님이 요한계시록 7장과 14장에 하나님의 백성의 이마에 인을 치신 것처럼 짐승도 자신의 사람들에게 자신의 소유임을 주장하는 것이다. 당시의 배경으로 보면 인(카라그마)은 당시 로마의 상업문서에 황제의 이름과 날짜를 찍은 인에 대한 전문용어였다.[105]

(3) 이마와 오른손

666의 표를 이마와 오른손에 친다는 것은 신명기에 배경을 두고 있다.

"너는 또 그것을 네 손목에 매어 기호를 삼으며 네 미간에 붙여 표로 삼고" 신 6:8.

하나님께서 당신의 백성의 미간과 손목에 소위 쉐마 본문을 차고 다니라는 것을 말씀하신 것은 하나님의 의도가 있다. 이마는 사상과 가치관, 생각의 영역을 상징한다. 손은 구체적인 삶의 방식을 상징한다. 사람은 자기의 생각과 사상과 가치관대로 구체적인 삶을 사는 존재다. "너의 생각과 가치관을 하나님의 말씀으로 채워서 너의 삶을 하나님의 말씀으로 살아내라" 는 것이다.

(4) 666

666이 뭐냐에 대한 해석이 분분하다. 그러나 주님은 '지혜있는 자는 세어 보라'고 하신다. 앞서 언급했지만 원저자인 사도 요한이 666이라는 숫자를 쓸 때에는 원 독자들이 이 숫자의 의미를 이해할 수 있기에 쓴 것이다. 그러기에 666을 해석할 때 그 당시의 문화적 배경과 역사적 배경을 잘 살펴보아야 하는 것이다.

① 지혜있는 자는 세어 보라

여기서 지혜는 단지 똑똑하다는 말이 아니다. 지혜는 잠언 8장에서 말하는 예수가 지혜요, 복음이 지혜이다.

"여호와께서 그 조화의 시작 곧 태초에 일하시기 전에 나를 가지셨으며 만세 전부터, 태초부터, 땅이 생기기 전부터 내가 세움을 받았나니 아직 바다가 생기지 아니하였고 큰 샘들이 있기 전에 내가 이미 났으며 산이 세워지기 전에, 언덕이 생기기 전에 내가 이미 났으니 하나님이 아직 땅도, 들도, 세상 진토의 근원도 짓지 아니하셨을 때에라 그가 하늘을 지으시며 궁창을 해면에 두르실 때에 내가 거기 있었고 그가 위로 구름 하늘을 견고하게 하시며 바다의 샘들을 힘 있게 하시며 바다의 한계를 정하여 물이 명령을 거스르지 못하게 하시며 또 땅의 기초를 정하실 때에 내가 그 곁에 있어서 창조자가 되어 날마다 그의 기뻐하신 바가 되었으며 항상 그 앞에서 즐거워하였노니"
잠 8:22-30.

하나님의 복음이 내 안에 들어와 예수라는 기준을 가지고 있으면, 666의 수가 무엇인지 셀 수 있고 분별할 수 있다. 앞서도 말했지만 계시록과 잠언은 긴밀히 연결되어 있다. 1차 독자들에게 666은 상징이다. 무엇인가를 드러내 놓고 말할 수 없어서 사용한 숫자이다. 이것이 오늘날 무엇을 의미하는 가는 그 다음의 문제이다.

② 짐승의 수, 사람의 수라
이 666을 짐승의 수요, 사람의 수라고 한다. 어떤 사람을 말하려고 쓴 것이다. 계시록은 회람서신으로 쓰여졌다. 그러기에 로마당국의 검열을 통과해야만 했다. 그러니 상징적 숫자를 사용할 수밖에 없지 않겠는가? 이것이 묵시문학이다.

1세기 당시 배경 안에서 보면 이 짐승의 표는 '하라그마' 라고 하는 주장도 있다. 당시 경제적 활동을 하려면 길드 조합에 가입해야 했다. 그러려면 로마제국이 황제숭배라는 시민의 의무를 행한 사람들에게만 주는 황제의 공식적인 인장이 찍힌 증표인 '하라그마'를 갖고 있어야만 했다. 이 표가 없으면 경제활동에 큰 제약이 있었다고 한다.[106]

세대주의자들이 이 666을 주로 사람이나 사물, 단체로 본다. 교황. 히틀러, 스탈린, 후세인, 레이건[107], 바코드가 나올 때 신용카드가 666이라고 했다. 지금 베리칩도 그럴 수 있다. 슈퍼 컴퓨터인 비스트가 있다. 미국과 중국에서도 만들어지고 있다. 이렇게 666을 미래의 특정 조직, 특정 인물, 사물로만 보면 오늘날 실제로 활동하고 있는 666에 속수무책 당하게 된다. 적그리스도와 666은 유사 이래 계속 있어 왔고 지금도 있고, 앞으로도 있을 것이다.

필자의 생각은 이렇다. 이 666이 미래에 등장할 사물일 수도, 사람일 수도, 제국일 수도 있다. 그러나 지금도 하나님 나라의 가치를 대적하는 인본주의, 시대정신, 철학, 사상, 사조, 문화, 맘몬니즘, 포스트 모더니즘의 상대적 가치, 교회 안에서는 기복신앙, 번영신학, 종교통합, 다원주의, 거짓 복음이 적그리스도와 666일 수 있다. 666에 대한 균형을 잡아야 한다. 베리칩이냐 아니냐에 목숨을 걸고 싸울 일이 아니다. 왜냐하면 영적 전쟁이며 진리의 전쟁이기 때문이다. 적그리스도와 666은 지금도 역사하고 있는 것이다.

(5) 666의 다양한 해석들
① 네로 황제

666이 사람의 수가 분명한 이유를 그 당시의 역사적 사건을 통해 알 수 있다. 로마제국 내에 환락의 도시 폼페이라는 도시가 있었다. 이 타락의 도시 폼페이가 A.D 76년에 베수비오 화산의 폭발로 한 순간에 매몰되었는데, 나중에 발견된 화석들을 보면 이 폼페이가 얼마나 타락한 도시인지 알 수 있다. 그야말로 성적 타락의 끝을 보여준다. 동성애의 화석, 짐승과 수간하는 화석들도 나오고 있다고 한다.

폼페이 유적물 중 발견된 벽에 이런 문구가 있었다고 한다. "나는 545인 여자를 사랑한다"[108] 이것이 그 당시 어떤 한 여인을 상징했던 숫자이다. 우리나라는 아라비아 숫자가 있지만 히브리어는 없다. 그래서 히브리인들은 알파벳으로 숫자를 매겼다. 첫 번째 단어 '알렙'을 1, 두 번째 단어 '베이트'를 2, 이런 식으로 계산한다. 이런 계산 방식을 게마트리아방식이라고 한다. 그런데 참 재미있는 것은 로마 황제 '네로 카이사르'

를 히브리어로 써서 숫자로 계산하면 666이라는 수가 나온다. 단지 우연이 아니다. 요한계시록이 쓰일 당시의 통치자는 11대 황제 도미티안이다. 도미티안은 하도 폭정을 해서 사람들이 그를 '제2의 네로, 네로의 환생'라 불렀다.[109] 그래서 네로와 도미티안은 같은 이미지를 가지고 있다. 초대교회 성도들은 666 수를 읽을 때 본능적으로 도미티안과 로마 제국을 떠올렸을 것이다. 실제로 도미티안은 자신을 신으로 여겼고 자신의 신상에 절하지 않는 자들은 황제 사제단을 통해 죽였다. 자신의 신상에 경배한 자들만이 경제활동을 허용했다. 그때나 지금이나 기독교와 교회를 죽이려고 하는 개인. 조직. 정치세력들은 언제나 존재해 왔고 존재하고 있다.

② 특정 인물, 사물로 보려는 견해들

666을 역사상 존재한 특정 사물이나 특정 인물로 보려는 견해들도 있다. 이들은 이 666을 마지막 때에 나타날 짐승의 표로 본다. 그래서 한때는 컴퓨터의 바코드가 666표라고 했고, 슈퍼 컴퓨터 이름 "Beast"가 짐승이란 뜻이므로 666이라고 주장했고, 최근에는 베리칩을 666으로 확신하는 분위기이다. 또한 교황, 히틀러, 스탈린, 후세인으로도 봤다.

③ 불완전한 수 666이다

또 하나의 해석은 666을 하나님의 완전수인 777에 못 미치는 불완전한 숫자라고 보는 견해이다. 사탄의 힘이 아무리 강력하게 보여도 하나님의 능력에는 못 미치는 부족한 존재인 것이다. 사탄의 지혜와 능력은 하나님의 온전한 지혜와 능력에 비해 부족한 666에 불과한 것들이라고 말했다. 구약성경의 6은 하나님이 아닌 세상의 힘 즉, 금,은, 말 등을 힘으로 삼는 것의 상징수이다. 느부갓네살의 신상는 높이 60규빗, 폭 6

규빗이다. 솔로몬의 부귀영화도 세입금 666금 달란트, 금 방패 600세겔, 큰 보좌 6층 계단이다왕상 10:14-20. 느부갓네살이나 솔로몬이 모든 것을 다 가진 것처럼 과시해도 완전수인 7에 미치지 못하는 불완전한 것들임을 숫자로 강조하는 것이다.

④ 필자의 견해

필자는 이 666에 대한 다양한 견해를 존중한다. 미래에 나타날 666은 특정 인물, 사물일 수도 있다. 그러나 필자의 생각은 다음과 같다. 이 짐승의 표는 지금도 우리가 모르는 사이에 우리의 이마와 손에 새겨지고 있다는 것을 간과하고 있다고 생각한다. 지금도 하나님 나라와 그 복음을 대적하고, 세상의 것을 하나님처럼 사랑하고 의지하며 살게 부추기는 세상의 모든 사상, 철학, 가치관, 풍조, 시대정신, 문화, 또한 이것을 진리인양 가르치는 교회 안팎의 인본주의자들이 다 666의 세력들이다. 교회 안으로 보면 강단에서 복음의 이름으로 선포되고 있는 기복신앙, 번영신학, 물질주의, 극단적 신비주의 인 것이다. 하나님이 아닌 세상의 것을 힘 삼도록 하는 설교자들도 포함된다.

오해의 소지를 없애기 위해 분명히 필자의 견해를 분명히 하고자 한다. 물질, 건강, 지위, 명예 자체가 나쁜 것이 아니다. 문제는 이러한 것들을 추구하는 진정한 동기가 하나님 나라이어야 한다는 것이다. 오늘날 한국교회는 세상으로부터 '개독교'라는 비난을 받을 만큼 교회에 대한 반감이 심한 시기을 겪고 있다. 이것을 어찌 안티 기독교세력들의 탓으로만 돌릴 수 있겠는가? 예전에 비해 외형적으로는 교회의 규모와 힘이 커졌을지는 몰라도 그것에 비해 교회와 그리스도인들을 향한 시선들은 결코 곱지 않은 것이 현실이다. 주님은 우리를 이방의 빛으로, 세상의 빛으로 부르셨는데 그 생명의 빛을 발하지 못하고 있는 것도 사실이다. 왜 이렇게까지 되었을까? 여러 가지 이유가 있겠지만 필자는 지금 우리의 신앙이(필자를 포함하여) 지극히 개인적이고 이기적인 '자기만족', '자기행복', '자아실현'에 목적을 두었기 때문이라 생각된다.

필자는 이런 이 땅의 복만을 추구하는 기복신앙과 삶을 회복시키기 위해 하나님 나라 중심의 목회, 선교, 신앙, 삶으로 전환해야 한다고 생각한다. 왜냐하면 우리 목회자, 선교사, 성도들은 왕 같은 제사장들이기 때문이다. 하나님의 생명을 열방에 흘려보내도록 부르신 하나님의 비밀의 도구요, 천하만민의 복의 통로이다. 그렇기에 하나님 나라의 가치와 통치로 우리의 내면을 채우고, 하나님의 통치가 임한 자로서의 가치, 원리, 자세로 살아가는 하나님 나라의 백성들로 다시 세워져야 할 것이다. 짐승과 짐승의 표인 666을 단지 미래에 나타날 인물과 사물 혹은 조직으로만 보지 말고, 지금 우리를 미혹하고 있는 이 세대의 짐승의 표를 분별하여 그들의 인이 우리의 이마와 손에 새겨지지 못하도록 깨어있어야 할 것이다.

삶의 적용과 설교를 위한 13장의 핵심 Tip

1. 사탄은 자신을 대리할 하수인인 두 짐승을 부른다. 적그리스도와 거짓 선지자이다. 적그리스도는 앞으로 주님의 재림 직전에 나타날 미래의 인물로만 생각해서는 안 된다. 적그리스도는 이미 존재해 왔고, 지금도 존재하며, 존재할 것이다. 자신을 예수님처럼 높이고, 하나님 자리를 차지하는 것은 다 적그리스도이다. 이것은 대 제국, 정치지도자뿐만 아니라 작게는 내 자신일 수도 있다.

2. 적그리스도를 숭배하도록 부추기는 사상들, 가치관, 문화, 사람, 심지어 설교까지도 분별해야 할 시대를 살고 있다. 복음의 분명한 기준과 가치가 있어야 분별할 수 있다. 말씀으로 깨어 있지 않으면 우리도 모르는 사이에 용의 물에 떠내려 갈 수 있다.

3. 용과 두 짐승은 하나님을 대적하기 위해 서로 연합한다. 그런데 왜 우리 교회는 연합하지 않는가? 혼자서는 어렵다. 연합해야 한다.

1.또 내가 보니 보라 어린 양이 시온 산에 섰고 그와 함께 십사만 사천이 서 있는데 그들의 이마에는 어린 양의 이름과 그 아버지의 이름을 쓴 것이 있더라 2.내가 하늘에서 나는 소리를 들으니 많은 물 소리와도 같고 큰 우렛소리와도 같은데 내가 들은 소리는 거문고 타는 자들이 그 거문고를 타는 것 같더라 3.그들이 보좌 앞과 네 생물과 장로들 앞에서 새 노래를 부르니 땅에서 속량함을 받은 십사만 사천 밖에는 능히 이 노래를 배울 자가 없더라 4.이 사람들은 여자와 더불어 더럽히지 아니하고 순결한 자라 어린 양이 어디로 인도하든지 따라가는 자며 사람 가운데에서 속량함을 받아 처음 익은 열매로 하나님과 어린 양에게 속한 자들이니 …8.또 다른 천사 곧 둘째가 그 뒤를 따라 말하되 무너졌도다 무너졌도다 큰 성 바벨론이여 모든 나라에게 그의 음행으로 말미암아 진노의 포도주를 먹이던 자로다 하더라 9.또 다른 천사 곧 셋째가 그 뒤를 따라 큰 음성으로 이르되 만일 누구든지 짐승과 그의 우상에게 경배하고 이마에나 손에 표를 받으면 10.그도 하나님의 진노의 포도주를 마시리니 그 진노의 잔에 섞인 것이 없이 부은 포도주라 거룩한 천사들 앞과 어린 양 앞에서 불과 유황으로 고난을 받으리니 11.그 고난의 연기가 세세토록 올라가리로다 짐승과 그의 우상에게 경배하고 그의 이름 표를 받는 자는 누구든지 밤낮 쉼을 얻지 못하리라 하더라 12.성도들의 인내가 여기 있나니 그들은 하나님의 계명과 예수에 대한 믿음을 지키는 자니라 13.또 내가 들으니 하늘에서 음성이 나서 이르되 기록하라 지금 이후로 주 안에서 죽는 자들은 복이 있도다 하시매 성령이 이르시되 그러하다 그들이 수고를 그치고 쉬리니 이는 그들의 행한 일이 따름이라 하시더라 14.또 내가 보니 흰 구름이 있고 구름 위에 인자와 같은 이가 앉으셨는데 그 머리에는 금 면류관이 있고 그 손에는 예리한 낫을 가졌더라 15.또 다른 천사가 성전으로부터 나와 구름 위에 앉은 이를 향하여 큰 음성으로 외쳐 이르되 당신의 낫을 휘둘러 거두소서 땅의 곡식이 다 익어 거둘 때가 이르렀음이니이다 하니 16.구름 위에 앉으신 이가 낫을 땅에 휘두르매 땅의 곡식이 거두어지니라 17.또 다른 천사가 하늘에 있는 성전에서 나오는데 역시 예리한 낫을 가졌더라 18.또 불을 다스리는 다른 천사가 제단으로부터 나와 예리한 낫 가진 자를 향하여 큰 음성으로 불러 이르되 네 예리한 낫을 휘둘러 땅의 포도송이를 거두라 그 포도가 익었느니라 하더라 19.천사가 낫을 땅에 휘둘러 땅의 포도를 거두어 하나님의 진노의 큰 포도주 틀에 던지매 20.성 밖에서 그 틀이 밟히니 틀에서 피가 나서 말 굴레에까지 닿았고 천육백 스다디온에 퍼졌더라

14장
어린양과 144,000, 2종류의 추수

14장은 중간계시의 마지막이다. 14장의 어린양과 144,000은 12장과 13장의 용과 두 짐승이라는 진과 대조를 이룬다. 다시 말해 14장의 144,000은 그리스도의 군대이다. 7장의 십사만 사천과 14장의 십사만 사천은 동일한 구원받은 자들이다. 휴거된 성도들을 말한다기 보다 고난받고 있는 교회들을 위로하기 위해 천상에서 이미 승리하고 있는 성도들의 승리를 미리 보여주고 있는 것이다. "너희들의 진짜 현실은 여기야"라고 하시며 견디라고 하시는 것이다. 이처럼 계시록은 시간과 공간이 초월한다. 마치 모래시계와도 같다. 위에 있는 모래를 뒤집으면 모래가 밑으로 내려온다. 천상의 현실이 지상의 현실로 내려오는 것이다. 다시 뒤집으면 위가 현실이다. 고난과 완성이 동시이다. 고난이지만 영광으로 보장되어 있다. 여기에 눈이 뜨여야 한다.

"또 내가 보니 보라 어린 양이 시온 산에 섰고 그와 함께 십사만 사천이 서 있는데 그들의 이마에는 어린 양의 이름과 그 아버지의 이름을 쓴 것이 있더라" 1절.

1. 어린양과 144,000이 서 있음

어린양과 144,000이 서 있다는 것은 의도적인 대조이다. 12장은 용이 교회를 핍박하는 장면이고, 13장은 용이 바다 짐승과 땅 짐승을 내세워 사탄의 진영을 이룬다. 용인 사탄은 12장에 마지막 부분에 서 있다. 14장에 어린양과 144,000이 서 있는 것과 대조하고 있다. 어린양이 섰다는 것은 전쟁의 태세를 갖추는 것이다. 양쪽 진영이 영적 전쟁의 대열을 갖춘 것이다.

사도행전 7장에서 스데반이 순교하는 장면에서 예수님이 서 계신다. 예수님이 하나님 보좌 위 오른편에 앉았다는 것은 왕으로 좌정하셨다는 의미다. 그리고 예수님이 섰다는 것은 우리와 함께 싸워주신다는 것이다. 다시 말해 유대인들이 던지는 돌에 맞아 순교하고 있는 스데반을 위해 끝까지 승리하도록 함께 싸워주고 계심을 말하는 것이다. 어린양이 서 계신다는 것은 고난받고 있는 성도와 함께 싸우고 계시다는 의미이다.

2. 어린양

그런데 144,000과 서 계신 분은 사자가 아니라 어린양이다. 상식적으로 사자와 십사만 사천이어야 하는 것이 아닌가? 그런데 어린양과 십사만사천이다. 힘센 사자로 바꾸면 좋지 않겠는가? 이것은 어린양, 즉 십자가로 승리했다는 것을 의미한다. 요한계시록 전체에 예수님을 지칭하는 이름으로 사자는 단 한번 나온다. 다 어린양으로 이기신 것으로 나온다. 구원받은 십사만 사천이 사탄의 삼각편대를 이길 수 있는 유일한 힘은 어린양 되신 예수그리스도 곁에 붙어 있어야 한다. 십자가로 이긴다는 것은 성경 66권의 진리에 맞아 떨어지는 것이다.

"통치자들과 권세들을 무력화하여 드러내어 구경거리로 삼으시고 십자가로 그들을 이기셨느니라" 골 2:15.

3. 하나님의 이름과 어린양의 이름으로 인쳐짐

144,000은 그들의 이마에 하나님의 이름과 어린양의 이름으로 인쳐진 자들이다. 성도란 그 생각과 가치관에 하나님의 말씀으로 각인되어, 그의 삶에 하나님의 말씀이 스며들고 녹아져 그의 삶을 통치하는 자들이다.

"내가 하늘에서 나는 소리를 들으니 많은 물 소리와도 같고 큰 우렛소리와도 같은데 내가 들은 소리는 거문고 타는 자들이 그 거문고를 타는 것 같더라 그들이 보좌 앞과 네 생물과 장로들 앞에서 새 노래를 부르니 땅에서 속량함을 받은 십사만 사천 밖에는 능히 이 노래를 배울 자가 없더라" 2-3절.

144,000의 찬양

구원 얻는 성도들이 새 노래를 부른다. 그런데 이 노래를 배울 자가 없다. 왜냐하면 구원 얻은 자만이 부를 수 있는 노래이기 때문이다. 은혜를 아는 자만이, 십자가를 통과한 자만이 부를 수 있는 노래인 것이다. 은혜가 나를 날마다 새롭게 하면 같은 노래를 불러도 새 노래요, 새 찬양이 되는 것이다.

"이 사람들은 여자와 더불어 더럽히지 아니하고 순결한 자라 어린 양이 어디로 인도하든지 따라가는 자며 사람 가운데에서 속량함을 받아 그 입에 거짓말이 없고 흠이 없는 자들이더라" 4-5절.

144,000의 특징

(1) 여자로 더불어 더럽히지 아니하고 정절 지킨 자들

여기서 여자는 세상나라인 음녀 바벨론을 의미한다. 로마의 가치와 사상으로 삶과 영혼을 더럽히지 않았던 자들이다. 그런데 세대주의자들 중 일부는 이 여자를 문자적으로 해석해서 결혼을 거부하고 독신으로 산다고 한다. 여자로 더불어 더럽히지 아니하고 정절을 지켜야 하기 때문이다.

(2) 어린양이 어디로 가든지 따르는 자들, 하나님과 어린양에게 속한 자

144,000은 어린양이 가시는 길이 어떤 길이든 어린양을 따르는 자들이다. 그 길은 십자가의 좁은 길이다. 그러니 정말 하나님과 어린양의 인을 맞는 자들은 십자가의 좁은 길을 가게 되어져 있다. 왜냐면 그들은 하나님과 어린양에게 속한 자들이기 때문이다. 넓은 길로 가고자 하는 자들은 어린양의 인과 상관없는 자들인 것이다.

(3) 거짓말이 없고 흠이 없는 자들

이것은 윤리적 완전을 말하는 것이 아니다. 흠이 없다는 것은 어린양의 피로 씻겨져 거룩한 것을 말하고, 거짓말이 없다는 것은 거짓 복음을 전하지 않았다는 것이다. 죽을 때까지 단 한 번도 거짓말을 해 본 적이 없는 사람만 천국에 갈 수 있다면 아무도 들어갈 자가 없을 것이기 때문이다. 요한계시록 22장에 예루살렘 성 밖에 쫓겨나는 8종류 사람들이 나온다. 그 중에 거짓말하는 자도 포함된다. 세상을 추구하게 만드는 거짓 복음이라는 것이다. 마태복음의 산상수훈에서 예수님은 여섯 개의 율법

을 다시 해석하신다. 그 중 하나가 거짓 증언, 거짓 맹세이다. 거짓 복음을 전하지 말라는 것으로도 볼 수 있다.

(4) 7장의 144,000과 14장의 144,000의 차이점

7장에서의 144,000은 두 가지 강조점이 있었다. 그들은 그들의 자격과 공로와 능력으로 된 것이 아니라 어린양의 피로 씻겨진 자들이다. 또한 어린양의 피로 용서받고 거룩하게 되었지만 이 땅에서 환난과 고난을 통과하며 거룩한 예수님의 신부들로 빚어지고 있는 자들이었다.

죄사함과 고난이 7장의 144,000이라면 14장의 144,000은 세상이라는 음녀의 미혹에 자신을 더럽히지 않는 자들이다. 세상가치로 더럽히지 않고 복음을 지키고 있는 교회이다. 영적 정절과 순결을 지키며 어린양이 어디로 가시든지 따라가는 자들이다. 7장과 14장을 연결하면 이렇게 말할 수 있다. '어린양의 피로 씻겨져 의롭다함을 얻고, 큰 환난을 통과하면서 세상 사랑이 잘려져 나가, 세상의 가치에 더럽혀지지 않고 어린양이 인도하시는 십자가의 좁은 길을 가는 자들이다.'

"또 보니 다른 천사가 공중에 날아가는데 땅에 거주하는 자들 곧 모든 민족과 종족과 방언과 백성에게 전할 영원한 복음을 가졌더라 그가 큰 음성으로 이르되 하나님을 두려워하며 그에게 영광을 돌리라 이는 그의 심판의 시간이 이르렀음이니 하늘과 땅과 바다와 물들의 근원을 만드신 이를 경배하라 하더라" 6-7절.

세 천사의 선포

어린양과 144,000에 관한 환상이 끝나고 세 천사가 하나님의 메시지를 선포한다. 이 세 천사의 선포는 15장부터 시작될 7대접 심판의 예고

편과 같은 것이다.

첫째 천사: 복음에 관한 선포

첫째 천사는 영원한 복음을 가졌는데 이 천사가 선포하는 영원한 복음의 내용은 '심판의 시간이 이르렀다', '근원을 만드신 이를 경배하라', '하나님을 두려워하고 하나님께 영광을 돌리라' 이다. 하나님의 심판의 임박함, 창조주께 경배, 회개의 촉구이다. 창조주요 심판주인 하나님께로 돌아오라는 마지막 경고이다.

오늘날 우리가 선포하는 복음과 얼마나 다른가? 복음의 핵심은 창조주에게 돌아와 그를 경배하라는 것이다. 회개하지 않으면 하나님의 심판이 임할 것이라는 것이다. 진짜 복음은 나의 영광이 아닌 하나님의 영광이다. 왕이신 하나님을 선포하는 것이다.

"또 다른 천사 곧 둘째가 그 뒤를 따라 말하되 무너졌도다 무너졌도다 큰 성 바벨론이여 모든 나라에게 그의 음행으로 말미암아 진노의 포도주를 먹이던 자로다 하더라" 8절.

둘째 천사: 심판에 관한 선포, 큰 성 바벨론이 무너졌다.

둘째 천사는 로마제국을 상징하는 바벨론에 대한 심판을 선포한다. 그런데 로마를 왜 바벨론이라 쓰고 있는가? 드러내 놓고 로마라고 하면 검열을 통과할 수 없다. 로마와 바벨론은 공통점이 있다. 예루살렘 성전을 무너뜨린 나라들이다. 베드로도 '바벨론에 있는 나의 교회와 성도에게 문안하노라'라고 한다. 로마에 있는 교회를 가리키고 있는 것이다. 시기적으로 더 근접한 그리스나 페르시아는 성전 파괴와 관계가 없다.

'큰 성 바벨론이 무너졌도다'라고 2번이나 선포한다. 요한계시록 안에서 바벨론의 멸망은 17장과 18장에 나온다. 왜 바벨론이 무너졌는가?

음행으로 인하여 진노의 포도주로 먹이던 자

큰 성 바벨론의 심판의 이유는 사람들을 음행하게 만들어 하나님의 진노의 포도주를 먹였기 때문이다. 하나님이 진노하시는 세상의 포도주를 먹여 사람들로, 특히 하나님의 백성들을 세상가치로 취하게 했다는 것이다. 세상가치로 취하게 해서 하늘의 복음에 관해 눈을 가린 것이다.

"또 다른 천사 곧 셋째가 그 뒤를 따라 큰 음성으로 이르되 만일 누구든지 짐승과 그의 우상에게 경배하고 이마에나 손에 표를 받으면 그도 하나님의 진노의 포도주를 마시리니 그 진노의 잔에 섞인 것이 없이 부은 포도주라 거룩한 천사들 앞과 어린 양 앞에서 불과 유황으로 고난을 받으리니 그 고난의 연기가 세세토록 올라가리로다 짐승과 그의 우상에게 경배하고 그의 이름 표를 받는 자는 누구든지 밤낮 쉼을 얻지 못하리라 하더라" 9-11절.

셋째 천사의 선포: 짐승 숭배자에 대한 심판 선포

셋째 천사는 짐승에게 경배하고 이마와 손에 표를 받는 자들에 대해 하나님의 심판을 선포한다. '경배하다' 는 헬라어 시제로 현재형이다. 항상 계속해서 짐승에게 경배한 자들이다. 한 두번 어쩌다가 숭배한 것이 아니라 계속해서 세상을 추구했던 자들을 말한다. 이들에게는 하나님의 진노의 포도주와 불과 유황의 심판이 있을 것이다. 그들은 밤낮 쉼을 얻지 못한다.

"성도들의 인내가 여기 있나니 그들은 하나님의 계명과 예수에 대한 믿음을 지키는 자니라" 12절.

성도와 교회 승리 비결

'성도들의 인내가 여기 있으니 하나님의 계명과 예수의 믿음을 지킴'

마지막 때의 성도와 교회의 승리비결은 인내와 믿음과 하나님의 말씀이다. 계시록에서 성도들의 본질은 항상 하나님의 말씀을 붙들고 예수님에 대한 믿음으로 고난을 인내하는 것이다. 말씀을 붙들고 믿음과 인내로 이긴다.

"또 내가 들으니 하늘에서 음성이 나서 이르되 기록하라 지금 이후로 주 안에서 죽는 자들은 복이 있도다 하시매 성령이 이르시되 그러하다 그들이 수고를 그치고 쉬리니 이는 그들의 행한 일이 따름이라 하시더라" 13절.

주 안에서 죽는 복 (2번째 복)과 성령의 말씀

말씀과 믿음을 붙들고 인내하고 있는 성도에게 하늘의 음성이 선포된다. '주 안에서 죽는 자는 복이 있으리니'. 계시록의 7복 중에서 2번째 복의 선언이다. 이 선포에 성령께서 응답하신다. '그러하다. 그들이 수고를 그치고 쉬리니'. 고난을 인내하며 버티고 있는 성도에게 하나님은 고난을 면제해 주시겠다고 하시지 않는다. 오히려 '주 안에서 죽는 자가 복되도다' 하신다.

그 당시 하나님 말씀과 예수의 믿음 때문에 순교하고 있는 교회 공동체의 상황을 이해한다면 하나님의 복 선언은 위로가 된다. 성도의 쉼은 어디 있는가? 주 안에서 죽으면 쉼이 온다. 이것은 단지 일순간의 순교만을 의미하는 것은 아니다. 신자의 일상의 삶 속에서의 죽는 산 제물의 삶을 의미한다고 생각한다. 로마서 12장을 보자.

"그러므로 형제들아 내가 하나님의 모든 자비하심으로 너희를 권하노니 너희

몸을 하나님이 기뻐하시는 거룩한 산 제물로 드리라 이는 너희가 드릴 영적 예배니라" 롬 12:1.

예수님은 마태복음 11장에서 쉼을 약속하셨다. 예수님이 약속한 쉼은 어떻게 오는가?

"수고하고 무거운 짐 진 자들아 다 내게로 오라 내가 너희를 쉬게 하리라 나는 마음이 온유하고 겸손하니 나의 멍에를 메고 내게 배우라 그리하면 너희 마음이 쉼을 얻으리니 이는 내 멍에는 쉽고 내 짐은 가벼움이라 하시니라" 마 11:28-30.

예수님의 멍에를 메고 예수님께 배울 때에 쉼이 있다. 십자가를 메고 십자가의 자세를 배우면 우리에게 쉼이 있다.

"또 내가 보니 흰 구름이 있고 구름 위에 인자와 같은 이가 앉으셨는데 그 머리에는 금 면류관이 있고 그 손에는 예리한 낫을 가졌더라 또 다른 천사가 성전으로부터 나와 구름 위에 앉은 이를 향하여 큰 음성으로 외쳐 이르되 당신의 낫을 휘둘러 거두소서 땅의 곡식이 다 익어 거둘 때가 이르렀음이니이다 하니 구름 위에 앉으신 이가 낫을 땅에 휘두르매 땅의 곡식이 거두어지니라 또 다른 천사가 하늘에 있는 성전에서 나오는데 역시 예리한 낫을 가졌더라 또 불을 다스리는 다른 천사가 제단으로부터 나와 예리한 낫 가진 자를 향하여 큰 음성으로 불러 이르되 네 예리한 낫을 휘둘러 땅의 포도송이를 거두라 그 포도가 익었느니라 하더라" 14-18절.

두 종류의 마지막 추수

중간계시의 마지막 부분이다. 예수님의 재림 때에 있을 두 종류의 추수에 대한 계시이다. 계시록은 예수님의 최후 심판을 여러 번 반복적으로 계시하고 있다. 두 종류의 추수는 알곡인 성도들과 (들)포도인 불신자들을 천국과 지옥으로 나누는 심판이다. 그렇다면 14장에서 이미 종결된 심판인데 다시 15장, 16장, 17장, 18장에서 음녀 바벨론이 다시 멸망을 받는다. 반복적 계시임이 틀림이 없다. 반복하되 초점과 강조가 조금씩 다를 뿐이다.

곡식 추수

(1) 구름 위의 인자

구름 위에 머리에는 금 면류관을 있고, 예리한 낫을 가진 인자같은 이가 있는데, 이는 심판주인 주님이시다. 인자란 말은 다니엘 7장을 배경으로 하며, 심판주를 의미하는 단어다.

(2) 예리한 낫을 가지심

낫은 구약에서 추수와 관련된 단어이다.

"너희는 낫을 쓰라 곡식이 익었도다 와서 밟을지어다 포도주 틀이 가득히 차고 포도주 독이 넘치니 그들의 악이 큼이로다 곡식이 다 익었다" 욜 3:13.

(3) 곡식이 다 익었다

이스라엘은 봄에 밀, 보리와 같은 곡식을 추수하고, 가을에는 포도 열매와 같은 과일을 추수한다. 여기서 곡식이 '익었다'는 단어는 헬라어로 '에크세란떼'이다. 마르다는 뜻이다. 이 단어는 시사하는 바가 크다.

곡식의 추수는 분명 성도의 추수임이 분명하다. 그런데 곡식이 거의 다 익었는데 단어는 마르다는 뜻이다. 역설적인 표현이다. 성도의 삶의 형편은 마르고 피폐해진 것처럼 보이나, 하나님이 보시기에는 다 익은 알곡으로 보신다는 것이다.

"천사가 낫을 땅에 휘둘러 땅의 포도를 거두어 하나님의 진노의 큰 포도주 틀에 던지매 성 밖에서 그 틀이 밟히니 틀에서 피가 나서 말 굴레에까지 닿았고 천육백 스다디온에 퍼졌더라" 19-20절.

(들)포도 추수

(1) 예리한 낫을 가진 천사와 불을 다스리는 천사

불을 다스리는 천사가 예리한 낫을 가진 천사에게 낫을 휘둘러 땅의 포도가 익었으니 거둘 것을 요구한다. 예리한 낫을 가진 천사가 낫을 휘들러 포도들을 거두어 들인다.

(2) (들)포도 송이

여기서 포도송이는 이사야 5장을 그 배경으로 한다. 이사야 5장에서 하나님은 이스라엘에게 극상품의 포도 열매를 기대하셨으나 그들이 맺은 열매는 들포도 열매를 맺은 것이다.

"나는 내가 사랑하는 자를 위하여 노래하되 내가 사랑하는 자의 포도원을 노래하리라 내가 사랑하는 자에게 포도원이 있음이여 심히 기름진 산에로다 땅을 파서 돌을 제하고 극상품 포도나무를 심었도다 그 중에 망대를 세웠고 또 그 안에 술틀을 팠도다 좋은 포도 맺기를 바랐더니 들포도를 맺었도다" 사 5:1-2.

(3) 포도가 다 익었다는 단어는 헬라어로 '에크마산'이다. 이것의 뜻은 '만개하다' '한창 때에 있다'이다. 이 단어도 역설이다. 겉으로는 만개한 삶처럼 보이나 하나님 눈에는 아무짝에도 쓸모없는 들포도라는 것이다. 이 본문에서 우리의 삶을 되돌아보아야 한다. 우리는 어떤 열매를 맺고 있는가? 하나님이 기뻐하시는 열매인가? 들포도 열매인가?

4. 하나님의 진노의 포도주 틀에 넣어 밟음

천사가 거두어 들인 포도를 진노의 포도주 틀에 던지니 피가 나서 1,600 스다디온(321km)에 퍼지고, 피가 말 굴레까지 닿았다고 한다. 이는 복음을 끝까지 거부하는 자들을 향한 하나님의 진노가 얼마나 무섭고 큰 것인지를 드러낸다. 1,600은 4×4×1,000이다. 4는 세상을 가리키는 말이다. 1,000은 충만수이다. 피가 온세상을 덮을만큼 하나님의 심판이 강력하다는 것이다. 하나님이 기회를 주고 계실 때에 돌아와야 한다. 하나님이 모든 사람이 진리를 아는데 이르기를 원하셔서 오래 참으시는데, 이런 하나님의 인자와 용납하심의 풍성하심을 멸시하는 자에게는 하나님의 진노의 심판이 기다리고 있을 것이다. 진노의 포도주 틀은 이사야서를 배경으로 한다.

"에돔에서 오는 이 누구며 붉은 옷을 입고 보스라에서 오는 이 누구냐 그의 화려한 의복 큰 능력으로 걷는 이가 누구냐 그는 나이니 공의를 말하는 이요 구원하는 능력을 가진 이니라 어찌하여 네 의복이 붉으며 네 옷이 포도즙틀을 밟는 자 같으냐 만민 가운데 나와 함께 한 자가 없이 내가 홀로 포도즙틀을 밟았는데 내가 노함으로 말미암아 무리를 밟았고 분함으로 말미암아 짓밟았으므로 그들의 선혈이 내 옷에 튀어 내 의복을 다 더럽혔음이니 이는 내 원수 갚는 날이 내 마음에 있고 내가 구속할 해가 왔으나 내가 본즉 도와 주는 자도 없고 붙들어 주는 자도 없으므로 이상하게 여겨 내 팔이 나를 구원하며 내 분이 나를 붙들었음이라 내가 노함으로 말미암아 만민을 밟았으며 내가 분함으로 말미암아 그들을 취하게 하고 그들의 선혈이 땅에 쏟아지게 하였느니라" 사 63: 1-6.

삶의 적용과 설교를 위한 14장의 핵심 Tip

1. 144,000은 구원 받은 하나님의 백성이다. 이들은 여자로 더럽히지 않은 자들이다. 물론 상징적 의미이다. 세상의 화려함으로 교회와 성도를 미혹하는 이 시대의 영적 음녀와 싸워 스스로를 지키는 자들이 진정한 하나님의 백성이다.

2. 또한 144,000은 어린양이 어디로 가든지 따라가는 자들이다. 성도는 예수님이 가신 길을 그대로 가는 자들이다. 그 길이 우리의 마음에 들든지 아니든지 말이다.[110]

3. 7장과 14장의 144,000은 민수기의 2번의 인구조사에 배경을 두고 있다. 그렇다면 민수기나 계시록이나 계수는 하나님의 나라의 군대의 계수이다. 교회는 예배, 회복, 교제, 양육 공동체 일 뿐만 아니라 세상에 하나님 나라를 세우고 확장하기 위한 그리스도의 영적 군대이다. 우리는 교회라는 울타리 안에 너무 안주하고 있는지도 모른다. 세상을 향해 하나님의 나라의 가치와 삶을 가지고 나가야 한다.

4. 14장에는 2종류의 추수가 나온다. 알곡의 추수와 (들)포도의 추수이다. 겉으로 보면 누가 알곡이고, 들포도인지 모른다. 주님만이 아신다. 우리가 판단하면 안 된다. 우리는 너무나 쉽게 남들을 판단하고 정죄한다. 우리가 하나님이나 된 것처럼 말이다. 판단하고 정죄하고 싶은 죄와 싸워야 한다.

5. 마지막 추수 때에 우리가 살았던 삶에 대해 우리는 주님 앞에서 평가받을 때가 온다. 물론 신자의 평가는 천국이냐 지옥이냐의 심판이 아니다. 그럼에도 우리는 그날을 위해 살아야 한다. 아니 그날을 위해 오늘을 살아야 한다.

1.또 하늘에 크고 이상한 다른 이적을 보매 일곱 천사가 일곱 재앙을 가졌으니 곧 마지막 재앙이라 하나님의 진노가 이것으로 마치리로다 2.또 내가 보니 불이 섞인 유리 바다 같은 것이 있고 짐승과 그의 우상과 그의 이름의 수를 이기고 벗어난 자들이 유리 바다 가에 서서 하나님의 거문고를 가지고 3.하나님의 종 모세의 노래, 어린 양의 노래를 불러 이르되 주 하나님 곧 전능하신 이시여 하시는 일이 크고 놀라우시도다 만국의 왕이시여 주의 길이 의롭고 참되시도다 4.주여 누가 주의 이름을 두려워하지 아니하며 영화롭게 하지 아니하오리이까 오직 주만 거룩하시니이다 주의 의로우신 일이 나타났으매 만국이 와서 주께 경배하리이다 하더라 5.또 이 일 후에 내가 보니 하늘에 증거 장막의 성전이 열리며 6.일곱 재앙을 가진 일곱 천사가 성전으로부터 나와 맑고 빛난 세마포 옷을 입고 가슴에 금 띠를 띠고 7.네 생물 중의 하나가 영원토록 살아 계신 하나님의 진노를 가득히 담은 금 대접 일곱을 그 일곱 천사들에게 주니 8.하나님의 영광과 능력으로 말미암아 성전에 연기가 가득 차매 일곱 천사의 일곱 재앙이 마치기까지는 성전에 능히 들어갈 자가 없더라

15장

모세의 노래, 어린양의 노래를 부르는 거룩한 신부들

"또 하늘에 크고 이상한 다른 이적을 보매 일곱 천사가 일곱 재앙을 가졌으니 곧 마지막 재앙이라 하나님의 진노가 이것으로 마치리로다" 1절.

15장과 16장은 3가지 심판 시리즈 중에 마지막 심판이다. 마지막이라는 것은 시간적인 개념이 아니라 최종적 심판이란 뜻이다. 15장은 16장부터 시작될 7대접 심판의 서론이다. 7대접 재앙의 실제 내용은 16장부터 시작된다.

"또 내가 보니 불이 섞인 유리 바다 같은 것이 있고 짐승과 그의 우상과 그의 이름의 수를 이기고 벗어난 자들이 유리 바다 가에 서서 하나님의 거문고를 가지고" 2절.

모세의 노래, 어린양의 노래

7대접 재앙이 시작되기 전에 성도들의 노래가 등장한다. 이 노래의 의미가 뭐냐를 살피기 전에 계시록 중간중간에 많은 찬양의 장면이 나오는 것은 의미가 있다. 계시록은 단지 미래의 징조에 관한 책이 아니다. 너무나 힘든 고난으로 인해 그동안 잃어버렸던 기도와 찬양을, 예배를 회복케 하기 위한 책이다. 어린양이 당신의 신부들을 응원하고 있는 책이다.

불 섞인 유리바다에 서 있는 자들

유리바다는 4장에서도 나왔다. 4장에 나오는 수정같은 유리바다는 창조주와 피조물과의 차이와 간격을 의미했다. 15장의 불 섞인 유리바다는 무엇을 의미할까? 성경을 볼 때 어느 한 구절 안에서 답이 없으면 66권 전체 안에서 보면 된다. 이것은 다니엘 7장의 "불바다"와 요한계시록 4장의 "유리바다"를 결합한 것이다.[111] 바다는 이미 말한 바 대로 하나님 나라를 대적하는 세상 세력이다. 이런 바다를 하나님은 거룩한 불로 심판하신 것이다.[112] 불은 심판의 불임과 동시에 믿는 자들에게는 정화의 불이기도 하다.

또한 불이 섞인 바다는 불같은 연단을 상징한다.[113] 이 땅에서 불같은 연단을 통과하여 서 있는 자들이 구속하신 어린양의 노래를 부르고 있는 것이다. 7장에서도 144,000을 '큰 환난을 통과해 나오는 자들'이라고 묘사한다. 이렇듯 하나님의 자녀들은 곧, 하나님 나라의 상속자요, 그리스도의 거룩한 신부들이기에 큰 환난과 불같은 시험을 통하여 상속자와 신부로 빚어지는 것이다.

"하나님의 종 모세의 노래, 어린 양의 노래를 불러 이르되 주 하나님 곧 전능하신 이시여 하시는 일이 크고 놀라우시도다 만국의 왕이시여 주의 길이 의롭고 참되시도다 주여 누가 주의 이름을 두려워하지 아니하며 영화롭게 하지 아니하오리이까 오직 주만 거룩하시니이다 주의 의로우신 일이 나타났으매 만국이 와서 주께 경배하리이다 하더라" 3-4절.

짐승과 우상을 이기고 벗어난 자들

그리스도의 거룩한 신부들이 큰 환난을 통과하는 과정 중에 겪는 고통은 짐승과 우상을 이겨야 한다는 것이다. 이 당시에는 도미타안이라는 우상숭배 강요를 죽음으로 이겨야 했다. 오늘날에도 눈에 보이지는 않지만, 우상이 존재한다. 그것이 무엇이 되었든 오늘날의 신자들도 이 우상과 싸워 이기고 벗어나야 한다. 세상의 힘이 아닌 하나님 한 분만 두려워하고 경외하는 교회와 성도로 세워져 가야 한다.

모세의 노래 어린양의 노래

짐승과 우상을 이기고 벗어난 자들이 부르는 노래는 모세의 노래요, 어린양의 노래이다. 그런데 이들이 창조주와 피조물의 간격을 상징하는 유리바다 복판에서 찬양하고 있다. 그런데 그 노래의 이름이 어린양의 노래이다. 왜 일까? 거룩하신 하나님 앞에 감히 나갈 수 없는 죄인들을 하나님께로 나아가게 된 것은 생명의 길이 되신 어린양의 희생이 있었기 때문이다.

출애굽기 15장에 보면 이스라엘 백성이 홍해를 건너고 난 후 미리암과 백성이 바로의 손에서 자신들을 구원하신 여호와 하나님을 찬양한다. 마찬가지로 계시록 15장에서도 구원얻는 성도들이 구속하신 어린양의 노래를 부른다. 사실 이스라엘이 출애굽을 하고 난 후 홍해를 가르신 하나님을 찬양하는 장면은 예수의 재림의 때 구원 얻은 성도들의 찬양을 미리 미리 보여준 그림이었다고 말할 수 있다. 출애굽기를 예수님의 구속사역과 연결해서 보라.

이 편지를 받아보는 원 독자의 상황에서 보면, 옛날 조상들을 핍박했던 애굽의 바로를 이기고 노래하게 하신 것처럼, 하나님이 오늘도 로마의 도미티안을 이기고 노래하게 하실 것이다. 출애굽기 15장과 요한계시록 15장의 핵심은 하나님의 구원을 모든 만국이 노래하게 될 것임을 선포하는 것이다. 출애굽기 15장과 요한계시록 15장은 내용적으로 거의 비슷하다. 단어도 거의 비슷하게 쓰고 있다. (강의안 참조)

> "또 이 일 후에 내가 보니 하늘에 증거 장막의 성전이 열리며 일곱 재앙을 가진 일곱 천사가 성전으로부터 나와 맑고 빛난 세마포 옷을 입고 가슴에 금 띠를 띠고 네 생물 중의 하나가 영원토록 살아 계신 하나님의 진노를 가득히 담은 금 대접 일곱을 그 일곱 천사들에게 주니 하나님의 영광과 능력으로 말미암아 성전에 연기가 가득 차매 일곱 천사의 일곱 재앙이 마치기까지는 성전에 능히 들어갈 자가 없더라" 5-8절.

7천사가 7대접을 받음

(1) 7대접

드디어 7대접 심판을 담은 7천사가 등장한다. 대접이란 모티프는 5장과 8장에 성도들의 기도를 담았던 대접과 연관된다. 성도들의 피맺힌 기도를 담은 대접에 이제는 하나님의 진노가 담겨 교회와 성도들을 핍박했던 세상을 심판하신다. 이 본문을 통해 성도와 교회가 포기치 말고 계속해서 기도해야 함을 촉구하는 것이다.

(2) 7천사

　7천사가 하늘의 성전에서 나온다는 것은 이 심판의 주체가 하나님이라는 것이다. 또한 천사들이 빛나는 세마포와 가슴에 금띠를 띠고 있다는 것은 이 천사들이 예수님의 대행자임을 말한다.

삶의 적용과 설교를 위한 15장의 핵심 Tip

1. 불 섞인 유리바다에 선 자들은 구원받는 성도들이다. 그들은 불 같은 연단을 통과해 거룩하게 된 자들이다. 하나님의 나라는 환난과 연단을 통과해서 들어가는 나라이다. 고난을 보는 관점이 바뀌어야 한다.

2. 성도들은 짐승과 우상을 이기고 벗어난 자들이다. 이들이 불 섞인 유리바다에 서기까지 저절로 된 것이 아니다. 짐승과 우상과 싸워 이겨서 선 것이다. 우리도 우리의 우상과 싸워 이기는 자가 되어야 한다. 나의 우상은 무엇인가?

3. 불 섞인 유리바다에 선 자들의 찬양의 핵심은 주님의 행사가 의로우시다는 것이다. 우리의 삶 가운데 행하시는 하나님의 일하심이 이해가 되든 아니든, 주의 행하심은 언제나 의롭고 옳다는 고백을 할 수 있는가?

1.또 내가 들으니 성전에서 큰 음성이 나서 일곱 천사에게 말하되 너희는 가서 하나님의 진노의 일곱 대접을 땅에 쏟으라 하더라 2.첫째 천사가 가서 그 대접을 땅에 쏟으매 짐승의 표를 받은 사람들과 그 우상에게 경배하는 자들에게 악하고 독한 종기가 나더라 3.둘째 천사가 그 대접을 바다에 쏟으매 바다가 곧 죽은 자의 피 같이 되니 바다 가운데 모든 생물이 죽더라 4.셋째 천사가 그 대접을 강과 물 근원에 쏟으매 피가 되더라 5.내가 들으니 물을 차지한 천사가 이르되 전에도 계셨고 지금도 계신 거룩하신 이여 이렇게 심판하시니 의로우시도다 6.그들이 성도들과 선지자들의 피를 흘렸으므로 그들에게 피를 마시게 하신 것이 합당하니이다 하더라 7.또 내가 들으니 제단이 말하기를 그러하다 주 하나님 곧 전능하신 이시여 심판하시는 것이 참되시고 의로우시도다 하더라 8.넷째 천사가 그 대접을 해에 쏟으매 해가 권세를 받아 불로 사람들을 태우니 9.사람들이 크게 태움에 태워진지라 이 재앙들을 행하는 권세를 가지신 하나님의 이름을 비방하며 또 회개하지 아니하고 주께 영광을 돌리지 아니하더라 10.또 다섯째 천사가 그 대접을 짐승의 왕좌에 쏟으니 그 나라가 곧 어두워지며 사람들이 아파서 자기 혀를 깨물고 11.아픈 것과 종기로 말미암아 하늘의 하나님을 비방하고 그들의 행위를 회개하지 아니하더라 12.또 여섯째 천사가 그 대접을 큰 강 유브라데에 쏟으매 강물이 말라서 동방에서 오는 왕들의 길이 예비되었더라 13.또 내가 보매 개구리 같은 세 더러운 영이 용의 입과 짐승의 입과 거짓 선지자의 입에서 나오니 14.그들은 귀신의 영이라 이적을 행하여 온 천하 왕들에게 가서 하나님 곧 전능하신 이의 큰 날에 있을 전쟁을 위하여 그들을 모으더라 15.보라 내가 도둑 같이 오리니 누구든지 깨어 자기 옷을 지켜 벌거벗고 다니지 아니하며 자기의 부끄러움을 보이지 아니하는 자는 복이 있도다 16.세 영이 히브리어로 아마겟돈이라 하는 곳으로 왕들을 모으더라 17.일곱째 천사가 그 대접을 공중에 쏟으매 큰 음성이 성전에서 보좌로부터 나서 이르되 되었다 하시니 18.번개와 음성들과 우렛소리가 있고 또 큰 지진이 있어 얼마나 큰지 사람이 땅에 있어 온 이래로 이같이 큰 지진이 없었더라 19.큰 성이 세 갈래로 갈라지고 만국의 성들도 무너지니 큰 성 바벨론이 하나님 앞에 기억하신 바 되어 그의 맹렬한 진노의 포도주 잔을 받으매 20.각 섬도 없어지고 산악도 간 데 없더라 21.또 무게가 한 달란트나 되는 큰 우박이 하늘로부터 사람들에게 내리매 사람들이 그 우박의 재앙 때문에 하나님을 비방하니 그 재앙이 심히 큼이러라

16장
7대접 심판

드디어 천사가 일곱 대접을 쏟으면서 하나님의 심판이 시작된다. 주목할 것은 7대접 심판과 7나팔 심판의 장소가 일치한다는 것이다. 이것은 계시록의 심판 시리즈가 반복적 계시임을 말한다. 다른 점이 있다면 나팔심판은 심판의 범위가 1/3 라면, 대접 재앙은 전면적 심판이라는 것이다. 앞서 말했지만 세 가지 심판 시리즈는 자연적 재앙뿐만 아니라 영적인 의미를 함께 보아야 한다는 것이다. 그렇다면 마지막 때의 하나님의 심판의 목적은 세상이 신처럼 여기는 우상들을 부수시는 것이다.

"또 내가 들으니 성전에서 큰 음성이 나서 일곱 천사에게 말하되 너희는 가서 하나님의 진노의 일곱 대접을 땅에 쏟으라 하더라 첫째 천사가 가서 그 대접을 땅에 쏟으매 짐승의 표를 받은 사람들과 그 우상에게 경배하는 자들에게

악하고 독한 종기가 나더라" 1-2절.

첫 번째 대접: 땅

모든 심판의 집행은 성전의 보좌에서부터 시작된다. 하나님의 진노의 7대접을 땅에 쏟으라는 명령이 내려진다. 첫 번째 천사가 대접을 땅에 쏟아 부으니 짐승의 표를 받은 자들과 우상에게 경배한 자들에게 독한 종기가 나게 된다. 이는 출애굽 재앙 6번째인 독종재앙과 같다.

"둘째 천사가 그 대접을 바다에 쏟으매 바다가 곧 죽은 자의 피 같이 되니 바다 가운데 모든 생물이 죽더라" 3절.

두 번째 대접: 바다

두 번째 천사가 대접을 바다에 쏟아 부으니 바다가 죽은 자의 피같이 되고 바다의 모든 생물이 죽는다. 이것은 애굽재앙 1번째 재앙과 같다. 여기서 주의 깊게 보아야할 것은 대접이 쏟아지는 곳이 땅과 바다라는 것이다. 왜 일까? 필자는 13장에 두 짐승이 올라오는 곳이 땅과 바다라는 것에 주목한다. 두 짐승이 나온 근원에 하나님의 심판이 임하는 것이다. 또한 로마는 바다를 근원으로 일어났던 나라이다. 해상무역으로 부를 축적한 나라이다. 바다에 하나님의 심판이 임하는 것은 출애굽 모티프뿐만 아니라 로마에 경제적 심판적 성격을 띠고 있는 것이다.

"셋째 천사가 그 대접을 강과 물 근원에 쏟으매 피가 되더라" 4절.

세 번째 대접: 강과 물의 근원

세 번째 천사가 대접을 강과 물의 근원에 쏟아 부으니 피가 된다. 이는 애굽 재앙 1번째 재앙과 같다. 이것은 물의 근원이 오염되는 수질의 오염을 말하는 것일 수도 있다. 그러나 애굽 재앙에서 나일강의 물이 피로 변한 의미가 나알강의 여신 하피신을 심판하는 것이라면, 셋째 대접이 물의 근원에 쏟아진 것은 우상 심판의 성격이 있는 것이다. 더욱이 용의 입에서 나오는 물이 여자인 교회를 떠내려가게 한다는 것을 볼 때 필자는 하나님의 교회를 공격하는 사탄의 거짓 메시지를 심판하시는 것이다.

"내가 들으니 물을 차지한 천사가 이르되 전에도 계셨고 지금도 계신 거룩하신 이여 이렇게 심판하시니 의로우시도다 그들이 성도들과 선지자들의 피를 흘렸으므로 그들에게 피를 마시게 하신 것이 합당하니이다 하더라 또 내가 들으니 제단이 말하기를 그러하다 주 하나님 곧 전능하신 이시여 심판하시는 것이 참되시고 의로우시도다 하더라" 5-7절.

1. 천사들의 찬양

셋째 대접 심판이 끝나고 넷째 심판이 시작되기 전에 삽입부분이다. 물을 차지한 천사들은 '전에도 계셨고 지금도 계신 거룩하신 이의 심판이 의로우시다'라고 선포한다. 장차 오실 이가 없다. 그 이유는 이것이 마지막 심판이며 지금 세상을 심판하기 때문이다. 또한 물을 차지하고 있다는 것은 용의 입에서 나온 물을 하나님이 통제하고 있다는 의미가 아닐까라고 필자는 생각한다. 마지막으로 천사들 찬양의 핵심은 하나님의 심판이 의로우시다는 것이다. 그 이유가 바벨론이 선지자들의 피를 흘렸다는 것이다.

2. 제단의 찬양

사도 요한은 제단을 의인화시켜서 말한다. 제단은 '그러하다. 주 하나님 곧 전능하신 이시여 심판하시는 것이 참되고 의로우시도다'라고 선포한다. 이 제단은 어떠한 제단인가? 6장의 5번째 인 재앙에서 순교자의 신원기도를 드렸던 제단이다. 순교자들의 피 맺힌 기도가 쌓여져 있는 제단이 하나님의 심판이 참되고 의로우심 선포한다. 주목할 것은 하나님을 '주 하나님, 전능하신 이'라고 한다. 도미티안이 주 하나님이 아니라 예수님이 주 하나님이라고 고백하며 순교한 자들의 고백이다.

"넷째 천사가 그 대접을 해에 쏟으매 해가 권세를 받아 불로 사람들을 태우니 사람들이 크게 태움에 태워진지라 이 재앙들을 행하는 권세를 가지신 하나님의 이름을 비방하며 또 회개하지 아니하고 주께 영광을 돌리지 아니하더라" 8-9절.

네번째 대접 심판: 해

네 번째 천사가 대접을 해에 쏟아 부으니 해가 권세를 받아 불로 사람을 태우니 사람들이 크게 태워진다. 그러나 사람들은 이 심판을 행하시는 하나님께 회개하여 돌아오기는커녕 끝까지 하나님을 비방하며 회개치 아니하고 하나님께 영광을 돌리지 않는다. 하나님은 끝까지 기회를 주시고 돌아오기를 바라시나 죄인들은 하나님의 온 종일 내미신 손을 전혀 붙잡으려 하지 않는다. 해가 권세를 받아 불로 사람을 태우니 라는 것을 세대주의자들은 해가 스스로 폭발할 가능성으로 보고 년도의 계산을 하고 있다. 이때의 해의 심판도 애굽 재앙 9번째 재앙을 인용한 것이다. 해는 애굽의 신 '라'이다. 4번째 대접 심판은 사람들이 신처럼 여기는 해의 신 '라'를 심판하신 것이다. 사람들이 하나님처럼 의지하는 것이 오히려 사람들을 태우고 죽이는 것일 뿐임을 드러내시려 하는 것이다.

"또 다섯째 천사가 그 대접을 짐승의 왕좌에 쏟으니 그 나라가 곧 어두워지며 사람들이 아파서 자기 혀를 깨물고" 10절.

다섯 번째 대접 심판: 어둠, 짐승의 보좌

다섯 번째 천사가 대접을 짐승의 보좌에 쏟아부으니 짐승의 나라가 어두워진다. 9장의 5번째 나팔 재앙인 황충재앙 때도 어둠이 임하였다. 어둠이 임하는 것은 구약의 하나님의 심판을 상징하는 핵심 단어이다. 골로새서에 어둠의 나라에서 아들의 나라로 옮겼다고 하는 말씀이 있다.

"그가 우리를 흑암의 권세에서 건져내사 그의 사랑의 아들의 나라로 옮기셨으니" 골 1:13.

사탄의 나라는 어둠이 다스리는 나라이다. 하늘을 못 보게 하고, 복음에 눈 뜨지 못 하게 하는 세력이 어둠의 세력이다. 짐승의 나라에 어둠이 임한다는 것은 세상이 영적인 어둠 가운데 사로잡힌다는 것을 의미한다.

"그의 형제를 미워하는 자는 어둠에 있고 또 어둠에 행하며 갈 곳을 알지 못하나니 이는 그 어둠이 그의 눈을 멀게 하였음이라" 요일 2:11.

마지막 때의 증상 중 대표적인 것이 미움이다. 사랑이 식어진다. 용서치 않는다.

"불법이 성하므로 많은 사람의 사랑이 식어지리라" 마 24:12.

사람들이 아파서 혀를 깨물고 종기로 인해 고통을 당하면서도 회개치 않고 오히려 하나님을 비방한다. 복음의 이름으로 성도들을 이 세상에 올인하게 만드는 기복주의의 메시지가 강대상을 장악하고 있다면 어둠의 역사이다. 하늘의 가치를 보라고 하는 목회자들 싫어하고 세상의 복만을 추구하게 만드는 설교를 찾아다닌다. 이것은 부인할 수 없는 오늘날의 현실이다.

"아픈 것과 종기로 말미암아 하늘의 하나님을 비방하고 그들의 행위를 회개하지 아니하더라" 11절.

이 구절은 인, 나팔, 대접 심판 시리즈의 결론이다. 6장부터 16장까지 이어진 3번의 심판 시리즈의 결론은 사람들은 심판으로는 돌이키지 않는다는 것이다. 매를 맞아서 정신을 차릴 수준이 아니다. 심판으로 일시적으로는 돌이키는 것 같아도 그 속이 회개하지 않는다. 오직 사랑과 은혜로만 바뀔 수 있다. 교회를 상징하는 두 증인이 죽음으로 하나님 사랑을 전해야지만 사람의 속이 바뀌는 것이다. 오직 사랑으로만 바뀐다. 불을 받아서 떼굴떼굴 굴러서 바뀌는 것이 아니다. 속이 바뀌는 것은 십자가의 사랑이 그 속에 깨달아져야 한다. 오직 하나님만이 하시는 일이다.

"또 여섯째 천사가 그 대접을 큰 강 유브라데에 쏟으매 강물이 말라서 동방에서 오는 왕들의 길이 예비되었더라" 12절.

여섯 번째 대접 심판: 유프라데스강

여섯 번째 천사가 대접을 유프라테스에 쏟아부으니 강물이 말라 동방의 왕들이 올 길이 예비되었다고 한다. 9장의 6번째 나팔 심판의 장소도 유프라테스 강이었다. 이 유프라테스 강의 의미는 이미 설명했다. 세

상나라와 하나님 백성의 경계선이다.[114]

"또 내가 보매 개구리 같은 세 더러운 영이 용의 입과 짐승의 입과 거짓 선지자의 입에서 나오니 그들은 귀신의 영이라 이적을 행하여 온 천하 왕들에게 가서 하나님 곧 전능하신 이의 큰 날에 있을 전쟁을 위하여 그들을 모으더라" 13-14절.

개구리 같은 세 더러운 영

용과 두 짐승의 입에서 '개구리 같은 세 더러운 영'이 나온다. 이 세 영은 귀신의 영이다. 이 귀신의 영이 온 천하 왕들을 하나님과의 전쟁을 위하여 모은다. 마지막 때에 사탄이 나라와 인종, 사상과 종교를 초월하여 한 목적 아래 모여 하나님과 하나님 나라인 교회를 대적하여 연합할 것이다. 역사상 오래전부터 기독교를 말살하려고 하는 박해는 있어왔지만 미래에 대대적인 기독교 말살 공격이 전 세계적으로 있을 것이다.

여기서 주목할 것은 이 더러운 영을 '개구리 같은 영'이라고 한다는 점이다. 개구리는 어떤 의미를 가지는가? 출애굽의 2번째 재앙은 개구리 재앙이다. 애굽 사람들에게 개구리는 부활의 신인 '헤크트'이다. 또한 레위기 11장 19-22절, 41-47절에는 개구리는 부정한 것이다.[115] 심판 시리즈가 애굽 재앙을 모티프로 쓰고 있는 것이 분명하다면 용과 두 짐승의 입에서 나오는 개구리 같은 영은 하나님 나라와 관계없이 이 땅만의 풍요와 성공을 꿈꾸게 하는 거짓 복음, 다른 복음, 인본주의를 말하는 것이 아닌가 필자는 생각한다. 왜냐하면 이 '헤크트'라는 여신은 '풍요와 다산'의 신이기도 하기 때문이다.

"보라 내가 도둑 같이 오리니 누구든지 깨어 자기 옷을 지켜 벌거벗고 다니지 아니하며 자기의 부끄러움을 보이지 아니하는 자는 복이 있도다" 15절.

세 번째 복: 깨어있어 벗지 아니한 자, 부끄러움을 당치 않는 자들의 복

계시록의 7복중에서 3번째 복이 선포된다. '깨어있어 벗지 아니한 자, 부끄러움을 당치 않는 자들이 복이 있다'고 하신다. 예수의 죽으심과 부활로 주신 칭의의 옷을 입어 벌거벗지 않은 자 즉, 구원을 얻은 자가 복이 있다.

또한 깨어있는 자가 복이 있다고 하신다. 주님의 재림의 날을 준비하며 사는 것이 깨어 있는 것이요, 더러운 세 영의 미혹을 분별하며 복음을 붙들고 있는 것이 깨어있는 것이다.

"세 영이 히브리어로 아마겟돈이라 하는 곳으로 왕들을 모으더라" 16절.

아마겟돈 전쟁

이 세 더러운 영은 아마겟돈으로 왕들을 모이게 한다. 세대주의자들은 이 아마겟돈 전쟁을 제3차세계 핵전쟁이라고 풀고 있다. 과연 그럴까?

아마겟돈

'아마겟돈' 이란 말은 '므깃도의 산'이란 말이다. 그런데 므깃도는 평지이다. 산이 없다. 므깃도는 대대로 전쟁터로 유명하다. 사울이 블레셋과 싸운 곳이고, 드보라와 바락이 가나안과의 전쟁을 벌인 곳이며 삿 4-5장, 기드온이 미디안과 전쟁을 벌였고(삿 7장), 요시아 왕과 애굽 바로 느고가 싸운 전쟁터이기도 하다. 여기에는 산이 없다. 그런데도 므깃도의 산이란 단어를 썼다. 아마겟돈이 단지 물리적이고 지리적인 장소는 아니라고 보여진다. 므깃도에서 북서쪽으로 갈멜산이 있다. 갈멜 산은 열왕

기상에서 엘리야와 바알과 아세라 선지자 850명이 대결했던 장소이다. 여호와 신앙과 바알 신앙이 충돌했던 산이다. 그렇다면 마지막 때의 아마겟돈 전쟁은 갈멜 산 전쟁의 성격을 가지는 것이다. 즉, 진리의 전쟁이다. 진리와 비진리, 참 복음과 거짓 복음과의 전쟁인 것이다. 물론 필자는 제 3차세계전쟁을 주장하는 분들의 주장을 존중한다. 그런데 계시록 전체의 문맥을 봤을 때 아마겟돈 전쟁은 진리의 전쟁이다. 입의 전쟁이다. 예수의 초림부터 재림까지 모든 진리의 싸움이 아마겟돈 전쟁이었다. 아마겟돈 전쟁은 최후 전쟁이 벌어지는 곳이 아니라 이미 패배한 원수가 최후의 발악을 하는 곳이다.[116] 그러므로 아마겟돈 전쟁은 수 없이 우리의 삶 속에서 일어나는 세상 가치와의 싸움이다. 내 마음속에서, 설교자들은 강대상에서, 인생의 중요한 결정의 순간마다 하나님 나라의 가치를 붙들 것인지, 세상의 가치를 붙들 것인지에 대한 싸움이다.

"일곱째 천사가 그 대접을 공중에 쏟으매 큰 음성이 성전에서 보좌로부터 나서 이르되 되었다 하시니 번개와 음성들과 우렛소리가 있고 또 큰 지진이 있어 얼마나 큰지 사람이 땅에 있어 온 이래로 이같이 큰 지진이 없었더라" 17-18절.

7번째 대접 심판: 공기

여섯 번째 인과 일곱 번째 인 사이에는 중간계시 1이 있었다. 또한 여섯 번째 나팔과 일곱 번째 나팔사이에 중간계시 2가 있었다. 그러나 마지막 여섯 번째 대접 심판과 일곱 번째 심판 사이에는 중간계시가 없다. 최종적인 재앙이다. 물론 시간적 순서가 아니라 반복이다. 일곱 번째 천사가 대접을 공기에 쏟아붓는다. 공기는 헬라어로 '아에르'이다.

"그 때에 너희는 그 가운데서 행하여 이 세상 풍조를 따르고 공중의 권세 잡은 자를 따랐으니 곧 지금 불순종의 아들들 가운데서 역사하는 영이라" 엡 2:2.

'공중 권세 잡은 자'에서 '공중'이라는 단어가 '아에르'이다. 그러므로 마지막 7번째 재앙은 사탄이 거하는 진영에 하나님의 심판이 임한다는 것이다.[117]

"큰 성이 세 갈래로 갈라지고 만국의 성들도 무너지니 큰 성 바벨론이 하나님 앞에 기억하신 바 되어 그의 맹렬한 진노의 포도주 잔을 받으매 각 섬도 없어지고 산악도 간 데 없더라 또 무게가 한 달란트나 되는 큰 우박이 하늘로부터 사람들에게 내리매 사람들이 그 우박의 재앙 때문에 하나님을 비방하니 그 재앙이 심히 큼이러라" 19-21절.

1. 세 갈래로 무너진 큰 성 바벨론

큰 음성이 성전의 보좌로부터 나와 '다 되었다'고 하신다. 이에 번개와 음성과 우레소리가 있다. 이는 하나님의 임재의 상징이다. 또한 큰 지진이 일어나는데 이 같은 지진이 유사 이래 없었다고 한다. 이 지진도 6장의 6번째 인 심판에서도 이미 큰 지진이 있었다. 역시 반복적 계시임이 다시 확인하는 것이다. 이 심판으로 하나님 나라를 대적해왔던 세상나라인 바벨론은 완전히 멸망한다. 바벨론이 세 갈래로 무너진다. 완전수 3을 쓴다. 완전히 무너졌음을 의미한다. 그런데 17장과 18장에서 다시 바벨론이 멸망당하는 장면이 다시 상세히 나온다. 이런 구조가 독자들에게 혼란스러울 수도 있다. 그러나 이런 구도를 계획하신 성령님의 의도를 알면 더 깊은 은혜가 있을 것입니다. 이 설명은 17장에서 할 것이다.

2. 바벨론의 멸망 이유

바벨론이 멸망하는 이유는 세상 가치로 사람들을, 특히 하나님의 사람들을 취하게 했기 때문이다. 하나님의 맹렬한 포도주 잔을 받게 된다. 바벨론의 죄악이 하나님께 기억하신 바가 되었다는 것이다. 사도행전에 보면 하나님이 기억하신 바가 된 고넬료가 나온다.

"고넬료가 주목하여 보고 두려워 이르되 주여 무슨 일이니이까 천사가 이르되 네 기도와 구제가 하나님 앞에 상달되어 기억하신 바가 되었으니" 행 10:4.

'너의 기도가 하나님께 기억한 바 되었으니…' 하나님께 기억되는 두 가지 인생이 있다. 그 악행이 하나님께 진노로 기억되는 자와 그 삶이 하나님께 아름답게 기억되는 자가 있는 것이다.

3. 각 섬과 산악이 없어진다

이미 요한계시록 6장에의 6번째 인 심판에서 각 섬과 산이 없어졌다. 이미 없어진 각 섬과 산악이 다시 없어지는 것은 논리적인 모순이다. 계시록이 반복적 계시임이 다시 확증되는 것이다. 각 산과 섬이 사라짐은 구약에서 마지막 때의 심판의 모티프이다 시 97:5, 사 40:4.[118]

4. 1달란트 우박 심판

구약에서 우박은 하나님의 심판의 무기이다. 사 28:2

"주 여호와의 말씀이니라 내가 내 모든 산 중에서 그를 칠 칼을 부르리니 각 사람이 칼로 그 형제를 칠 것이며 내가 또 전염병과 피로 그를 심판하며 쏟아지는 폭우와 큰 우박덩이와 불과 유황으로 그와 그 모든 무리와 그와 함께 있는 많은 백성에게 비를 내리듯 하리라" 겔 38:21-22.

1달란트는 약 50킬로그램이다. 우박이 떨어진다는 것을 문자적으로 해석할 수 없다. 주님이 오실 때 정말 우박이 떨어질까? 아니다. 요한계시록을 문자적으로 푸는 분들은 이 우박을 지구에 떨어지는 혹성으로 본다.

5. 하나님을 비방하고 신성 모독함

그런데 우박심판으로 인해 하나님을 비방한다. 16장 안에서만 '하나님을 비방'한다는 표현은 3번이나 나온다. 회개할 수 있는 마지막 기회임에도 회개치 않고 죄인들은 여전히 하나님을 비방한다. 아파서 고통을 겪으면서도 하나님은 왕으로 인정하지 않는다. 아무리 하나님이 기회를 주셔도 죄인들이 하나님께 돌아오지 않는다. 예수님이 재림할 때 "잘못했어요. 한번만 기회를 주세요"해도 더 이상은 기회가 없다. 반면 하나님이 은혜주시는 자들은 조금만 하나님이 매를 드셔도 하나님께 엎어지는 모습을 보게 된다. 다시 강조하지만 사람은 매를 맞아 바뀌지 않는다. 하나님이 은혜를 주셔야지만 된다. 은혜받은 자만이 예수님께 항복한다.

16장과 17~20장의 키아즘 구조(교차 대칭구조)[119]

용 심판 선언(a, 16장)
   두 짐승 심판 선언(b, 16장)
      바벨론 심판 선언(c, 16장)
      바벨론 심판 장면(c', 17-18장)
   두 짐승 심판 장면(b', 19장)
용의 심판 장면(a', 20장)

16장에는 악의 세력 심판이 다음과 같은 순서로 배열되어 있다. '용에 대한 심판 선언→두 짐승 심판 선언→바벨론 심판 선언'이다. 이후 심판의 전개 방식이 16장의 선언의 역순이다. '17~18장은 바벨론 심판 장면→ 19장은 두 짐승 심판 장면→ 20장은 용의 심판 장면'이다. 16장의 심판 선언이 17에서 20장까지 하나씩 자세히 묘사되는 구조이다. 이것은 계시록이 얼마나 치밀한 구조를 갖고 있는지를 말해준다. 또한 요한계시록이 단순한 종말의 시간표가 아님을 다시 한번 드러내고 있는 것이다.

삶의 적용과 설교를 위한 16장의 핵심 Tip

1. 개구리 같은 영(귀신)이 용과 두 짐승의 입에서 나온다. 마지막 때의 전쟁은 입의 전쟁이다. 즉, 진리의 전쟁, 참 복음과 거짓 복음과의 영적 전쟁이다.

2. 개구리는 다산과 풍요의 신이기도 하다. 그렇다면 사탄이 사람들을 미혹해 왔던 방법이 무엇인지 분명해진다. 이스라엘의 백성이 여호와 하나님을 버리고 바알을 섬긴 것도 풍요를 가져다주는 신이 바알이라고 믿은 것이다. 오늘날에도 사탄은 교회가 거룩이 아닌 하나님 나라를 세우고자 하는 목적이 없는 풍요와 성공을 추구하도록 미혹한다.

3. 하나님의 마지막 심판이 맹렬하게 쏟아지고 있는 데도, 사람들은 끝까지 회개치 않는다. 오히려 하나님을 비방한다. 우리도 마음이 완악해서 하나님의 소리에 둔감해지지 않도록 깨어 있어야 한다.

1.또 일곱 대접을 가진 일곱 천사 중 하나가 와서 내게 말하여 이르되 이리로 오라 많은 물 위에 앉은 큰 음녀가 받을 심판을 네게 보이리라 2.땅의 임금들도 그와 더불어 음행하였고 땅에 사는 자들도 그 음행의 포도주에 취하였다 하고 3.곧 성령으로 나를 데리고 광야로 가니라 내가 보니 여자가 붉은 빛 짐승을 탔는데 그 짐승의 몸에 하나님을 모독하는 이름들이 가득하고 일곱 머리와 열 뿔이 있으며 4.그 여자는 자주 빛과 붉은 빛 옷을 입고 금과 보석과 진주로 꾸미고 손에 금 잔을 가졌는데 가증한 물건과 그의 음행의 더러운 것들이 가득하더라 5.그의 이마에 이름이 기록되었으니 비밀이라, 큰 바벨론이라, 땅의 음녀들과 가증한 것들의 어미라 하였더라 6.또 내가 보매 이 여자가 성도들의 피와 예수의 증인들의 피에 취한지라 내가 그 여자를 보고 놀랍게 여기고 크게 놀랍게 여기니 7.천사가 이르되 왜 놀랍게 여기느냐 내가 여자와 그가 탄 일곱 머리와 열 뿔 가진 짐승의 비밀을 네게 이르리라 8.네가 본 짐승은 전에 있었다가 지금은 없으나 장차 무저갱으로부터 올라와 멸망으로 들어갈 자니 땅에 사는 자들로서 창세 이후로 그 이름이 생명책에 기록되지 못한 자들이 이전에 있었다가 지금은 없으나 장차 나올 짐승을 보고 놀랍게 여기리라 9.지혜 있는 뜻이 여기 있으니 그 일곱 머리는 여자가 앉은 일곱 산이요 10.또 일곱 왕이라 다섯은 망하였고 하나는 있고 다른 하나는 아직 이르지 아니하였으나 이르면 반드시 잠시 동안 머무르리라 11.전에 있었다가 지금 없어진 짐승은 여덟째 왕이니 일곱 중에 속한 자라 그가 멸망으로 들어가리라 12.네가 보던 열 뿔은 열 왕이니 아직 나라를 얻지 못하였으나 다만 짐승과 더불어 임금처럼 한동안 권세를 받으리라 13.그들이 한 뜻을 가지고 자기의 능력과 권세를 짐승에게 주더라 14.그들이 어린 양과 더불어 싸우려니와 어린 양은 만주의 주시요 만왕의 왕이시므로 그들을 이기실 터이요 또 그와 함께 있는 자들 곧 부르심을 받고 택하심을 받은 진실한 자들도 이기리로다 15.또 천사가 내게 말하되 네가 본 바 음녀가 앉아 있는 물은 백성과 무리와 열국과 방언들이니라 16.네가 본 바 이 열 뿔과 짐승은 음녀를 미워하여 망하게 하고 벌거벗게 하고 그의 살을 먹고 불로 아주 사르리라 17.이는 하나님이 자기 뜻대로 할 마음을 그들에게 주사 한 뜻을 이루게 하시고 그들의 나라를 그 짐승에게 주게 하시되 하나님의 말씀이 응하기까지 하심이라 18.또 네가 본 그 여자는 땅의 왕들을 다스리는 큰 성이라 하더라

17장
음녀 바벨론의 멸망

17장부터 20장까지의 개관

17장부터 20장까지의 주제는 심판이다. 17장과 18장은 바벨론의 멸망이고, 19장은 두 짐승의 멸망이고, 20장은 용과 불신자의 멸망이다. 이렇듯 17장부터 22장까지의 큰 구조를 먼저 파악하고 난 후 각 장의 의미를 보아야한다.

17장과 18장에서는 바벨론이 멸망당하는 장면이 상세히 서술된다. 앞서 말했지만, 16장에 멸망당한 바벨론을 또 다시 멸망시키는 것은 논리적으로 모순처럼 보인다. 그러나 필자는 성령님의 의도가 있다고 믿는다. 필자가 보기에 이것은 일종의 클로즈업 close-up, 또는 줌인 zoom-in 기법이다. 다시 말해 이미 멸망당한 바벨론의 이유를 더 자세히 밝히고 있는 것이다.

17장의 음녀 바벨론과 18장의 큰 성 바벨론과의 논리적 흐름

17장은 음녀 바벨론이 심판받는데 그 이유는 사람들을 세상가치로 미혹한 음녀이기 때문이다.

> "땅의 임금들도 그와 더불어 음행하였고 땅에 사는 자들도 그 음행의 포도주에 취하였다 하고" 계 17:2.

18장은 큰 성 바벨론이 심판받는데 이는 세상 나라를 상징하는 바벨론이 추구한 것이 '큰 성'을 최고의 가치로 여겼다는 것을 강조하는 표현이다. 17장과 18장의 의미적 연결은 음녀 바벨론이 하나님의 백성들과 세상 사람들을 취하게 하는 미혹의 도구가 바로 '큰 성'이라는 로마의 가치, 바벨론의 가치임을 논리적인 순서의 흐름으로 드러내는 것이다. 반면 21장과 22장의 새 예루살렘 성은 '큰 성'이 아닌 '거룩한 성'이라고 표현된다. 의도적인 대조이다. 주님은 교회에게 세상이 큰 성을 추구할지라도, 교회는 크기나 화려함이 아닌 거룩을 추구하여야 함을 말씀하는 것이다. 큰 성이냐 아니면 거룩한 성이냐가 마지막 때의 교회와 성도의 싸움이다. 교회와 성도들이 세상의 화려함과 큰 것을 추구하도록 유혹하는 것이다. 교회와 성도는 거룩을 향해 나아가는 것이 목적이다.

19장은 두 짐승인 적그리스도와 거짓 선지자의 심판이다. 음녀 바벨론의 실제적 주인인 두 짐승이 멸망 받는다. 20장은 음녀 바벨론과 두 짐승의 근원인 용이 멸망 받는다. 세대주의자들은 이것을 시간적인 순서로 푼다. 아니다. 예수님 재림할 때 한 번에 있을 일들이다. 점점 근원으로 나아가는 것이다. 용의 하수인들이 멸망받고 난 후 본체인 용의 멸망을 다루어주는 것이다.

"또 일곱 대접을 가진 일곱 천사 중 하나가 와서 내게 말하여 이르되 이리로 오라 많은 물 위에 앉은 큰 음녀가 받을 심판을 네게 보이리라" 1절.

많은 물 위에 앉은 음녀가 받을 심판
많은 물 위에 앉은 음녀는 로마제국을 말한다. 왜냐하면 많은 물은 17장 15절에 백성, 무리, 열방, 방언이라고 풀고 있다.

"땅의 임금들도 그와 더불어 음행하였고 땅에 사는 자들도 그 음행의 포도주에 취하였다 하고" 2절.

심판의 이유가 땅의 임금들과 사는 자들을 음행의 포도주로 취하게 한 것이다. 음행의 포도주는 그 당시에는 우상숭배를 의미한다. 오늘날에도 음행의 포도주로 교회 안과 밖의 사람들이 우상을 숭배하게 하는 음녀를 분별해야 한다. 세상의 가치를 따르도록 부추기는 세력들이다.

"곧 성령으로 나를 데리고 광야로 가니라 내가 보니 여자가 붉은 빛 짐승을 탔는데 그 짐승의 몸에 하나님을 모독하는 이름들이 가득하고 일곱 머리와 열 뿔이 있으며" 3절.

성령께서 나를 데리고 광야로 가서(엔 퓨뉴마티 3번째)
① 엔 프뉴마티

필자는 앞서 계시록 안에는 4번의 '엔 퓨뉴마' 가 있다고 했다. 17장 3절이 세 번째이다. 성령 안에 붙잡혀 본 환상이 17장부터 20장까지이다. 우리도 어렵고 힘든 현실일지라도 성령님 안에 거하여야 한다.

② 광야로 가서

12장에서도 하나님이 교회를 상징하는 여자를 광야로 이끌었다. 여기서도 성령이 사도 요한을 광야로 이끄신다. 이 광야에 짐승과 음녀가 있다. 광야는 교회가 하나님의 양육과 훈련을 받는 곳임과 동시에 짐승과 음녀가 있는 곳이다. 우리의 삶은 광야이다. 우리의 삶에는 하나님의 보호와 인도도 있지만, 짐승과 음녀의 공격도 있음을 기억해야 한다.

"그 여자는 자주 빛과 붉은 빛 옷을 입고 금과 보석과 진주로 꾸미고 손에 금잔을 가졌는데 가증한 물건과 그의 음행의 더러운 것들이 가득하더라" 4절.

음녀 바벨론

(1) 음녀의 개념

바벨론을 음녀라고 말하는 것은 잠언의 개념과 연결되는 것이다. 12장의 '지혜있는 자는 세어 보라'에서 지혜도 잠언의 지혜의 개념이다. 계시록과 잠언과 계속 맞물려 있다. 잠언에는 음녀와 지혜가 아들을 가운데 놓고 줄다리기 하는 구도를 가지고 있다. 세상 세력인 음녀가 하나님의 자녀을 상징하는 아들을 미혹하여 예수님을 상징하는 지혜에서 빼앗아 가려는 미혹의 역사를 그린다.

(2) 음녀의 미혹과 미혹의 무기

① 음녀는 땅의 왕들과 땅에 있는 사람들을 음행의 포도주로 취하게 했다. 여기서 땅 임금들, 땅의 사람들은 불신자 뿐만 아니라 교회 안에서도 땅의 일을 생각하는 자, 땅의 가치를 추구하는 자들까지 포함한다고 필자는 생각한다.

② 음녀는 자주 빛과 붉은 빛 옷을 입고 금과 보석과 진주로 꾸몄다. 이는 사람들을 미혹하는 세상의 가치가 자주 빛과 붉은 빛, 금과 보석과 진주와 같이 화려하고 매력적이라는 것이다. 불신자는 물론이고, 성도들마저도 음녀의 미혹에 넘어지는 이유는 음녀의 매력이 그만큼 대단하기 때문이다. 교회 안에서 하나님이 아닌 세상의 힘을 더 사랑하게 만드는 것이 음녀이다.

또 하나 중요한 것이 있다. 음녀가 금 보석, 진주로 치장했다는 것은 21장과 22장에 나오는 새 예루살렘의 12보석을 흉내내는 것이다. 12기초석은 신약 성도를 대표하는 12사도요, 12진주문은 구약 성도를 대표하는 12지파들이다. 즉, 새 예루살렘의 보석은 구원 받아 그리스도의 신부가 된 성도의 영광을 상징하는 것이다. 음녀가 그리스도의 신부를 흉내내는 것이다. 마치 자신이 진짜 교회인 것처럼 흉내내고 있는 것이다.

③ 음녀의 금잔

"손에 금 잔을 가졌는데 가증한 물건과 그의 음행의 더러운 것들이 가득하더라" 음녀의 손에 금잔이 있다. 금잔의 모티프는 예레미야 51장과 연결된다.

> "바벨론은 여호와의 손에 잡혀 있어 온 세계가 취하게 하는 금잔이라 뭇 민족이 그 포도주를 마심으로 미쳤도다" 렘 51:7.

온 세계를 취하게 만드는 바벨론을 가르쳐 금잔이라 하신다. 이 잔에 무엇이 들었는지도 모르고 그 화려함만을 보고 받아 마셨다가는 하나님의 진노의 잔을 받아 마실 날이 있을 것이다. 이 금잔 안에 있는 것이 무엇인가?

④ '가증한 물건과 그의 음행의 더러운 것들이 가득하더라' 한다. 또한 이 가증한 것은 무엇을 의미하나? 신명기의 말씀과 연결되어져 있다.

"네 하나님 여호와께서 네게 주시는 땅에 들어가거든 너는 그 민족들의 가증한 행위를 본받지 말 것이니 그의 아들이나 딸을 불 가운데로 지나게 하는 자나 점쟁이나 길흉을 말하는 자나 요술하는 자나 무당이나 진언자나 신접자나 박수나 초혼자를 너희 가운데에 용납하지 말라 이런 일을 행하는 모든 자를 여호와께서 가증히 여기시나니 이런 가증한 일로 말미암아 네 하나님 여호와께서 그들을 네 앞에서 쫓아내시느니라" 신 18:9-12.

가증한 것을 구약에서는 신접하고 미래를 이야기하고 길흉을 이야기하는 것이라 한다.[120] 오늘날에도 성령 사역의 이름으로 인생의 길흉을 예언하는 예언가들이 있다. 하나님이 가증히 여기고 계신다. 성경에서 말하는 예언은 하나님의 말씀선포이다. 필자는 거룩한 성령의 은사를 부정하는 것이 아니다. 성령의 은사는 교회를 세우고, 덕을 세우도록 주신 것이다. 그런데 성령님의 주시는 거룩한 은사를 하나님의 목적에서 벗어나 돈 벌이의 도구와 자신의 명성을 높이는 도구로 전락시키는 자들이 많기 때문에 심히 염려가 된다.

순진한 성도들은 누군가 신령한 종이라고 하면 무조건 믿고 추종하는 경향이 있는데 조심하고 분별해야 할 때가 왔다. 소위 성령 사역을 하는 분들이라면 그 성령 사역을 충분히 커버할 수 있는 더 탁월하고 더 뛰어난 말씀 사역이 반드시 뒷받침 되어야 한다. 성령의 역사가 깊고 강력하게 나타날수록 더욱 더 말씀에 올인해야 한다. 전부를 걸어야 한다. 누구도 범접할 수 없는 말씀의 종이 먼저 되어야 한다.

"그의 이마에 이름이 기록되었으니 비밀이라, 큰 바벨론이라, 땅의 음녀들과 가증한 것들의 어미라 하였더라" 5절.

땅 음녀들의 어미

음녀가 '땅의 음녀들의 어미'라고 한 것은 사람들로 하여금 땅의 가치를 따 살게 만든 장본인이요, 근원이었다는 것이다. 오늘날도 이러한 음녀들이 존재한다. 교회 밖의 인본주의적 사상, 철학, 문화, 가치관은 물론이요, 교회 안에서 설교의 형태로 선포되는 메시지 중에 하나님의 나라와 의를 선포하기보다는 오직 이 땅에서 잘 먹고 잘 사는 것이 하나님의 축복이라고 외치는 자들의 메시지가 그것이다. 본의 아니게 다른 복음의 메시지로 성도들을 다 음녀로 만들 수 있다는 것이다.

"또 내가 보매 이 여자가 성도들의 피와 예수의 증인들의 피에 취한지라 내가 그 여자를 보고 놀랍게 여기고 크게 놀랍게 여기니" 6절.

음녀가 성도의 피, 예수의 증인들의 피에 취함

세상이 예수의 증인인 교회와 성도의 피에 취했다는 것은 그 만큼 이 당시에 로마의 황제 숭배 강요로 인한 핍박이 극심했고, 이에 따른 순교의 피가 엄청나게 뿌려졌다는 것을 의미한다. 이것을 보고 요한이 놀랄 정도였다고 한다.

"천사가 이르되 왜 놀랍게 여기느냐 내가 여자와 그가 탄 일곱 머리와 열 뿔 가진 짐승의 비밀을 네게 이르리라 네가 본 짐승은 전에 있었다가 지금은 없으나 장차 무저갱으로부터 올라와 멸망으로 들어갈 자니 땅에 사는 자들로서 창세 이후로 그 이름이 생명책에 기록되지 못한 자들이 이전에 있었다가 지금은 없으나 장차 나올 짐승을 보고 놀랍게 여기리라 지혜 있는 뜻이 여기 있으니 그 일곱 머리는 여자가 앉은 일곱 산이요 또 일곱 왕이라 다섯은 망하였고 하나는 있고 다른 하나는 아직 이르지 아니하였으나 이르면 반드시 잠시 동안 머무르리라 전에 있었다가 지금 없어진 짐승은 여덟째 왕이니 일곱 중에 속한 자라 그가 멸망으로 들어가리라 네가 보던 열 뿔은 열 왕이니 아직 나라를 얻지 못하였으나 다만 짐승과 더불어 임금처럼 한동안 권세를 받으리라 그들이 한 뜻을 가지고 자기의 능력과 권세를 짐승에게 주더라 또 네가 본 그 여자는 땅의 왕들을 다스리는 큰 성이라 하더라" 7-13절, 18절.

1. 음녀의 모습
붉은 빛 짐승을 탄 음녀

여자는 붉은 빛 짐승을 탔다. 음녀와 짐승은 교회와 성도를 유린하고 있는 세상의 가치관, 거짓복음, 적그리스도로 보면 된다. 또한 여자는 붉은 빛 짐승을 탔다는 것은 정치세력인 로마제국의 배후에 사탄의 세력이 역사하고 있음을 말한다. 이전이나 지금이나 교회를 핍박하는 국가나 단체의 배후에는 사탄의 역사가 있다.

2. 붉은 빛 짐승의 모습

(1) 이 짐승의 몸에 하나님을 모독하는 이름들이 가득하고 (3절)

사탄의 목적은 하나님의 이름을 모독하는 것이다. 구약에서 하나님의 백성인 이스라엘이 우상을 숭배하자 하나님은 이스라엘을 이방제국에게 포로가 되게 한다. 그리고 말씀하시기를 너희들 때문에 더럽혀진 나의 이름을 위해 회복시킬 것이라고 하신다. 교회와 성도의 삶이 어떠하여야 하는지를 심각하게 생각해 보아야 한다.

우리 때문에 하나님이 모욕당하시는 일이 얼마나 많은가? 필자도 예외가 아니다는 생각에 부끄럽고 죄송스럽기 짝이 없다. 정말 소금과 빛의 삶을 살고 있는지 돌아보고 뼈를 깎는 아픔이 있더라도 우리의 삶을 바꾸어야 한다.

(2) 일곱 머리와 열 뿔이 있으며

일곱 머리는 자신이 이 땅의 완전한 주인이며, 열 뿔은 자신의 능력이 완전함을 과시하는 것이다. 예수님의 흉내를 내는 것이다. 요한계시록 5장에서 죽임당한 어린양이신 그리스도를 묘사하는데 일곱 뿔과 일곱 눈을 가지고 계신다. 물론 상징이다. 만일 이것이 문자적인 의미라면 주님을 만날 때에 많이 당황스러울 것 같다. 찬송 중에 '구주를 생각만 해도 내 맘이 좋거든 그 얼굴 뵈올 때에야 얼마나 좋으랴'라는 찬송이 무색할 것이다. 이는 주님이 완벽하게 보고 계시고(7눈), 완벽한 능력을 갖고 계시다(7뿔)는 것이다.

3. 많은 물 위에 앉은 음녀

(1) 음녀가 많은 물 위에 앉아 있다고 말씀한다. 많은 물의 의미는 계시록 자체에서 풀고 있다.

> "또 천사가 내게 말하되 네가 본 바 음녀가 앉아 있는 물은 백성과 무리와 열국과 방언들이니라" 계 17:15.

많은 물이란 것은 '백성과 무리와 열국과 방언들'이다. 음녀 바벨론인 로마제국이 온 세상의 주인 행세를 하고 있음을 말하는 것이다. 로마의 정치적 권세를 말하고 있다.

(2) 일곱 산에 대한 해석

일곱 머리는 여자가 앉은 일곱 산이라고 한다.

"지혜있는 뜻이 여기 있으니 그 일곱 머리는 여자가 앉은 일곱 산이요" 계 17:5.

일곱 산은 로마제국의 시작을 알면 명백해 진다. 로마는 처음에 7개의 작은 언덕에서 시작되었다. 그럼으로 일곱 산 위에 앉은 여자는 로마를 가리킨다. 1세기의 독자들은 이 음녀가 로마제국과 도미티안을 이야기하고 있다는 것을 감지하는 것이다. 묵시문학적 특징이다. 드러내놓고 쓸 수 없는 상황에서 감추어 놓고 말하는 것이다.

4. 짐승의 비밀을 보이리라

(1) 전에 있었다가 지금은 없고 장차 올라올 자라

① 먼저 이 표현은 1장에 나오는 "이제도 계시고 전에도 계셨고 장차 오실 이"의 패러디이다. 마치 자신이 하나님처럼 계속 패러디하고 있는 것이다.

② 전에 있었다는 것은 예수님이 이땅에 오시어 십자가와 부활로 사탄의 머리를 꺾기 전을 말하는 것이고, 지금 없어졌다는 것은 예수님의 십자가와 부활로 사탄의 머리가 깨져서 없어진 것으로 보여지고, 장차 올라올 자는 주님의 마지막 재림의 날에 완전히 멸망하기 위해 불려 올려진다는 것이다.[121] 그리스도의 구속 사역을 기준으로 해석해야 한다. 진리는 복잡하지 않다. 진리는 단순하다.

(2) 7머리, 7왕

왜 짐승의 7머리를 7왕으로 설명하고 있을까? 다양한 견해가 있다. 첫째로 로마를 다스렸던 7대 주요 황제들의 이름을 가리킨다고 보는 견해이다. 두 번째로 일곱 왕은 개인이 아닌 제국으로 봐서 애굽 앗수르, 바벨론, 페르시아, 그리스, 로마와 마지막의 제국으로 보는 견해다.

① 7왕의 해석

"다섯은 망하였고 하나는 있고 다른 하나는 아직 이르지 아니하였으나 이르면 반드시 잠시 동안 머무르리라 전에 있었다가 지금 없어진 짐승은 여덟째 왕이니 일곱 중에 속한 자라 그가 멸망으로 들어가리라"

일곱 왕이 로마의 7명의 황제이든, 역사상 존재한 대 제국이든지, 이들은 다 사탄의 하수인으로서 하나님 나라를 대적하는 역할을 해 온 자들이요, 권력이라는 것이다. 하나님 나라 교회와 성도를 대적했던 모든 세상 세력의 대표로 완전수 7을 써서 표현한 것이다. 이것을 제국으로 본다면 다섯 제국 즉, 애굽, 앗수르, 바벨론, 바사, 그리스는 이미 멸망한 것이고, '하나는 있고'는 1세기 당시의 로마를 말하는 것이고, 남은 하나는 앞으로 세워질 마지막 제국을 의미한다고 볼 수 있다. 어떤 식으로 보는지 중요한 점이 있다. 그들의 5/7은 이미 꺾였다는 것이다. 사탄의 주력세력의 5/7는 예수님의 십자가와 부활로 이미 머리가 깨뜨려져 졌고, 하나가 지금 활동하지만 이것도 멸망할 것이고, 마지막 때에 남은 하나도 하나님 나라를 대적하겠으나 그것도 잠시 머무를 뿐이라는 것이다. 그리고 8번째 왕이 나오는데 이 왕은 7중에 속한 자라고 한다. 그러니까 8번째 왕은 7번째 왕의 연장선상에 있는 것이다. 그 마저도 예수님의 재림으로 멸망당할 것이다.[122]

② 열 뿔, 열 왕

여기에 다시 열 왕이 나오는데 앞서 17장 7절에 언급한 붉은 빛 짐승의 열 뿔을 해석한 것이다. 엎서 나온 7머리와 7왕과 다르지 않다. 마지막 때에 나타날 사탄의 도구로 사용될 대 제국을 의미한다고 보아야 할 것이다. 일부에서는 이 열뿔을 유럽연합의 10개국이라고 주장했지만 이미 EU는 10개국이 넘은지 오래이다. 문자적으로 풀 것이 아니다.

"그들이 어린 양과 더불어 싸우려니와 어린 양은 만주의 주시요 만왕의 왕이시므로 그들을 이기실 터이요 또 그와 함께 있는 자들 곧 부르심을 받고 택하심을 받은 진실한 자들도 이기리로다" 14절.

어린양과 짐승의 싸움

이 구절은 계시록의 핵심 중에도 핵심 구절이다. 짐승과 짐승의 도구인 세상 제국들은 어린양과 더불어 싸운다. 이 싸움은 예수님 재림 직전에만 있는 싸움이 아니라 예수님의 초림부터 재림까지 있게 될 싸움이다.

1. 만주의 주시요 만왕의 왕이신 어린양

어린양은 만주의 주시요 만왕의 왕이시므로 사탄을 이기신다. 만주의 주 만왕의 왕은 그냥 쓴 것이 아니라 구약에서 성부 하나님을 가리킬 때 쓰는 표현이다. 어린양이 곧 하나님이시다는 것이다. 이 땅에 오셔서 어린양으로 비참하게 힘없이 죽임당하셨지만, 그는 원래 만주의 주시요 만왕의 왕이셨다.

2. 진실한 성도들의 이김

또한 어린양과 함께 있는 자들 곧 부르심을 받고 택하심을 받은 진실한 자들 곧, 성도들도 이기게 된다. 이 싸움은 어린양만이 싸우시는 것이 아니다. 그분이 부르시고 택하신 자들인 성도들도 함께 싸워 이기는 것이다. 여기서 진실한 자들은 성품의 차원이 아니라 진리를 붙들고 있고 믿음을 붙들고 있고 진리에 신실한 자를 말하는 것이다. 정성의 차원이 아니다. 아담의 범죄 이래 인류의 역사는 이 싸움의 역사였다. 이 기나긴 싸움이 어린양으로 인해 승리로 끝나게 될 것이다.

"네가 본 바 이 열 뿔과 짐승은 음녀를 미워하여 망하게 하고 벌거벗게 하고 그의 살을 먹고 불로 아주 사르리라" 16절.

붉은 빛 짐승이 음녀를 죽임

짐승이 음녀를 미워하여 죽인다. 음녀의 죽음은 마치 아합의 아내 이세벨의 마지막 죽음과 흡사하다 왕하 9:36-37. 이 둘은 처음에는 하나님 나라를 대적하는 일에 하나 되었다가 이제는 자기들끼리 싸운다. 이것은 악의 특성이다. 교회 밖이나 교회 안이나 마찬가지이다. 하나님 나라와 복음을 전한 자를 한 마음으로 대적했다가 반드시 분열한다. 짐승과 음녀가 한 목적 때문에 하나 되고 있지만, 짐승이 음녀를 죽인다. 야고보서 4장에서 싸움과 다툼과 갈등이 있는 곳에는 악한 영이 있음을 말한다. 뭔가 가정이, 교회가, 공동체가 갈라진다면 말씀으로 비추어보면 사탄의 역사이다. 반면 성령은 하나되게 하시는 영이다.

"모든 겸손과 온유로 하고 오래 참음으로 사랑 가운데서 서로 용납하고 평안의 매는 줄로 성령이 하나 되게 하신 것을 힘써 지키라" 엡 4:2-3.

바울 사도는 '성령이 하나되게 하신 것을 힘써 지키라'고 한다. 성령께서 연합하게 하시면 그 다음에는 우리는 그 하나됨을 힘써 지켜야 한다. 하나됨을 지키는 일은 매우 어렵다. 내가 죽지 않으면 하나됨을 이룰 수 없다. 성령이 하나 되게 하셨으면 힘써 지키는 것은 우리의 몫이다. 다툼과 분열의 현장에는 악한 세력이 있다는 것을 알고 기도해야 한다. 분열과 다툼이 많은 공동체는 정말 기도를 많이 해야 한다.

"이는 하나님이 자기 뜻대로 할 마음을 그들에게 주사 한 뜻을 이루게 하시고 그들의 나라를 그 짐승에게 주게 하시되 하나님의 말씀이 응하기까지 하심이라" 17절.

하나님의 말씀이 응하기까지

모든 일의 주관자는 하나님이시다. 용과 두 짐승과 음녀가 연합하여 하나님 나라를 대적하는 것, 또한 자기들끼리 죽이고 싸우게 하는 것도 다 하나님의 허락한 주권 아래에서 벌어지는 일이다. 하나님의 목적이, 하나님의 말씀이 이루어질 때까지이다. 역사도 그렇고 우리의 인생도 그러하다. 우리에게 닥치는 고난도 하나님의 말씀과 목적이 응할 때까지이다.

요셉은 하나님의 말씀이 응할 때까지 종살이 10년, 감옥살이 3년. 무려 13년을 고난과 환난과 핍박을 겪어야만 했다. 요셉은 자신의 가문뿐만 아니라 온 세상을 살려야 할 자이기 때문이다. 하나님은 왜 이런 일들을 성도들의 삶에 허락하시는가? 우리를 보석 같은 신부로 만들기 위해서이다. "내가 너를 보석과 같은 성도로, 하나님 나라의 상속자답게 만들려고 한다"라는 주님의 말씀이다.

17장의 마지막에 음녀 바벨론을 큰 성이라고 하는 이유는 18장부터 전개해 나갈 큰 성 바벨론을 염두해 둔 것이다. 이렇듯 모든 단락들은 맥으로 이어져 있다. 꼬리에 꼬리를 물고 가는 것이다.

삶의 적용과 설교를 위한 17장의 핵심 Tip

1. 음녀 바벨론이 자신을 치장하고 있는 화려한 옷과 각종 보석은 문자적인 것이 아니다. 세상나라의 가치가 이토록 화려하고 탐스럽게 보이도록 해서 하늘의 가치로 살아가는 하나님의 백성들을 미혹하고, 좌절하게 만드는 것이다. 세상은 언제나 교회와 성도들을 세상의 실패자로 느끼게 만들려고 한다. 세상의 기준으로 말이다.

2. 붉은 용과 음녀는 서로가 미워하며 싸운다. 용은 음녀를 죽인다. 사탄 나라의 대표적 특징이 미움이다. 분열이다. 성령의 역사는 하나됨이다. 사탄의 역사는 다툼이다. 내 삶에, 가정에, 교회에 미움과 다툼과 분열이 있다면 반드시 어둠의 세력이 역사하는 것임을 분별하자.

3. 하나님은 왜 사탄이 활개치고 다니도록 허용하시는 것일까? 하나님의 말씀이 응할 때까지라고 한다(17절). 우리의 삶도 마찬가지이다. 고난이 영원할 것 같아도 반드시 끝이 있다. 힘을 내시기를 바란다. 각 자를 향한 하나님의 말씀과 계획이 다 이루기 위함이다.

1. 이 일 후에 다른 천사가 하늘에서 내려 오는 것을 보니 큰 권세를 가졌는데 그의 영광으로 땅이 환하여지더라 2. 힘찬 음성으로 외쳐 이르되 무너졌도다 무너졌도다 큰 성 바벨론이여 귀신의 처소와 각종 더러운 영이 모이는 곳과 각종 더럽고 가증한 새들이 모이는 곳이 되었도다 3. 그 음행의 진노의 포도주로 말미암아 만국이 무너졌으며 또 땅의 왕들이 그와 더불어 음행하였으며 땅의 상인들도 그 사치의 세력으로 치부하였도다 하더라 4. 또 내가 들으니 하늘로부터 다른 음성이 나서 이르되 내 백성아, 거기서 나와 그의 죄에 참여하지 말고 그가 받을 재앙들을 받지 말라 5. 그의 죄는 하늘에 사무쳤으며 하나님은 그의 불의한 일을 기억하신지라 6. 그가 준 그대로 그에게 주고 그의 행위대로 갑절을 갚아 주고 그가 섞은 잔에도 갑절이나 섞어 그에게 주라 7. 그가 얼마나 자기를 영화롭게 하였으며 사치하였든지 그만큼 고통과 애통함으로 갚아 주라 그가 마음에 말하기를 나는 여왕으로 앉은 자요 과부가 아니라 결단코 애통함을 당하지 아니하리라 하니 8. 그러므로 하루 동안에 그 재앙들이 이르리니 곧 사망과 애통함과 흉년이라 그가 또한 불에 살라지리니 그를 심판하시는 주 하나님은 강하신 자이심이라 … 17. 그러한 부가 한 시간에 망하였도다 모든 선장과 각처를 다니는 선객들과 선원들과 바다에서 일하는 자들이 멀리 서서 18. 그가 불타는 연기를 보고 외쳐 이르되 이 큰 성과 같은 성이 어디 있느냐 하며 19. 티끌을 자기 머리에 뿌리고 울며 애통하여 외쳐 이르되 화 있도다 화 있도다 이 큰 성이여 바다에서 배 부리는 모든 자들이 너의 보배로운 상품으로 치부하였더니 한 시간에 망하였도다 20. 하늘과 성도들과 사도들과 선지자들아, 그로 말미암아 즐거워하라 하나님이 너희를 위하여 그에게 심판을 행하셨음이라 하더라 21. 이에 한 힘 센 천사가 큰 맷돌 같은 돌을 들어 바다에 던져 이르되 큰 성 바벨론이 이같이 비참하게 던져져 결코 다시 보이지 아니하리로다 22. 또 거문고 타는 자와 풍류하는 자와 퉁소 부는 자와 나팔 부는 자들의 소리가 결코 다시 네 안에서 들리지 아니하고 어떠한 세공업자든지 결코 다시 네 안에서 보이지 아니하고 또 맷돌 소리가 결코 다시 네 안에서 들리지 아니하고 23. 등불 빛이 결코 다시 네 안에서 비치지 아니하고 신랑과 신부의 음성이 결코 다시 네 안에서 들리지 아니하리로다 너의 상인들은 땅의 왕족들이라 네 복술로 말미암아 만국이 미혹되었도다 24. 선지자들과 성도들과 및 땅 위에서 죽임을 당한 모든 자의 피가 그 성 중에서 발견되었느니라 하더라

18장
큰 성 바벨론 심판

18장은 17장의 연장선에 있다. 17장은 바벨론의 멸망의 이유를 음녀의 미혹의 역사에 대한 심판을 강조하고 있다면, 18장은 바벨론이 추구한 가치인 "큰 성"에 대한 심판에 강조점이 있는 것이다. 약간 초점이 다른 것이다. 바벨론이 추구한 가치는 '큰 성'이다.

반면 21장에서는 그리스도의 신부의 상징인 새 예루살렘 성이 내려오는데 '거룩한 성'이라고 한다. '큰 성'과 '거룩한 성'은 의도적인 대조이다. 세상이 추구하는 것은 외형의 크기이다. 세상나라의 가치이다. 다른 사람보다 더 큰 성, 큰 집, 큰 차, 큰 재물, 큰 지위, 큰 권력, 큰 인기, 큰 명예, 큰 규모를 추구하라고 부추기는 것이다. 사탄은 교회와 성도들마저도 큰 성을 추구하도록 미혹한다.

"이 일 후에 다른 천사가 하늘에서 내려 오는 것을 보니 큰 권세를 가졌는데 그의 영광으로 땅이 환하여지더라" 1절.

큰 권세를 가진 다른 천사가 내려오자 땅이 환해진다. 이것은 이 땅이 어둠의 권세 가운데 있음을 말한다.

"힘찬 음성으로 외쳐 이르되 무너졌도다 무너졌도다 큰 성 바벨론이여 귀신의 처소와 각종 더러운 영이 모이는 곳과 각종 더럽고 가증한 새들이 모이는 곳이 되었도다" 2절.

천사의 선포

(1) 큰 성 바벨론이 무너짐

한 천사가 내려오는데 권세를 가졌는데 땅이 환해진다. 천사는 예수님들의 대행자이다. '땅이 환하여지더라'는 것은 이미 세상나라가 어둠의 권세 아래 있음을 말한다. 천사가 내려왔는데도 그 영광으로 땅이 환해졌다면 예수님께서 직접 오시면 어떠하겠는가? 천사는 큰 성 바벨론이 무너졌음을 선포한다. 이미 14장, 16장, 17장에 무너졌다. 반복 계시이다.

(2) 큰 성 바벨론의 특징

바벨론은 '귀신의 처소와 각종 더러운 영이 모이는 곳과 각종 더럽고 가증한 새들이 모이는 곳'이다. 세상나라는 그 배후에 각종 더러운 영이 역사하는 나라이다. 우리가 살고 있는 현실 안에는 눈에 보이지는 않지만 영적인 전투가 있음을 명심해야 한다.

"그 음행의 진노의 포도주로 말미암아 만국이 무너졌으며 또 땅의 왕들이 그와 더불어 음행하였으며 땅의 상인들도 그 사치의 세력으로 치부하였도다 하더라" 3절.

큰 성 바벨론의 죄악

큰 성 바벨론의 죄악은 세상의 '화려함'과 '큼'이라는 가치로 만국의 사람들을 무너뜨리려고 음행하게 한 것이다. 이 음행의 포도주는 곧 진노의 포도주로 바뀌게 될 것이다. 이 음행의 포도주로 할 수만 있다면 신자들까지도 타락시키고자 한다.

"거짓 그리스도들과 거짓 선지자들이 일어나 큰 표적과 기사를 보여 할 수만 있으면 택하신 자들도 미혹하리라" 마 24:24.

"또 내가 들으니 하늘로부터 다른 음성이 나서 이르되 내 백성아, 거기서 나와 그의 죄에 참여하지 말고 그가 받을 재앙들을 받지 말라" 4절.

(1) 하늘로부터의 음성

하늘로부터 음성이 들린다. '내 백성아, 거기서 나와 그의 죄에 참여하지 말고 그가 받을 재앙들을 받지 말라' 주님은 당신의 백성들을 음녀요, 큰 성인 바벨론으로부터 빼내시기를 원하신다. 그런데 우리는 그 바베론의 화려함 때문에 나온 바벨론에 다시 들어가고 싶어한다. 주님은 나오라 하신다. 이 배경은 예레미야 51장이다.

"바벨론 가운데서 도망하여 나와서 각기 생명을 구원하고 그의 죄악으로 말미암아 끊어짐을 보지 말지어다 이는 여호와의 보복의 때니 그에게 보복하시리라" 렘 51:6.

"그의 죄는 하늘에 사무쳤으며 하나님은 그의 불의한 일을 기억하신지라 그가 준 그대로 그에게 주고 그의 행위대로 갑절을 갚아 주고 그가 섞은 잔에도 갑절이나 섞어 그에게 주라 그가 얼마나 자기를 영화롭게 하였으며 사치하였든지 그만큼 고통과 애통함으로 갚아 주라 그가 마음에 말하기를 나는 여왕으로 앉은 자요 과부가 아니라 결단코 애통함을 당하지 아니하리라 하니" 5-7절.

바벨론의 죄악과 심판

'바베론의 죄에 참예치 말고, 그 재앙을 받지 말라'고 하신다. 바벨론의 죄는 무엇인가? 하나님이 아닌 세상의 가치와 힘을 더 사랑하게 만든 음행의 죄이다. 복술로 만국을 미혹한 죄이다. 복술이라는 것은 세상의 가치, 거짓 복음을 말한다. 또한 바벨론의 죄악은 교만과 사치이다. '얼마나 자기를 높였는가, 얼마나 사치하였는가?'라고 한다. 스스로 여왕이라 여기고 결코 심판받거나 애통함을 당하지 않을 것이라 자신한다.

그러나 주님은 '그의 죄는 하늘에 사무쳤으며 하나님은 그의 불의한 일을 기억하신지라. 그가 준 그대로 그에게 주고 그의 행위대로 갑절을 갚아 주고 그가 섞은 잔에도 갑절이나 섞어 그에게 주라'고 하신다. 심판의 날이 반드시 있을 것이다. 그러기에 주님의 피 맺힌 울부짖음을 더 늦기 전에 들어야 한다. 하루, 한시 동안 단번에 멸하실 것이다. 심판하실 하나님은 강한 자이시기 때문이다.

"그가 얼마나 자기를 영화롭게 하였으며 사치하였든지 그만큼 고통과 애통함으로 갚아 주라 그가 마음에 말하기를 나는 여왕으로 앉은 자요 과부가 아니라 결단코 애통함을 당하지 아니하리라 하니 그러므로 하루 동안에 그 재앙들이 이르리니 곧 사망과 애통함과 흉년이라 그가 또한 불에 살라지리니 그를 심판하시는 주 하나님은 강하신 자이심이라 그와 함께 음행하고 사치하던 땅의 왕들이 그가 불타는 연기를 보고 위하여 울고 가슴을 치며 그의 고통을 무서워하여 멀리 서서 이르되 화 있도다 화 있도다 큰 성, 견고한 성 바벨론이여 한 시간에 네 심판이 이르렀다 하리로다 땅의 상인들이 그를 위하여 울고 애통하는 것은 다시 그들의 상품을 사는 자가 없음이라 그 상품은 금과 은과 보석과 진주와 세마포와 자주 옷감과 비단과 붉은 옷감이요 각종 향목과 각종 상아 그릇이요 값진 나무와 구리와 철과 대리석으로 만든 각종 그릇이요 계피와 향료와 향과 향유와 유향과 포도주와 감람유와 고운 밀가루와 밀이요 소와 양과 말과 수레와 종들과 사람의 영혼들이라 바벨론아 네 영혼이 탐하던 과일이 네게서 떠났으며 맛있는 것들과 빛난 것들이 다 없어졌으니 사람들이 결코 이것들을 다시 보지 못하리로다 바벨론으로 말미암아 치부한 이 상품의 상인들이 그의 고통을 무서워하여 멀리 서서 울고 애통하여 이르되 화 있도다 화 있도다 큰 성이여 세마포 옷과 자주 옷과 붉은 옷을 입고 금과 보석과 진주로 꾸민 것인데 그러한 부가 한 시간에 망하였도다 모든 선장과 각처를 다니는 선객들과 선원들과 바다에서 일하는 자들이 멀리 서서 그가 불타는 연기를 보고 외쳐 이르되 이 큰 성과 같은 성이 어디 있느냐 하며 티끌을 자기 머리에 뿌리고 울며 애통하여 외쳐 이르되 화 있도다 화 있도다 이 큰 성이여 바다에서 배 부리는 모든 자들이 너의 보배로운 상품으로 치부하였더니 한 시간에 망하였도다" 7-19절.

땅의 사람들의 애통

1. 3종류의 땅의 사람들의 애통이 나온다. 땅의 왕들의 애통, 땅의 상인들의 애통, 선장과 선원들의 애통이다

이들은 바벨론과 함께 음행하고, 사치하던 자들이요, 바벨론으로 말

미암아 치부한 자들이요, 바벨론의 보배로운 상품으로 치부하였던 자들이다. 바벨론이 멸망받는 것을 보고 무서워하며 '화로다 화로다 큰 성 바벨론이여…' 한다. 그럴지라도 때는 늦었다. '한 시간에' '하루 동안에' 라는 표현으로 하나님의 심판의 긴박함을 나타낸다.

2. 거래한 물품의 종류

이들이 거래한 상품들을 분류해 보면 총 28개 상품으로 7종류이다.[123] 귀금속류(금, 은, 보석, 진주), 의류(세마포, 자주 옷감, 비단, 붉은 옷감), 가재도구류(각종향목, 각종 상아 그릇, 값진 나무 그릇, 각종 구리 그릇, 각종 철 그릇, 각종 대리석 그릇), 향품류(계피, 향료, 향, 향유, 유향), 식품류(포도주, 감람유, 고운 밀가루, 밀), 가축류(소, 양, 말, 수레), 마지막으로 사람(종들과 사람의 영혼)이다.

주목할 점은 사람의 영혼이다. 이는 로마의 경제적 부요 뒤에는 노예무역이 있었다는 것이다. 자신의 사치와 이익을 위해 사람의 영혼까지도 수단으로 사고 팔았다는 것이다.

> "하늘과 성도들과 사도들과 선지자들아, 그로 말미암아 즐거워하라 하나님이 너희를 위하여 그에게 심판을 행하셨음이라 하더라" 20절.

순교자들의 신원 기도에 대한 응답

'하늘과 성도들과 사도들과 선지자들아, 그로 말미암아 즐거워하라 하나님이 너희를 위하여 그에게 심판을 행하셨음이라 하더라' 하늘과 성도들과 사도들과 선지자들에게 기뻐하라고 한다. '교회여 즐거워하라'는 것이다. 이것은 중요한 부분이다. 6장 10절에서 '언제 우리의 피를 갚아 주시겠습니까?' 라는 순교자의 신원 기도가 있었다. 이에 대한 하나님의 응답이다. '순교자의 수가 차기까지 기다려라' 하신 말씀의 응답이다.

"이에 한 힘 센 천사가 큰 맷돌 같은 돌을 들어 바다에 던져 이르되 큰 성 바벨론이 이같이 비참하게 던져져 결코 다시 보이지 아니하리로다" 21절.

바다에 던져진 큰 맷돌

한 힘센 천사가 큰 맷돌인 바벨론을 바다에 던진다. 이것은 예레미야 51장 63-64절을 근거한다. 하나님께서 유다를 회개시키고 회복시키려고 바벨론을 들어 쓰시지만, 하나님의 백성을 지나치게 학살한 바벨론도 심판받을 것이다. 큰 성 바벨론은 거룩한 하나님의 백성을 만드시기 위한 도구일 뿐이다.

"또 거문고 타는 자와 풍류하는 자와 통소 부는 자와 나팔 부는 자들의 소리가 결코 다시 네 안에서 들리지 아니하고 어떠한 세공업자든지 결코 다시 네 안에서 보이지 아니하고 또 맷돌 소리가 결코 다시 네 안에서 들리지 아니하고" 22절.

"등불 빛이 결코 다시 네 안에서 비치지 아니하고 신랑과 신부의 음성이 결코 다시 네 안에서 들리지 아니하리로다 너의 상인들은 땅의 왕족들이라 네 복술로 말미암아 만국이 미혹되었도다 선지자들과 성도들과 및 땅 위에서 죽임을 당한 모든 자의 피가 그 성 중에서 발견되었느니라 하더라" 23-24절.

삶의 적용과 설교를 위한 18장의 핵심 Tip

1. 17장과 18장은 세상나라의 상징인 바벨론이 멸망받는다. 18장은 바벨론을 '큰 성' 바벨론이라 의도적으로 묘사한다. 17장에서 음녀 바벨론의 미혹의 역사를 강조했다면 18장은 '큰 성'을 추구하는 바벨론의 가치를 강조한다. 17장과 18장의 맥으로 보면 바벨론은 '큼' 이라는 세상가치로 사람들을, 하나님의 백성까지도 유혹한 것을 의미한다. 오늘도 마찬가지이다. 세상은 '큰 성'을 추구한다. 더 큰 집, 더 큰 물질, 더 큰 소유, 더 큰 명예, 더 큰 지위, 더 큰 권력을 원한다. 그러나 교회와 하나님의 백성들은 '큼'의 가치가 아닌 '거룩함'이라는 가치가 더 소중한 자들이다. 온 세상이 '큼'을 정신이 팔려 있다. 우리는 무엇을 추구하고 있나? '큼' 인가? 거룩인가?

2. 주님은 다급하게 말씀하신다. "내 백성아, 거기서 나와 그의 죄에 참여하지 말라 " 고 말이다. 세상의 가치가 아무리 대단하고 화려해 보여도 주님은 우리가 거기서 나오기를 원하신다. 그런데 우리는 나와야 하는 바벨론의 가치를 오히려 사랑하고 못 들어가서 안달이다. '큰 성'을 못 가진 것을 비참해 한다. 우리는 나오는 싸움을 해야 한다. 지금도 피 토하시며 호소하는 주님의 음성이 들리지 않는가? "내 백성아, 거기서 나오라 "

3. 바벨론은 스스로를 높이고, 스스로를 영화롭게 하였다. 주님은 교만을 제일 싫어하신다. 우리도 삶 속에서 스스로를 높이며 하나님께 올라가야 할 영광을 수시로 도둑질 한다. 사람은 결국 자기 멋에 사는 자들이다. 잘난 대로 못난 대로 다 자기 교만이 있다. 싸워야 한다.

4. 상인들이 거래한 품목 중에 '사람의 영혼'도 있다. 이는 노예무역으로 부를 축적했음을 말한다. 마지막 때의 특징을 주님은 "사랑이 식어지리라" 하셨다. 사람들을 사랑으로, 인격으로 보지 않고 내 이익을 위한 수단으로 사용한다. 국내에 들어와 있는 외국인 노동자들에 대한 우리의 태도는 어떠한가? 교회 안에 힘 없는 자들을 향한 우리의 자세는 어떠한가? 한 영혼에 대한 주님의 마음을 배워야 한다.

5. 6장에서 순교자들의 신원기도가 있었다. "언제까지 우리의 억울함을 신원하시렵니까?" 드디어 18장 20절에 그들의 기도가 응답된다. 이 말씀을 붙들고 우리도 힘을 내야 한다. 지금 당장은 우리의 기도의 응답되지 않아 보여도 언젠가는 반드시 응답하실 때가 있다. 계시록은 기도를 잃어버린 교회 공동체에게 다시 기도의 자리에 나올 것을 위로하고 도전하고 있다. 독자 중에서 기도를 잃어버린 분이 계시다면 다시 힘을 내어 기도하기를 바란다.

1. 이 일 후에 내가 들으니 하늘에 허다한 무리의 큰 음성 같은 것이 있어 이르되 할렐루야 구원과 영광과 능력이 우리 하나님께 있도다 2. 그의 심판은 참되고 의로운지라 음행으로 땅을 더럽게 한 큰 음녀를 심판하사 자기 종들의 피를 그 음녀의 손에 갚으셨도다 하고 3. 두 번째로 할렐루야 하니 그 연기가 세세토록 올라가더라 4. 또 이십사 장로와 네 생물이 엎드려 보좌에 앉으신 하나님께 경배하여 이르되 아멘 할렐루야 하니 5. 보좌에서 음성이 나서 이르시되 하나님의 종들 곧 그를 경외하는 너희들아 작은 자나 큰 자나 다 우리 하나님께 찬송하라 하더라 … 11. 또 내가 하늘이 열린 것을 보니 보라 백마와 그것을 탄 자가 있으니 그 이름은 충신과 진실이라 그가 공의로 심판하며 싸우더라 12. 그 눈은 불꽃 같고 그 머리에는 많은 관들이 있고 또 이름 쓴 것 하나가 있으니 자기밖에 아는 자가 없고 13. 또 그가 피 뿌린 옷을 입었는데 그 이름은 하나님의 말씀이라 칭하더라 14. 하늘에 있는 군대들이 희고 깨끗한 세마포 옷을 입고 백마를 타고 그를 따르더라 15. 그의 입에서 예리한 검이 나오니 그것으로 만국을 치겠고 친히 그들을 철장으로 다스리며 또 친히 하나님 곧 전능하신 이의 맹렬한 진노의 포도주 틀을 밟겠고 16. 그 옷과 그 다리에 이름을 쓴 것이 있으니 만왕의 왕이요 만주의 주라 하였더라 17. 또 내가 보니 한 천사가 태양 안에 서서 공중에 나는 모든 새를 향하여 큰 음성으로 외쳐 이르되 와서 하나님의 큰 잔치에 모여 18. 왕들의 살과 장군들의 살과 장사들의 살과 말들과 그것을 탄 자들의 살과 자유인들이나 종들이나 작은 자나 큰 자나 모든 자의 살을 먹으라 하더라 19. 또 내가 보매 그 짐승과 땅의 임금들과 그들의 군대들이 모여 그 말 탄 자와 그의 군대와 더불어 전쟁을 일으키다가 20. 짐승이 잡히고 그 앞에서 표적을 행하던 거짓 선지자도 함께 잡혔으니 이는 짐승의 표를 받고 그의 우상에게 경배하던 자들을 표적으로 미혹하던 자라 이 둘이 산 채로 유황불 붙는 못에 던져지고 21. 그 나머지는 말 탄 자의 입으로부터 나오는 검에 죽으매 모든 새가 그들의 살로 배불리더라

19장
백마탄 자와 하늘의 군대

    19장은 소위 사람들이 말하는 예수님이 재림하시는 장면이다. 그렇다고 이것이 시간의 순서라는 것은 아니다. 이미 예수님의 재림으로 인한 세상나라의 심판은 여러 번 반복적으로 각도를 달리하며 종결된 사건이다. 19장은 같은 내용을 예수님의 재림을 초점으로 하여 그리고 있을 뿐이다. 그렇다면 20장의 천년왕국도 또한 예수님의 재림 사건 이후의 사건이 아닌 것이다. 이것은 20장에서 상세히 설명하겠다.

    또한 19장에서는 용의 하수인 노릇을 했던 두 짐승이 심판받는다. 재미있는 것은 18장에서는 3부류의 애통이 나오고, 19장에서는 3부류의 찬양이 나온다. 저자의 의도적인 대조이다. 주님의 재림의 날이 누군가에게는 애통의 날이지만, 구원 얻는 성도에게는 찬양의 날이 될 것이다.

"이 일 후에 내가 들으니 하늘에 허다한 무리의 큰 음성 같은 것이 있어 이르되 할렐루야 구원과 영광과 능력이 우리 하나님께 있도다 그의 심판은 참되고 의로운지라 음행으로 땅을 더럽게 한 큰 음녀를 심판하사 자기 종들의 피를 그 음녀의 손에 갚으셨도다 하고 두 번째로 할렐루야 하니 그 연기가 세세토록 올라가더라 또 이십사 장로와 네 생물이 엎드려 보좌에 앉으신 하나님께 경배하여 이르되 아멘 할렐루야 하니 보좌에서 음성이 나서 이르시되 하나님의 종들 곧 그를 경외하는 너희들아 작은 자나 큰 자나 다 우리 하나님께 찬송하라 하더라" 1-5절.

허다한 무리와 24장로와 네 생물의 찬양

하나님의 심판은 의로우심

신약에서 할렐루야라는 말이 오직 계시록에서만 4번 나온다. 19장에서만 나온다. 바벨론이 완전히 멸망받은 후 예수님의 재림의 환상이 펼쳐지기 전에 허다한 무리와 24장로와 네 생물의 찬양 장면이 먼저 등장한다. 이들의 찬양 내용의 핵심은 구원과 영광과 능력이 하나님께 있으며, 하나님의 심판은 참되시고 의로우시다는 것이다. 그 이유는 땅을 더럽게 한 음녀를 심판하사 하나님의 종들의 피를 갚으셨기 때문이다. 단순한 보복의 감정이 아니다. 하나님의 심판은 하나님의 공의의 실현이다. 오늘날의 기독교는 하나님을 너무 사랑의 하나님으로만 설명한다. 너무 복음이 사람 중심이다. 치우치면 안 된다. 사랑과 공의의 하나님을 바로 알아야 한다.

"또 내가 들으니 허다한 무리의 음성과도 같고 많은 물 소리와도 같고 큰 우렛소리와도 같은 소리로 이르되 할렐루야 주 우리 하나님 곧 전능하신 이가 통치하시도다" 6절.

많은 물소리와 우렛소리와 같은 음성

1. 주 하나님이 통치하심

많은 물소리와 같고 우렛소리와 같은 음성이 '주 하나님, 전능하신 이가 통치하시도다'라고 선포한다. 도미티안이 아닌 전능하신 하나님께서 통치하심을 선포한다.

2. 그에게 영광을 돌리세

요한계시록은 영광을 받으셔야 할 진정한 왕이 하나님과 어린양이라는 것을 강조한다. '세상 영광을 구할 것인가? 하나님께 영광을 드릴 것인가?'를 집요하게 묻고 있다.

> "우리가 즐거워하고 크게 기뻐하며 그에게 영광을 돌리세 어린 양의 혼인 기약이 이르렀고 그의 아내가 자신을 준비하였으므로" 7절.

어린양의 혼인 기약이 이르렀음

어린양과 아내인 교회가 혼인기약이 이르렀다는 것이다. 21장에서 있을 혼인 잔치의 예고편인 것이다. 창세기에 아담과 하와의 연합은 예수 그리스도와 신부인 교회의 혼인을 미리 보여주는 그림자이다. 하나님이 천지를 창조하신 것은 아들과 신부들의 혼인 잔치가 목적이었던 것이다.

그 아내가 자신을 준비함

아내인 교회와 성도들은 어린양과의 혼인을 위해 준비했다. 여기서 준비하다는 단어는 '헤토이마센'이다. 능동태이다. 신부가 능동적으로 신부답게 스스로를 준비한 것이다. 반면 21장에 나오는 "신부가 단장한 것 같다"에서 단장하다는 단어는 "케코스메네넨"이다. 수동태이다. '준비하다'와 '단장하다'가 능동과 수동으로 쓰인 것은 아내의 준비와 단장이 우리의 힘만으로 되는 것이 아니라 주님의 은혜로 가능하다는 것과 동시에 우리의 전적인 순종이 필요함을 동시에 강조하고 있다고 필자는 생각한다.

"그에게 빛나고 깨끗한 세마포 옷을 입도록 허락하셨으니 이 세마포 옷은 성도들의 옳은 행실이로다 하더라" 8절.

빛나고 깨끗한 세마포, 성도들의 옳은 행실

어린양의 아내는 빛나고 깨끗한 세마포 옷을 입도록 허락 받는다. 세마포는 성도들의 옳은 행실이다. 계시록에서 세마포는 하나님의 칭의의 옷과 동시에 성화의 옷이기도 하다. 어린양의 신부들은 이미 세마포를 입은 자들이다. 여기에서 세마포 옷을 입는다는 것은 성도들의 옳은 행실이라고 설명한다. 칭의 이후의 삶이 거룩을 향해 나아가는 성화의 삶까지를 포함한 의미이다. 이것은 성도의 삶이 구원을 좌지우지할 수 있다는 말은 아니다. 행위 구원론이 아니다. 정말 십자가를 만났다면 구원 이후의 삶은 죄와 싸우는 삶이요, 세상가치를 내려놓는 싸움이요, 거룩을 향해 나아가는 싸움이 있는 자가 진짜 어린양의 신부임을 말하는 것이다. 칭의는 분명 성화로 나아가야 한다. 구원 받은 자는 막 살면 안 된다. 칭의와 성화는 하나이다. 2장의 버가모교회의 니골라 당의 방종주의에 대한 경고가 기억나는가?

"천사가 내게 말하기를 기록하라 어린 양의 혼인 잔치에 청함을 받은 자들은 복이 있도다 하고 또 내게 말하되 이것은 하나님의 참되신 말씀이라 하기로" 9절.

네 번째 복:
어린 양의 혼인 잔치에 청함을 받은 자들은 복이 있도다

계시록의 7복 중에 네 번째 복이다. 7복의 중심이다. 하나님이 우리에게 주시는 최고의 복은 어린양의 신부로 초대받아 그분의 신부로 세워지는 복이다. 이 복을 그 어떤 복보다 욕심내어야 한다.

"내가 그 발 앞에 엎드려 경배하려 하니 그가 나에게 말하기를 나는 너와 및 예수의 증언을 받은 네 형제들과 같이 된 종이니 삼가 그리하지 말고 오직 하나님께 경배하라 예수의 증언은 예언의 영이라 하더라" 10절.

하나님께 경배하라

1. 천사 숭배 경고
요한이 천사에게 경배하고자 한다. 그 당시 천사 숭배 사상이 있었음을 알 수 있다. 골로새서에서도 천사 숭배를 경고하고 있다.

2. 예수의 증거는 대언의 영
천사는 '나는 너와 및 예수의 증언을 받은 네 형제들과 같이 된 종이니 삼가 그리하지 말고 오직 하나님께 경배하라 예수의 증언은 대언의 영이라' 한다.

요한이든 천사이든 다 예수를 증언하는 종에 불과하다는 것이다. 오직 하나님 한 분만을 경배하라고 한다. 하나님 한분 이외에는 경배를 받을 자가 아무도 없다는 것이다. 지금 많은 그리스도인들이 핍박이 무서워 도미티안을 숭배하고 있는 상황임을 생각한다면 이 천사의 말의 의미가 새롭게 다가올 것이다. 심지어 대언의 영이신 성령님마저도 예수를 증언하는 영이시라고 한다. 성령님도 자신을 스스로 높이지 않고 오직 예수님만 높이고 증거하는 분이다. 오늘날 하나님처럼 숭배받는 것이 무엇이겠는가? 돈, 권력, 쾌락, 사람일 수 있다. 우리는 무엇을 경배하고 있는가?

"또 내가 하늘이 열린 것을 보니 보라 백마와 그것을 탄 자가 있으니 그 이름은 충신과 진실이라 그가 공의로 심판하며 싸우더라" 11절.

백마 타고 오시는 자

이 부분은 대부분 학자들이 예수님의 재림 사건으로 본다. 그러나 이것을 시간의 순서로 봐서 예수님의 재림이 시간 순서상 19장이다 라고 주장하면 안 된다. 같은 사건을 계속 해서 반복하고 있음을 누누이 증명했다. 강조점이 다를 뿐이다.

1. 백마 타고 오시는 왕

6장에서 첫 번째 인 심판에서 흰 말 탄자가 나온다. 이미 말했지만 예수님의 패러디이다. 19장에는 재림하시는 예수님의 모습이 9가지로 나온다. 1장에서도 예수님의 영광스러운 모습이 10개가 나온다. 백마는 승리의 상징이다. 로마 장군들이 전쟁에서 이기고 로마로 입성할 때 백마를 타고 입성했다. 예수님이 승리하신 만왕의 왕으로 오시는 분임을 드러내고 있다.

2. 충신과 진실이라는 이름

주님은 4가지 이름으로 오신다. 충신과 진실이라는 이름, 하나님의 말씀이라는 이름, 만왕의 왕 만군의 주, 아무도 모르고 자신만이 아시는 이름이다. 먼저 충신이라 함은 자신의 약속에 대해 신실하심을 말하고, 진실은 진리를 말한다. 다시 말해 예수님은 자신이 약속한 언약과 진리에 늘 신실하게 충성하신 분임을 말한다. 그분은 진리에 충실하신 분이신다. 이 이름은 라오디게아교회에 나타나신 예수님의 모습이었다.

"라오디게아교회의 사자에게 편지하라 아멘이시요 충성되고 참된 증인이시요 하나님의 창조의 근본이신 이가 이르시되" 계 3:14.

3. 공의로 심판하고 싸우심

재림주께서 공의로 심판하고 싸우신다. '싸우신다'는 헬라어로 '플레메오' 인데 현재형이다. 그러니까 재림 때에만 싸우시는 분이 아니라 오늘도 계속해서 싸우시는 분이라는 것이다. 예수님은 하늘에 승천하셔서 가만히 계시다가 재림 때만 반짝 나타나셔서 싸우시는 분이 아니다. 늘 교회와 성도들을 위해 늘 싸워 오신 분이다. 원독자의 입장에서 보면 싸우시는 예수님의 모습이 얼마나 위로가 되었겠는가? 고난당하는 분들이 있다면 힘을 내시기를 바란다. 주님은 지금도 우리와 함께 싸워주고 계신다.

"그 눈은 불꽃 같고 그 머리에는 많은 관들이 있고 또 이름 쓴 것 하나가 있으니 자기밖에 아는 자가 없고 또 그가 피 뿌린 옷을 입었는데 그 이름은 하나님의 말씀이라 칭하더라 하늘에 있는 군대들이 희고 깨끗한 세마포 옷을 입고 백마를 타고 그를 따르더라 그의 입에서 예리한 검이 나오니 그것으로 만국을 치겠고 친히 그들을 철장으로 다스리며 또 친히 하나님 곧 전능하신 이의 맹렬한 진노의 포도주 틀을 밟겠고 그 옷과 그 다리에 이름을 쓴 것이 있으니 만왕의 왕이요 만주의 주라 하였더라" 12-16절.

재림주의 모습
(1) 불꽃같은 눈
주님은 불꽃같은 눈으로 모든 것을 감찰하시는 분이다. 그 분 앞에서 숨길 수 있는 것은 아무것도 없다. 세상을 향하여서는 공의와 심판의 눈이라면 우리를 향하여서는 위로와 사랑과 격려의 불꽃의 눈이시다. "다 보고 계시니까 힘내라"는 의미다.

(2) 많은 면류관
재림하시는 예수님은 많은 면류관을 쓰신다. 이때 면류관은 '디아데마타'이다. 왕족이 쓰는 관이다. 12장의 용은 7면류관, 바다 짐승은 10면류관이지만, 예수님은 셀 수 없는 많은 면류관이다. '많은'이란 단어는 헬라어로 '폴루스'인데 비교할 수 없이 엄청난 양이다.

(3) 피 뿌린 옷과 하나님의 말씀이라는 이름

① 피 뿌린 옷
재림하시는 예수님이 피 뿌린 옷을 입으신 것은 상징이다. 하나님을 대적했던 자들을 진노의 포도주 틀에 넣고 밟는 것과 관련하여 묻은 죄인들의 피를 말한다.

② 하나님의 말씀이라는 이름
예수님의 이름이 하나님의 말씀이다. 이는 요한복음 1장을 배경으로

한다.

"태초에 말씀이 계시니라 이 말씀이 하나님과 함께 계셨으니 이 말씀은 곧 하나님이시니라" 요 1:1.

예수님의 두 번째 이름은 하나님의 말씀이다. 사도 요한은 요한계시록 1장부터 말씀을 무척 강조하고 있다. 교회는 말씀이 없으면 안된다. 문제는 하나님의 말씀이 있는가 하는 것이다.

(4) 하늘의 군대가 따름

하늘의 군대는 어린양과 함께 진리의 전쟁을 싸우는 교회와 성도들이다. 희고 깨끗한 세마포 옷을 입은 것은 거룩한 군대임을 말한다. 이 군대는 예수님처럼 백마를 타고 예수를 따른다. 승리의 군대이다. 예수님의 승리가 우리의 승리이다. 지금은 지는 것처럼 보이고, 패배하는 것처럼 보이지만 마지막 날에는 역전이 될 것이다.

(5) 입에서 예리한 검

예수님의 입에서 예리한 검이 나와서 만국을 치신다. 검은 하나님 말씀이다. 십자가와 부활의 복음이다. 결국 재림 심판의 기준도 말씀과 복음이다. 복음의 길을 걸었는가 아니면 세상의 넓은 길을 걸었는가로 심판하실 것이다.

(6) 진노의 포도주 틀을 밟으심과 옷과 다리의 이름 :
만왕의 왕, 만주의 주

진노의 포도주 틀을 밟으신다. 이스라엘은 물이 귀해 포도주를 많이 사용하는데 포도주를 만들 때 포도주 즙이 많이 튀긴다. 이런 문화를 배경으로 하고 있는 것이다. 옷과 다리의 이름이 나오는데 만왕의 왕, 만주의 주이시다. 그 당시에 만왕의 왕, 만주의 주임을 스스로 자처하고 있는 자가 누군가? 도미티안이다. 그러나 사도 요한은 오직 예수님만이 만왕의 왕, 만주의 주라고 선포한다. 계시록의 핵심 포인트이다. 누가 진정한 주인인가? 누가 진정한 왕인가?

(7) 자기밖에 아는 자가 없는 이름

네 번째로 예수님의 이름이 계시된다. 그런데 예수님밖에 아는 자가 없는 이름이다. 이것은 어떤 누구도 예수 그리스도를 다 알 수 없다는 것이다. 그러니 자신만이 하나님의 모든 것을 아는 것처럼 주장한다면 속지마라. 하나님은 오직 계시된 말씀으로만 당신을 알려주신다. 정말 하나님을 알고 싶다면 성경에 전부를 걸어야 한다.

> "또 내가 보니 한 천사가 태양 안에 서서 공중에 나는 모든 새를 향하여 큰 음성으로 외쳐 이르되 와서 하나님의 큰 잔치에 모여 왕들의 살과 장군들의 살과 장사들의 살과 말들과 그것을 탄 자들의 살과 자유인들이나 종들이나 작은 자나 큰 자나 모든 자의 살을 먹으라 하더라" 17-18절.

하나님의 큰 잔치

19장에는 두 번의 잔치가 있다. 어린양의 혼인잔치와 하나님의 큰 잔치가 있다. 14장에서도 두 가지 추수가 있었다. 알곡(성도)의 추수와 들포도 추수가 있었다. 구약의 에스겔서에 하나님 나라를 대적했던 수많은 세상 왕들을 새들이 뜯어먹는 심판이 나온다. 사도 요한은 에스겔서의 이미지를 사용해서 마지막 날에 하나님을 대적한 모든 세상세력들을 하나님이 심판하실 사건으로 표현하고 있다.

"주 여호와께서 이같이 말씀하셨느니라 너 인자야 너는 각종 새와 들의 각종 짐승에게 이르기를 너희는 모여 오라 내가 너희를 위한 잔치 곧 이스라엘 산 위에 예비한 큰 잔치로 너희는 사방에서 모여 살을 먹으며 피를 마실지어다 너희가 용사의 살을 먹으며 세상 왕들의 피를 마시기를 바산의 살진 짐승 곧 숫양이나 어린 양이나 염소나 수송아지를 먹듯 할지라 내가 너희를 위하여 예비한 잔치의 기름을 너희가 배불리 먹으며 그 피를 취하도록 마시되 내 상에서 말과 기병과 용사와 모든 군사를 배부르게 먹일지니라 하라 주 여호와의 말씀이니라" 겔 39:17-20.

신명기를 보면 이것은 언약적 저주의 성취이다. 언약을 어긴 자들에게 행하시겠다던 말씀의 성취이다.

"네 시체가 공중의 모든 새와 땅의 짐승들의 밥이 될 것이나 그것들을 쫓아줄 자가 없을 것이며" 신 28:26.

"또 내가 보매 그 짐승과 땅의 임금들과 그들의 군대들이 모여 그 말 탄 자와 그의 군대와 더불어 전쟁을 일으키다가 짐승이 잡히고 그 앞에서 표적을 행하던 거짓 선지자도 함께 잡혔으니 이는 짐승의 표를 받고 그의 우상에게 경배하던 자들을 표적으로 미혹하던 자라 이 둘이 산 채로 유황불 붙는 못에 던져지고 그 나머지는 말 탄 자의 입으로부터 나오는 검에 죽으매 모든 새가 그들의 살로 배불리더라" 19-21절.

짐승의 군대와 어린양의 군대와의 전쟁

(1) 전쟁의 성격

짐승과 땅 왕들의 군대가 백마 타신 자의 군대를 대항하여 전쟁을 일으킨다. 계시록에 나오는 몇 번의 전쟁이 나오다. 16장의 아마겟돈 전쟁, 19장의 짐승의 군대와 어린양의 군대와의 전쟁, 20장의 곡과 마곡의 전쟁은 다 같은 전쟁이다. 예수님의 초림과 재림 사이의 있어 온 진리와 비진리의 영적전쟁이며, 또한 예수님의 재림 때에 있을 단번의 심판이다. 단지 시간적 순서로 일어날 세 번의 전쟁이 아니다. 그러나 같은 심판 사건이라도 16장의 아마겟돈 전쟁 심판은 헛된 우상숭배의 심판이 강조되며, 17장 18장에서는 바벨론이라는 세상나라가 심판받고, 19장의 심판은 사람들을 미혹한 두 짐승의 심판이 강조되며, 20장에서는 마곡이라는 세상의 왕(곡)을 최종 심판하는 것으로 각각 각도가 조금씩 다른 것뿐이다.

(2) 두 짐승 잡힘(그리스도, 거짓 선지자)과 예수 그리스도의 입의 검

바다 짐승이 잡히고 표적을 행하여 사람들을 미혹하여 짐승의 표를 받게 하고 우상숭배하게 한 거짓 선지자(땅짐승)도 잡힌다. 이 두 짐승이 유황 불 못에 던져진다. 그 나머지는 말 탄자의 입의 검에 죽어서 새들이 이들의 살로 배불린다.

두 짐승을 심판하는 도구는 예수의 입에서 나오는 검 즉, 복음의 말씀이다. 말씀으로 존재하셨던 하나님의 아들이신 그리스도는 말씀인 자신으로 천지를 창조하셨고, 말씀이 육신을 입고 이 땅에 오셨고, 재림의 날에도 말씀으로 오셔서 말씀으로 심판하신다. 앞서 말했지만 교회와 성도가 싸우는 전쟁은 입의 전쟁, 복음과 거짓 복음의 전쟁임을 잊어서는

안 된다. 설교자들의 강대상은 치열한 영적 전쟁터이다. 짐승군대와 예수님의 군대가 싸우는 곳이다. 성도들의 삶과 마음 안에는 수도 없는 아마겟돈 전쟁이 매일 매일 벌어지고 있는 것이다.

삶의 적용과 설교를 위한 19장의 핵심 Tip

1. 어린양의 아내가 준비하였으니 창세기1장부터 시작된 하나님의 경륜의 목적은 완성된 당신의 나라에서 아들이신 예수 그리스도에게 거룩한 신부들을 세워주는 일이다. 계시록 19장은 창세 전의 작정이 드디어 성취되는 장면이다. 어린양의 피로 씻겨진 신부들이 신랑이 다시 올 때까지 자신들을 준비하였다. 준비의 내용은 세마포 즉, 옳은 행실이다. 능동태이다. 신부다운 신부가 되는 것은 저절로 되는 일이 아니다. 몸부림치는 싸움이 있어야 한다. 오늘날 값 싼 믿음이 판을 치는 이 시대에 진정한 믿음은 무엇인지 점검케 하는 본문이다.

2. 싸우시는 주님, 재림하시는 예수님의 모습은 1장의 예수님의 모습과 거의 같다. 또한 공의로 싸우시는 예수님은 현재형이다. 지금도 싸우시는 분이시다. 재림 때만 싸우는 것이 아니다. 나를 위해 싸우고 계신 주님이 계심을 신뢰하자.

3. 마지막 때의 전쟁은 짐승의 군대 와 어린양의 군대와의 전쟁이다. 영적전쟁이다. 그리기 때문에 주님은 입의 검 즉, 하나님의 말씀으로 싸우시는 것이다. 사탄과의 싸움에서 이기는 비결은 말씀으로 무장하는 것이다. 그리고 말씀대로 살고 순종하는 것이다. 또한 이 전쟁은 예수님 혼자 만이 싸우시는 전쟁이 아니다. 하늘의 군대도 백마를 타고 이 전쟁에 동참한다. 교회와 성도는 하나님 나라의 영적군대이다.

1.또 내가 보매 천사가 무저갱의 열쇠와 큰 쇠사슬을 그의 손에 가지고 하늘로부터 내려와서 2.용을 잡으니 곧 옛 뱀이요 마귀요 사탄이라 잡아서 천 년 동안 결박하여 3.무저갱에 던져 넣어 잠그고 그 위에 인봉하여 천 년이 차도록 다시는 만국을 미혹하지 못하게 하였는데 그 후에는 반드시 잠깐 놓이리라 4.또 내가 보좌들을 보니 거기에 앉은 자들이 있어 심판하는 권세를 받았더라 또 내가 보니 예수를 증언함과 하나님의 말씀 때문에 목 베임을 당한 자들의 영혼들과 또 짐승과 그의 우상에게 경배하지 아니하고 그들의 이마와 손에 그의 표를 받지 아니한 자들이 살아서 그리스도와 더불어 천 년 동안 왕 노릇 하니 5. (그 나머지 죽은 자들은 그 천 년이 차기까지 살지 못하더라 이는 첫째 부활이라 6.이 첫째 부활에 참여하는 자들은 복이 있고 거룩하도다 둘째 사망이 그들을 다스리는 권세가 없고 도리어 그들이 하나님과 그리스도의 제사장이 되어 천 년 동안 그리스도와 더불어 왕 노릇 하리라 7.천 년이 차매 사탄이 그 옥에서 놓여 8.나와서 땅의 사방 백성 곧 곡과 마곡을 미혹하고 모아 싸움을 붙이리니 그 수가 바다의 모래 같으리라 9.그들이 지면에 널리 퍼져 성도들의 진과 사랑하시는 성을 두르매 하늘에서 불이 내려와 그들을 태워버리고 10.또 그들을 미혹하는 마귀가 불과 유황 못에 던져지니 거기는 그 짐승과 거짓 선지자도 있어 세세토록 밤낮 괴로움을 받으리라 11.또 내가 크고 흰 보좌와 그 위에 앉으신 이를 보니 땅과 하늘이 그 앞에서 피하여 간 데 없더라 12.또 내가 보니 죽은 자들이 큰 자나 작은 자나 그 보좌 앞에 서 있는데 책들이 펴 있고 또 다른 책이 펴졌으니 곧 생명책이라 죽은 자들이 자기 행위를 따라 책들에 기록된 대로 심판을 받으니 13.바다가 그 가운데에서 죽은 자들을 내주고 또 사망과 음부도 그 가운데에서 죽은 자들을 내주매 각 사람이 자기의 행위대로 심판을 받고 14.사망과 음부도 불못에 던져지니 이것은 둘째 사망 곧 불못이라 15.누구든지 생명책에 기록되지 못한 자는 불못에 던져지더라

20장
용과 불신자의 심판, 백 보좌 심판, 천년왕국

요한계시록 안에서 가장 논란이 되고 있는 부분은 대략 3가지이다. 첫 번째는 666표에 대한 해석이고, 두 번째는 3개의 심판 시리즈를 시간의 순서인가 아니면 반복적 계시인가에 대한 것이고, 세 번째는 천년왕국에 대한 논쟁이다.

20장에는 천년왕국 환상이다. 그러나 필자가 보기에는 계시록 전체의 구조와 틀과 맥 안에서 보면 그리 어렵지 않다. 계시록을 잘 짜여진 구조 안에서 보면 아주 쉬어진다. 필자가 누누이 말했던 것처럼 구조도 성령님의 의도가 있음을 명심해야 한다.

"또 내가 보매 천사가 무저갱의 열쇠와 큰 쇠사슬을 그의 손에 가지고 하늘로부터 내려와서 용을 잡으니 곧 옛 뱀이요 마귀요 사탄이라 잡아서 천 년 동안 결박하여 무저갱에 던져 넣어 잠그고 그 위에 인봉하여 천 년이 차도록 다시는 만국을 미혹하지 못하게 하였는데 그 후에는 반드시 잠깐 놓이리라" 1-3절.

1. 용의 잡힘과 천년 결박

드디어 세상나라의 배후세력인 용이 잡힌다. 용은 옛 뱀, 마귀, 사탄으로 불린다. 이 4개의 표현은 강조점이 다르다. 용은 핍박과 분노를 뱀은 창세기 3장에서 아담과 하와를 미혹한 자임을 말하는 것이고, 마귀는 참소자라는 것이며, 사탄은 최종적으로 이 모든 것을 통하여 하나님과 하나님 나라에 대적하는 것을 의미한다. 천사가 용을 잡고 무저갱에 천년을 결박한다. 다시는 만국을 미혹치 못한다. 천년이 차면 잠깐 놓임을 받아 불신자들을 모아 곡과 마곡의 전쟁을 일으키지만 끝내 멸망당한다는 구조이다. 여기서 "사탄을 잡아 결박하여" 할 때 '결박하다'라는 단어는 '에데센'인데, 시제가 과거형이다. 즉, 사탄은 이미 과거에 결박당했음을 말한다. 마태복음 12장 29절에 이미 쓰인 같은 단어이다.

"사람이 먼저 강한 자를 결박하지 않고서야 어떻게 그 강한 자의 집에 들어가 그 세간을 강탈하겠느냐 결박한 후에야 그 집을 강탈하리라" 마 12:29.

예수의 십자가와 부활로 이미 사탄은 결박당한 것이다.[124] 그러니까 20장은 예수님의 초림사역으로 사탄이 이미 결박된 것을 말하는 것이 분명하다. 그렇다면 19장과 20장은 시간의 순서가 아닌 것이다.

"이제 이 세상에 대한 심판이 이르렀으니 이 세상의 임금이 쫓겨나리라" 요 12:31.

2. 4가지 천년왕국설

이 천년왕국이 어떤 성격인가에 대해 4가지 견해가 있다. 역사적 전 천년설, 세대주의적 전 천년설, 후 천년설, 무 천년설이다. 크게 나누어 보면 예수님의 재림이 먼저 있고 나중에 천년왕국이 시작된다고 보는 견해가 세대주의자들과 역사적 전 천년설이다. 반면 천년 왕국을 상징적으로 보고 예수님의 초림부터 재림까지의 전체 기간으로 보는 견해가 무 천년설이다. 후 천년설은 무 천년설과 거의 비슷하다. 그러나 다른 학설이다. 차후에 설명하겠다. 핵심은 천년 왕국을 예수님의 재림 전인가, 재림 후로 볼 것인가? 또한 1,000년을 문자적으로 볼 것인가 아니면 상징으로 볼 것인가에 따라 다른 것이다. 좀 더 자세히 살펴보자(도표로 정리된 필자의 강의안을 참조).

사실 어거스틴으로 인해 4세기 이후로 한동안 무 천년설이 지배적이었지만 1,700년대 이후 경건주의와 청교도로 인해 후 천년설이, 1,800년대 이후 플리머스 형제단을 중심으로 세대주의 전 천년설이 대두되었다.[125]

(1) 역사적 전 천년설- 19장과 20장을 역사적 순서로 보는 견해

이 견해는 마지막 때에 예수님의 재림이 있고 그 후에 지상에서 천년 동안 예수님과 성도들이 왕 노릇하며 통치한다. 그리고 천년의 끝에 사탄이 잠시 풀려나 그리스도를 대적하지만 종국에는 최종 심판이 있다는 것이다. 그 후 백 보좌 심판이 있고 성도들은 새 하늘, 새 땅으로 들어간다는 것이다.

또한, 이 견해는 세대주의적 전 천년설과는 달리 7년 대환난 전에 교회의 휴거를 주장하지는 않는다. 교회도 대환난의 고난 기간을 통과하며 그 후에 예수님께서 재림하실 때에 먼저 죽은 성도들이 육체로 부활하고

살아있던 성도들은 영화로운 몸으로 변화되어 그리스도와 함께 1,000년 동안 왕 노릇한다. 이때에도 여전히 그리스도를 부인하는 자들이 공존한다. 사탄은 예수의 재림으로 인해 결박당하고 있다가 1,000년이 끝날 때쯤에 잠시 풀려나 불신자들과 함께 곡과 마곡의 전쟁을 일으켜 그리스도를 대적하나 결국, 그리스도와 그의 군대에 패하여 유황과 불에 떨어져 영원한 벌과 심판을 받고, 그리스도와 승리한 성도들이 영원한 새 하늘 새 땅으로 들어가 그리스도와 세세토록 왕 노릇을 한다는 주장이다. 천년 왕국 끝에 용이 풀려나 지상의 통치자 그리스도를 대적하여 멸망한다는 주장은 다음에 설명할 세대주의적 전 천년전설과 같다. 그러나 필자는 이 두 설에 동의하지 않는다. 왜냐면 재림의 주로 오시는 예수 그리스도는 초림의 주와는 다르다. 초림의 주는 죄인을 구원하시고자 비천한 자로, 멸시받고 힘없이 십가가에서 죽으신 분이시지만, 재림 때에 오실 주님은 심판의 주, 영광의 주, 만군의 여호와, 창조주의 권세와 영광으로 오신다. 그런데 주님이 재림하고도 1,000년 동안 지상에서 통치하고 계시는 절대 지존자요, 만왕의 왕이신 그리스도를 부정하고 믿지 않으며, 심지어 용에게 미혹 받아서 천년 왕국의 끝에 그리스도를 대적하는 사람들이 있을 수 있다는 것은 말도 안 되는 주장이다. 더욱이 주님이 지상에 재림하여 천년왕국에 들어가는 자들은 절대 불신자들은 들어갈 수 없다. 재림 이후 그리스도의 나라에 오직 영화롭게 변화 받은 자들만 들어갈 수 있는데, 죄성을 가진 불신자가 공존할 수 있겠는가? 필자는 이런 이유로 인해 이 두 가지 설을 지지하지 않는다.

(2) 세대주의적 전 천년설

이 견해는 역사적 전 천년설과 같이 예수의 재림 후에 천년왕국이 있다는 점에서는 동일하다. 그러나 문자적으로 7년 대환난 전에 예수님께서 공중에 강림하셔서 성도들을 공중에 끌어 올리시고(휴거), 이들과 공중에서 혼인잔치를 벌이신다. 그 동안 지상에서는 휴거되지 못한 자들이 7년 대환난을 겪는다. 7년 대환난 후 예수와 휴거된 성도들이 다시 지상에 내려와 천년왕국을 건설한다. 결국 예수님의 이중 재림을 주장한다. 또한 천년도 문자적인 천년이다. 7년 대환난기에 적그리스도의 핍박이 있고, 이때 유대인의 144,000이 구원받는다. 7년 대환난기의 끝에 사탄의 세력들과 하나님 나라 백성들 간의 아마겟돈 전쟁이 있고, 예수께서 다시 지상 강림하셔서 사탄의 세력을 멸하고 예수님과 성도들의 지상 천년왕국이 시작되고, 이스라엘의 회복이 이루어진다. 그리고 천년왕국이 끝날 쯤에 사탄이 잠시 풀려나와 천년동안 예수를 믿지 않는 사람들을 모아 곡과 마곡의 전쟁을 일으키지만, 예수님이 그들을 영원히 심판하시고, 영원히 새 하늘, 새 땅이 펼쳐진다는 것이다. 역사적 전 천년설과 세대주의적 전 천년설의 차이점은 7년 대환난 전에 성도들이 휴거가 되는가 아닌가이다. 또한, 이 견해는 미국을 중심으로 일어난 견해인데 한국에서도 아직도 영향력이 막강하다. 이 견해의 장점은 주님의 임박한 재림을 강조함으로써 성도들의 신앙을 깨어있게 만드는 점이다. 그러나 너무 계시록을 문자적으로 푸는 경향으로 인해 무리하고 왜곡된 해석을 낳는 다는 점이다. 이 세대주의적 해석경향 때문에 수많은 이단들이 성도들을 미혹하는 근거를 제공하기도 했다. 역사적 전 천년설과 세대주의적 전 천년설에 대한 필자의 생각은 이렇다.

예수님이 재림하시고 난 후에도 처음 땅과 하늘이 종결되지 않고, 또한 예수님을 부인하는 자들이 존재하여 예수님을 향해 최후 전쟁을 일으킨다는 것이 모순이라고 생각한다. 초림의 예수는 힘 없고 초라한 모습으로 오셔서 어린양의 비참한 대속의 죽음을 당하였다. 그래야만 우리의 속죄물이 되실 수 있기 때문이다. 그러나 재림의 예수는 계시록에 강조되어 있는 것처럼 '만왕의 왕이요, 만주의 주' 로 오신다. 심판자와 왕으로 오신다. 마태복음의 종말장인 24장과 25장에서도 인자가 심판주로 오실 것을 말씀하신다. 그런 절대 심판자와 주권자로 오시는 주를 1,000년동안 또 부인하고 대적하는 자들이 공존한다는 것이 도무지 말이 되지 않는 것이다. 또한 세대주의적 전 천년주의자들은 계시록에 있지도 않는 7년 대환난을 주장한다. 필자의 생각에 7년 대환난설의 주장의 근거라면 다니엘 9장의 70이레 중의 한 이레를 문자적으로 1년으로 본 것이고, 대환난은 마태복음 24장과 25장에서 예수께서 말씀하신 '큰 환난'에서 나온 것 같다. 그래서 '7년 대환난' 이라는 용어가 나온 것이라 생각된다.

필자는 이러한 견해에 동의하지는 않지만, 존중하고자 한다. 왜냐하면 내 생각과 다르다고 무조건 틀렸다는 자세가 옳지 않기 때문이며, 둘째로 이 모든 일들의 결국은 예수의 재림의 때에는 확실히 드러날 것이기 때문이다.

(3) 후 천년설

이 견해는 지금은 거의 없어지고 있는 주장이다. 그리스도는 천년왕국 이후에 재림하신다. 이 입장에 따르면, 복음의 확정과 교회의 성장은 점점 증가될 것이며, 따라서 갈수록 많은 사람이 그리스도인이 될 것이다. 결과적으로 기독교는 사회에 점점 더 큰 영향을 주고 사회는 점점 더 하나님의 기준에 합한 사회가 되어가면서, 점차 평화와 의의 천년왕국 시대가 이 땅에 도래할 것이다. 이 천년왕국은 오랫동안 지속될 것이다(반드시 천 년일 필요는 없다). 그 시대의 끝에 그리스도가 재림하시고, 신자와 불신자가 부활하며 마지막 심판이 일어나고, 마침내 새 하늘과 새 땅이 임하고, 우리는 영원한 나라로 들어간다.

후 천년설의 특징은, 이 세상에서 사람들의 삶을 변화시키고 유익을 가져다 주는 복음의 능력에 대해 매우 낙관적이라는 점이다. 후 천년설은 교회에 부흥이 있을 때, 전쟁이 없고 국가 간에 평화가 지속되는 때, 그리고 세상의 악과 고난을 극복하고 물리친 듯할 때에 성행하는 경향이 있다.[126]

그러나 필자가 보기에 이 후 천년설은 세상이 점점 그리스도의 나라로 바뀔 것이라는 낙관론에 근거한 것인데 이는 성경적 근거도 부족하고, 인류의 역사도 점점 하나님을 대적하는 사탄의 세력이 더 기승을 부리고 있기에 맞지 않아 보인다.

(4) 무 천년설 (현 천년설, 상징적 천년설)

19장과 20장을 시간의 순서가 아니라 반복적이고 상징적 의미로 보는 견해이다. 근래의 대부분의 학자들의 견해이다. 천년왕국이 예수의 재림 후에 지상의 천년이 아닌 예수님의 초림부터 재림까지의 상징적 기간이라고 본다. 그동안 살펴보았지만, 계시록의 숫자는 문자적인 것이 아니라 상징적인 의미를 가진다. 예를 들어 7영, 7머리, 10뿔, 144,000, 666, 10일 등이다.

이 입장에 의하면, 요한계시록 20장 1-10절에 있는 구절은 현재 교회시대를 묘사한다. 이 시대는 복음이 온 세상에 전파되게 하기 위해 열국들을 향한 사탄의 영향력이 크게 감소된 시대이며, 그리스도와 함께 천 년 동안 왕 노릇할 자들은 이미 죽어 그리스도와 함께 하늘에서 왕 노릇하는 시대이다. 이 입장에 의하면, 천년왕국 동안의 그리스도의 통치는 지상에서의 육체적인 통치가 아니라 "하늘과 땅의 모든 권세를 내게 주셨으니" 마 28:18라고 예수님께서 말씀하신 하늘의 통치를 가리킨다.

이 입장을 무 천년설이라고 부르는 이유는 미래의 천년왕국이란 없다고 주장하기 때문이다. 무 천년설 주의자들은 요한계시록 20장이 현재 교회시대에 성취되고 있다고 믿으며, 거기에 묘사된 천년왕국이 현재 일어나고 있다고 본다. 교회시대가 정확하게 얼마나 될지는 아무도 모르지만 천 년이라는 표현은 하나님의 완전하신 목적이 성취될 긴 기간을 나타내는 상징적인 표현일 뿐이다.

이 입장에 의하면, 현재 교회시대는 그리스도의 재림 때까지 계속될 것이고, 그리스도께서 재림하실 때 신자와 불신자가 모두 부활할 것이다. 신자들의 몸은 부활하여 영혼과 결합하여 천국의 즐거움에 영원토록 참예할 것이고 불신자들은 부활하여 최후의 심판과 영원한 저주를 맞이할 것이다. 신자들도 역시 그리스도의 심판의 보좌 앞에 설 것이다 고후 5:1. 그러나 이 심판은 상급의 정도를 결정하는 것일 뿐이요 불신자들만이 영원히 저주를 받을 것이다. 또한 이 때에 새 하늘과 새 땅이 시작될 것이며, 최후의 심판 직후에는 영원한 상태가 시작되어 영원히 지속될 것이다.[127]

3. 요한계시록 20장 1-10절의 키아즘 구조

A. 사탄의 결박(20:1-3) : 예수의 초림 사역
 B. 천년왕국 (20:4-6) : 예수의 초림과 재림 사이의 기간
A. 사탄의 심판(20:7-10) : 예수의 재림 사역

이 구조를 통해 예수의 초림 사역과 재림 사역, 그리고 천년왕국의 의미를 전하고 있다.[128] 계시록이 잘 짜여진 문학적 구조라는 측면에서 본다면 천년왕국의 의미는 명백해 질 수 있다.

"또 내가 보좌들을 보니 거기에 앉은 자들이 있어 심판하는 권세를 받았더라 또 내가 보니 예수를 증언함과 하나님의 말씀 때문에 목 베임을 당한 자들의 영혼들과 또 짐승과 그의 우상에게 경배하지 아니하고 그들의 이마와 손에 그의 표를 받지 아니한 자들이 살아서 그리스도와 더불어 천 년 동안 왕 노릇 하니" 4절.

1. 예수님과 성도들의 천년 간의 왕 노릇

계시록에는 예수님과 함께 성도들도 왕 노릇 한다는 표현이 6번 나온다. 하나님이 아담을 창조하신 이유도 이것이다.

2. 심판하는 권세를 받기까지

(1) 예수를 증언함과 하나님 말씀 때문에 목 베임 당한 자들
이러한 영광스러운 지위에 이르기까지 성도들이 치룬 댓가는 생명이었다. 행위 구원론을 말하는 것이 아니다. 구원은 하나님의 은혜를 믿는 믿음으로 받는 것이다. 그러나 하나님 나라의 복음을 대적하는 세상에서 하나님 나라를 세우는 동역자요 상속자인 교회와 성도들의 삶이 결코 녹녹치 않다는 것이다. 1세기 당시의 성도들은 더더욱 신앙을 지키는 일이 어려웠다. 정말 목숨을 내 놓아야만 지킬 수 있었다. 예수를 증거하고 하나님의 말씀을 지키려면 순교, 목 베임을 각오해야만 했다.

(2) 목 베임의 이유: 우상에게 경배치 않음과 이마와 손에 표를 받지 않음

3. 왕 노릇의 목적: 하나님과 예수 그리스도의 제사장

주님이 당신의 백성들을 왕 노릇에 동참시키시는 이유는 첫 째로 하나님과 예수 그리스도의 제사장이 되어 하나님과 그리스도를 섬기는 자

가 되기를 원하셨기 때문이다. 둘째로 온 세상을 제사장된 교회와 성도들을 통해 돌아오게 만들기 위해서이다. 또한 성도들의 왕 노릇은 세상의 왕과는 다르다. 힘과 군림과 폭력의 왕 노릇이 아니라 섬김과 사랑의 왕 노릇, 낮아짐과 겸손의 왕 노릇, 은혜와 긍휼의 왕 노릇이다. 이 왕 노릇은 예수님이 재림하신 후에나 하는 왕 노릇이 아니다. 지금도 예수님과 교회는 세상에서 왕 노릇하는 자이다. 복음의 능력으로, 십자가의 사랑으로 섬기며 통치하는 복음의 제사장인 것이다. 낮아지고, 져 주고, 손해보고, 십자가의 원리와 정신으로 살아서 사람들의 마음을 녹이고 여는 복음의 통로인 것이다.

4. 천년동안 왕 노릇하는 자들

천년왕국에서 성도들은 그리스도와 왕 노릇한다. 여기서 "왕 노릇하다" 4절 는 헬라어로 '에바실류산'으로 과거형이다. 그리스도와 성도들의 왕 노릇은 미래의 사건이 아니라 이미 과거에 이루어진 것이다. 예수님의 초림 사역으로 시작된 것이다. 그리고 6절에서 성도들이 그리스도와 함께 "왕 노릇하리로다(바실류수신)"는 미래형이다. 이는 주님의 재림 이후의 새 하늘 새 땅에서의 영원한 왕 노릇을 의미한다. 20장의 '왕 노릇하다'는 과거형 4절과 미래형 6절이다. 다시 말해, 예수님의 초림 사역으로 천년 왕국의 통치가 이미 이루어졌고, 주님의 재림으로 완성될 것이다. 만일 천년 왕국이 주님의 재림 이후의 사건이라면 4절의 왕 노릇하다(과거형)와 충돌한다.

또한, 예수님께서는 마태복음 4장 17절에서 '하나님 나라가 가까웠다(엥기겐, 현재완료)'고 직접 말씀하셨다. '엥기겐'은 현재 완료로 이미 하나님 나라가 임했고, 그 나라가 지금도 계속되고 있음을 의미하는 시제이다. 또한 마태복음 12장 28절에 "내가 하나님의 성령을 힘입어 귀신을 쫓아내는 것이면 하나님 나라가 이미 너희에게 임하였느니라"라고 하셨다. 이때 쓰인 하나님 나라에서 '나라(바실레이아, 명사)'라는 단어가 계시록 20장의 왕 노릇하다(바실류오, 동사 기본형)와 같은 어근이다. 마태복음의 왕 노릇 하심(나라, 명사)과 계시록 20장의 천년왕국의 왕 노릇하다(동사)가 같은 의미인 것이다. 이것에 대한 개념을 도표로 명확히 강의북(워크북)에 정리했느니 독자들은 반드시 참조해보기를 바란다.

"(그 나머지 죽은 자들은 그 천 년이 차기까지 살지 못하더라) 이는 첫째 부활이라 이 첫째 부활에 참여하는 자들은 복이 있고 거룩하도다 둘째 사망이 그들을 다스리는 권세가 없고 도리어 그들이 하나님과 그리스도의 제사장이 되어 천 년 동안 그리스도와 더불어 왕 노릇 하리라" 5-6절.

1. 첫째 부활

어떤 이는 이 첫째 부활을 순교자의 부활로 본다. 그러나 필자는 이 첫째 부활을 신자들이 거듭날 때의 중생의 사건으로 본다. 왜냐면 에베소서 2장에 불신의 상태를 이미 죽은 상태로 묘사하고 있기 때문이다.

"그는 허물과 죄로 죽었던 너희를 살리셨도다 그 때에 너희는 그 가운데서 행하여 이 세상 풍조를 따르고 공중의 권세 잡은 자를 따랐으니 곧 지금 불순종의 아들들 가운데서 역사하는 영이라" 엡 2:1.

2. 5번째 복 선언

첫째 부활에 참여하는 자는 복이 있나니 둘째 사망이 다스리는 권세가 없다. 계시록 7복 중에 5번째 복이 선포된다. 첫째 부활에 참여한 자의 복이다. 계시록은 둘째 사망과 첫째 부활이란 말만 나온다. 여기서 용어에 대한 개념정리가 필요하다. 첫째 사망은 육체적 죽음이다. 신자와 불신자 모두에게 해당된다. 둘째 사망 영적인 죽음이요, 영원한 죽음이다. 불신자만 해당되는 것이다. 첫째 부활은 영적 부활이다. 신자들에게만 해당된다. 둘째 부활은 마지막 날의 육체적 부활이다. 신자와 불신자 모두에게 해당된다.

3. 둘째 사망이 다스리지 못함

둘째 사망은 육신의 죽음 이후 영원히 영벌에 처하는 불신자들의 형벌을 의미한다. 영원히 하나님과 분리되는 것이다. 요한계시록 22장 식으로 말하면 새 예루살렘 성 밖에서 슬피 이를 갈면서 영벌에 떨어지는 것이다. 이 둘째 사망이 성도에게는 해당되지 않는다.

"천 년이 차매 사탄이 그 옥에서 놓여 나와서 땅의 사방 백성 곧 곡과 마곡을 미혹하고 모아 싸움을 붙이리니 그 수가 바다의 모래 같으리라 그들이 지면에 널리 펴져 성도들의 진과 사랑하시는 성을 두르매 하늘에서 불이 내려와 그들을 태워버리고 또 그들을 미혹하는 마귀가 불과 유황 못에 던져지니 거기는 그 짐승과 거짓 선지자도 있어 세세토록 밤낮 괴로움을 받으리라" 7-10절.

1. 곡과 마곡 전쟁

(1) 천년이 차매 잠시 사탄이 놓임

천년 전에 결박된 사탄이 다시 잠시 풀려난다. 이 부분을 문자적으로 보는 분들이 많이 있다. 앞서 말한 역사적, 전 천년과 세대주의적 전 천년설 주의자들이다. 필자는 이 부분을 시간적 개념이 아닌 반복적 계시임을 수 없이 증명해왔다.

그러므로 성경을 해석할 때 일관성이 있어야 한다. 1장부터 일관되게 설명했던 반복적 점진적 해석의 맥으로 보면 의외로 쉽게 풀린다. '사탄이 결박되었다'는 것은 사탄이 예수님의 십자가와 부활로 이미 결박당한 사건이다. 그리고 사탄이 '잠시 놓였다'는 것은 하나님께서 하나님 나라 자녀들의 훈련과 성숙을 위해 사탄의 활동을 잠시 허락하신 것으로 보아야할 것이다. 천 년 끝쯤에 잠깐 놓였다는 것은 사탄의 머리가 꺾였을지라도 그리스도의 초림과 재림 사이에 성도들을 미혹하는 간헐적인 역사는 허용해 놓겠다는 것이다.

예전에 이런 기사를 읽은 적이 있다. 어떤 사람이 닭의 머리를 쳤다. 그런데 닭이 바로 죽지 않고 몇 초간 목이 잘려진 채로 돌아다니다가 죽더라는 것이다. 이 닭은 죽은 것인가 아니면 살아있는 것인가? 목이 잘렸을 때 죽은 것이다. 그런데 잠시 산 것처럼 몸부림만 칠뿐이다. 마찬가지이다. 사탄도 이미 그리스도의 십자가와 부활로 이미 머리가 박살나 죽었다. 잠시 그 영향력으로 교회와 성도들을 공격하는 것뿐이다. 이것도 하나님의 주권 안에서만 가능한 일이다. 교회와 성도들을 보석처럼 다듬으시는 도구로 허용될 뿐이다. 마치 욥처럼 말이다. "너희는 나의 인 맞은 자이다. 내 것이니 내가 책임지고 보호하고 만들겠다." 하시는 것이다. 고난과 사탄까지도 써서 그리스도의 거룩한 신부로 만드시는 것이다.

(2) 곡과 마곡 전쟁에 대한 구약 배경

"인자야 너는 마곡 땅에 있는 로스와 메섹과 두발 왕 곧 곡에게로 얼굴을 향하고 그에게 예언하여 이르기를 주 여호와께서 이같이 말씀하시기를 로스와 메섹과 두발 왕 곡아 내가 너를 대적하여" 겔 38:2-3.

(3) 성도들의 진, 사랑하시는 성 두름

사탄은 땅의 사방 백성을 미혹하여 하나님의 백성들과 싸움케 한다. 마곡과 곡의 세력은 성도들의 진을 두른다. '진'이라함은 교회가 영적군대라는 것이며, 또한 하나님의 사랑을 받는 교회임을 의미한다.

2. 용의 최후 심판

드디어 미혹 하던 자 마귀는 불과 유황 못에 던져져서 세세토록 괴로움을 받는다. 이 불과 유황 못의 구약적 배경은 에스겔서이다.

"내가 또 전염병과 피로 그를 심판하며 쏟아지는 폭우와 큰 우박덩이와 불과 유황으로 그와 그 모든 무리와 그와 함께 있는 많은 백성에게 비를 내리듯 하리라 이같이 내가 여러 나라의 눈에 내 위대함과 내 거룩함을 나타내어 나를 알게 하리니 내가 여호와인 줄을 그들이 알리라" 겔 38:22-23.

"또 내가 크고 흰 보좌와 그 위에 앉으신 이를 보니 땅과 하늘이 그 앞에서 피하여 간 데 없더라 또 내가 보니 죽은 자들이 큰 자나 작은 자나 그 보좌 앞에 서 있는데 책들이 펴 있고 또 다른 책이 펴졌으니 곧 생명책이라 죽은 자들이 자기 행위를 따라 책들에 기록된 대로 심판을 받으니 바다가 그 가운데에서 죽은 자들을 내주고 또 사망과 음부도 그 가운데에서 죽은 자들을 내주매 각 사람이 자기의 행위대로 심판을 받고 사망과 음부도 불못에 던져지니 이것은 둘째 사망 곧 불못이라 누구든지 생명책에 기록되지 못한 자는 불못에 던져지더라" 11-15절.

1. 옛 땅과 하늘이 없어짐

처음 땅과 하늘이 사라진다. 주님이 재림하실 때 재창조가 완성되어 새 하늘 새 땅이 열리는 것이다. 이것을 좀 더 자세히 설명한 것이 21~22장이다.

2. 백 보좌 심판

재림하신 예수 그리스도께서 모든 사탄의 세력을 다 심판하신 후에 크고 흰 보좌에 앉으사 역사에 존재한 모든 인류를 심판하신다. 이때에는 신자나, 불신자나 모두가 육신으로 부활하여 그리스도의 심판대에 서게 될 것이다. 최후 심판이다.

> "이를 놀랍게 여기지 말라 무덤 속에 있는 자가 다 그의 음성을 들을 때가 오나니 선한 일을 행한 자는 생명의 부활로, 악한 일을 행한 자는 심판의 부활로 나오리라" 요 5:28-29.

> "네가 어찌하여 네 형제를 비판하느냐 어찌하여 네 형제를 업신여기느냐 우리가 다 하나님의 심판대 앞에 서리라" 롬 14:10.

> "이는 우리가 다 반드시 그리스도의 심판대 앞에 나타나게 되어 각각 선악간에 그 몸으로 행한 것을 따라 받으려 함이라" 고후 5:10.

그러므로 우리 인생의 목적도 이 심판대를 준비하는 삶으로 살아가야 한다. 육신의 죽음은 끝이 아니다. 영원한 삶의 시작일 뿐이다. 영벌이냐 아니면 영생이냐를 짧은 이 땅의 삶 속에서 준비해야 하는 것이다. 그래서 우리의 삶의 자세는 백 보좌 심판대라는 끝에서부터 오늘을 살아 내야 한다.

3. 생명책과 다른 책
(1) 생명책

여기서 생명책은 구원받은 성도들이 기록된 책이다. 구약의 배경은 다니엘서이다.

> "그 때에 네 민족을 호위하는 큰 군주 미가엘이 일어날 것이요 또 환난이 있으리니 이는 개국 이래로 그 때까지 없던 환난일 것이며 그 때에 네 백성 중 책에 기록된 모든 자가 구원을 받을 것이라 땅의 티끌 가운데에서 자는 자 중에서 많은 사람이 깨어나 영생을 받는 자도 있겠고 수치를 당하여서 영원히 부끄러움을 당할 자도 있을 것이며" 단 12: 1-2.

(2) 다른 책

그리스도의 심판대 앞에는 다른 책도 있다. 이 책은 아마 행위의 관한 책일 것이다. 구약적 배경은 역시 다니엘서이다.

> "내가 보니 왕좌가 놓이고 옛적부터 항상 계신 이가 좌정하셨는데 그의 옷은 희기가 눈 같고 그의 머리털은 깨끗한 양의 털 같고 그의 보좌는 불꽃이요 그의 바퀴는 타오르는 불이며 불이 강처럼 흘러 그의 앞에서 나오며 그를 섬기는 자는 천천이요 그 앞에서 모셔 선자는 만만이며 심판을 베푸는데 책들이 펴 놓였더라" 단 7:9-10.

사람들은 '자기 행위에 따라 심판'을 받는다. 불신자는 불과 유황의 못으로 들어가는 심판을 받고, 구원받은 신자는 자신의 행위에 따라 상급의 심판을 받을 것이다. 신자의 심판은 천국이냐 지옥이냐의 심판이 아니다. 구원은 우리의 행위와 관계없이 예수의 피로 인해 하나님이 의

롭다하심을 얻는 칭의 때문에 받는 것이다. 그 상급은 고린도전서의 말씀처럼 공력에 관한 심판인 것이다

"만일 누구든지 금이나 은이나 보석이나 나무나 풀이나 짚으로 이 터 위에 세면 각 사람의 공적이 나타날 터인데 그 날이 공적을 밝히리니 이는 불로 나타내고 그 불이 각 사람의 공적이 어떠한 것을 시험할 것임이라 만일 누구든지 그 위에 세운 공적이 그대로 있으면 상을 받고 누구든지 그 공적이 불타면 해를 받으리니 그러나 자신은 구원을 받되 불 가운데서 받은 것 같으리라" 고전 3:12-15.

4. 불신자의 최후 심판

끝까지 그리스도의 복음을 거부한 자들은 사망과 음부의 불 못이라는 둘째 사망에 던져지게 된다. 둘째 사망은 하나님과 영원히 분리되어 영원토록 고통을 당하는 영벌을 의미한다. 이 사람들은 '생명책에 기록되지 못한 자'들이다. 하나님의 은혜가 그를 부르고, 구원하시고, 지키시고, 인도하시지 않으면 마지막 때에 짐승의 미혹의 역사를 이길 자는 없다. 오직 하나님의 은혜와 긍휼만이 우리를 영광의 자리에 설 수 있도록 하기 때문에 하나님과 어린양에게만 영광이 돌려져야 하는 것이다.

삶의 적용과 설교를 위한 20장의 핵심 Tip

1. 천년왕국과 왕 노릇

    문자적인 1000년이냐 상징이냐는 독자들의 판단에 맡기겠다. 중요한 것은 예수님과 교회가 왕 노릇한다는 것이다. 이 왕 노릇은 용서와 섬김, 비움과 낮아짐 즉, 십자가의 원리로 다스리는 왕 노릇이다. 그러므로 성도의 왕 노릇은 미래의 일뿐만 아니라 오늘의 일이다. 십자가의 사랑으로 섬겨 사람들이 하나님께로 돌아오게 하는 것이 왕 노릇이다.

2. 사탄의 결박과 곡과 마곡의 전쟁

    사탄의 결박과 곡과 마곡 전쟁에 대해 해석이 다양하지만 분명한 것은 교회를 미혹하며 핍박했던 사탄이 결박당해 영원한 불 못에 던져지게 된다는 것이다.

3. 백보좌 심판

    신자나 불신자나 주님의 심판대 앞에서 설 때가 온다. 그날을 준비해야 한다. 오늘날 천국과 지옥에 대한 설교를 들어본 적이 언제인가? 또한 천국과 지옥에 대해 설교해 본적이 언제인가?

1.또 내가 새 하늘과 새 땅을 보니 처음 하늘과 처음 땅이 없어졌고 바다도 다시 있지 않더라 2.또 내가 보매 거룩한 성 새 예루살렘이 하나님께로부터 하늘에서 내려오니 그 준비한 것이 신부가 남편을 위하여 단장한 것 같더라 3.내가 들으니 보좌에서 큰 음성이 나서 이르되 보라 하나님의 장막이 사람들과 함께 있으매 하나님이 그들과 함께 계시리니 그들은 하나님의 백성이 되고 하나님은 친히 그들과 함께 계셔서 4.모든 눈물을 그 눈에서 닦아 주시니 다시는 사망이 없고 애통하는 것이나 곡하는 것이나 아픈 것이 다시 있지 아니하리니 처음 것들이 다 지나갔음이러라 5.보좌에 앉으신 이가 이르시되 보라 내가 만물을 새롭게 하노라 하시고 또 이르시되 이 말은 신실하고 참되니 기록하라 하시고 6.또 내게 말씀하시되 이루었도다 나는 알파와 오메가요 처음과 마지막이라 내가 생명수 샘물을 목마른 자에게 값없이 주리니 7.이기는 자는 이것들을 상속으로 받으리라 나는 그의 하나님이 되고 그는 내 아들이 되리라 8.그러나 두려워하는 자들과 믿지 아니하는 자들과 흉악한 자들과 살인자들과 음행하는 자들과 점술가들과 우상 숭배자들과 거짓말하는 모든 자들은 불과 유황으로 타는 못에 던져지리니 이것이 둘째 사망이라 … 16.그 성은 네모가 반듯하여 길이와 너비가 같은지라 그 갈대 자로 그 성을 측량하니 만 이천 스다디온이요 길이와 너비와 높이가 같더라 17.그 성곽을 측량하매 백사십사 규빗이니 사람의 측량 곧 천사의 측량이라 18.그 성곽은 벽옥으로 쌓였고 그 성은 정금인데 맑은 유리 같더라 19.그 성의 성곽의 기초석은 각색 보석으로 꾸몄는데 첫째 기초석은 벽옥이요 둘째는 남보석이요 셋째는 옥수요 넷째는 녹보석이요 20.다섯째는 홍마노요 여섯째는 홍보석이요 일곱째는 황옥이요 여덟째는 녹옥이요 아홉째는 담황옥이요 열째는 비취옥이요 열한째는 청옥이요 열두째는 자수정이라 21.그 열두 문은 열두 진주니 각 문마다 한 개의 진주로 되어 있고 성의 길은 맑은 유리 같은 정금이더라 22.성 안에서 내가 성전을 보지 못하였으니 이는 주 하나님 곧 전능하신 이와 및 어린 양이 그 성전이심이라 … 22:1.또 그가 수정 같이 맑은 생명수의 강을 내게 보이니 하나님과 및 어린 양의 보좌로부터 나와서 2.길 가운데로 흐르더라 강 좌우에 생명나무가 있어 열두 가지 열매를 맺되 달마다 그 열매를 맺고 그 나무 잎사귀들은 만국을 치료하기 위하여 있더라 3.다시 저주가 없으며 하나님과 그 어린 양의 보좌가 그 가운데에 있으리니 그의 종들이 그를 섬기며 4.그의 얼굴을 볼 터이요 그의 이름도 그들의 이마에 있으리라 5.다시 밤이 없겠고 등불과 햇빛이 쓸 데 없으니 이는 주 하나님이 그들에게 비치심이라 그들이 세세토록 왕 노릇 하리로다 6.또 그가 내게 말하기를 이 말은 신실하고 참된지라 주 곧 선지자들의 영의 하나님이 그의 종들에게 반드시 속히 되어질 일을 보이시려고 그의 천사를 보내셨도다

21장
새 하늘 새 땅

"또 내가 새 하늘과 새 땅을 보니 처음 하늘과 처음 땅이 없어졌고 바다도 다시 있지 않더라" 1절.

1. 새 하늘, 새 땅

이제 계시록의 마지막 단락인 새 하늘, 새 땅이 나온다. 이것은 이사야 65장 17절의 성취이다.

"보라 내가 새 하늘과 새 땅을 창조하나니 이전 것은 기억되거나 마음에 생각나지 아니할 것이라 너희는 내가 창조하는 것으로 말미암아 영원히 기뻐하며 즐거워할지니라 보라 내가 예루살렘을 즐거운 성으로 창조하며 그 백성을 기쁨으로 삼고" 사 65:17-18.

그러나 이것은 아무도 모른다. 갱신이든, 재창조들이든 중요하지 않다. 주님이 오죽 알아서 하시지 않겠는가? 이런 지엽적인 문제에 목숨을 걸지 말자. 계시록의 핵심은 환난과 연단을 통해 교회와 성도가 그리스도의 신부로 만들어지는 것이다.

2. 바다가 다시 있지 않더라

여기서 바다는 물리적인 바다가 아니라 하나님 나라를 대적했던 세상 세력이 없어졌다는 뜻이다.

"또 내가 보매 거룩한 성 새 예루살렘이 하나님께로부터 하늘에서 내려오니 그 준비한 것이 신부가 남편을 위하여 단장한 것 같더라" 2절.

거룩한 성 새 예루살렘

(1) 거룩한 성

'거룩한 성 새 예루살렘'을 보이신다. 큰 성이 아니라 거룩한 성이다. 18장에서 바벨론의 가치의 핵심이 '큰 성'이라 했다. 신부들을 상징하는 새 예루살렘 성은 거룩한 성이다. '큼'과 '거룩'의 싸움이다. 신랑은 신부인 교회에게 거룩을 요구하고 있는 것이다. 거룩을 추구하는 인생과 교회가 되라는 것이다. 거룩은 단지 행위적 거룩만이 아니라 그 이상의 개념이다. 구별됨이다. 세상에는 없는 하나님만이 갖고 있는 그 어떤 것을 우리 안에 채우는 것이 거룩이다. 내 안에 세상의 가치를 잘라내고, 하나님의 거룩을 내 안에 채우는 것이다.

(2) 하나님께로부터 하늘에서 내려오니

새 예루살렘 성이 하늘로부터 내려온다는 것은 물리적인 성을 말하기보다 사람이 아닌 하나님만이 만들어내신 성이라는 의미이다. 하나님만이 하신 일이다.

(3) 새 예루살렘 성의 의미
새 예루살렘 성은 어린양의 신부인 교회와 성도들을 말한다. 왜냐하면 요한계시록 21장 2절과 9절이 이를 증명한다.

"또 내가 보매 거룩한 성 새 예루살렘이 하나님께로부터 하늘에서 내려오니 그 준비한 것이 신부가 남편을 위하여 단장한 것 같더라" 2절.

"일곱 대접을 가지고 마지막 일곱 재앙을 담은 일곱 천사 중 하나가 나아와서 내게 말하여 이르되 이리 오라 내가 신부 곧 어린 양의 아내를 네게 보이리라 하고, 성령으로 나를 데리고 크고 높은 산으로 올라가 하나님께로부터 하늘에서 내려오는 거룩한 성 예루살렘을 보이니" 9-10절.

'내가 신부 곧 어린 양의 아내를 네게 보이리라 하고', '하늘에서 내려오는 거룩한 성 예루살렘을 보이니' 어린양의 아내인 신부와 거룩한 성 예루살렘을 동일하게 보고 있다. 대부분의 학자들은 새 예루살렘 성을 하나님의 백성을 포함하고 있다고 본다.[129] G. K. Beale은 새 예루살렘 성은 성도가 죽어서 가는 장소로서의 천국이라기보다 새 창조 속에 들어간 완전한 예수님의 신부인 교회로 본다. 성도가 죽으면 새 예루살렘의 황금집에 들어갈 것이라는 통속적인 주장을 교정한다.[130]
그러나 한 가지 조심해야 할 것이 있다. 필자는 새 예루살렘 성이 신부된 교회를 상징하는 것은 분명해 보이나 그렇다고 천국의 장소성을 부인하면 안된다. 천국과 지옥은 반드시 물리적인 공간으로 존재한다. 새 예루살렘 성은 하나님의 백성을 의미하지만 장소로서의 의미도 가지고 있음으로 해석의 균형을 잡아야 할 것이다. 또 하나 구조를 통한 메시지를 놓쳐서는 안 될 것이다. 17장부터 21장까지 두 가지 의도적인 대조가 등장한다. '음녀와 신부', '큰 성과 거룩한 성'이다. 요한은 교회와 성도들이 이 둘 사이에서 올바른 선택을 할 것을 요구한다.[131]

"내가 들으니 보좌에서 큰 음성이 나서 이르되 보라 하나님의 장막이 사람들과 함께 있으매 하나님이 그들과 함께 계시리니 그들은 하나님의 백성이 되고 하나님은 친히 그들과 함께 계셔서 모든 눈물을 그 눈에서 닦아 주시니 다시는 사망이 없고 애통하는 것이나 곡하는 것이나 아픈 것이 다시 있지 아니하리니 처음 것들이 다 지나갔음이러라" 3-4절.

1. 하나님 나라의 완성

(1) 하나님의 임재

보좌의 큰 음성이 이르되 '하나님이 그들과 함께 하시리니 그들은 하나님의 백성이 되고 하나님은 친히 그들과 함께 계셔서'라고 하신다. 이것은 구약에서 하나님 나라를 말하는 전형적인 표현이다. 최고의 축복은 하나님이 함께 해 주시는 것이다. 이보다 더 큰 보상과 축복이 무엇이 있다는 말인가? 하나님의 임재의 축복은 이 땅에서도 누릴 수 있다. 하나님은 지금도 우리와 함께 하시기 때문이다. 그런데 하나님이 지금도 함께 하시는데 우리의 삶은 왜 그렇게 아픔과 고난의 연속일까? 하나님이 함께 하셔도 아플 수 있다. 하나님이 함께 하셔도 암으로 인해 고통당할 수도 있다. 하나님이 함께 하시면 반드시 질병이 나아야 하는 것은 아니다. 함께 하셔도 죽을 수도 있고, 함께 하셔도 힘들 수 있다. 하나님이 우리를 버려서가 아니다. 하나님의 함께 하심이 내 욕심을 이루는데 동원되는 수단이 아니다. 하나님의 함께 하심 그 자체가 귀한 것이다.

(2) 치유와 회복

'모든 눈물을 그 눈에서 닦아 주시니 다시는 사망이 없고 애통하는 것이나 곡하는 것이나 아픈 것이 다시 있지 아니하리니 처음 것들이 다 지나갔음이러라'고 하신다. 하나님 나라가 최종적으로 완성되면 더 이상 눈물도, 사망도, 애통도, 아픔도 없다. 이 말을 하는 이유는 현재 요한 공동체 성도들이 믿음을 지키면서 고난당하며 눈물을 흘리며, 순교하며, 아픔을 겪는 성도들의 고난을 위로 하시고자 함이다. '모든 눈물을 씻기시고'라는 말씀은 계시록 7장에 이미 나왔었다. 그러니까 7장의 천상의 장면은 21장의 하나님 나라의 완성을 미리 당겨서 보여준 것이다.

더 깊이 묵상해야할 점이 있다. 예수님은 아무나 눈물을 닦아주시지 않는다. 예수와 복음 때문에 참고 인내하면서 흘린 눈물이 있어야 한다. 한 영혼을 살릴려고 모욕당하고 손해보고 억울함을 당하고 속이 타들어 가면서 흘린 눈물이 있는 자들을 천국에서 주님이 닦아 주시는 것이다. 영혼 때문에 흘린 눈물이 있는가?

"보좌에 앉으신 이가 이르시되 보라 내가 만물을 새롭게 하노라 하시고 또 이르시되 이 말은 신실하고 참되니 기록하라 하시고 또 내게 말씀하시되 이루었도다 나는 알파와 오메가요 처음과 마지막이라 내가 생명수 샘물을 목마른 자에게 값없이 주리니" 5-6절.

1. 만물을 새롭게 하시는 하나님

죄로 인한 망가진 옛 하늘과 땅의 특징인 눈물, 애통, 아픔, 사망이 사라진다. 하나님의 영광의 임재가 함께 하시는 하나님 나라가 완성됐기 때문이다. 만물을 새롭게 하시는 하나님의 역사이다. 주님은 우주만물을 새롭게 하시기까지 쉬지 않으신다 사 43:19. 우리의 삶, 가정, 교회, 나라 안에 눈물, 애통, 아픔, 사망이 다 사라질 때까지 말이다.

2. 알파요 오메가요 처음과 마지막

주님은 1장에서 하신 말씀을 다시 하신다. '알파요 오메가요 처음과 마지막'이라고 하신다. 1장과 21장은 대칭구조이다. 시작하신 분이 이루신 것이다. 하나님은 중간에 포기하시는 법이 없다. 고난받고 있는 교회에게 승리의 확신을 주시기 위함이다. 만물을 새롭게 하시는 일을 시작하시고 완성하는 일을 포기치 않으시고 다 이루신 것이다. 우리의 삶도 마찬가지이다. 우리를 향해 세우신 하나님의 계획, 더 정확히 말하면 우리를 통해 아루실 하나님 나라의 완성까지 하나님은 멈추지 않으실 것을 믿고 다시 일어나시기를 바란다.

3. 다 이루심

'보좌에 앉으신 이가 이르시되 보라 내가 만물을 새롭게 하노라 하시고 또 이르시되 이 말은 신실하고 참되니 기록하라 하시고 또 내게 말씀하시되 이루었도다' '이루었도다.' 완료형이다. 이미 끝난 싸움을 역사라는 시간 안에서 하고 있는 것이다. 성경에 '다 이루었다'는 말이 매우 중요한 대목에서 나온다. 첫째는 창조를 완성하시고 '다 이루었다' 하시고, 둘째는 예수님이 십자가에서 '다 이루었다' 하시고, 마지막으로 계시록에서 하나님께서 재창조 사역을 다 마치시고 '다 이루었다' 하신다. 다시 말해 창조 사역, 구속 사역, 재창조 사역을 완전히 이루신 것이다. 다 이루시고 완성하실 하나님을 끝까지 붙들고 이기라는 위로요 도전이다. 또한 우리에게 모든 것들이 새롭게 되는 하나님 나라 완성을 위해 하나님의 동역자와 상속자로서 동참할 것을 요구하는 것이다.

4. 목마른 자들과 생명수의 역사

'내가 생명수 샘물을 목마른 자에게 값없이 주리니' 이사야 55장의 성취이다. 하나님은 지금 고난과 환난으로 고통당하고 있는 성도에게 값없이 주시는 생명수를 주신다. 이 생명수는 하늘나라에 가서야 누리는 것이 아니라 지금도 목말라 하기만 하면 맛볼 수 있는 성령님의 역사이다. 진리와 말씀에 목마른 우리인가 아니면 세상에 목마른 우리인가?

"이기는 자는 이것들을 상속으로 받으리라 나는 그의 하나님이 되고 그는 내 아들이 되리라" 7절.

이기는 자의 상속

그러나 이러한 축복은 이기는 자에게 준비된 것이다. '이기는 자는 이것들을 상속으로 받으리라 나는 그의 하나님이 되고 그는 내 아들이 되리라' 요한계시록에서 이기는 자는 핵심 주제이다. 하늘의 복이 거저 주어지지 않는다. 세속의 가치와 사상에 싸워야 한다. 짐승 우상에게 경배하지 않기 위해 목숨이라도 걸어야 하는 것이다.

"그러나 두려워하는 자들과 믿지 아니하는 자들과 흉악한 자들과 살인자들과 음행하는 자들과 점술가들과 우상 숭배자들과 거짓말하는 모든 자들은 불과 유황으로 타는 못에 던져지리니 이것이 둘째 사망이라" 8절.

둘째 사망에 던져지는 자들

둘째 사망에 던져지는 8가지 죄의 성격을 말하고 있다. 8개의 죄악이 아니라 우상숭배라는 죄의 8가지 성격을 말하는 것이다. 둘째 사망의 우상숭배자들은 영원한 형벌에 떨어지는 것이다. 이 중에서 "믿지 않는 자들"은 불성실한 자들이다(아피스토이스). 주님의 말씀에 신실치 않은 것이다. "흉악한 자"는 가증한 자이다(브델루그메노이스). "거짓말 하는 자"는 단지 도덕적 차원의 거짓말이 아닌 거짓 증언, 거짓복음을 말했던 자들일 것이다(프슈데신).[132] 왜냐하면 요한계시록 2장 2절에서 에베소교회는 "자칭 사도라 하되 아닌 자들을 시험하여 그 [거짓된 것을] 드러내었다"는 말씀에서 거짓됨이 거짓 교훈을 의미하는데 같은 단어가 쓰였기 때문이다.

"일곱 대접을 가지고 마지막 일곱 재앙을 담은 일곱 천사 중 하나가 나아와서 내게 말하여 이르되 이리 오라 내가 신부 곧 어린 양의 아내를 네게 보이리라 하고 성령으로 나를 데리고 크고 높은 산으로 올라가 하나님께로부터 하늘에서 내려오는 거룩한 성 예루살렘을 보이니" 9-10절.

1. 성령에 이끌리어 (엔 퓨뉴마, 4번째)
계시록에 나오는 '엔 프뉴마티' 구조의 마지막이다.

2. 신부 곧 어린양의 아내를 보이심
신부 곧 어린양의 아내를 보이시는데 새 예루살렘 성을 보이신다.

"하나님의 영광이 있어 그 성의 빛이 지극히 귀한 보석 같고 벽옥과 수정 같이 맑더라 크고 높은 성곽이 있고 열두 문이 있는데 문에 열두 천사가 있고 그 문들 위에 이름을 썼으니 이스라엘 자손 열두 지파의 이름들이라 동쪽에 세 문, 북쪽에 세 문, 남쪽에 세 문, 서쪽에 세 문이니 그 성의 성곽에는 열두 기초석이 있고 그 위에는 어린 양의 열두 사도의 열두 이름이 있더라 내게 말하는 자가 그 성과 그 문들과 성곽을 측량하려고 금 갈대 자를 가졌더라 그 성은 네모가 반듯하여 길이와 너비가 같은지라 그 갈대 자로 그 성을 측량하니 만 이천 스다디온이요 길이와 너비와 높이가 같더라 그 성곽을 측량하매 백사십사 규빗이니 사람의 측량 곧 천사의 측량이라 그 성곽은 벽옥으로 쌓였고 그 성은 정금인데 맑은 유리 같더라 그 성의 성곽의 기초석은 각색 보석으로 꾸몄는데 첫째 기초석은 벽옥이요 둘째는 남보석이요 셋째는 옥수요 넷째는 녹보석이요 다섯째는 홍마노요 여섯째는 홍보석이요 일곱째는 황옥이요 여덟째는 녹옥이요 아홉째는 담황옥이요 열째는 비취옥이요 열한째는 청옥이요 열두째는 자수정이라 그 열두 문은 열두 진주니 각 문마다 한 개의 진주로 되어 있고 성의 길은 맑은 유리 같은 정금이더라" 11-21절.

1. 보석 같은 그리스도의 신부

어린양의 신부인 새 예루살렘 성은 하나님의 영광이 있는 곳이다. 교회는 하나님의 영광이 머무는 곳이다. 또한 '성의 빛이 지극히 귀한 보석 같고 벽옥과 수정 같이 맑다' 는 것은 새 예루살렘 성이 진짜 보석으로 이루어졌다는 것이 아니라 신부인 교회가 지극히 보석 같은 존재라는 것이다. 필자가 서론에서 강조했던 것처럼 계시록의 목적이 지극히 보석 같은 그리스도의 신부들을 만들어내는 것이다. 신부된 교회가 빛이 난다. 12장에서 해와 달과 열두 별의 빛으로 영광을 입었다.

2. 열두 진주 문

"그 문들 위에 이름을 썼으니 이스라엘 자손 열두 지파의 이름들이라 12절 그 열두 문은 열두 진주니 각 문마다 한 개의 진주로 되어 있고 성의 길은 맑은 유리 같은 정금이더라" 21절.

12문에 12지파의 이름이 쓰인 것은 구약시대의 구원받은 성도들을 상징하는 것이다. 또한 구약성도들을 열두 문으로 표현하는 것은 구약이라는 문을 통해 예수께 오게 하는 것이 구약의 역할임을 말씀하는 것이라 생각한다.

3. 12기초석 12보석

"그 성의 성곽에는 열두 기초석이 있고 그 위에는 어린 양의 열두 사도의 열두 이름이 있더라" 14절.

성곽의 열두 기초석에 어린 양의 열두 사도의 열두 이름이 있다는 것은 신약시대에 구원얻은 성도들의 상징이다. 신약 성도의 대표인 열두 사도는 열두 기초석으로 표현하는 것은 교회가 하나님 나라의 기초요, 터이기 때문이다.

"너희는 사도들과 선지자들의 터 위에 세우심을 입은 자라 그리스도 예수께서 친히 모퉁잇돌이 되셨느니라" 엡 2:20.

"이집은 살아 계신 하나님의 교회요 진리의 기둥과 터니라" 딤전 3:15.

그런데 이 새 예루살렘 성이 정말 각종 보석으로 치장된 장소일까? 필자는 새 하늘, 새 땅, 천국이 장소적 개념이라는 것에 당연히 동의한다. 요즘 천국과 지옥의 공간적 실체를 부정하는 신학자들이 있다. 분명 하늘나라, 천국은 공간적 장소임에 분명하다. 계시록을 지나치게 문자로 푸는 사람들 때문에 상징적 해석을 강조하는 것이다. 그러나 상징적 해석이 중요한 해석방법이라고 할지라도 천국의 장소적 실체를 부정하는 것은 잘못된 것이다. 필자가 지금부터 설명하고자 하는 12진주문과 12기초석에 대한 견해가 비록 상징적 해석이 강조된다 할지라도 천국의 실체성에 대한 확신은 변함이 없다.

그럼에도 불구하고 21~22장에 나오는 각종 보석으로 치장된 새 예루살렘 성의 모습이 우리가 살 천국의 실제 모습이라는 것에 대하여는 견해가 다르다. 많은 분들이 천국이 실제 보석으로 가득한 곳이며, 천국의 길은 황금길 일거라고 생각한다. 물론 그럴 수도 있다. 그러나 계시록 전체의 맥으로 볼 때 각종 보석과 진주, 황금이라는 이미지를 사용하는 것은 새 예루살렘 성인 그리스도의 신부가 그토록 영광스러운 보석 같은 존재들로 빚어져 영광스러운 존재로 완성됨을 강조하려는 상징이다.[133] 이것은 이사야 54장 11-12절에 대한 성취이다.

> "보라 내가 화려한 채색으로 네 돌 사이에 더하며 청옥으로 네 기초를 쌓으며 홍보석으로 네 성벽을 지으며 석류석으로 네 성문을 만들고 네 지경을 다 보석으로 꾸밀 것이며" 사 54:11-12.

17장에 음녀의 모습을 표현할 때도 금, 은, 진주로 치장했다는 것은 문자적 의미가 아닌 것이 분명했다면 새 예루살렘의 보석도 상징임에 분명해 보인다. 17~18장의 음녀 바벨론, 큰 성 바벨론과의 대조 때문에 등장하는 표현방식이라는 것이다. 그러기에 새 예루살렘 성이 온갖 보석으로 인테리어된 장소라기보다는 하나님의 형상을 닮은 보석 같은 신부들로 보아야한다고 주장한다. 재미있는 것은 4장에 '보좌 위에 앉으신 이'의 모습이 벽옥 같고, 홍보석 같고, 녹보석 같다고 했는데, 21장의 새 예루살렘 성 12기초석의 보석 중에 벽옥, 홍보석, 녹보석이 나온다. 4장의 하나님의 보석과 21장의 기초석의 보석과 똑같다. 이것은 그리스도의 신부들이 하나님의 형상을 닮아 있음을 말하는 의도적 표현이다.

구약 성막에서 봉사한 대 제사장의 에봇의 가슴에 12보석이 달려 있다. 12지파를 상징하는 12보석을 품고 다닌다. 이는 대 제사장이신 예수가 우리를 가슴에 품고 계신다는 것이다.

"너는 판결 흉패를 에봇 짜는 방법으로 금 실과 청색 자색 홍색 실과 가늘게 꼰 베 실로 정교하게 짜서 만들되 길이와 너비가 한 뼘씩 두 겹으로 네모 반듯하게 하고 그것에 네 줄로 보석을 물리되 첫 줄은 홍보석 황옥 녹주옥이요 둘째 줄은 석류석 남보석 홍마노요 셋째 줄은 호박 백마노 자수정이요 넷째 줄은 녹보석 호마노 벽옥으로 다 금 테에 물릴지니 이 보석들은 이스라엘 아들들의 이름대로 열둘이라 보석마다 열두 지파의 한 이름씩 도장을 새기는 법으로 새기고" 출 28:15-20.

4. 성의 측량: 만 이천 스타디온

성을 측량하니 '만 이천 스타디온'으로 나온다. 2,400킬로미터 정도의 사이즈다. 이것은 미 대륙의 70퍼센트 정도의 크기이다. 만일 천국이 이정도의 사이즈라면 너무 작은 것 아닌가? 그러므로 이 '만 이천 스타디온'도 상징적 의미이다. 성의 깊이와 높이와 넓이가 같다고 한다. 각각 144규빗이다. 그려보면 정육면체이다. 왜 새 예루살렘 성이 장소적 개념이 아님에도 불구하고 정육면체의 형상으로 그리고 있을까?

(1) 열왕기상 6장을 보면 솔로몬이 하나님의 임재를 상징하는 성전의 지성소를 만들 때, 높이 깊이 넓이를 같은 규빗인 정육면체로 만들었다.

"여호와의 언약궤를 두기 위하여 성전 안에 내소를 마련하였는데 그 내소의 안은 길이가 이십 규빗이요 너비가 이십 규빗이요 높이가 이십 규빗이라 정금으로 입혔고 백향목 제단에도 입혔더라" 왕상 6:19-20.

(2) 에스겔 성전 환상에서도 정사각형이다.

"중에서 성소에 속할 땅은 길이가 오백 척이요 너비가 오백 척이니 네모가 반듯하며 그 외에 사방 쉰 척으로 전원이 되게 하되" 겔 45:2.

하나님이 임재하셨던 성전의 지성소와 같이 어린양의 신부인 새 예루살렘 성도 정육면체이다. 이것은 이제 하나님께서 그의 처소를 교회와 성도들로 삼아 임재하심을 의미한다. 이처럼 새 예루살렘 성이 지성소와 같은 정육면체로 같다는 것은 교회와 성도들이 하나님이 임재하시는 지성소라고 말하고 있는 것이다.

"성 안에서 내가 성전을 보지 못하였으니 이는 주 하나님 곧 전능하신 이와 및 어린 양이 그 성전이심이라 그 성은 해나 달의 비침이 쓸 데 없으니 이는 하나님의 영광이 비치고 어린 양이 그 등불이 되심이라 만국이 그 빛 가운데로 다니고 땅의 왕들이 자기 영광을 가지고 그리로 들어가리라 낮에 성문들을 도무지 닫지 아니하리니 거기에는 밤이 없음이라 사람들이 만국의 영광과 존귀를 가지고 그리로 들어가겠고 무엇이든지 속된 것이나 가증한 일 또는 거짓말하는 자는 결코 그리로 들어가지 못하되 오직 어린 양의 생명책에 기록된 자들만 들어가리라" 22-27절.

1. 성전이신 주 하나님 곧 전능하신 이와 및 어린 양

완성된 천국은 주 하나님과 어린양이 성전되심으로 성전이 필요 없다. 구약의 성전은 그림자인 것이다. 실체가 오셨고 완성하셨기에 더 이상 눈에 보이는 성전이 필요없는 것이다. 성전은 하나님과 만남의 장소이다. 우리는 예수 안에서 하나님을 만난다. 또한 성전이 없다는 표현은 계시록이 기록될 당시의 시대적 상황을 고려한다면 의미가 있는 표현이다. 왜냐하면 주후 70년에 로마 티투스 장군에 의해서 예루살렘 성이 파괴된 이후 주후 90년에 유대교 재건 운동이 벌어진다. 기독교로 개종한 이전 유대교 신자들을 다시 유대교로 개종시키기 위한 대대적인 회유운동이 활발히 벌여졌다. 사도 요한은 성령 안에서 유대교의 상징은 성전이 천국에는 더 이상 존재하지 않다는 점을 분명히 하면서 더 이상 유대교로 다시 돌아갈 필요가 없다는 것을 말씀하고 있는 것이다. 또한 눈에 보이는 성전은 없어졌지만 진짜 성전인 예수 안에서 너희가 얼마든지 예배할 수 있다는 것을 말하고 있는 배경으로 보아야 한다.

2. 해와 달, 밤이 없음

새 예루살렘 성은 해와 달이 없다고 한다. 왜냐하면 하나님의 영광이 비치고 어린 양이 그 등불이 되시기 때문이다. 이것은 큰 성 바벨론의 심판에서 '등불이 다시 없더라'는 것과의 의도적인 대조이다.

"등불 빛이 결코 다시 네 안에서 비치지 아니하고 신랑과 신부의 음성이 결코 다시 네 안에서 들리지 아니하리로다" 계 18:23.

하나님의 영광과 어린양 그 자체가 빛이기 때문에 해와 달이 없다. 창세기 1장에서 창조된 해와 달은 결국 세상의 빛되신 그리스도의 그림자였음을 알 수 있다. 밤이 없다는 것은 이미 더 이상 어둠의 세력이 사라졌음을 의미한다. 사도 요한의 신학은 대조가 아주 두드려진 특징이다. 빛과 어둠, 낮과 밤이 그것이다.

"조각을 받은 후 곧 사탄이 그 속에 들어간지라 이에 예수께서 유다에게 이르시되 네가 하는 일을 속히 하라 하시니 이 말씀을 무슨 뜻으로 하셨는지 그 앉은 자 중에 아는 자가 없고 어떤 이들은 유다가 돈궤를 맡았으므로 명절에 우리가 쓸 물건을 사라 하시는지 혹은 가난한 자들에게 무엇을 주라 하시는 줄로 생각하더라 유다가 그 조각을 받고 곧 나가니 밤이러라" 요 13:27-30.

단지 시간적인 밤만을 의미하는 것이 아니라 가룟 유다가 어둠에 붙잡혔다는 것이다.

3. 땅의 왕들이 자기 영광을 가지고 그리로 들어가리라
이것은 구약의 예언의 성취이다 사 60:5-13, 시 68:30.

"주의 전을 위하여 왕들이 주께 예물을 드리리이다" 시 68:30.

"또 그가 수정 같이 맑은 생명수의 강을 내게 보이니 하나님과 및 어린 양의 보좌로부터 나와서 길 가운데로 흐르더라 강 좌우에 생명나무가 있어 열두 가지 열매를 맺되 달마다 그 열매를 맺고 그 나무 잎사귀들은 만국을 치료하기 위하여 있더라" 22:1-2.

생명수의 강과 생명나무의 열매

(1) 생명수의 강과

'강'이라는 모티프는 성경 전체에 흐르고 있다. 창세기 2장에 나오는 에덴동산에서 발현한 4개의 강과 에스겔서에서 성전 문지방에서 흘러온 물이 발목, 무릎, 허리, 그리고 큰 강물이 된 환상이 요한복음 7장에서 예수님에게 성취된 것이다. 에덴의 회복이다. 새 에덴이 완성된 것이다.

(2) 생명나무의 12열매와 잎사귀의 치유

생명수의 강 좌우에 생명나무가 있고, 매달마다 12과실이 맺힌다. 창3장에 아담의 범죄로 인해 화염검으로 지켜진 생명나무가 드디어 등장한다. 물론 생명되신 그리스도를 의미한다. 또한 생명나무 잎사귀들은 만국을 치료한다.

"강 좌우 가에는 각종 먹을 과실나무가 자라서 그 잎이 시들지 아니하며 열매가 끊이지 아니하고 달마다 새 열매를 맺으리니 그 물이 성소를 통하여 나옴이라 그 열매는 먹을 만하고 그 잎사귀는 약 재료가 되리라" 겔 47:12.

"다시 저주가 없으며 하나님과 그 어린 양의 보좌가 그 가운데에 있으리니 그의 종들이 그를 섬기며" 22:3.

다시 저주가 없음

이 저주는 창세기 3장에서 아담의 범죄로 인한 온 피조세계의 저주가 하나님의 재창조 사역으로 인해 온전히 회복된 것이다.

"내가 네게 먹지 말라 한 나무의 열매를 먹었은즉 땅은 너로 말미암아 저주를 받고" 창 3:17.

하나님과 어린양의 보좌

완성된 새 하늘과 새 땅에는 다시 저주가 없으며, 가운데는 하나님과 그 어린양의 보좌가 있다. 우주와 역사와 계시록의 중심에는 하나님과 어린양의 보좌가 있다.

"그의 얼굴을 볼 터이요 그의 이름도 그들의 이마에 있으리라 다시 밤이 없겠고 등불과 햇빛이 쓸 데 없으니 이는 주 하나님이 그들에게 비치심이라 그들이 세세토록 왕 노릇 하리로다" 22:4-5.

종들의 이마에 그의 이름이 있음

구원받은 종들은 주님을 섬기고 그의 얼굴을 본다. 하나님과 어린양의 이름이 그들의 이마에 있다. 계시록의 마지막 부분에서도 성도들의 이마에 하나님의 소유를 상징하는 하나님의 이름이 나온다. 다시 밤이 없고, 등불과 햇빛이 쓸 데 없다. 주 하나님이 비추신다.

성도들의 왕 노릇

요한계시록 문맥 안에서 예수님의 마지막 사도 요한에게 말씀하시는 결어를 제외하면 마지막 본론 안에서의 마지막 말씀이 "그들이 세세토록 왕 노릇 하리로다"이다. 로마제국과 도미티안 황제의 폭압이 영원할 것 같은 상황속에서 주님은 교회와 성도에게 "진짜 왕은 너희들이다" 하시는 것이다. 또한 예수님과 성도들의 왕 노릇은 사랑과 섬김의 왕 노릇이다. 하나님 백성들은 지금도 십자가의 원리로 세상을 다스리는 자들이다.[134]

삶의 적용과 설교를 위한 21장의 핵심 Tip

1. 새 하늘 새땅이 임하려면 옛 하늘과 옛 땅이 없어져야 한다. 마찬가지로 우리 안에 옛 것이 사라져야 새 것이 임한다. 옛 사람을 벗어야 새 사람을 입을 수 있다. 우리는 옛 사람의 망령된 행실을 버리고 있는가?

2. 죄로 인한 망가진 옛 하늘과 땅의 특징인 눈물, 애통, 아픔, 사망이 사라진다. 하나님의 영광의 임재가 함께 하시는 하나님 나라가 완성됐기 때문이다. 만물을 새롭게 하시는 하나님의 역사이다. 주님은 우주만물을 새롭게 하시기까지 쉬지 않으신다. 우리의 삶, 가정, 교회, 나라 안에 눈물, 애통, 아픔, 사망이 다 사라질 때까지 말이다.

3. 주님은 1장에서 하신 말씀을 다시 하신다. '알파요 오메가요 처음과 마지막' 이라고 하신다. 만물을 새롭게 하시는 일을 시작하시고 완성하는 일을 포기치 않으시고 다 이루신 것이다. 우리도 마찬가지이다. 우리를 향해 세우신 하나님의 계획, 더 정확히 말하면 우리를 통해 이루실 하나님 나라의 완성까지 하나님은 멈추지 않으실 것을 믿고 다시 일어나시기를 바란다.

4. 성령님은 요한에게 어린양의 신부를 보이시는데 새 예루살렘 성을 보이신다.

새 예루살렘 성이 곧, 어린양의 아내이다. 새 예루살렘은 지극히 귀한 보석들로 가득하다. 물론 우리가 살게 될 천국의 영광을 의미하는 장소이기도하다. 천국의 장소성을 거부한 학자들, 사탄의 존재를 거부하여 사탄은 단지 악한 영향력이다 라고 하는 학자들의 견해를 조심해야 한다.[135] 또한 동시에 어린양의 신부인 교회와 성도들의 영광을 의미한다. 진주, 12 보석, 정금 등은 신부의 찬란한 영광을 드러내는 문학적 표현이다. 주님은 자신의 신부를 자신의 영광을 함께 할 자들로 만드신 것이다. 환난과 핍박과 고난과 연단을 통해 영광스럽고 찬란한 보석같은 신부들을 빚어내신 것이다. 우리의 삶이 고난가운데 있더라도 포기하지 말자. 주님의 계획이 끝나지 않았다. 우리의 삶과 교회를 자신의 신부답게 만드시고 계시는 중이심을 잊지 마라.

6. 그가 내게 말하기를 이 말은 신실하고 참된지라 주 곧 선지자들의 영의 하나님이 그의 종들에게 반드시 속히 되어질 일을 보이시려고 그의 천사를 보내셨도다 7. 보라 내가 속히 오리니 이 두루마리의 예언의 말씀을 지키는 자는 복이 있으리라 하더라 8. 이것들을 보고 들은 자는 나 요한이니 내가 듣고 볼 때에 이 일을 내게 보이던 천사의 발 앞에 경배하려고 엎드렸더니 9. 그가 내게 말하기를 나는 너와 네 형제 선지자들과 또 이 두루마리의 말을 지키는 자들과 함께 된 종이니 그리하지 말고 하나님께 경배하라 하더라 10. 또 내게 말하되 이 두루마리의 예언의 말씀을 인봉하지 말라 때가 가까우니라 11. 불의를 행하는 자는 그대로 불의를 행하고 더러운 자는 그대로 더럽고 의로운 자는 그대로 의를 행하고 거룩한 자는 그대로 거룩하게 하라 12. 보라 내가 속히 오리니 내가 줄 상이 내게 있어 각 사람에게 그가 행한 대로 갚아 주리라 13. 나는 알파와 오메가요 처음과 마지막이요 시작과 마침이라 14. 자기 두루마기를 빠는 자들은 복이 있으니 이는 그들이 생명나무에 나아가며 문들을 통하여 성에 들어갈 권세를 받으려 함이로다 15. 개들과 점술가들과 음행하는 자들과 살인자들과 우상 숭배자들과 및 거짓말을 좋아하며 지어내는 자는 다 성 밖에 있으리라 16. 나 예수는 교회들을 위하여 내 사자를 보내어 이것들을 너희에게 증언하게 하였노라 나는 다윗의 뿌리요 자손이니 곧 광명한 새벽 별이라 하시더라 17. 성령과 신부가 말씀하시기를 오라 하시는도다 듣는 자도 오라 할 것이요 목마른 자도 올 것이요 또 원하는 자는 값없이 생명수를 받으라 하시더라 18. 내가 이 두루마리의 예언의 말씀을 듣는 모든 사람에게 증언하노니 만일 누구든지 이것들 외에 더하면 하나님이 이 두루마리에 기록된 재앙들을 그에게 더하실 것이요 19. 만일 누구든지 이 두루마리의 예언의 말씀에서 제하여 버리면 하나님이 이 두루마리에 기록된 생명나무와 및 거룩한 성에 참여함을 제하여 버리시리라 20. 이것들을 증언하신 이가 이르시되 내가 진실로 속히 오리라 하시거늘 아멘 주 예수여 오시옵소서 21. 주 예수의 은혜가 모든 자들에게 있을지어다 아멘

22장
마지막 시대의 교회의 사명

계시록의 마지막 부분으로 서신의 마무리인 결어이다. 1장의 서언에서 나온 내용이나 단어들이 22장의 결어에서 반복해서 나온다. 의도적인 대칭이다. 사도 요한과 교회를 향한 주님의 마지막 당부의 말씀이다.

"그가 내게 말하기를 이 말은 신실하고 참된지라 주 곧 선지자들의 영의 하나님이 그의 종들에게 반드시 속히 되어질 일을 보이시려고 그의 천사를 보내셨도다" 6절.

신실하고 참된 말씀

1장에서도 주님은 자신을 "참되고 신실한 증인"으로 소개하셨다. 주님의 말씀도 신실하고 참되다. 극심한 고난 가운데 있다면 이 말씀을 붙들고 위로받고 승리해야 한다. 눈에 보이는 상황이 어떠하든지 주님과 주님의 말씀은 언제나 참되고 신실하다.

"보라 내가 속히 오리니 이 두루마리의 예언의 말씀을 지키는 자는 복이 있으리라 하더라" 7절.

속히 오심과 6번째 복: 예언의 말씀을 지키는 자의 복

요한계시록의 7복 중에 6번째 복은 1번째 복과 같다. '이 두루마리의 예언의 말씀을 지키는 자의 복'이다. 핵심은 "지키는 것"에 있다. 단순히 말씀을 듣는 것도, 읽는 것도 아니라 지키는 자가 되어야 한다. 여기서 지키다는 단어는 '테론'으로서, 현재형이다. 이는 하나님의 말씀을 계속해서 지켜야 함을 의미한다. 우리는 수 없이 쏟아져 나오는 설교의 홍수 시대에 살고 있다. 목회자들도 매주 마다 수 없이 설교하기에 스스로 자기 기만에 빠질 수 있음을 명심해야 한다. 하나님의 복은 지키는 자에게 허락되는 복이다.

"이것들을 보고 들은 자는 나 요한이니 내가 듣고 볼 때에 이 일을 내게 보이던 천사의 발 앞에 경배하려고 엎드렸더니 그가 내게 말하기를 나는 너와 네 형제 선지자들과 또 이 두루마리의 말을 지키는 자들과 함께 된 종이니 그리하지 말고 하나님께 경배하라 하더라" 8-9절.

하나님만 경배하라

요한이 천사의 발 앞에 경배하려고 엎드리자 천사는 하나님만 경배하라고 한다. 하나님께만 경배하는 것은 계시록의 핵심주제이다. 1장에서부터 22장까지 사도 요한은 누군가를 예배할 것인가를 독자들에게 줄

기차게 요구한다. 오늘날 믿는 자들은 무엇을, 누구를 예배하고 있는가? 예배는 "누군가에게 엎드려 지는 것, 누구에게 최고의 가치를 드리는 것"이다. 요한복음 4장에 "하나님은 자기에게 예배하는 자를 찾으신다"고 하신 의미를 깨달아야 한다. 하나님을 하나님으로 대접하는 예배, 주님을 주님으로 인정하고 높이는 예배를 받으시는 것이다.

"내게 말하되 이 두루마리의 예언의 말씀을 인봉하지 말라 때가 가까우니라" 10절.

예언의 말씀을 인봉하지 말라

주님은 마지막 때가 될수록 계시록의 말씀을 닫지 말고 열어서 가르치라고 하신다. 그 이유는 때가 가까운 것이라 하신다. 원문에는 '왜냐하면' 이라는 '가르' 접속사가 있다.

"불의를 행하는 자는 그대로 불의를 행하고 더러운 자는 그대로 더럽고 의로운 자는 그대로 의를 행하고 거룩한 자는 그대로 거룩하게 하라 보라 내가 속히 오리니 내가 줄 상이 내게 있어 각 사람에게 그가 행한 대로 갚아 주리라" 11-12절.

1. 그대로 거룩하게 하라

죄인들이 어떻게 행하든지 간에, 하나님의 백성은 하나님의 길을 꿋꿋이 걸어가면 된다. "거룩한 자는 그대로 거룩하게 하라"는 것이다. 세상의 유혹에 힘들리지 말고 우리는 예수님이 가셨던 그 길을 그대로 걸어야한다.

2. 주님이 주시는 상

22장에서만 주님은 "속히 오리라"는 말씀을 3번이나 하신다. 속히 오시는 이유 중 하나도 주님을 끝까지 붙든 자들에게 갚으실 상을 주시기 위함이다. "행한 대로 갚아 주리라" 는 말씀을 소홀히 여겨서는 안 된다. 불신자들에게만 행한 대로 갚아주시는 것이 아니다. 신자들에게도 행한대로 갚으심이 있음을 잊지 말아야 한다. 물론 이 갚으심은 신자에게는 천국과 지옥의 문제는 아닐 것이다. 그러나 신자에게도 이 땅에서의 삶, 행한 일에 대한 주님의 갚으심이 있을 것이다. 우리는 "믿기만 하면 구원받는다"라는 이신득의라는 교리에 기대어서 너무 행함에 대해 소홀히 여기는 경향이 심각할 정도로 팽배하다. 성경 전체에, 특히 계시록은 이런 거룩을 향한 몸부림이 없는 신자의 삶에 대해 경고하고 있음을 명심해야 한다.

"나는 알파와 오메가요 처음과 마지막이요 시작과 마침이라" 13절.

"알파요 오메가"라는 선언은 1장에서 2번, 21~22장에서 2번 나온다. 대칭구조이다. 주님은 계시를 마무리 하시면서 사도 요한에게 다시 한 번 말씀하신다. "내가 시작했으니 반드시 완성한다. 반드시 끝낼 것이다." 라고 하신다. 이 말씀이 고난 당하는 원 독자들에게 얼마나 큰 위로와 용기가 되었을까?

필자는 이 글을 읽고 있는 모든 분들에게 이런 주님의 음성이 들려지기를 기도한다. "고난이 있고, 아픔이 있을 지라도 포기하지 말고 끝까지 이겨라. 내가 갚아주리라" 하신다. 주님이 갚아줄 상은 전 인격적인 상일 것이다. 특히 우리가 하나님의 형상을 닮는 것, 그리스도의 신부답게 세워지는 상일 것이다.

"자기 두루마기를 빠는 자들은 복이 있으니 이는 그들이 생명나무에 나아가며 문들을 통하여 성에 들어갈 권세를 받으려 함이로다" 14절.

7번째 복

요한계시록의 7복 중 마지막 복이 '자기 두루마기를 빠는 자들의 복'이다. 예수의 피로 인해 입은 두루마기를 빤다는 것은 무엇일까? 믿음의 싸움을 계속해야 할 것을 의미한다. 두루마기를 빠는 자가 복되도다에서 빨다라는 단어는 '플뤼논테스'로서 현재분사이다. 이는 두루마리를 한두 번만이 아니라 계속해서 주님 오실 때 때까지 빠는 자가 되어야 함을 의미한다. 앞서 말한 것처럼 구원받은 후에는 어떤 식으로 살아도 상관없다고 생각하면 안 된다. 믿음으로 구원받는다는 것은 절대적 진리이다. 그러나 거룩의 싸움이 없는 구원은 가짜이다. 칭의는 반드시 성화로 나아가게 되어 있다. 계시록은 성도들의 믿음의 싸움을 강력히 요구한다. 하나님 나라는 세상가치와 끝까지 싸우는 자들의 것이다. 계시록의 7복의 마지막을 믿음의 싸움을 하는 복으로 마무리 하는 것은 의미심장하다. 끝까지 십자가를 붙드는 싸움을 계속 촉구하고 있다. 오늘날 믿기만 하면 '천국행 티켓'을 이미 확보했다고 믿으며 온갖 죄악에 거하면서도 거짓 평안 가운데 안주하는 사람들에게 하나님은 경고하신다고 생각한다. 행위구원을 말하는 것이 아니다. "그들이 생명나무에 나아가며 문들을 통하여 성에 들어갈 권세를 받으려 함이로다" 성에 들어갈 권세는 구원과 관계된 것이다. 왜냐하면 계시록에서 성안과 성 밖은 천국과 지옥을 의미하기 때문이다. 자기 두루마기를 빠는 것은 성안으로 들어가는 것과 직결된 것이다.

계시록의 7복의 구조
A. 1복: 말씀을 듣고 지키는 복
 B. 4복: 어린양의 혼인잔치에 청함 받은 자는 복
A'. 7복: 두루마리를 빠는 자의 복

7가지의 복 중 처음은 말씀을 듣고 지키는 복이고 마지막 복은 두루마리를 빠는 자의 복이다. 거룩의 복이다. 그 중앙에 네 번째 복인 혼인잔치의 신부로 초청받는 복이 위치한다. 이 구조는 어린양의 혼인잔치에 청함받아 신부로 서는 것은(4복) 거룩의 싸움을 싸우는 자들에게 허락된 복임을 구조로 말하는 것이다.

"개들과 점술가들과 음행하는 자들과 살인자들과 우상 숭배자들과 및 거짓말을 좋아하며 지어내는 자는 다 성 밖에 있으리라" 15절.

성 밖에 있는 자들
문자적으로만 보면 안 된다. 여기서 "개들"이란 행위구원을 주장하는 율법주의자들과 진리를 대적하는 자들, 초대교회 문헌에는 세례를 받지 않은 자들을 가리키는 용어이다.[136] 거짓말 하는 자들도 윤리적인 의미를 넘어선다. 이는 거짓 증거, 거짓 메시지를 전한 자들을 말하신다.

"나 예수는 교회들을 위하여 내 사자를 보내어 이것들을 너희에게 증언하게 하였노라 나는 다윗의 뿌리요 자손이니 곧 광명한 새벽 별이라 하시더라" 16절.

1. 나 예수는 교회를 위하여

계시록의 진짜 저자가 누구인지 밝히신다. '나 예수는 교회를 위해'라는 말씀은 계시록의 주인공이 누구인지, 계시록의 목적이 무엇인지 명확히 밝혀준다. 재림 징조나 시기나 날짜를 맞추라고 준 것이 아니라 교회가 보석같은 신부처럼 세워지라고 이 편지를 쓰게 하신 것이다. 주님의 사자를 보내어 증언하게 하신 것이다. 오늘날도 주님은 당신의 사자들을 보내어 교회와 성도에게 계시록의 말씀을 증언하게 하신다.

2. 다윗의 뿌리요 자손, 새벽별

'다윗의 뿌리요 자손'은 언약의 창시자요, 성취자심을 의미한다.

"그들의 구원의 창시자를 고난을 통하여 온전하게 하심이 합당하도다" 히 2:10.

3. 광명한 새벽별

또한 예수님은 어둠을 밝히는 광명한 새벽별이시다. 어둠의 권세가 아무리 강력하다하더라도 주님의 빛은 어둠을 물리치시고 새벽을 깨우신다.

"성령과 신부가 말씀하시기를 오라 하시는도다 듣는 자도 오라 할 것이요 목마른 자도 올 것이요 또 원하는 자는 값없이 생명수를 받으라 하시더라" 17절.

성령과 신부의 '오라'

성령과 신부는 말씀하신다. "오라" 이것은 주님께 향한 것일 수도 있고, 영혼들을 향한 초청일 수도 있다. 또한 들은 자들이 또 다른 자들에게 초청의 메시지를 선포한다. "목마른 자, 원하는 자는 오라" 주님은 교회에게 말씀하시고, 교회는 성령 안에서 목마른 자들에게 초청한다. "너희들도 어서 참 생명으로 와라. 십자가로 와라. 땅이 전부가 아니고 하늘을 준비해야 한다."

"내가 이 두루마리의 예언의 말씀을 듣는 모든 사람에게 증언하노니 만일 누구든지 이것들 외에 더하면 하나님이 이 두루마리에 기록된 재앙들을 그에게 더하실 것이요 만일 누구든지 이 두루마리의 예언의 말씀에서 제하여 버리면 하나님이 이 두루마리에 기록된 생명나무와 및 거룩한 성에 참여함을 제하여 버리시리라" 18-19절.

더하거나 제하지 마라

계시록의 말씀에 더하거나 제하는 자들의 화를 선언하신다. 이 말씀은 계시록을 문자적으로 해석하라는 것이 아니다. 문자 그대로 적용하라는 것이 아니라 오히려 문자 안에 담겨진 주님의 의도를 더하거나 빼서 자신의 의도로 풀려고 해서는 안 된다는 것이다.

"이것들을 증언하신 이가 이르시되 내가 진실로 속히 오리라 하시거늘 아멘" 20절.

1. 주님의 마지막 말씀은 "반드시 속히 오리라"이다. 이에 대한 교회의 응답은 "주 예수여 오시옵소서(마라나 타) 아멘."이다.

요한계시록 안에서 예수님의 마지막 말씀이다. 그리고 성경 66권의 마지막 말씀이다. 그것이 무엇인가? "내가 진실로 속히 오리라"이다. 주님의 최후 말씀이 다시 오겠다는 것이다. 주님은 반드시 오신다. 깨어 그 날에 어린양의 신부로, 하나님 나라의 거룩한 백성으로 준비해야 하는 것이다. 주님의 최후 말씀을 들은 교회는 화답한다. "아멘, 주 예수여 오시옵소서(마라나 타)"이 "마라나~ 타"는 아람어이다. 이것을 "마라~나타"로 읽으면 뜻이 "주 예수님이 오셨습니다"이다.[137] 우리는 지금은 고난 중에 "마라나~ 타(주 예수여 오시옵소서)"를 외쳐야 한다. 그리고 그 날이 오면 "마라~나타(주 예수님이 오셨습니다)"라고 승리의 외침을 할 때가 반드시 있을 것이다.

"주 예수의 은혜가 모든 자들에게 있을지어다 아멘" 21절.

주 예수의 은혜

사도 요한은 계시록을 주 예수의 은혜로 마무리한다. 물론 계시록이 서신서이기 때문이다. 그러나 그 이상의 의미가 있다. 이 모든 싸움의 승리는 은혜가 이기게 하시는 승리임을 말씀하시는 것이다. 성경은 처음부터 끝까지, 그 과정에도 오직 하나님의 은혜를 말한다. "나의 나된 것은 주의 은혜라 나의 공로로 되어진 것이 전혀 없도다" 라는 바울의 고백처럼 주님의 은혜가 우주와 세상과 역사와 우리의 인생을 존재하게 한 것이다.

삶의 적용과 설교를 위한 22장의 핵심 Tip

1. 계시록의 1장의 첫 복과 마지막 장인 22장의 여섯 번째 복이 같다. 주님이 주시고자 하는 복은 처음과 끝이 같다. 말씀의 복이다. 말씀이 들려지는 복이고, 그 말씀을 지키는 복이다. 홍수에 정작 마실 물이 없다는 말이 있다. 말씀의 홍수시대에 정말 진짜 복음을 들을 수 있는 것은 복이다. 그러나 세상의 가치와 유혹에 맞서서 하나님의 말씀을 지킨다는 것은 만만한 일이 아니다. 성령님께서 우리의 몸부림에 함께 하셔야만 된다.

2. 성경 전체에서 주님의 마지막 명령이 "이 예언의 말씀을 인봉치 말라"이다. 본서의 서론에서도 말했지만 성경 66권 전체를 바르게 열어서 바르게 풀어야 한다. 특히 계시록은 더더욱 그러하다. 계시록을 바르게 열지 못하도록 사탄은 2,000년이 넘게 공격해 왔다. 본서를 읽은 모든 독자들과 동역자들께 호소하고 싶다. 계시록을 깊이 연구하고 준비해서 교회와 성도에게 쉽게 은혜롭게 그리고 올바르게 풀어 가르치시기를 간절히 부탁드린다. 주님의 피 토하시는 심정이 느껴지지 않는가?

3. 계시록의 7복 중 마지막 복이 "자기 두루마리를 빠는 자들"의 복이다. 자기 두루마리를 빤다는 것은 거룩의 싸움을 통해 점점 더 죄와 단절되고 하나님의 형상을 회복하고, 신랑이신 그리스도를 닮아가는 것을 의미한다. 구원받았다고 내 맘대로 사는 자들을 향한 경고의 메시지이다.

4. "나 예수는 교회를 위해 … 증언하게 하였노니" 라는 말씀을 주목해 보라.

계시록을 쓰신 원저자이신 예수님의 저작 목적이 잘 드러나 있다. 고난받고 있는 교회를 위로하고 끝까지 견뎌서 이기도록 하기 위함이다. 계시록을 재림 시기나 징조로만 푸는 오늘날의 경향에 대한 주님의 관점을 명심하고 있어야 한다.

5. 주님은 22장에만 "반드시 속히 오리라"를 3번이나 약속하신다. 주님은 자신이 하신 약속을 반드시 지키시는 분이다.

6. 성령과 신부인 교회가 해야 할 마지막 사명이 있다. 그것은 바로 "오라"는 외침의 사명이다. 다시 오실 예수님께 뿐만 아니라(마라나타) 목마른 자들, 방황하는 자들, 아파하는 자들, 심지어 세상의 가치에 흠뻑 빠져버려 주님의 초청을 외면하고 있는 자들에게도 할 수 있는 한 최선을 다해 외쳐야 한다. "오라. 목마른 자도 올 것이요 또 원하는 자는 값 없이 생명수를 받으라" 고 말이다.

7. 성경 66권의 끝이요, 계시록의 끝이 "주 예수의 은혜가 모든 자들에게 있을지어다" 이다. 성경은 은혜로 시작해서, 은혜로 끝난다. 우리의 삶도, 가정도, 교회도, 온 우주 만물도 하나님의 은혜로만 존재하고 완성된다. 우리도 은혜를 붙들어야 한다. 이기게 하시는 것도 하나님의 은혜로만 가능하다.

요한계시록 장별 정리 :
교회론으로 본 각장의 메시지

　요한계시록의 핵심은 교회론이다. 필자는 계시록 각 장을 "이런 교회가 되게 하소서"라는 교회론을 중심으로 정리함으로써 본서를 마무리하고자 한다.

　1장에서 주께서 세우고 싶은 교회는 크기도 아니고 화려함도 아니고 하나님의 복음 붙들고, 그 복음을 삶으로 녹여 예수증거하는 교회이다. 내가 만들어내는 복음이 아니라 하나님이 내시는 그 말씀 그대로 전하고 있는 교회이다. 2장과 3장에서 주께서 세우고 싶은 교회는 세상의 평가가 아닌 주님의 평가에 전부를 거는 교회로 세워지는 교회이다. 세상적으로는 아무리 성공하고 부유해 보여도, 예수님이 보시기에 벌거벗은 교회일 수 있다(사데교회, 라오디게아교회). 그러나 세상이 보기에는 초라한 것 같으나 주님이 보시기엔 아름다운 교회(빌라델비아교회, 서머나교회) 일 수 있는 것이다. 4장과 5장에서 주께서 세우고 싶은 교회는 아픈 현실 속에서도 날마다 성령과 말씀에 붙잡혀 하나님의 보좌 위에 올라가, 그 보좌에 계시는 이의 주권과 통치를 보며 위로받고, 최후 승리를 믿고 고난을 이기는 교회이다. 또한 우주와 역사의 주권자이신 하나님과 어린양에게 합당한 예배를 드리는 예배 공동체이다.

6장에서 주께서 세우고 싶은 교회는 하나님이 6가지 인 재앙을 통해 세상의 우상을 심판하시는 기간 동안에, 교회도 많은 고난을 겪지만, 이런 상황 속에서도 포기하거나 절망치 않고 끝까지 기도하는 기도 공동체이다.

7장에서 주께서 세우고 싶은 교회는 어린양의 피로 씻겨 깨끗하게 되고 큰 환난을 통해 빚어지고 만들어지고 있는 공동체이다. 환난 때문에 눈물을 흘리지만 그 눈물을 주님께서 씻어주실 것을 믿고 승리하는 교회이다.

8장과 9장은 주께서 세우고 싶은 교회는 하나님의 심판의 채찍에도(6 나팔) 회개치 않은 완악한 사람들에 대조하여 고난 가운데에도 기도의 대접을 꾸준히 채워내고 있는 교회이다. 10장과 11장에서 주께서 세우고 싶은 교회는 복음을 증거하는 사명을 감당하는 공동체이다. 그러기 위해 교회 공동체는 하나님의 복음으로 먼저 자신을 채워야 한다. 교회의 외적 삶(바깥 마당)은 여전히 환난이나, 그의 운명과 신분은(성전 안) 주님께서 지키신다. 복음의 능력으로 사람을 바꾸어 내고 있는 공동체이다. 교회는 하늘의 가치를 계속 선포함으로 땅에게만 올인하고 있는 사람들을 사랑하여 회개를 외치고 십자가 복음을 전하고 있는 하늘의 교회이다. 12장과 주께서 세우고 싶은 교회는 사탄의 입에서 나오는 물의 정체를 분별하고 그 물에 떠내려가지 않고, 하나님의 말씀으로 양육받고 무장하여, 사탄과의 영적 싸움을 승리하는 공동체이다.

13장에서 주께서 세우고 싶은 교회는 바다 짐승과 땅 짐승이 선포하는 다른 복음을 분별하는 예수의 복음이 분명한 교회이다. 짐승의 표를 거부하여 온갖 고난과 환난과 핍박이 있음에도 불구하고 짐승의 표를 거부하고 있는 교회이다. 14장에서 주께서 세우고 싶은 교회는 어린양이 어디를 가든지 따라가는 교회이다. 그 길이 십자가의 좁은 길이라 할지라도 가고자 몸부림치며 십자가의 길로 걸어가는 교회이다. 또한 마지막 때 알곡으로 추수되도록 준비되는 교회이다. 15장에서 주께서 세우고 싶은 교회는 불같은 연단과 고난을 통과하여 서서 구원의 노래를 부르는 교회이다. 16장에서 주께서 세우고 싶은 교회는 내 인생을 지켜줄 것이라고 굳게 붙들고 있는 우상숭배의 삶에서 돌이키는 교회이며, 헛된 우상을 숭배하는 자들을 향하여 회개를 촉구하는 교회이다. 또한 아마겟돈 전쟁이 진리의 전쟁, 영적 전쟁임을 알고 의와 거룩, 하나님의 말씀으로 무장하여 사탄의 나라를 무너뜨리는 영적 군대이다.

17장과 18장에서 주께서 세우고 싶은 교회는 음녀요 큰 성 바벨론의 가치를 거부하고 "크고 화려함"이 아닌 "거룩과 의"를 추구하는 교회이다. 또한 하나님의 말씀이 이루기까지 인내하여 승리하는 공동체이다.

19장과 20장에서 주께서 세우고 싶은 교회는 재림하시는 예수님의 거룩한 군대로 사람들을 거짓 행복과 거짓 평안으로 미혹했던 용과 두 짐승을 심판하는 일에 동참하는 교회이다. 또한 1,000년 동안 예수님과 함께 복음으로, 사람으로, 용서로, 온유로, 십자가의 원리와 섬김으로 세상을 통치하는 거룩한 제사장, 왕 같은 제사장된 교회이다.

21장과 22장에서 주께서 완성하시는 교회는 다시는 저주, 눈물, 아픔, 목마름, 사망, 밤, 바다가 없는 완성된 새 하늘, 새 땅에서 하나님의 아들과 백성으로, 어린양의 신부로 그 영광을 영원토록 완벽히 누리는 공동체이다. 그러나 그 날의 최종 승리를 위해 오늘은 싸우며 인내해야 한다. 또한 목마른 자들에게 진정한 생명수인 그리스도에게 영혼들을 이끌어 와야 할 사명을 감당해야 하는 사명 공동체이다.

미주

1. 이우제, "Sidney Greidanus의 설교연구: 현대설교의 한계를 극복하는 대안을 중심으로"「복음과 실천신학」제 27권, 2013 봄호, 356.
2. 강신권 · 김형종,『읽기만해도 열리는 요한계시록』(서울: 솔로몬, 2009), 27.
3. 그랜트 오즈번,『BECNT 요한계시록』, 김귀탁 역 (서울: 부흥과 개혁사, 2012), 37.
4. 그랜트 오즈번,『BECNT 요한계시록』, 39.
   강신권 · 김형종,『읽기만해도 열리는 요한계시록』, 28-29.
5. 그랜트 오즈번,『BECNT 요한계시록』, 40.
6. 그랜트 오즈번,『BECNT 요한계시록』, 872.
7. 김선정,『요한복음서와 로마황제숭배』(서울: 한들출판사, 2003), 29, 37-66.
8. 김추성,『하나님과 어린양의 보좌』(서울: 이레서원, 2015), 33.
9. G. K. Beale,『요한계시록 주석』(서울: 복있는 사람, 2015), 73.
10. 리챠드 보쿰,『요한계시록의 신학』(서울: 한들출판사, 2000), 23.
11. 송영목,『요한계시록의 신학』, (서울: 성광문화사, 2007), 203-204.
12. 송영목,『요한계시록의 신학』, 84.
13. 김상훈,『해석매뉴얼』(서울: 그리심, 2003), 139-140
14. G. K. Beale,『요한계시록 주석』(서울: 복 있는 사람, 2015), 25.
15. 리챠드 보쿰,『예언의 절정』(서울: 한들출판사, 2002), 11.
16. 김상훈,『해석매뉴얼』(서울: 그리심, 2003), 139-140.
17. 리챠드 보쿰,『예언의 절정』(서울: 한들출판사, 2002), 8
18. 송영목,『요한계시록의 신학』, 173.
19. 리챠드 보쿰,『예언의 절정』(서울: 한들출판사, 2002), 18.
20. 백금산 · 김종두『요한계시록』, (서울: 부흥과개혁사, 2010), 27.
21. G. K. Beale,『요한계시록 주석』(서울: 복 있는 사람, 2015), 25.
22. 조영호,『복과 영광으로 가득한 요한계시록』(서울: 솔로몬, 2014), 19.
    필자는 상기의 책에서 나온 계시록 키아즘 구조를 참고하여 좀 더 세밀하게 나누고 각 단락의 제목과 내용을 필자가 이해한 방식으로 재구성하였다.
23. G. K. Beale,『요한계시록 주석』(서울: 복 있는 사람, 2015), 39.
24. 이필찬,『내가 속히 오리라』

25. 김추성, 『하나님과 어린양의 보좌』, 33
26. 그랜트 오즈번, 『BECNT 요한계시록』, 52
27. 그랜트 오즈번, 『BECNT 요한계시록』, 57
28. 오광만, 『영광의 복음, 요한계시록』, (서울: 생명나무, 2013), 108
29. 리챠드 보쿰, 『요한계시록의 신학』(서울: 한들출판사, 2000), 25
30. 윌리암 골드워즈, 『복음과 요한계시록』(서울: 성서유니온, 1991), 46
31. 김성수, 『요한계시록 강해 1』, 127
32. 강신권 · 김형종, 『읽기만해도 열리는 요한계시록』, 39-41.
33. 이필찬, 2004 새롬교회 요한계시록 강의안 참조
34. 오광만, 『영광의 복음, 요한계시록』(서울: 생명나무, 2013), 117.
35. 그랜트 오즈번, 『BECNT 요한계시록』, 891
36. 오광만, 『영광의 복음, 요한계시록』(서울: 생명나무, 2013), 117.
37. G.K.Beale, 『요한계시록 주석』(서울: 복 있는 사람, 2015), 65-66
38. 이광진, 『요한계시록 주석과 설교가이드』(대전: 대장간, 2012), 117
39. 송영목, 『요한계시록의 신학』, 137
40. 그랜트 오즈번, 『BECNT 요한계시록』, 147-148
41. G.K.Beale, 『요한계시록 주석』(서울: 복 있는 사람, 2015), 25.
42. 그랜트 오즈번, 『BECNT 요한계시록』, 152
43. 그랜트 오즈번, 『BECNT 요한계시록』, 152
44. 박정식, 『하나님의 사랑 요한계시록』, 92-93
45. 오광만, 『영광의 복음, 요한계시록』, 129-130
46. 이광진, 『요한계시록 주석과 설교가이드』, 168
47. 그랜트 오즈번, 『BECNT 요한계시록』, 170, 백금산 · 김종두 『요한계시록』, 132
48. 이광진, 『요한계시록 주석과 설교가이드』, 32-33.
49. 백금산 · 김종두 『요한계시록』, 138
50. 이광진, 『요한계시록 주석과 설교가이드』, 133
51. 김성수, 『요한계시록 강해 1』, 141
52. 오광만, 『영광의 복음, 요한계시록』, 142
53. 이광진, 『요한계시록 주석과 설교가이드』, 182
54. 이광진, 『요한계시록 주석과 설교가이드』, 185
55. 백금산 · 김종무 『요한계시록』, 154
56. 이광진, 『요한계시록 주석과 설교가이드』, 197
57. 이우제, 설교학 강의안
58. 백금산 · 김종두 『요한계시록』, 154
59. 백금산 · 김종두 『요한계시록』, 161
60. 박정식, 『하나님의 사랑 요한계시록』, (서울: CLC, 2004), 115.
61. 포이쓰레스, 『요한계시록 맥 잡기』 유상섭 역, (서울: 크리스챤출판사, 2002) 103
62. 그랜트 오즈번, 『BECNT 요한계시록』, 311
63. 이광진, 『요한계시록 주석과 설교가이드』, 227
64. 이필찬, 『요한계시록 어떻게 읽을 것인가』, (서울: 성서유니온, 2000), 70

65. 이필찬, 『요한계시록 어떻게 읽을 것인가』, 70.
66. 김추성, 『하나님과 어린양의 보좌』, 139.
67. 이광진, 『요한계시록 주석과 설교가이드』, 233.
68. 이광진, 『요한계시록 주석과 설교가이드』, 226.
69. 김성수, 『요한계시록강해 1』, 387.
70. 김추성, 『하나님과 어린양의 보좌』, 163.
71. 김형종, 『읽기만 해도 열리는 요한계시록』, (서울: 솔로몬, 2009), 137.
72. 김성수, 『요한계시록강해 1』, 510.
73. 이광진, 『요한계시록 주석과 설교가이드』, 247.
74. 김추성, 『요한계시록 1장-9장』, 420.
75. 김추성, 『요한계시록 1장-9장』, 421.
76. 김성수, 『요한계시록 1장-9장』, 422.
77. 그랜트 오즈번, 『BECNT 요한계시록』, 363.
78. 김추성, 『요한계시록 1장-9장』, 440.
79. 김상훈, 『마태복음 숲의 해석』, (서울: 총신대학교 출판부, 2007), 7-9.
80. 그랜트 오즈번, 『BECNT 요한계시록』, 395.
81. G. K. Beale, 『요한계시록 주석』 (서울: 복 있는 사람, 2015), 250-254.
82. 이우제, "요한계시록 주해와 적용 7장", 『목회와 신학』: 그 말씀 12호, 2007.
83. 오광만, 『영광의 복음, 요한계시록』, 212.
84. 백금산 · 김종두, 『요한계시록 2』, 135.
85. 그랜트 오즈번, 『BECNT 요한계시록』, 667.
86. 이광진, 『요한계시록 주석과 설교가이드』, 337.
87. 이광진, 『요한계시록 주석과 설교가이드』, 344.
88. 백금산 · 김종두 『요한계시록』, 152.
89. 이우제, "요한계시록 주해와 적용 10장", 『목회와 신학』: 그 말씀 12호, 2007.
90. 이광진, 『요한계시록 주석과 설교가이드』, 368.
91. G. K. Beale, 『요한계시록 주석』, 354-355, 그랜트 오즈번, 『BECNT 요한계시록』, 526 송태근, 『쾌도난마』 (서울: 지혜의 샘, 2013).
92. 이우제, "요한계시록 주해와 적용 11장", 『목회와 신학』: 그 말씀 12호, 2007. 그랜트 오즈번, 『BECNT 요한계시록』, 530, 이광진, 『요한계시록 주석과 설교가이드』, 367
93. 그랜트 오즈번, 『BECNT 요한계시록』, 530
94. 김성수, 『요한계시록강해 1』, 566
95. G. K. Beale, 『요한계시록 주석』 (서울: 복 있는 사람, 2015), 16.
96. G. K. Beale, 『요한계시록 주석』 (서울: 복 있는 사람, 2015), 380.
97. 오광만, 『영광의 복음, 요한계시록』, 262.
98. G. K. Beale, 『요한계시록 주석』 (서울: 복 있는 사람, 2015), 402.
99. 김성수, 『요한계시록 2』, 11.
100. 포이쓰레스, 『요한계시록 맥 잡기』 유상섭 역, (서울: 크리스챤출판사, 2002) 42.
101. 포이쓰레스, 『요한계시록 맥 잡기』, 154-155.
102. 조영호, 『복과 영광으로 가득한 요한계시록』, 239.

103. G. K. Beale, 『요한계시록 주석』(서울: 복 있는 사람, 2015), 411.
104. G. K. Beale, 『요한계시록 주석』(서울: 복 있는 사람, 2015), 427.
105. G. K. Beale, 『요한계시록 주석』(서울: 복 있는 사람, 2015), 424.
106. 짐승의 표 등장 (작성자: 주어진 상황에 순종), 인터넷 카페
107. 오광만, 『영광의 복음, 요한계시록』, 281.
108. 그랜트 오즈번, 『BECNT 요한계시록』, 656.
109. 김선정, 『요한복음서와 로마황제숭배』, 63.
110. 이광진, 『요한계시록 주석과 설교가이드』, 455.
111. G. K. Beale, 『요한계시록 주석』(서울: 복 있는 사람, 2015), 504.
112. 김서택, 『요한계시록』, (서울: 성서유니온, 2004), 629.
113. 백금산 · 김종두, 『요한계시록 2』, 152.
114. G. K. Beale, 『요한계시록 주석』(서울: 복 있는 사람, 2015), 541-543.
115. 그랜트 오즈번, 『BECNT 요한계시록』, 55.
116. 김성수, 『요한계시록 2』, 238.
117. 이광진, 『요한계시록 주석과 설교가이드』, 475.
118. 신은철, 『요한계시록시간여행』, (서울: 그리심, 2013), 203.
119. 김성수, 『요한계시록 2』, 274.
120. 김성수, 『요한계시록 2』, 282.
121. 김성수, 『요한계시록 2』, 283-284.
122. 백금산 · 김종두 『요한계시록』, 176.
123. 그랜트 오즈번, 『BECNT 요한계시록』, 876.
124. 그랜트 오즈번, 『BECNT 요한계시록』, 871.
125. 안토니 후크마, 『조직신학, 하』, 415-416.
126. 안토니 후크마, 『조직신학, 하』, 413-415.
127. 신은철, 『요한계시록 시간 여행』, 210.
128. 크레이그, S. 키너, 『NIV적용주석』(서울: 도서출판 솔로몬, 2010), 610.
129. G. K. Beale, 『요한계시록 주석』(서울: 복 있는 사람, 2015), 15.
     오광만, 『영광의 복음, 요한계시록』, 377-379.
130. 그랜트 오즈번, 『BECNT 요한계시록』, 935.
131. 오광만, 『영광의 복음, 요한계시록』, 383.
132. 이광진, 『요한계시록 주석과 설교가이드』, 605.
133. 오광만, 『영광의 복음, 요한계시록』, 391.
134. 박정식, 『하나님의 사랑 요한계시록』, 382-383.
135. 김추성, 『하나님과 어린양의 보좌』, 349-350.
136. 이광진, 『요한계시록 주석과 설교가이드』, 640.
137. 김진현, CTS 특강 중에서

한눈에 보는 성경세미나 과정안내

성경이 열리지 않아 답답한 분들, 말씀을 갈급해 하는 분들, 복음의 감격과 성경의 깊이를 느끼고 싶은 분들, 설교의 어려움 때문에 고민하는 분들을 초청합니다.

세미나 내용

1. **성경의 숲과 나무를 동시에 한 눈에 보게 됩니다.**
   한 권의 전체구조와 단락 소제목, 핵심 단어들을 세밀하게 구성, 한 권을 한 눈에, 한 판에, 한 맥으로 통으로 보게 됩니다.

2. **성경의 구조에도 분명한 메시지가 있습니다.**
   성경은 대칭구조(히브리 문장구조, 키아즘)로 정교하게 구성되어 메시지를 드러내고 있습니다. 각 권의 대칭구조를 통해 숨겨진 성령님의 의도를 깨닫게 됩니다. 성경의 심오함과 재미를 느끼는 시간이 됩니다.

3. **각 장의 소제목들, 핵심단어들을 한 맥으로, 색깔로 포인트를 주어 한 눈에 들어옴, 한 권을 하나의 메시지로 꿰뚫게 됩니다.**
   흩어진 퍼즐조각처럼 전체 문맥의 흐름을 연결치 못하는 단순한 암기위주의 성경연구로만은 각권의 핵심의도를 파악하는데 분명한 한계가 있습니다.

4. **무엇보다도 복음을 밝히 드러내는 시간이 될 것입니다**
   성경연구는 지식이 아닌 복음 앞에 자신이 무너져 항복하는 것입니다. 설교는 테크닉이 아닙니다. 복음이 열리면 설교와 삶의 목적이 열립니다.

과정 안내

1. 대전 정기세미나
   1) 구약과정: 39권 각 권 연구과정. 매월 첫째 주 목, 금
   2) 신약과정: 27권 각 권 연구과정. 매월 둘째 주 목, 금

2. 서울 정기세미나
   1) 구약과정: 39권 각 권 연구과정. 매월 셋째 주 목, 금
   2) 신약과정: 27권 각 권 연구과정. 매월 셋째 주 목, 금

문의: 유석영(바나바) 목사 010-2308-1042

하나님 나라로 본
요한계시록

유석영 지음

**하나님 나라
성경 시리즈**

승리한
어린양의
신부

목양

머리말

필자는 작금에 유행하는 계시록 세미나가 너무 한 쪽으로 치우쳐 있다는 느낌을 지울 수 없습니다. 다시 말해 예수님의 재림시기와 징조에 집중되어져 있다고 생각됩니다. 필자는 계시록의 핵심주제가 그것이 아니라고 생각합니다.

오히려 필자는 계시록을 고난 받은 교회를 향한 주님의 위로와 경고, 하나님 나라를 대적하는 세상 세력의 심판, 영적전쟁의 실체와 승리의 비결, 예수의 신부된 교회의 영광과 준비됨 등을 중심으로 교회론을 초점으로 풀어가려고 합니다.

본 강의안은 한눈에 보는 요한계시록 세미나"의 강의안(렉쳐북)으로 만들어 졌습니다. 본 강의안은 계시록의 핵심 내용들을 주석의 형태가 아닌 한눈에 들어오는 간결한 형태의 도표나 문장으로 바쁜 설교자들이 계시록의 핵심 내용을 빨리 파악하게 해 드리고자 쓰인 것입니다. 그러므로 본 강의안을 필자가 쓴'적용을 위한 요한계시록 주해와 설교(애플리포지션)'과 함께 읽으시면 서로 보완이 되어 큰 도움이 될 것입니다.

아무쪼록 본 강의안이 많은 설교자들에게 하나님의 위로와 긍휼과 새 힘이 부어지는 귀한 도구로 쓰임받기를 소원합니다.

유하나방 목사

강의일정표

첫째 날	둘째 날	셋째 날
★강의 1 요한계시록 전체 구조 : 구조에도 메시지가 있다 요한계시록의 중요성과 목회 해석의 다양한 관점들 요한계시록의 배경 이해 1–3장 ▶ 참된 교회의 사명 ▶ 교회 감찰하는 주님 ▶ 우리교회 영적 상태 ▶ 2–3장의 구조을 통한 주님의 의도 ▶ 7도시의 배경	**★강의 4** 11장–14장 ▶ 예수 그리스도의 나라와 왕 노릇 ▶ 사단과 교회의 영적 싸움의 실체 ▶ 두짐승의 실체 ▶ 오늘날의 적 그리스도, 거짓선지자의 미혹 ▶ 666의 해석, 어린양의 군대의 특징 ▶ 마지막 2추수	**★강의 7** 21–22장 ▶ 새 예루살렘성의 모습의 의미 ▶ 신부된 교회의 단장과 영광 ▶ 하나님 나라의 완성 ▶ 새 하늘, 새 땅에 없는 것들 ▶ 교회 향한 주님의 명령 ▶ 인봉치 말라 ▶ 계시록의 7복
★강의 2 4장–7장 ▶ 하늘 보좌의 의미 ▶ 승리한교회의예배 ▶ 사자와 어린 양 ▶ 죽임당한 어린 양 ▶ 6인 심판 ▶ 누가 서리요? ▶ 144,000의 의미	**★강의 5** 15장–18장 ▶ 7대접 심판 ▶ 아마겟돈 전쟁의 의미 ▶ 음녀 바벨론 ▶ 큰 성과 거룩한 성 ▶ 회개치 않더라	**★강의 8** 1장–22장 계시록 핵심 내용을 한눈에 보기 : 총 정리
★강의 3 8장–10장 ▶ 6나팔 심판 ▶ 회개치않더라 ▶ 교회의 우선순위 ▶ 증인의 삶,사명 ▶ 회개의 역사	**★강의 6** 19장–20장 ▶ 예수 그리스도의 승리 ▶ 사단의 심판 ▶ 백보좌 심판 ▶ 천년왕국	

서론 | 최근 해석경향, 해석 방법론, 본서의 강조점, 다양한 구조들

1. 저자 : 사도 요한

2. 시기와 장소 : A.D 95년경, 밧모 섬(사도 요한의 유배 장소)

3. 주제

  1) 예수님의 재림 시기나 재림 직전의 징조, 자연 현상 등에 집중한 편협한 해석이 아닌 창세기에 시작된 하나님 나라 완성과 상속자인 교회의 최종적 승리

  2) 고난 받고 전투하고 있는 교회에 대한 주님의 위로

  3) 마지막 때의 영적 전투의 실체와 교회의 승리 비결

4) 예수 그리스도의 신부된 교회의 단장의 과정과 영광

5) 하나님 나라를 대적하는 세상나라와 사단의 최종 심판

그리스도의 십자가와 부활로 이미 패배한 사단이 어떻게 교회를 공격하는지를 알고, 그리스도의 군사로 부름 받은 교회가 이미 이루신 승리를 어떻게 지키고, 거룩한 전쟁(聖戰)을 수행할 것인지, 종말의 때를 살아가는 교회를 향한 하나님의 목적을 알리심

종말의 때를 살고 있는 교회와 성도가 신랑이신 주님과의 혼인잔치를 어떻게 준비하며 기다리고 살아야 하는가를 가르침

4. 전체 구조

   1) 7중구조

     ① 7복

     ② 7교회(에서버두/사빌라)

     ③ 7인 재앙

     ④ 7나팔 재앙

     ⑤ 7환상(숫자가 명시되지 않은 환상 : 12:1-15:4)

     ⑥ 7대접 심판

     ⑦ 7환상(숫자가 명시되지 않은 환상 : 19:11-21:8)

   2) 언어적 구조 : 엔 프뉴마 구조(4번, 리차드 보캄)

   (1) 계 1:10

"주의 날에 내가 성령에 감동하여 내 뒤에서 나는 나팔 소리 같은 큰 음성을 들으니"

(2) 계 4:2

"내가 곧 성령에 감동되었더니 보라 하늘에 보좌를 베풀었고 그 보좌위에 앉으신 이가 있는데"

(3) 계 17:3

"곧 성령으로 나를 데리고 광야로 가니라 내가 보니 여자가 붉은 빛짐승을 탔는데 그 짐승의 몸에 하나님을 모독하는 이름들이 가득하고 일곱 머리와 열 뿔이 있으며"

(4) 계 21:10

"성령으로 나를 데리고 크고 높은 산으로 올라가 하나님께로부터 하늘에서 내려오는 거룩한 성 예루살렘을 보이니"

3) 서론, 본론, 결론 구조

(1) 서론 : 1:1-18

  A. 요한이 받은 사명과 예수님의 모습

  B. 1:9-20 부활하신 예수 그리스도에 대한 환상

(2) 본론 1:9-22:5

  A. 1환상 : 2-3장 부활하신 예수님의 7교회에게 주시는 7메시지

  B. 2환상 : 4-16장 하늘보좌, 7인, (중.계 1) 7나팔, (중.계 2, 3) 7대접

  C. 3환상 : 17-20장 큰 성 바벨론 심판

  D. 4환상 : 21장-22:5 거룩한 성 새 예루살렘

(3) 결론 : 22:6-21

  A. 요한의 사명

B. 성령과 교회의 외침

4) 본론의 4가지 환상의 구조 및 메시지[3]
　　A 제1환상 : 교회(1:9-3장), 7교회(고난 받고 전투하는 지상의 교회)
　　　B 제2환상 : 세상심판(4-16장), 하늘의 보좌, 7인, 7나팔, 7대접 심판
　　　B' 제3환상 : 세상심판(17-20장), 음녀 바벨론, 두 짐승, 용의 심판
　　A' 제4환상 : 교회(21장-22:5), 신부된 교회의 영광(승리하여 완성된 천상의 교회)

[키아즘 구조]

A. 1:1-8〈서언〉
　1) 반드시 속히 될 일
　2) 하나님 말씀과 예수님증거
　3) 예수님의 재림약속
　4) 요한의 고난
　5) 알파와 오메가
　6) 복된 자(1)
　　B. 1:9-20 〈예수 그리스도의 영광〉
　　　C. 2장-3장
　　　　1) 7교회의 칭찬.책망
　　　　2) 이기는 자의 상
　　　　　D. 4장-19장
　　　　　　a. 4-5장 〈하나님과 어린양 보좌〉
　　　　　　b. 6장 〈6인 심판〉
　　　　　　　c. 7장 : 중간계시(1) 〈144,000원〉

d. 8-9장 〈6 나팔심판〉

                e. 10-11:14-중간계시(2) 〈두루마리와 두증인〉

                   f. 1장 15-19장 〈세상나라가 예수 그리스도 나라로〉

                e'. 12-14장 : 중간계시(3)

                   1) 용 VS 여자와 아이(12장)

                   2) 두짐승(13장)

                   3) 어린양과 144,000, 2가지 추수(14장)

             d'. 15-16장 〈7대접 심판〉

             c'. 17-18장 〈큰성(음녀) 바벨론 심판〉

          b'. 19:1- 〈예수 그리스도 재림 심판〉

       a'. 19: 〈두 짐승 심판〉

  C'. 20-21:8 〈용과 불신자 심판〉

       〈새 예루살렘(교회)의 단장〉

  B'. 21:9-22:5 〈어린양의 신부(교회)의 영광〉

A'. 〈결어〉

  1) 반드시 속히 될 일

  2) 예언 말씀 인봉 X, 더 X, 빼 X

  3) 속히 오리라(3번)

  4) 교회의 상

  5) 알파와 오메가

  6) 복된자(6,7)

  7) 마라나타

  8) 예수 그리스도의 은혜

5) 인, 나팔, 대접 심판의 구조(6장-16장)

재앙의 순서	1인	2인	3인	4인	5인	6인	일곱째 인											
							일곱 나팔 재앙										
							1	2	3	4	5	6	일곱 나팔 재앙				
													일곱 나팔 재앙				
													1	2	3	4	5	6	7
	흰말	붉은말 전쟁	검은말 기근	청황색말 흉년과 온역	순교자의 신원기도	우주적 심판	땅―피섞인 우박과 불	바다―큰 불붙는 산을 바다에	강―떨어진 별이 물샘에 덮힘	해와 달과 별이 침을 받음	어둠―황충의 재앙	유브라데강의 전쟁	땅―독한 종기	바다가 피가 됨	강―물 근원이 피가 됨	해―태양의 권세	어둠―짐승의 보좌를 침	유프라데스강―아마겟돈 전쟁	공기에 대접을 쏟음
규모	1/4						1/3	1/3	1/3			1/3	전	면	적	심	판		

6) 3대 재앙의 해석

(1) 시간적 순서

(2) 점진적 강화 해석 : 재앙의 강도가 점점 더 강해짐

(3) 공개, 시작의 선포, 실제 재앙으로 보는 해석[4]

　① 인 재앙 : 다니엘서에서 감추어진, 봉인된 인을 공개한 것

"이미 말한 바 주야에 대한 환상은 확실하니 너는 그 환상을 간직하라 이는 여러날 후의 일임이라 하더라" 단 8:26.

　② 나팔재앙 : 심판이 시작됨을 선포하는 나팔

　③ 대접재앙 : 실제로 쏟아 부어지는 실제적 심판

5. 요한계시록 해석 방법

1) 과거적 해석
- 계시록을 초대교회 당시의 사건으로만 해석함.
- 미래성에 대한 예언으로 인정치 않음.
- 교황이 적그리스도라는 비판에 대해 1614년 카톨릭 사제인 알카이저가 자신들을 보호하기 위해 계시록의 모든 예언은 다 성취되었다고 주장함[5]

2) 미래적 해석
- 말세직전에 있게 된 미래적 사건
- 카톨릭 사제 프란시스 리베라
- 적그리스도는 현재 교황이 아니라 미래에 나올 것이라는 주장[6]

3) 상징적 해석
- 주로 상징으로 해석, 묵시문학적 특징

4) 역사주의적 해석
- 초림 때부터 재림 때까지의 사건을 점진적으로 해석함.

5) 세대주의적 해석
- 계시록의 모든 일을 연대기적으로 시간의 순서에 따라 해석함, 주로 예수님의 재림 직전에 일어날 일들에 대한 기록으로 보는 견해
- 문자적으로 해석하는 견해 : ex) 2-3장의 7교회를 교회 시대 7단계로 해석

에베소	사도시대	1–100
서머나	박해시대	100–313
버가모	타협시대	313–590
두아디라	교황시대	590–1517
사데	종교개혁시대	1517–1700
빌라델비아	선교시대	1700–1900
라오디게아	배교시대	1900–휴거까지

개신교 신학자 존 다비, 스코필드 수많은 이단의 출현의 빌미가 됨

6) 절충주의적 관점[7]

- 계시록은 어느 한 관점으로 다 설명될 수는 없다. 그러므로 각 해석들을 존중해야 할 것이다. 필자는 상징주의 해석을 바탕으로 1세계 독자들의 구체적 구체적인 상황에서 쓴 편지라는 점을 염두해 두고 그 때 그 당시의 원 의도(Original Intention)을 발견하여 오늘의 의미와 적용을 중점적으로 풀어갈 것이다.

지나치게 종말의 시간표로 미래의 징조들로만, 문자적으로만 해석하는 세대주의적 해석은 피하여야 하며, 그러나 종말의 때에 일어날 일들을 교회가 대비해야 하는 예언적 선포의 성격도 있기 때문에 과거주의적 해석만으로 보는 관점도 피하고, 지나치게 모든 것을 상징으로 임의대로 해석하는 과도한 상징주의 해석도 조심해야 한다. 계시록은 요한의 당시에 존재하는 일곱교회의 현실적 문제를 경고, 권면 위로하고 있고, 그러면서도 종말의 날에 있을 어린양의 잔치, 천국의 예배, 최후의 백보좌 심판을 예언하고 있다.

이렇듯 계시록은 현재와 미래가 수시로 넘나들고 있고(시간적 초월성),

지상의 교회와 천상의 예배가 수시로 넘나들고 있기에(공간적 초월성) 어떤 특정한 한 가지 해석 방법만 가지고는 균형 잡힌 해석이 불가능하다. 성령님의 조명하심이 있어야 하며, 중요한 것은 계시록의 주제가 종말의 징조에 대한 독자들의 호기심을 발동시키는 것에 있지 않고, 종말을 준비하는 신부요, 전사요, 동역자인 교회가 어떤 모습이어야 하는지 즉, 종말론적 교회를 그 중심주제로 하고 있다는 사실을 명심하며 계시록을 공부하여야 한다고 본다.

7. 계시록의 특징

  1) 서신서 : 일곱 교회 공동체에게 보낸 편지
  ① 구체적 상황과 문제를 해결하기 위한 서신서
  ② 로마제국의 핍박 속에서 신앙을 지키고 있는 교회에게 보낸 편지

  2) 예언 : 종말의 때에 일어날 일을 선포하는 예언적 성격도 분명함

  3) 묵시문학 : 다니엘서 같은 묵시문학의 특징을 가지고 있다.
  (1) 묵시 문학
  많은 상징들, 외부세계, 천상의 세계를 통해 현실에 대한 메시지를 전달하는 문학적 표현 방식, 많은 상징 코드, 그림, 이미지, 숫자 사용
  (2) 계시와 묵시 문학과의 차이점
  묵시문학은 많은 사람이 알지 못하도록 감추어 놓은 것인 반면, 계시는 감추어 진 것을 밝히 드러내는 것이기에 차이점이 있다. 예수 그리스도가 공개적으로 드러내셨기에, 더 이상 감추어 표현할 이유가 없는 것이다.

4) 공간적 초월과 시간적 초월

현재에서 공간적 초월인 하늘을, 시간적 초월인 종말의 완성과 승리를 교회가 누리고 확신한다.

8. 계시록의 건강한 해석의 핵심 포인트

1) 원 독자, 원 저자의 관점

2) 요한 공동체가 싸우고 있는 3대 영적 전선
(1) 로마 제국의 황제 숭배 강요
(2) 유대교의 핍박과 출교조치, 경제적, 사회적 위기, 배도의 위기
(3) 교회 내에 침투한 거짓 복음들
   (영지주의, 율법주의, 니골라와 이세벨의 교훈)

3) 계시록의 내용 : 시간적 순서(x), 점진적 반복적 강화(o)

4) 구약적 배경 : 404절 중 278절이 구약과 직, 간접적으로 연결됨[8]

구약인용의 빈도수를 따져보면 이사야서가 46곳, 다니엘서 31곳, 에스겔서 29곳, 시편 27곳이다.[9]

9. 창세기와 계시록의 비교

창세기	요한계시록
에덴 동산(1:1)-처음 하늘과 처음 땅	하나님의 나라(21:1) - 새 하늘과 새 땅
생명나무(3:22-24)	생명나무(22:2)
-타락 후 금지된 나무	-허락된 생명 나무
죄, 슬픔, 고통의 시작(3:16)	죄, 슬픔, 고통의 종결(21:4)
첫 사망(2:17)	사망이 없음(21:4)
첫 아담의 실패	둘째 아담의 승리
바벨탑(반역,11장)	바벨론의 멸망(18장)
사탄이 하나님의 말씀을 가감(3:3)	말씀이 가감자에 대한 심판(22:18,19)
만물의 시작	만물이 종말(22:20)
해달 바다 있음	해달 바다가 없음
하나님 나라의 시작	하나님 나라의 완성

10. 요한계시록의 배경 이해하기

1) 기록시기 및 저자 사도요한

- 로마 11대 도미티안 황제(A.D. 81~96)의 핍박시 밧모섬에 유배되어 기록
- 황제숭배를 거부한 요한을 끓는 기름에 던져도 살아나자 섬에 유배(요세푸스)

2) 교회 핍박의 이유(10대 박해)

(1) 로마황제숭배를 기독교인들이 거부함 (네로 황제, 도미티안 황제 때 극심함)

(2) 유대교 재건운동에 따른 회유를 거부함으로써 오는 핍박

(3) 떡과 포도주의 성찬식에 대한 오해

(4) 공동체 생활에 따른 성적 혼음에 대한 오해

(5) 복음의 역사와 교회를 방해하는 사탄의 공격

복음은 항상 고난을 동반한다. 진리가 선포되면 거짓의 진들이 무너짐과 동시에 저항도 온다는 사실을 염두에 두어야 합니다.

3) 교회를 향한 사단의 공격
(1) 외부적 핍박으로 인한 교회의 환난과 고난
  ① 로마 황제 숭배의 강요
  ② 유대교의 핍박과 배교

(2) 교회안의 세속주의과 타협
- 니골라당의 교훈, 발람의 교훈, 이세벨의 교훈을 받아들임
- 로마의 번영과 황금주의 가치관–오늘날의 맘모니즘
- 행 2장에서 교회의 모습과 비교하며, 그 의미를 생각해 보라
- 자신의 소유를 다 팔아 나누었다는 의미는 무엇을 의미하나?
- 재림이 지연되고 있는 현실에 대한 내적 갈등

11. 요한계시록의 교회론적 강조점

1) 1장 : 예수의 증인, 말씀을 붙드는 교회, 하나님의 말씀과 예수의 증거
2) 2-3장 : 예수님이 주인이신 교회
3) 4-5장 : 예배하는 교회
4) 6장 : 고난 중에 기도하는 교회

5) 7장 : 고난을 통과하여 승리하는 교회

6) 8-9장 : 고난을 통해 정결케 되는 교회

7) 10장 : 복음의 말씀으로 양육 받는 교회

8) 11장 : 복음의 증인된 교회, 회개의 역사를 일으키는 교회

9) 12-13장 : 사단과의 영적 전투, 진리의 싸움을 싸우는 교회

10) 14장 : 어린양의 군대인 교회, 어린양의 길을 걷는 교회

11) 15-16장 : 날마다 진리의 전투(아마겟돈 전쟁)를 하는 교회

12) 17장-18장 : 큰 성 바벨론으로부터 나와 거룩한 교회

13) 19-20장 : 예수의 재림과 함께 승리하는 교회

14) 21-22장 : 예수의 신부로 단장된 교회, 예수와 함께 사랑의 왕 노릇 하는 교회

12. 핵심 단어

'하늘'은 50번, '땅'이 69번, '내가 보니(들으니)'가 54번이다. '거룩' 53번, '보좌'가 47번, '하나님' 88번, '어린양'이 29번, '교회'가 19번, '성령(일곱 영)'이 19번, '이기는 자(이기다)' 17번이다. '용' 12번, '사탄' 7번, '마귀' 5번, '뱀' 5번, (총 29번), '짐승' 33번, '전능자' 9번, '땅에 거하는 자' 9번, '신부' 3번이다. 재미있는 것은 어린양도 29번이고, 용 12번, 사탄 7번, 마귀 5번, 뱀 5번을 다 합치면 총 29번이다. 성령님과 교회가 19번씩 동일하다. 가장 많이 나오는 단어는 하나님이다. 내가 보니(들으니) 54회이다. 고난이 깊을수록 하나님이 보이시는 승리를 봐야 한다.

13. 예수님의 초림부터가 말세인 근거

"그는 창세 전부터 미리 알린 바 되신 이나 이 말세에 너희를 위하여 나타내

신 바 되었으니" 벧전 1:20

"이 모든 날 마지막에는 아들을 통하여 우리에게 말씀하셨으니 이 아들을 만유의 상속자로 세우시고 또 그로 말미암아 모든 세계를 지으셨느니라" 히 1:2

"예수를 시인하지 아니하는 영마다 하나님께 속한 것이 아니니 이것이 곧 적그리스도의 영이니라 오리라 한 말을 너희가 들었거니와 지금 벌써 세상에 있느니라" 요일 4:3

계 1:1-3

요한에게 임한 그리스도의 계시

1. 예수그리스도의 계시

(1) 계시 : 「헬」아카폴립시스 「영」reveal

- 드러내다, 갖추어진 것을 벗겨내라.
- 하나님과 하나님의 뜻. 계획을 인간은 스스로 알 수 없다.
- 인간이 스스로 하나님께 나아갈 수 없는 것처럼 하나님을 하나님이 스스로 드러내지 않으시면 인간은 알 수 없다.
- 우리는 계시의 영을 부어달라고 기도해야 한다.
- 말씀을 대할 때 우리의 자세는 어떠해야겠는가?
- 엡 1:15-19

이로 말미암아 주 예수 안에서 너희 믿음과 모든 성도를 향한 사랑을

나도 듣고 내가 기도할 때에 기억하며 너희로 말미암아 감사하기를 그치지 아니하고

(2) "예수그리스도의 계시" 2가지 해석
1) 예수 그리스도가 계시하심
2) 예수 그리스도에 대한 계시
- 예수 그리스도가 예수 그리스도에 대하여 계시 하시다
- 사람의 생각, 사람의 주장이 아닌 예수님의 계시이다

(3) 계시의 구분
1) 일반계시 : 자연, 역사, 만물. 이성을 통해 하나님을 희미하게나마 드러내시는 것. 그러나 구원의 도를 알 수는 없다.
2) 특별계시 : 구원을 향한 하나님의 뜻은 오직 예수님 안에만 계시되어있다. 그래서 그리스도의 구원의 도를 증거하는 성경이외에 더 이상 새로운 계시는 없다.
3) 용어 정리
   ① 성령의 계시 : 성경의 저자들에게 하나님이 비밀을 보이시는 일
   ② 성령의 감동 : 성경의 저자들에게 성경의 기록을 위해서 성령님이 감동케 하시는 일 (딤후 3:16)
   ③ 성령의 조명 : 성령님께서 성경 독자들에게 성경의 진리를 깨닫게 하시는 일

2. 계시 전달 과정
(1) 하나님 ➪ 예수 그리스도 ➪ (천사) ➪ 요한 ➪ 그 종들(교회)
(주시고)　　　　(요한에게 알리시고)　　(보이시고)

(2) 계시를 우리가 직접 받는 것이 아니라 예수 그리스도의 계시를 성령님을 통해 우리에게 보이시는 것이다.

(3) 그 종과…그 종들에게
- 계시를 받는 대상일 뿐 아니라
- 계시를 충실히 수행해야 할 사명이 있다

(4) 반드시 속히 될 일(1절)

1) 반드시 될 일
- (헬) 데이 : 일어나야만 하는……당위성을 강조하는 단어
- 계시록의 말씀은 반드시 이루어짐.

2) 속히 될 일
  ① 단 2장 28절의 "후일에"

"오직 은밀한 것을 나타내실 이는 하늘에 계신 하나님이시라 그가 느부갓네살 왕에게 후일에 될 일을 알게 하셨나이다 왕의 꿈 곧 왕이 침상에서 머리 속으로 받은 환상은 이러하니이다"

  ② 다니엘에게는 종말이 먼 훗날의 일이었지만 요한에게는 종말의 구속의 완성이 속히 이루어져야 하는 일
  ③ 속히라는 말속에 "이미(already)와 아직(not yet)"이 담겨져 있다.
  ④ 오늘의 안일함과 나태함을 경고하신다

3. 하나님의 말씀과 그리스도의 증거(2절)
- 참된 교회의 증거는 무엇인가?

- 하나님의 말씀을 붙들고, 예수를 증거 하는 교회

4. 읽는 자와 듣는 자와 지키는 자의 복(3절)

(1)초대교회의 예배형식

1) 성경을 낭독 (읽는 자, 아나기노스콘, 단수)

축제일 : 5명 낭독자, 구속일 : 6명 낭독자, 안식일 : 7명 낭독자

2) 회중 : 아멘으로 화답 (듣는 자, 호이 아쿠온테스, 복수)

3) 듣는 자와 지키는 자는 하나의 정관사 연결됨[10]

호이 아쿠온테스   투스 로구스   테스 프로페테이아스   카이   테룬테스
(그) (듣는 자들) (그 말씀들을)   (그 예언의)   (그리고) (지키는 자들)

- 듣는 자와 지키는 자가 따로 있는 것이 아니라 말씀을 들었으면 반드시 지켜 행하여야 함을 말하고 있다.
- 계시록이 독자들의 삶의 변화를 목적하고 있다. 읽고 듣는 것도 중요하지만 지켜야 한다.

5. 왜냐하면 때가 가까움

(1) "왜냐하면"(가르)이란 말이 생략됨

(2) 때

- 카이로스 : 하나님의 정해놓은 때
- 크로노스 : 역사의 시간
- 본문은 카이로스 하나님의 정해진 때가 있음을 선포하고 있다.

계 1장 4-7절
교회와 우주의 주권자이신 하나님

1. 일곱 교회
  (1) 일곱 : 완전수, 오고 오는 모든 교회를 상징
  (2) 세대주의자들의 7교회 해석 VS 오고 오는 모든 교회를 상징

2. 은혜와 평강의 근원 : 삼위 하나님
  (1) 성부 하나님
  • 이제도 계시고, 전에도 계시고, 장차 오실 이
  • 영원히 계실 이 (x)
  • (장차 오실 이 : 헬) 현재분사, 중간태(진행형), 스스로 지금 달려오고 계신 하나님, 단순히 영원히 존재하시는 분이 아니라 구속사역의 완

성을 위해, 역동적으로 이 세상에 달려오고 계시는 하나님
• 제우스 신전에서 사용되는 표현이었다.[11]

"하나님이 모세에게 이르시되 나는 스스로 있는 자이니라 또 이르시되 너는 이스라엘 자손에게 이같이 이르기를 스스로 있는 자가 나를 너희에게 보내셨다 하라" 출 3:14

"이제는 나 곧 내가 그인 줄 알라 나 외에는 신이 없도다 나는 죽이기도 하며 살리기도 하며 상하게도 하며 낫게도 하나니 내 손에서 능히 빼앗을 자가 없도다" 신 32:39

"나 여호와라 처음에도 나요 나중 있을 자에게도 내가 곧 그니라" 사 41:4

"이스라엘의 왕인 여호와, 이스라엘의 구원자인 만군의 여호와가 이같이 말하노라 나는 처음이요 나는 마지막이라 나 외에 다른 신이 없느니라" 사 44:6

(2) 성령 하나님
1) 일곱 영 : 성령님
• 일곱 : 완전수, 성령님의 사역이 완전하고 충분하다는 것

"그의 위에 여호와의 영 곧 지혜와 총명의 영이요 모략과 재능의 영이요 지식과 여호와를 경외하는 영이 강림하시리니" 사 11:2

7중 성령 : 7개의 영이 아니라 여호와의 영, 지혜의 영, 총명의 영, 모략의 영, 재능의영, 지식의 영, 여호와를 경외하는 영이로 충만수이다.

2) 스가랴 4장의 일곱 등잔과의 관계

내게 말하던 천사가 다시 와서 나를 깨우니 마치 자는 사람이 잠에서 깨어난 것 같더라 그가 내게 묻되 네가 무엇을 보느냐 내가 대답하되 내가 보니 순금 등잔대가 있는데 그 위에는 기름 그릇이 있고 또 그 기름 그릇 위에 일곱 등잔이 있으며 그 기름 그릇 위에 있는 등잔을 위해서 일곱 관이 있고 그 등잔대 곁에 두 감람나무가 있는데 하나는 그 기름 그릇 오른쪽에 있고 하나는 그 왼쪽에 있나이다 하고 내게 말하는 천사에게 물어 이르되 내 주여 이것들이 무엇이니이까 하니 내게 말하는 천사가 대답하여 이르되 네가 이것들이 무엇인지 알지 못하느냐 하므로 내가 대답하되 내 주여 내가 알지 못하나이다 하니 그가 내게 대답하여 이르되 여호와께서 스룹바벨에게 하신 말씀이 이러하니라 만군의 여호와께서 말씀하시되 이는 힘으로 되지 아니하며 능력으로 되지 아니하고 오직 나의 영으로 되느니라 큰 산아 네가 무엇이냐 네가 스룹바벨 앞에서 평지가 되리라 그가 머릿돌을 내놓을 때에 무리가 외치기를 은총, 은총이 그에게 있을지어다 하리라 하셨고 여호와의 말씀이 또 내게 임하여 이르시되 스룹바벨의 손이 이 성전의 기초를 놓았은즉 그의 손이 또한 그 일을 마치리라 하셨나니 만군의 여호와께서 나를 너희에게 보내신 줄을 네가 알리라 하셨느니라 작은 일의 날이라고 멸시하는 자가 누구냐 사람들이 스룹바벨의 손에 다림줄이 있음을 보고 기뻐하리라 이 일곱은 온 세상에 두루 다니는 여호와의 눈이라 하니라. 내가 그에게 물어 이르되 등잔대 좌우의 두 감람나무는 무슨 뜻이니이까 하고 다시 그에게 물어 이르되 금 기름을 흘리는 두 금관 옆에 있는 이 감람나무 두 가지는 무슨 뜻이니이까 하니 그가 내게 대답하여 이르되 네가 이것이 무엇인지 알지 못하느냐 하는지라 내가 대답하되 내 주여 알지 못하나이다 하니 이르되 이는 기름 부음 받은 자 둘이니 온 세상의 주 앞에 서 있는 자니라 하더라 슥 4:1-14

- 일곱 등잔 = 여호와의 눈 = 일곱 영 = 성령님

3) 두 감람나무 = 두 증인 (계11장)

4) 보좌 앞에
- 성부 하나님 앞 : 계 1장 4절, 4장 5절
- 어린양 앞에 : 계 5장 6절
- 하나님의 뜻대로 일하심과 그리스도의 구속사역을 수행하는 역할을 감당하심

(3) 어린양 예수 그리스도
① 충성된 증인 : 죽기까지 충성하신 그리스도를 교회가 본받을 것을 요구, 죽기까지 그리스도를 증거 할 사명이 교회에게 있다.
② 죽은 자들 가운데 먼저 나신 분 : 교회의 부활의 확신과 소망
③ 땅의 왕들의 머리 : 이 세상의 세력들을 다스리시는 왕이시기에 교회가 담대하게 싸울 것을 격려하심

"내가 또 그를 장자로 삼고 세상 왕들에게 지존자가 되게 하며 또 궁창의 확실한 증인인 달 같이 영원히 견고하게 되리라 하셨도다"[12] 시 89:27,39

(4) 결론
영적 전투 중에 있는 교회가 은혜와 평강을 누리는 것은 삼위하나님이 어떤 분이시며, 어떻게 교회를 지키시는지를 알 때 가능하다. 그리고 순교하기까지 핍박받는 교회가 은혜와 평강을 누리는 것은 예수님을 충실히 따라갈 때 예수님과 함께 영광스러운 자리에 함께 앉아서 그와 함께 왕 노릇하며 만물을 다스릴 것을 알기 때문이다.

3. 그리스도의 구속사역에 대한 찬양 (5-6절)

(1) 구속의 동기 : 그리스도의 사랑
- 우리를 사랑하사 : (헬) 아가파오, 현재형, 지금도 계속되고 있고, 영원히 사랑하심
- 하나님의 나라와 사역과 성품의 중심에는 항상 사랑이 있다
- 그렇다면 우리의 신앙과 삶의 중심의 동기는 무엇 이어야할까?

(2) 구속의 방법 : 피로 사서 해방하시고, 십자가의 대속
- 예수님도 십자가에서 죽으심으로 구원하셨다면
- 십자가에서 죽는 경험이 없이 교회가, 성도가 세워질 수 있을까?

(3) 구속의 결과 : 죄에서 해방하시고
- 해방하시고 : (헬) 루오, 깨끗이 빨다. 목욕시키다.. 피로 우리를 씻기신 것
  ① 죄의 형벌에서 구원 : 중생과 칭의
  ② 죄의 영향력에서 구원 : 성화의 과정
  ③ 죄의 존재로부터 구원 : 영화

(4) 구속으로 인한 사명 : 나라와 제사장 삼으심

1) 나라로 삼으심
- 삼으셨다 : (헬) 포이에오, 과거시제, 단번에, 이미 일어난 일
- 나라의 핵심가치 : 통치와 다스림, 주권이 임하는 곳
- 교회와 성도가 나라로 부르심 받았다는 것은 교회와 성도가 하나님의 통치와 다스림을 받고
- 동시에 교회와 성도가 하나님의 통치와 다스림의 통로가 되는 것

2) 제사장으로 삼으심

① 제사장의 역할 : 예배자, 중보자
- 교회와 성도가 주님께 예배하는 자로 부르심
- 교회와 성도가 사람들을 그리스도께 연결하는 중보자
- 왕 같은 제사장

② 제사장의 배경

구약

"세계가 다 내게 속하였나니 너희가 내 말을 잘 듣고 내 언약을 지키면 너희는 모든 민족 중에서 내 소유가 되겠고 너희가 내게 대하여 제사장 나라가 되며 거룩한 백성이 되리라 너는 이 말을 이스라엘 자손에게 전할지니라" 출19:6

신약

"그러나 너희는 택하신 족속이요 왕 같은 제사장들이요 거룩한 나라요 그의 소유가 된 백성이니 이는 너희를 어두운 데서 불러 내어 그의 기이한 빛에 들어가게하신 이의 아름다운 덕을 선포하게 하려 하심이라" 벧전 2:9

③ 출애굽기 4장 22절의 "상속자(장자)"와 로마서의 "후사"의 개념과 같다

"너는 바로에게 이르기를 여호와의 말씀에 이스라엘은 내 아들 내 장자라" 출 4:22

"자녀이면 또한 상속자 곧 하나님의 상속자요 그리스도와 함께 한 상속자니 우리가 그와 함께 영광을 받기 위하여 고난도 함께 받아야 할 것이니라" 롬 8:17

⑤ 구속의 최종목적 : 그에게 영광과 능력이 돌려지기 위해서

- 복음을 설명하다가 감격에 복받쳐 경배와 찬양을 드리고 있는 요한
- 엡 1장, 3장에서도 바울도 복음에 복받쳐 찬양을 올려 드린다.

"우리 가운데서 역사하시는 능력대로 우리가 구하거나 생각하는 모든 것에 더 넘치도록 능히 하실 이에게 교회 안에서와 그리스도 예수 안에서 영광이 대대로 영원무궁하기를 원하노라 아멘" 엡 3:20-21

"영원하신 왕 곧 썩지 아니하고 보이지 아니하고 홀로 하나이신 하나님께 존귀와 영광이 영원무궁하도록 있을지어다 아멘" 딤전 1:17

- 구속은 지옥가지 않는 것을 목적으로 삼은 것이 아니고
- 구속의 궁극적 목표는 하나님의 영광에 관계된 것
- 영광과 찬송이 그리스도께 돌려진다고 강조한 이유는 그리스도를 하나님과 동등한 분으로 묘사한 것 : 당시의 이단들과 무관치 않다

⑥ 계시록의 강조 : 그리스도중심, 교회 중심으로 전개(기독론, 교회론적 초점)

4. 그리스도를 통한 회개의 역사 (7절)

(1) 인자가 구름타고 오시리라

"내가 또 밤 환상 중에 보니 인자 같은 이가 하늘 구름을 타고 와서 옛적부터 항상 계신 이에게 나아가 그 앞으로 인도되매" 단 7:13

- 인자 : 하나님이 악한 제국들을 심판하신 후에 모든 나라들에 대한 왕권을 메시아에게 위임하시는 배경안에서 13절 말씀이 주어짐, 즉 메시아가 모든 나라의 왕으로, 심판자, 주권자로 임하신다는 선포
- 오시리라 : (헬) 엘코마이, 현재형, 지금 오고 계신 분
- 구름타고 : 구약에서 신적임재의 상징 : 즉, 예수님의 오심은 하나님의 오심

"아론이 이스라엘 자손의 온 회중에게 말하매 그들이 광야를 바라보니 여호와의 영광이 구름 속에 나타나더라" 출 16:10

- "구름타고"에서 타고는 올라탄다는 말이 아니다. "타고"는 헬라어 '메타'이다. 이 단어는 '~와 함께'이다. 다시 말해 하나님의 영광과 힘께 오시리라는 것이다.[13]
- 요한이 다니엘서 7장의 말씀을 인용하는 것은 예수님이 다니엘이 예언한 모든 나라들의 왕으로서 오신 메시아임을 선포함

(2) 모든 족속이 그를 인하여 애곡하리니

"내가 다윗의 집과 예루살렘 주민에게 은총과 간구하는 심령을 부어 주리니 그들이 그 찌른 바 그를 바라보고 그를 위하여 애통하기를 독자를 위하여 애통하듯 하며 그를 위하여 통곡하기를 장자를 위하여 통곡하듯 하리로다" 슥 12:10

- 이스라엘을 치러 올라오는 이방 나라들을 물리 치실것과 동시에

하나님을 찌른(하나님을 배반한) 백성에게 회개의 영을 부어주사 그들이 돌아올 것을 말한다.
- 요한이 스가랴서를 인용하는 것은 하나님을 찌른 것처럼 사람들이 예수님을 찔렀지만, 예수 그리스도가 십자가의 구속을 통해 사단의 나라가 멸망 받고, 십자가의 은혜와 회개의 영이 부어짐으로 모든 족속들이 회개하여 돌아올 것을 선포하고 있다.

(3) 정리
- 온 나라의 왕으로 오시는 예수님의 왕의 즉위 (단 7장)
- 사람들의 회개의 역사 (스 12장)
- 왕이신 예수님이 이 세상의 왕으로 오신 초림사건으로 말미암아 모든 족속이 회개하는 역사가 일어나게 됨을 선포하고 있다.

(4) 애통하다 : 미래형 동사
- 단순히 미래 시점이 아니라 어느 때까지 반복되는 행위
- 계속해서 회개의 역사가 재림 때 까지 계속될 것을 선포

5. 구속 역사를 완성하시는 역사의 주인인 주 하나님
(1) 알파와 오메가
- 1장에 성부가 1번, 예수 그리스도가 1번, 21-22장에 성부가 1번, 예수 그리스도가 1번 대칭구조
- 내 삶과 교회와 역사와 세상의 처음과 마지막 되신 하나님
- 로마의 핍박 속에서 교회의 처음도 그 분이고 마지막도 그 분이라는 것
- 처음과 끝이라는 말씀이 오늘의 고난을 통과하고 있는 우리에게

어떤 위로가 되는가?

(2) 전능한 자라 : 지배자, 통치자

- 만군의 주(체바오트) : 구약에서 만군의 여호와 (삼하 5장 10, 렘 5장 14)
- 가장 강한 군대의 주군이 이 세상 임금들을 다스리고 승리할 것
- 구속의 완성, 종말의 성취, 예수 그리스도의 교회의 승리의 필연성을 보장함

계 1장 9-20절

예수님의 영광스러운 모습

1. 계 1장의 2대 사건

(1) 요한에 대한 소개와 일곱 교회에게 메시지를 전달도록 명령 : 9-11절

(2) 승리하신 예수님에 대한 환상 : 12-20절

2. 요한의 소개

(1) 형제 : 사도 요한의 겸손

(2) 예수 안에서의 삶의 특징

1) 예수의 고난 : (헬, 엔 예수) 예수 안에서의

2) 예수 안에서의 삶의 특징은 환난, 인내이다.

• 밧모섬에서 채석, 돌 캐내는 죽 노동의 고통을 격고 있다.

- 예수님의 교회가 이 땅에서 많은 고난을 견디어야 한다. 고난과 인내를 통해
- 하나님 나라에 동참하는 것이다. 그 통치의 참여자가 되는 것이다.
- 예수안에서 그분의 나라에 동참하는 것은 필연적으로 고난, 인내를 수반한다는 것
- 나라와 제사장으로서의 교회는 환난과 인내가 요구된다.

"다만 이뿐 아니라 우리가 환난 중에도 즐거워하나니 이는 환난은 인내를, 인내는 연단을, 연단은 소망을 이루는 줄 앎이로다" 롬 5:3-4

- 환난 : (헬) 뜰립시스, 누르다. 영어 triblation, 라틴어 탈곡기 (triblum) 가 유래함
- 인내 : (헬) 인내, 휘포모네, 변치 않고 굳게 서 잇다
- 연단 : (헬) 도키메, 질이 검증되었다

(3) 다른 제자들은 순교했다. 주님은 요한을 인생의 끝에 마지막 성경인 계시록을 쓰게 하셨다.
- 사명이 있는 자는 사명을 이룰 때까지 절대 끝나지 않는다.
- 도미티안 황제가 죽은 후 네르바 황제에 의해 사면, AD 96년에 베소로 감

3. 성령에 감동되어(첫 번째 엔 프뉴마티)
(1) (헬) 성령님 안에 있을 때

(2) 나의 삶이, 교회가 성령님 안에 머물러 있는가?

요한의 예언의 근원이 성령님에서 시작된 것을 말함

(3) 유배지의 외롭고 고독한 순간에 찾아오신 주님

나에게도 밧모섬의 시절이 있었는가?

(4) 성령님께 붙들려 가장 먼저 보이신 것이 무엇인가?

예수의 모습과 그의 몸 된 교회이다.

4. 나팔소리와 큰 음성

(1) 나팔을 부는 3가지
- 전쟁을 시작, 왕의 출현을 알릴 때, 축제나 제사 때
- 예수님의 음성이 나팔 소리 같은 것 : 왕이 나타나셔서 거룩한 심판이 시작된 것이
- 구약에서 나팔은 하나님의 백성들을 깨워 불러 모을 때 사용함
- 예수의 말씀으로 이 시대의 하나님 백성들을 깨워야 한다.

(2) 큰 음성을 들음

(3) 써서 보내라
- 내게 주시는 하나님 음성을 기록해서 나누는 일이 얼마나 중요한 일인지 생각해야 한다.

(4) 기록하라(구약의 얘들)

1) 아말렉 전쟁승리 후

"여호와께서 모세에게 이르시되 이것을 책에 기록하여 기념하게 하고 여호수아의 귀에 외워 들리라 내가 아말렉을 없이하여 천하에서 기억도 못 하게 하리라" 출 17:14

2) 네 본 것과 이제 있는 일과 장차 될 일

- 반 우닉, 월부르도 : 네 본 것(1장), 이제 있는 일(2-3장), 장차 될 일 (4-22장)[14]
- 4장 이후는 미래의 일들로 만 보는 견해, 4장에서 성도들이 휴거 됨
- 오늘 날 거의 지지 받지 못함. 계시록 전체에 과거, 현재, 미래가 섞여짐
- 2-3장에서 미래적 부분, 12장에도 예수의 초림이 있음
- 비슬리 머레이는 다음과 같이 진술하고 있다. "이제 있는 일과 장차 될 일은 책 전체에 해당하는 일이다. 왜냐하면 요한계시록에 등장하는 환상에는 과거, 현재, 미래 사이에 끊임없는 움직임이 있기 때문이다. 요한계시록 4-22장이 장차 될 일을 묘사한다고 해석하는 것은 모든 오해의 근원이 되어 왔다."[15]

"이제 가서 백성 앞에서 서판에 기록하며 책에 써서 후세에 영원히 있게 하라" 사 30:8

"너는 두루마리 책을 가져다가 내가 네게 말하던 날 곧 요시야의 날부터 오늘까지 이스라엘과 유다와 모든 나라에 대하여 내가 네게 일러 준 모든 말을 거기에 기록하라 유다 가문이 내가 그들에게 내리려 한 모든 재난을 듣고 각기 악한 길에서 돌이키리니 그리하면 내가 그 악과 죄를 용서하리라 하시니라 이에 예레미야가 네리야의 아들 바룩을 부르매 바룩이 예레미야가 불러 주는

대로 여호와께서 그에게 이르신 모든 말씀을 두루마리 책에 기록하니라" 렘 36:2-4

"여호와께서 내게 대답하여 이르시되 너는 이 묵시를 기록하여 판에 명백히 새기되 달려가면서도 읽을 수 있게 하라" 합 2:2

5. 일곱 교회 선택
 (1) 모든 도시들이 황제숭배가 극심한 도시
   • 황제 숭배를 위해 제사장과 제단들이 있었다.
 (2) 모든 교회의 대표 : 7은 완전수
 (3) 7개 교회가 교통과 통신의 중심지

6. 예수님의 모습 (12절-16절)
 • 문자적으로 해석할 수 있겠나? 상징이다.

 (1) 인자같은 이

"내가 또 밤 환상 중에 보니 인자 같은 이가 하늘 구름을 타고 와서 옛적부터 항상 계신 이에게 나아가 그 앞으로 인도되매" 단 7:13

• 다니엘서에서 인자는 메시아를 상징-예수님이 바로 기다렸던 메시아임을 강조
• 요한은 철저하게 구약을 근거하여 기록하고 있다. 예수님이 구약에서 약속된 메시아임을 부각가고 있는 것

(2) 예수님의 묘사

그분이 하나님, 왕, 제사장, 전사이며, 주권자로서의 메시아이다

1) 발에 끌리는 옷 (13절) : 대제사장이시다.

"그들이 지을 옷은 이러하니 곧 흉패와 에봇과 겉옷과 반포 속옷과 관과 띠라 그들이 네 형 아론과 그 아들들을 위하여 거룩한 옷을 지어 아론이 내게 제사장 직분을 행하게 하라" 출 28:4

- 이 두 구절에서 "옷"이란 단어는 같은 단어이다. 즉, 제사장이 입었던 옷과 지금 예수님이 입고 계신 옷이 같은 옷이다.
- 가슴에 금띠도 제사장의 에봇과 띠를 말한다. 금 촛대도 성전의 성소안에 있던 제사장의 임무와 관련된 기구이다.
- 결국 요한은 예수님을 하나님과 인간을 중보하는 대제사장으로 묘사한다.

2) 가슴에 금띠 : 왕권을 상징

3) 머리와 털의 희기가 흰 양털 같고(14절) : 예수는 거룩한 하나님이시다

"내가 보니 왕좌가 놓이고 옛적부터 항상 계신 이가 좌정하셨는데 그의 옷은 희기가 눈 같고 그의 머리털은 깨끗한 양의 털 같고 그의 보좌는 불꽃이요 그의 바퀴는 타오르는 불이며" 단 7:9

- 요한은 단 7장 9절을 통해 "옛적부터 항상 계신이"이신 하나님으로 예수를 묘사하고, 또한 거룩한 분이시다고 묘사함

4) 불꽃같은 눈(14절) : 감찰하시는 분

"또 그의 몸은 황옥 같고 그의 얼굴은 번갯빛 같고 그의 눈은 횃불 같고 그의 팔과 발은 빛난 놋과 같고 그의 말소리는 무리의 소리와 같더라" 단 10:6

5) 발은 단련한 주석 : 다스리는 권세

"또 그의 몸은 황옥 같고 그의 얼굴은 번갯빛 같고 그의 눈은 횃불같고 그의 팔과 발은 빛난 놋과 같고 그의 말소리는 무리의 소리와 같더라" 단 10:6

- 주석 : (헬) 칼콜리바논(칼코스(놋쇠 : 권위, 능력) + 리바노스(유향 : 제사)
- 예수님의 권세는 십가자의 희생제사로 얻은 권세와 능력

6) 많은 물소리 같은 음성 : 예수님 말씀은 권세와 위엄이 있음

"이스라엘 하나님의 영광이 동쪽에서부터 오는데 하나님의 음성이 많은 물소리 같고 땅은 그 영광으로 말미암아 빛나니" 겔 43:2

"또 그의 몸은 황옥 같고 그의 얼굴은 번갯빛 같고 그의 눈은 횃불 같고 그의 팔과 발은 빛난 놋과 같고 그의 말소리는 무리의 소리와 같더라" 단 10:6

- 예수님의 음성이 곧 하나님의 음성이다. 동등하신 분으로 묘사

7) 입에서 날선 검이 나오고 : 심판주이신 예수님

"공의로 가난한 자를 심판하며 정직으로 세상의 겸손한 자를 판단할 것이며 그의 입의 막대기로 세상을 치며 그의 입술의 기운으로 악인을 죽일 것이며" 사 11:4

"그의 입에서 예리한 검이 나오니 그것으로 만국을 치겠고 친히 그들을 철장으로 다스리며 또 친히 하나님 곧 전능하신 이의 맹렬한 진노의 포도주 틀을 밟겠고" 계 19:15

- 검 : (헬) 롬파이아, 단검(x), 장검(0)

8) 오른손에 일곱 별
- 오른손 : 권능을 상징, 별 : 주의 사자
- 금 촛대 사이에 : 교회를 통치하시는 교회의 주인
- 일곱촛대(교회) 위에 일곱 영이신 성령님이 임하셔서 빛을 비추시고, 일곱촛대 가운데 그리스도가 중심에 계심으로 교회의 주인되심을 묘사한다.
- 7교회를 성전의 많은 기구중 금 촛대로 지칭하시는 이유는?

9) 해가 힘있게 돋는 것 같더라 (16절)

"[드보라와 바락장군이 가나안 장군 시스라를 격파하고 난 후 찬송] 여호와여 주의 원수들은 다 이와 같이 망하게 하시고 주를 사랑하는 자들은 해가 힘 있게 돋음 같게 하시옵소서 하니라 그 땅이 사십 년 동안 평온하였더라" 삿 5:31

- 삿 5장에서 "주를 사랑하는 자"는 문맥상 "하나님의 전사"이다.
- 단 10장 6절은 승리한 이스라엘의 전사
- 삿 5장과 단 10장의 표현을 인용하면서 예수님은 승리하신 하나님의 전사이다.

예수님이 그분이 하나님, 왕, 제사장, 전사이며, 주권자로서의 메시아이다

1장의 예수님의 모습이 9가지 VS 19장의 예수님의 모습 9가지

※ 계1장의 주님의 모습과 구약적 배경[16]

계1장의 예수님의 모습		구약적 배경		
1:13	인자 같은 이가	단 7:13	인자 같은 이가	심판주
1:13	발에 끌리는 옷을 입고 가슴에 금띠를 띠고	출 28:4	그들의 지을 옷은 흉패와 에봇과 겉옷과 반포와 속옷과 관과 띠라	제사장과 왕권
1:14	머리가 털의 희기가 흰 양털 같고 눈 같으며	단 7:9	그 옷은 희기가 눈 같고 그 머리털은 깨끗한 양의 털 같고	거룩한 하나님
1:14-15	그의 눈은 불꽃 같고 그의 발은 풀무에 달련한 빛난 주석 같고 그의 음성은 많은 물소리 같으며	단 10:6	그 눈은 횃불 같고 그 팔과 발은 빛난 놋과 같고 그 말소리는 무리의 소리와 같더라	감찰자 심판자
		겔 43:2	하나님의 음성은 많은 물소리 같고	여호와
1:16	그 입에서 좌우에 날선 검이 나오고	사 11:4;	그입의 막대기로 세상을 치며	말씀이신 하나님
		사 49:2	내 입을 날카로운 칼 같이 만드시고	
1:16	그 얼굴은 해가 힘있게 비취는 것 같더라	단 10:6	그 얼굴은 번갯빛 같고	만군의 여호와
		삿 5:31	주를 사랑하는 자는 해가 힘있게 돋음 같게 하시옵소서	전사
1:17	나는 처음이요 나중이니	사 42:4	나 여호와라 태초에도 나요 나중 있을 자에게도 내가 곧 그니라	여호와
		사 44:6	나는 처음이요 나는 마지막이라 나 외에 다른 신이 없느니라	
		사 48:12	나는 그니 나는 처음이요 또 마지막이라	
1:18	곧 산 자라 세세토록 살아 있어	신 32:40	나의 영원히 삶을 두고 맹세하노니	여호와
1:18	이제 세세토록 살아 있어 사망과 음부의 열쇠를 가졌노니	사 22:22	내가 또 다윗 집의 열쇠를 그의 어깨에 두리니 그가 열면 닫을 자가 없겠고 닫으면 열 자가 없으리라	주권자

※ 계1장의 주님의 모습과 2장,3장에서 나타나신 모습의 비교[17]

교회	에베소 교회	서머나 교회	버가모 교회	두아디라 교회	사데 교회	빌라델 비아 교회	라오디 게아 교회
1장의 예수님	그 오른손에 일곱 별이 있고 (1:16a)	곧 산 자라 내가 전에 죽었었노라 (1:18)	그 입에서 좌우에 날선 검이 나오고 (1:16b)	그의 눈은 불꽃 같고 그의 발은 주석 같도 (1:14-15)	그 오른손에 일곱 별이 있고 (1:16)	사망과 음부의 열쇠를 가졌노니 (1:18b)	충성된 증인으로 땅의 임금들의 머리가 되신 이 (1:5)
예수님 이름	오른손에 일곱 별을 가지고 금촛대 사이에 다니시는 이 (2:1)	처음이요 나중이요 죽었다가 살아나신 이 (2:8)	좌우에 날선 검을 가지신 이 (2:12)	그 눈이 불꽃 같고 그 발이 빛난 주석 같은 하나님의 아들 (2:18)	하나님의 일곱 별을 가지신 이 (3:1)	열면 아무도 닫을 수 없고 닫으면 아무도 열 수 없는 다윗의 열쇠를 가지신 이(3:7)	충성되고 참된 증인이시오 하나님의 창조의 근본이신 이 (3:14)
메시지 내용	회개하지 아니하면 촛대를 옮길 것이다 (2:5)	죽기까지 충성하라 (2:10)	검으로 그들과 싸우리라 (2:16)	회개치 않는 자를 환난에 던질 터이요 (2:22)		내가 네 앞에 열린 문을 두었으되 능히 닫을 사람이 없으리라 (3:8)	

1장의 예수의 모습과 2-3장의 예수의 모습이 반복됨

1:9-20에서 소개된 예수님의 모습이 2-3장 메시지의 서두에서 소개되는 예수님의 이름에 그대로 사용되고 2-3장의 메시지 서두에 사용된 예수님의 이름은 다시 그 메시지의 내용과 관련된다.

※ 계1장의 주님의 약속과 21장,22장에서의 성취 비교[18]

약속		성취	
2:7	하나님의 낙원에 있는 생명 나무의 열매	22:2	강 좌우에 생명 나무와 열 두가지 실과
		22:14	저희가 생명 나무에 나아가며
2:11	둘째사망의 해를 받지 않을 것	20:6	둘째 사망이 그들을 다스리는 권세가 없고
		21:4	다시 사망이 없고
2:17	새 이름	19:12	이름 쓴 것이 하나가 있으니
		22:4	그의 이름도 저희 이마에 있으리라
2:28	새벽별	22:16	광명한 새벽별
3:5	흰 옷	22:14	그 두루마기를 빠는 자들은 복이 있으니
3:12	하나님 성전에 기둥	21:22	하나님과 어린양이 그 성전이시다
	내 하나님께로부터 내려 오는 새 예루살렘의 이름과 나의 새 이름	21:2	새 예루살렘이 하나님께로부터 내려오니
3:21	내 보좌에 함께 앉게	22:3	그 어린양의 보좌가 그 가운데 있으리니

- 계 2장,3장에서 하신 '이기는 자'를 향한 주님의 약속이 계 21장,22장의 새 하늘, 새 땅에서 성취되고 있음을 한눈에 볼 수 있다.

7. 엎드려진 요한(17절)

- 단 8장, 10장에서의 하나님 임재의 4중적 형식[19]
- ① 환상 보고 ② 두려워 얼굴 떨구고 ③ 하나님께 힘을 얻고 ④ 계

시 받고

"또 사람의 모양 같은 것 하나가 나를 만지며 나를 강건하게 하여 이르되 큰 은총을 받은 사람이여 두려워하지 말라 평안하라 강건하라 강건하라 그가 이같이 내게 말하매 내가 곧 힘이 나서 이르되 내 주께서 나를 강건하게 하셨사오니 말씀하옵소서" 단 10:18-19

"그 때에 내가 말하되 화로다 나여 망하게 되었도다 나는 입술이 부정한 사람이요 나는 입술이 부정한 백성 중에 거주하면서 만군의 여호와이신 왕을 뵈었음이로다 하였더니" 사 6:5

"시몬 베드로가 이를 보고 예수의 무릎 아래에 엎드려 이르되 주여 나를 떠나소서 나는 죄인이로소이다 하니" 눅 5:8

"내가 그의 음성을 들었는데 그의 음성을 들을 때에 내가 얼굴을 땅에 대고 깊이 잠들었느니라" 단 10:9

8. 그리스도의 명령
(1) 나는 처음이요 나중이라

"이 일을 누가 행하였느냐 누가 이루었느냐 누가 처음부터 만대를 불러내었느냐 나 여호와라 처음에도 나요 나중 있을 자에게도 내가 곧 그니라" 사 41:4

"이스라엘의 왕인 여호와, 이스라엘의 구원자인 만군의 여호와가 이같이 말하노라 나는 처음이요 나는 마지막이라 나 외에 다른 신이 없느니라" 사 44:6

"야곱아 내가 부른 이스라엘아 내게 들으라 나는 그니 나는 처음이요 또 나는 마지막이라" 사 48:12

(2) 죽었다가 산 분

(3) 사망과 음부의 열쇠를 가지신 분 : 심판주

"내가 또 다윗의 집의 열쇠를 그의 어깨에 두리니 그가 열면 닫을 자가 없겠고 닫으면 열 자가 없으리라" 사 22:22

9. 일곱 촛대 : 일곱 교회
(1) 스가랴 4장의 일곱 등불은 곧 계 1장 4절의 일곱 영= 성령님
- 일곱 촛대가 일곱 등잔을 떠 받치고 있다 : 교회와 성령과의 관계
- 교회가 성령님에 의해 공급받고 성령님을 경외해야 함을 강조

(2) 일곱 별
1) 천사로 보는 견해
- 하늘의 천사와 지상의 교회가 연결됨을 강조하여 비록 지상의 교회가 환난을 당하고 있으나 동시에 천상과 연결되어 있음으로 담대함을 가지도록 촉구

2) 교회 지도자와 성도이다
- 필자는 별을 교호의 지도자요, 성도로 본다.

"지혜 있는 자는 궁창의 빛과 같이 빛날 것이요 많은 사람을 옳은 데로 돌아오게 한 자는 별과 같이 영원토록 빛나리라" 단 12:3

교회	에	서	버	두	사	빌	라
예수님의 특징	오른손에 일곱별을 붙잡고 일곱 금촛대 사이를 거니시는 이	처음이며 마지막이요 죽었다가 살아나신 이	좌우에 날 선 검을 가지신 이	그 눈이 불꽃같고 그 발이 주석과 같은 하나님의 아들	하나님의 일곱 영과 일곱별을 가지신 이	거룩하고 진실하사 다윗의 열쇠를 가지신 이	아멘이시오 충성되고 참된 증인이시오 창조의 근본이신 이
칭찬	행위, 수고, 인내, 교리적 정통	환난과 궁핍 가운데 있지만 실상은 부요함	사탄의 권좌가 있는 곳에서도 그리스도의 이름을 굳게 잡음. 충성된 증인 안디바가 죽임을 당할때도 믿음을 버리지 않음	사업, 사랑, 믿음, 섬김, 인내	옷을 더럽히지 않은자 몇 명이 있음	적은 능력을 가지고도 예수님의 말씀을 지키며 예수님의 이름을 배반하지 않음	없음
책망	처음사랑 잃어버림	없음	발람과 니골라 당의 교훈을 지키는 자 있음	이세벨의 교훈을 따르는 자 있음	살았다 하는 이름을 가졌으나 죽은 자	없음	미지근함, 곤고하고, 가난하고, 눈멀고, 벌거벗음
권면 · 경고	회개하지 않으면 촛대를 옮길 것이다	고난을 두려워말라. 죽도록 충성하라	회개하지 않으면 검으로 싸울 것이다	회개하지 않으면 큰 환난 가운데 던짐, 있는 것을 굳게 잡으라	회개하지 않으면 도둑 같이 임할 것이다	가진 것을 굳게 잡아 아무도 네 면류관을 빼앗지 못하게 하라	금과 흰옷과 안약을 사라, 열심을 내고, 문밖에 있는 그리스도를 영접하라

계 1장 9-20절 예수님의 영광스러운 모습

호소	귀 있는 자는 성령이 교회들에게 하시는 말씀을 들을지어다	귀 있는 자는 성령이 교회들에게 하시는 말씀을 들을지어다	귀 있는 자는 성령이 교회들에게 하시는 말씀을 들을지어다	귀 있는 자는 성령이 교회들에게 하시는 말씀을 들을지어다	귀 있는 자는 성령이 교회들에게 하시는 말씀을 들을지어다	귀 있는 자는 성령이 교회들에게 하시는 말씀을 들을지어다	귀 있는 자는 성령이 교회들에게 하시는 말씀을 들을지어다	귀 있는 자는 성령이 교회들에게 하시는 말씀을 들을지어다
약속	하나님의 낙원에 있는 생명나무를 먹게함	둘째 사망의 해를 받지 않음	감추었던 만나, 아무도 모르는 이름이 기록된 흰 돌	만국을 다 스리는 권세, 철장, 새벽별을 주심	흰옷을 입을 것이요 내가 그 이름을 생명책에서 결코 지우지 아니하고 그 이름을 내 아버지 앞과 그의 천사들 앞에서 시인	내 하나님 성전에 기둥이 되게 함, 하나님의 이름과 새 예루살렘의 이름과 나의 새 이름을 그 위에 기록함	내 보좌에 함께 앉게 하여 줌
적용	바른교리 사랑없는 죽은 정통교회	십자가의 길로 인해 고난받는 교회	세상과 타협한 혼합주의 교회	우상숭배에 빠진 세속주의 교회	요란한 것 같지만 영적으로 죽은교회	작지만 말씀을 지킨 교회	부와 건강의 거짓형통복음에 물든 교회

계 2-3장

7교회에 대한 주님의 메세지

서론

1. 7도시 모두 로마의 큰 도로에 위치해서 교통의 요충지다. 순환도로로 연결되어 에베소에서 라오디게아까지 340Km정도의 거리다. 또한 7도시 모두 우체국이 있었다.

2. 7교회는 모든 교회를 대표한다.
   - 겔 25 – 32장 : 7이방족속 심판(암몬, 모압, 에돔, 블레셋, 두로, 시돈, 애굽)
   - 7 이방은 열방의 대표

3. 7 교회에 대한 세대주의적 해석

에베소	사도시대	1-100
서머나	박해시대	100-313
버가모	타협시대	313-590
두아디라	교황시대	590-1517
사데	종교개혁시대	1517-1700
빌라델비아	선교시대	1700-1900
라오디게아	배교시대	1900-휴거까지

▶ 올바른 관점
- 계시록은 시간적, 순서적으로 기록된 것이 아니다
- 주제별로 반복적으로, 점진적으로 기록한 것이다.

4. 형식

1) 그리스도의 모습

① 각 교회마다 다른 모습의 그리스도로 보이심 : 각 교회의 상황이 다르기에
② 1장 9-20절의 그리스도의 모습과 일치하게 묘사됨
③ 그리스도의 모습은 책망, 경고, 격려, 이기는 자의 상급과 관련됨

2) 칭찬, 책망, 경고, 격려

3) 이기는 자에게 주어지는 상급

5. 가라사대

1) 구약의 "주께서 이 같이 말씀하시기"를 표현법

2) 구약의 선지자적 메시지와 같은 선지자적 선포이다.
   소선지서 21번, 에스겔서 65번, 예레미야서 30번, 아모스서 8번

3) 아모스 5장 4절
   여호와께서 이스라엘 족속에게 이와 같이 말씀하시기를 너희는 나를 찾으라 그리하면 살리라

4) 레게이(헬) : 말씀하시면 그대로 된다는 단어이다.

6. 7교회 구조 분석

1) A(에베소) – B(서머나) – C(버가모,두아디라,사데) – B'(빌라델비아) – A'(라오디게아)

이 구조는 C (버,두,사)를 중심에 두고 날개를 펼치는 구조이다. .A와 A'는 처음교회와 마지막 교회로 주님의 경고를 듣고도 회개치 않으면 주님이 토하고 싶은 심각한 영적 상태로 악화됨을 말한다. B와 B'는 칭찬만 받은 교회가 대칭을 이룬다. C(버가모, 두아디라, 사데)는 칭찬과 책망이 공존하는 교회들이다. 이 분석은 7교회를 이해하는 큰 틀을 제공한다는 점에서는 긍정적이지만, 필자에게는 딱히 마음에 와 닿지 않는다. 왜 3교회가 구조의 중앙에 위치하는 지에 대한 이유가 명확치 않다.

2) 2장과 3장의 키아즘 구조(촛대 구조)[20]

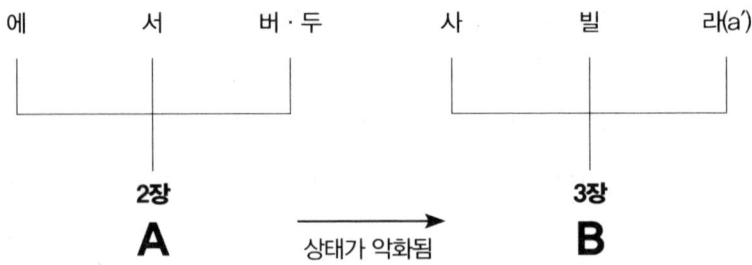

1. 키아즘 구조로 본 7교회

(1) A 파트 : 2장의 4교회구조 : 에베소교회(a), 서머나(b), 버가모+두아디라(a')

(2) B 파트 : 3장의 3교회 구조 : 사데교회(a), 빌라델비아(b), 라오디게아(b')

A파트와 B파트에서 보여지는 공통점은 각 파트의 중심에 칭찬만 받는 교회(서머나, 빌라델비아)가 있고, 그 양쪽에 주님의 책망을 받는 교회들이 있는 구조이다. 마치 촛대와 같은 구조이다. A파트와 B파트의 차이점은 A파트(2장)에 있는 칭찬이 B파트(3장)에는 거의 없거나 전혀 없다는 것이다. A파트보다 B파트가 더 상태가 악화되고 있다. 주님의 회개의 요구를 거부하면 점점 영적상태가 악화되는 구조이다.

본론

■ 에베소 교회

바른 교리 지키려다 사랑을 잃어버린 죽은 정통교회

지식으로 복음을 배웠지만, 마음으로 배우지 못한 교회

▶에베소 도시 배경[21]

- 초대 3대 교회 : 예루살렘 교회, 안디옥 교회, 에베소 교회
- 로마, 수리아 안디옥, 알렉산드리아에 이어 제국의 4번째 대도시
- 소아시아 지역의 관문, 항구 도시 : 많은인구, 상업발달, 부요함, 메소포타미아와 유프라테스로부터 오는 물품을 유럽과 로마로 실어나르는 동방무역의 중심지로, 몇 안 되는 자치도시
- 아데미 여신전, 도미티안 황제때 신전 건축하여 황제숭배 절정
- 바울이 3차 전도 여행시에 개척하여 3년간 눈물의 사역(행 18장 19-20절), 100년간 들을 설교를 3년에 다 들었다. 아볼로, 브리스길라, 아굴라, 디모데 등과 동역한 곳, 요한은 밧모섬에 유배가기 전까지 살았던 곳.
- 에베소는 250,000명의 인구의 도시, 로마의 소아시아 도시중 가장 크고 가장 중요한 도시. 아데미(Artemis) 신전 (라틴어, Diana) 이 있고 이는 세계의 7대 불가사의 중 하나인 신전이다. 길이 130m, 넓이 67m, 높이 7m, 직경이 2m인 120개의 흰 대리석 기둥, 신전창기 수천 명, 24개의 가슴이 달린 아데미 여신, 풍요의 여신

1. 그리스도의 모습 : 별을 붙잡고, 촛대사이에 다니시는 이

(1) 주의 일꾼들은 오른 손, 즉, 권능의 손으로 붙잡고 계신다.

붙잡다 : (헬) 크라톤 : 한번 붙잡으면 절대 놓지 않는다
영적 지도자들이 쓰러지거나 포기하지 않도록 지키심
또한 직접 붙들고 계시기에 그만한 책임도 있는 것이다.

(2) 촛대(교회)사이를 다니시며 교회를 살피시는 주님
보이지 않지만 분명 교회의 주인으로써 교회를 다스리시는 분

2. 칭찬 : 아노라

(1) 네 행위와 수고와 인내를 안다.
- 오이다(헬) : 처음부터 끝까지 속속들이 안다.

(2) 거짓된 진리를 분별하고 진리를 지켜낸 것.

(3) 열심과 고난을 견디는 것.
- 예수께서 내가 한 작은 일 하나하나까지 보고 계신 분이다. 힘을 내야 한다.

(4) 니골라당을 미워한 것
◆ 니골라당은
 ① 율법 폐기론 자
  - 복음과 은혜가 있다고 맘대로 살아도 구원을 얻는가?
  - 예수님도 미워하신다.
 ② 우상숭배를 교회로 들여온 자들 : 이세벨과 관련하여
 ③ 물질 탐심으로 교회를 오염시킨 자들 : 발람과 관련하여

3. 책망, 경고, 격려
(1) 처음 사랑을 버렸느니라
- 요한 자신이 목회 했던 교회에 대한 주님의 평가
- 에베소 교회의 처음 사랑

"에베소에 사는 유대인과 헬라인들이 다 이 일을 알고 두려워하며 주 예수의 이름을 높이고 믿은 사람들이 많이 와서 자복하여 행한 일을 알리며 또 마술을 행하던 많은 사람이 그 책을 모아 가지고 와서 모든 사람 앞에서 불사르니 그 책값을 계산한즉 은 오만이나 되더라" 행 19:17-19

- 은 5만의 마술 책을 불태움 : 천만 원 정도의 마술 책을 불태움
- 두란노 서원에서 매일 매일 말씀을 배움, 2년6개월, 주일설교 100년치 설교
- 처음 사랑 : 하나님의 은혜와 긍휼로만 사는 존재라는 고백을 잃어버린 것
- 차가운 옳고 그름의 판단과 비판, 정죄만 남아 있다. 40년이 지나 자기의 의만 남아있는 교회로 변해 버린 것.
- 하나님을 향한 사랑? 또는 형제를 향한 사랑?
- 학설이 갈라지지만, 이 둘은 나누어질 수 없는 하나이다.
- 처음 주님을 만났을 때 나누었던 사랑, 감격, 순수함이 언제부터인가 변질되었다는 것이다. 오래된 신앙일수록 오랜 역사를 가진 교회일수록 처음의 은혜를 잃지 않도록 해야 한다.
- 사랑은 성도의 여러 가지 성품중의 한 가지가 아니라 모든 것의 원동력이요, 신앙의 본질이다.
- 예수님의 첫 계명이 무엇인가?

"대답하여 가로되 네 마음을 다하며 목숨을 다하며 힘을 다하며 뜻을 다하여 주 너의 하나님을 사랑하고 또한 네 이웃을 네 몸과 같이 사랑 하라 하였나이다" 눅 10:27

- 에베소 교회는 뒤에 나오는 다른 교회들처럼 우상 숭배나, 거짓된 교리, 정욕적인 삶, 세상과 물질의 탐욕을 모두 물리친 교회였다. 그러나 사랑을 잃으면 모든 것 무너진 것이다.
- 교회의 순수성을 지키려고 싸우다가 하나님과 형제 사랑을 잃어버린 교회가 되지 않도록 늘 신앙의 본질이 무엇인지 기억해야 한다.

"인애와 진리가 같이 만나고 의와 화평이 서로 입 맞추었으며 진리는 땅에서 솟아나고 의는 하늘에서 굽어보도다" 시 85:10-11

(2) 어디서 떨어진 것을 생각하라
- 내가 누구였고, 어떤 상태에서 구원받았는지를 잊은 것이다. 나의 신앙은 어떤 계기로 식어지게 됐는가?
- 므네모뉴오(헬) : 기억하라, 그 은혜를 기억하라

(3) 경고
- ◆ 회개치 아니하면 네 촛대를 옮기리라.
- 교회의 정체성이 상실되어 교회가 교회 되지 못한다.
- 책망하시고 징계하심은 회복시키시기 위함이다.
- 죄를 짓는 것도 문제지만 회개치 않은 것이 더 큰 죄다.
- 잠시 에베소 교회는 부흥을 이루었다고 한다(이그나시우스)
- 나중에 실제로 에베소 교회는 그 자취를 감춰버렸다.

- 카이스터 강 주변 항구, 침적토 때문에 항구를 다른 곳으로 옮김

4. 이기는 자에게(호 니콘, 현재 분사, 남성 복수)

이기는 2-3장의 7교회에게 주님이 하시는 말씀 중 총 7번 나오는 단어로 이는 현재형이다. 계속해서 이기고 승리하고 있는 자들에게 영생의 축복이 있음을 의미한다.

(1) 귀 있는 자 : 영적인 귀가 있어 들을 수 있는 자

(2) 이기는 자
- 못 이기면 구원에서 탈락된다는 의미가 아니다. 교회의 싸움이 저절로 이기는 것이 아니라는 것이다. 내가, 교회가 이겨야 하는 것.
- 이미 예수안에서 이긴 자들이기에 때문에 이길 수 밖에 없는 싸움을 하는 것
- 19장의 '어린양의 아내가 예비한 것 같더라'에서 예비하다(헤토이마센 헤아우텐)는 동사도 능동태이다. 즉, 교회와 성도들이 스스로 자발적으로 싸우고 준비하는 것이다.
- 그러나 하나님의 은혜가 우리의 싸움을 도와 이기게 하신다.

"우리 주 예수 그리스도로 말미암아 우리에게 승리를 주시는 하나님께 감사하노니" 고전 15:57

- 이김을 주시는 하나님

"그러나 이 모든 일에 우리를 사랑하시는 이로 말미암아 우리가 넉넉히 이기느니라" 롬 8:37
- 구체적으로 처음 사랑으로 돌아오는 것, 이 싸움을 해야 한다.

(3) 낙원의 생명나무의 과실을 먹게 하심 : 영생을 얻게 하겠다는 것
(4) 에덴에 있었던 생명나무가 계시록에서 다시 등장한다.
- 창세기에서 시작된 에덴(하나님 나라의 모형)이 계시록에서 완성됨

▣ 서머나 교회
십자가의 좁은 길을 걸어가며 고난 받는 교회

1. 서머나 : 향기라는 뜻.
- 책망이 없고 칭찬만 받은 교회. 교회가, 성도가 하나님이 기뻐 받으시는 향기 같은 삶
- 지금의 이즈미르, 황제숭배의 중심지, 부요한 도시[22]
- B.C 195년 최초의 로마 여신전 세워짐, A.D 26년 11개 도시의 경쟁을 물리치고 티베리우스 황제 신전 세움, A.D 117년 하드리안 황제 신전, 211년 카라칼라황제 신전을 세움, 주변 도시의 황제숭배를 총괄하는 도시였다.
- 그러기에 물질적 풍요, 황제 숭배와 관련된 경제 구조 및 직업, 신전제사장들의 물질적 풍요, 서머나는 현재 이즈미르 (Izmir, 터키 서부의 항구)이다. 소아시아에서
- 두 번째로 큰 도시였고 현재까지 존재하는 유일한 도시이다. B.C 700년경 멸망하였다가 B.C 300년경 재건된 도시라서 요한의 시대에 "죽었다가 다시 살아난" 도시라 했다.

2. 그리스도의 모습
(1) 처음이요 나중이요 : 서머나 교회의 시작이요, 서머나 교회의 끝이시다

(2) 죽었다가 살아나신 이 : 죽음과 사망을 이기신 주님
- 각 교회마다 나타나신 모습이 다르다. 이기는 자에게 주시는 상급과도 병행
- 죽음의 위협앞에 있는 서머나 성도들에게 힘과 위로를 주시기 위해서이다.
- 죽을 지라도 다시 부활을 약속하는 것이다.

3. 칭찬 및 격려 : 환난과 궁핍을 아노니
(1) 환난 : 황제숭배 거부로 인한 외부적 환난
- 유대인들의 악의적 고소 : 로마의 평화를 반대하고, 숭배를 거부한다.
- 유대인들의 예배는 비교적 자유롭게

(2) 궁핍 : 물질적 가난
- 부요한 도시에서도 궁핍의 고난을 겪음
- 황제 숭배와 관련된 경제 구조 및 직업이기에 경제 활동이 원천적으로 어려웠고 직장에서의 황제숭배 문화가 만연하기에 신앙을 지키려면 어떠했을까?

(3) 아노니 : 내 모든 아픔을 주님이 모르시는 것이 아니다.
- "아무도 내 처지를 몰라!"라고 생각한 적이 있는가?

(4) 사실은 부요한 자 :

- 육신적으로도, 환경적으로 환난과 궁핍이 있지만 영적인 부요를 가진교회

"우리가 이 직분이 비방을 받지 않게 하려고 무엇에든지 아무에게도 거리끼지 않게 하고 오직 모든 일에 하나님의 일꾼으로 자천하여 많이 견디는 것과 환난과 궁핍과 고난과 매 맞음과 갇힘과 난동과 수고로움과 자지 못함과 먹지 못함 가운데서도 깨끗함과 지식과 오래 참음과 자비함과 성령의 감화와 거짓이 없는 사랑과 진리의 말씀과 하나님의 능력으로 의의 무기를 좌우에 가지고 영광과 욕됨으로 그러했으며 악한 이름과 아름다운 이름으로 그러했느니라 우리는 속이는 자 같으나 참되고 무명한 자 같으나 유명한 자요 죽은 자 같으나 보라 우리가 살아 있고 징계를 받는 자 같으나 죽임을 당하지 아니하고 근심하는 자 같으나 항상 기뻐하고 가난한 자 같으나 많은 사람을 부요하게 하고 아무 것도 없는 자 같으나 모든 것을 가진 자로다" 고후 6:3-10

(5) 사단의 회(당) :

- 혈과 육의 싸움이 아니요 영적인 전투
- 하나님을 알아도 제대로 알아야 한다. 아니면 이들처럼 될 수 있다.

(6) 고난을 두려워 말라 죽도록 충성하라

- 장차 받을 : (헬) 멜라이스 : "받아야만 하는" 필연 조동사
- 더 큰 시험과 환난이 있을 것이다.
- "곧 고난이 끝날 것이다."라든지 "고난을 당장 멈추게 할 것이다."라는 단순한 위로가 아니라 더 힘든 고난과 시험이 있지만 죽기까지, 순교하기까지 고난을 이기라는 것이다. 성도는 고난이 없는

자가 아니라 고난을 이기는 자다. 하나님의 평안은 잔잔한 바다에서의 평안이 아니고 휘몰아치는 폭풍 한가운데 서의평안인 것이다. 오히려 충성하다가 죽기까지 하라는 것이다. 죽는 순간에도 믿음을 지키라는 것이다.

- 폴리갑 : 사도 요한의 제자로 115년에 서머나 교회 감독 부임, 155년 11명의 성도들과 화형순교 : 이 메시지를 읽고 순교한 것이다.
- 서머나 총독 스타디우스가 폴리갑과 친구, 살리려고 회유, 거절함
- 충성하라 : "죽기까지 신실하라"가 더 좋은 번역 : 환난을 대하는 자세
- 10일간 : 고난의 기간이 정해져 있다

"청하오니 당신의 종들을 열흘 동안 시험하여 채식을 주어 먹게 하고 물을 주어 마시게 한 후에 당신 앞에서 우리의 얼굴과 왕의 음식을 먹는 소년들의 얼굴을 비교하여 보아서 당신이 보는 대로 종들에게 행하소서 하매 그가 그들의 말을 따라 열흘 동안 시험하더니" 단 1:12-14

(7) 이기는 자에게 주시는 상급
1) 생명의 면류관을 주리라
문자적 면류관이 아니라 은유로 영생이라는 면류관을 주겠다.
충성한 자 즉 끝까지 믿음을 지킨 자

2) 이기는 자는 둘째 사망의 해를 받지 않음
- 성경이 말하는 사망의 3가지
  ① 영적인 죽음 : 하나님과 분리됨(태어날 때부터)
  ② 육신적 사망 : 모든 사람

③ 영원한 사망(지옥) : 둘째 사망 : 불신자
• 둘째 사망의 해를 받지 않는다 : 영원한 형벌을 면한다 : 영생

▣ 버가모 교회
세상과 짝하여 타협한 세속주의된 교회

1. 버가모 도시[23]
(1) 로마제국의 소아시아 옛 수도

(2) 우상 숭배의 중심지 : 사단 위(사단의 보좌)가 있던 곳
1) 제우스 신당, 의술의 신 아스클레피오스 신전(치유의 신으로 뱀을 상징), 지혜와 예신의 신 아텐신전, 풍요의 신 데메테르신전, 주신 디오니소스신전,
2) 로마황제 아우구스투스 신전, 트라얀 신전, 세베루스 신전 3대 황제 신전

(3) 버가모(Pergamos, Pergamum)는 소아시아의 수도였다. 이집트의 알렉산드리아에 이어 세계에서 두 번째로 큰 도서관(200,000권)이 있었다. 소아시아에서 가장 오랜 도시.

(4) 버가모는 소아시아 서머나 북쪽 104km되는 곳. 에게해(the Aegean Sea)에서 내륙으로 약 24km지점에 위치하며, 300m 높은 언덕 위에 있던 성읍이다. 헬라 시대에 아름다운 도시들 중 하나였고, 장서 20여만 권을 소장한 도서관과 양피지로 유명했다. 제우스, 아테네, 디오니소스 등 여러 신들을 숭배하는 우상숭배의 중심지였다. 많은 사람들이 질병치료의 능력을 지녔다고 여겨지던 뱀신, 아에스쿨라피우스를 섬기는 신전 의료센터에서 치료를 받기 위해 이곳을

찾았다.

2. 그리스도의 모습 : 좌우에 날선 검을 가진 분 : 전사이신 그리스도
- 하나님의 말씀으로 악을 심판하고 교회를 깨끗게 하시는 분

3. 칭찬 :
- 어디 사는 지 안다 : 우리의 상황을 알고 계신 주님
- 사단 위가 있는 곳에서도 주의 이름을 굳게 잡고, 믿음을 지킴
- 안디바의 순교를 알고 계심 :

(1) 안디바는 도미티안 황제가 불로 달군 황소 우상위에 태워 죽여 순교함
(2) 나의 충성된, 나의 증인 : "나의"라는 단어를 두 번 사용하심
(3) 충성된 : "신실한", 1장 5절에서 그리스도를 신실하다고 표현한 동일한 단어임. 예수님께 붙여진 같은 이름으로 안디바를 불러주신다.

4. 책망
(1) 발람의 교훈을 좇음(민수기 22장~25장) : 기복 신앙
- 모압 왕 발락의 제안에 물질 탐욕으로 인해 이스라엘을 저주하려 했던 미디안의 술사로 이스라엘로 우상숭배와 음행에 빠지도록 했던 거짓 선지자
- 우상숭배와 행음의 죄를 짓게 함 : 구약에서 하나님이 가장 진노하신 죄

"보라 이들이 발람의 꾀를 따라 이스라엘 자손을 브올의 사건에서 여호와 앞

에 범죄하게 하여 여호와의 회중 가운데에 염병이 일어나게 하였느니라" 민 31:16

(2) 니골라 당의 교훈 : 방종과 타락, 율법 폐기론자들, 방종주의

(3) 이와 같이 : 발람의 교훈과 니골라 당의 교훈이 같은 죄임을 말함
- 니골라는 "백성을 삼키는 자"이다. 발람도 역시 "백성을 삼키는자"이다. 둘 다 같은 의미를 지닌다.[24]

(4) 우상숭배와 음행이 항상 같이 언급되는 이유?
- 바알과 아세라 숭배는 신전에서의 신전 여인(창기)과의 성 관계를 필연적으로 동반했다. 영적 타락은 곧 육적 타락으로 이어진다.
- 또한 남편이 아닌 다른 남자와 관계를 갖는 것이 음행인 것처럼 신랑이신 하나님이 외에 다른 것을 더 사랑하는 것이 영적인 음행임을 알아야 하며, 우상숭배를 이토록 진노하시는 진짜이유가 무엇인지 알아야 한다.
- 발람이 탐한 것이 물질이다. 탐심은 우상숭배이다.

(5) 지키다 : 강한 집착을 의미하는 말
- 이미 우상숭배와 행음에 강하게 집착하고 있는 무리가 있다.
- 13절에 "나의 이름을 굳게 잡다"에서 "굳게 잡다"와 동일한 단어
- 나는 무엇에 강한 집착을 두고 있는가?
- 사단의 보좌가 있는 곳에서도 믿음을 지킨 교회가 내부의 탐심과 행음에 무너질 수 있다는 것에 우리 교회가 무엇을 경계해야 할까?

5. 경고 : 회개하라 or 싸우리라

◆ 내입의 검으로

"나귀가 여호와의 사자가 칼을 빼어 손에 들고 길에 선 것을 보고 길에서 벗어나 밭으로 들어간지라 발람이 나귀를 길로 돌이키려고 채찍질하니" 민 22:23

6. 이기는 자에게 주시는 상급

(1) 감추었던 만나

1) 유대 전승
- 솔로몬 성전 파괴될 때 예레미야가 언약궤를 시내산 땅 밑에 감추어 놓고, 메시아가 와서 새 성전을 지으실 때 언약궤를 다시 찾아 원래대로 돌려놓으실 것이라는 전승이 퍼져 있었다.
- 메시아가 오셔서 완전한 승리를 이루실 축제에 참여하는 복

2) 만나이신 그리스도

(2) 흰 돌

1) 검투경기의 승리자에게 주는 승리와 자유의 표
2) 재판 시 무죄라는 자유라는 의미
3) 축제시 입장을 허락하는 초청장
- 우상숭배와 탐심, 연적, 육적 행음과 싸워 이긴 자에게 승리와 자유를 주시며, 메시아가 완성시킬 하늘의 새성전에서의 축제(19장 혼인 잔치)에 초대하시는 축복을 주시겠다는 것..
- 그 사람에게 새 이름, 즉 그리스도의 이름을 새기심

"다시 저주가 없으며 하나님과 그 어린 양의 보좌가 그 가운데에 있으리니 그의 종들이 그를 섬기며 그의 얼굴을 볼 터이요 그의 이름도 그들의 이마에 있으리라" 계 22:3-4

이방 나라들이 네 공의를, 뭇 왕이 다 네 영광을 볼 것이요 너는 여호와의 입으로 정하실 새 이름으로 일컬음이 될 것이며" 사 62:2

- 새 이름 : 새로운 자격, 새로운 존재로 바뀐다

▣ 두아디라 교회
거짓 복음에 물든 교회

1. 두아디라[25]
(1) 내륙 도시로 무역 통로로써 경제적 번영 누리는 상업도시였다. 염색세공업자들과 구리 세공업 발달, 동업상인들의 협동조합인 "길드"조직 발달됨.

"두아디라 시에 있는 자색 옷감 장사로서 하나님을 섬기는 루디아라 하는 한 여자가 말을 듣고 있을 때 주께서 그 마음을 열어 바울의 말을 따르게 하신지라" 행 16:14

- 길드 조합이 벌이는 우상숭배 관련 축제를 거부하면 신용과 사업의 상실 의미
- 각 동업조합은 수호신전에서 제사 드린 후 공동식사와 음란한 축제를 즐김

(2) 제우스의 아들인 "아폴로"라는 태양신을 숭배
- 여러 신들을 섬긴 이유는 이 신들이 로마와 황제의 수호신들이라고 믿었기 때문이다. 아폴로는 로마와 두아디라 지역의 동전에 새겨질 정도였다.
- 일요일 날에 태양신을 섬김. 반면 기독교인은 주일에 하나님을 섬겼다.

빌립보에서 최초로 회심한 루디아가 바로 두아디라 출신이다(행 16:14). 자주(purple cloth)가 이 지역의 주산물이다.

일곱 지역 중 가장 잘 알려지지 않은 도시다. 상업 길드에 속하지 않으면 살기 어려웠다. 이 상업 조직은 우상에게 경배하는 일도 포함한다. 이 편지가 가장 긴 편지이다.

2. 주님의 모습
(1) 눈이 불꽃 : 감찰하시는 분, 사람의 중심을 꿰뚫어 보시는 분
나중에 사람의 뜻과 마음을 살피는 분으로 연결됨

(2) 발이 빛난 주석 : 정복자와 심판자

(3) 하나님의 아들 :
1) 역사적 문화적 배경
- 제우스의 아들이 아닌 하나님의 아들이신 예수님
- 계시록에 단 한번 나오는 표현
- 83년에 사망한 도미티안 황제의 아들을 신격화하기 위해 동전에 일곱별에 둘려 있는 천체 위에 앉아 있는 그림을 새김

- 그리스도가 하나님의 아들이시다.
- 계시록에서 단 한번 나오는 표현
- '신의 아들'로 자처했던 로마황제과 대조함

(1) 사업(행위)과 사랑과 믿음과 섬김과 인내

(2) 나중 행위가 처음 것보다 많은 교회
- 행위, 사랑, 믿음, 섬김, 인내도 처음보다 더 많고 넓고 깊어지는 교회와 성도
- 에베소 교회 : 처음 행위를 버린 교회와 대조

4. 책망

(1) 이세벨, 거짓 선지자를 용납함
- 이세벨 : 북 이스라엘의 아합왕의 아내로 온 이스라엘 땅에 바알, 아세라의 우상숭배를 가져온 왕비(왕상 16장)
- 꾀다 : (헬) 플라나오 : 12장 9절에서 사단이 꾀는 행위로, 13장 14절에서는 거짓 선지자가 꾀는 행위로, 18장 23절에서는 음녀가 바벨론이 꾀는 행위로 묘사되는데 다 같은 동사이다.
- 교회를 꾀는 자가 결국 누구인가?
- 선지자 : 초대 교회는 여자 선지자가 있었다.

"그에게 딸 넷이 있으니 처녀로 예언하는 자라" 행 21:9

(2) 우상숭배와 행음

당시 조합 중심의 경제체제에서 손해보지 않기 위해 그 우상숭배 문화에 적응하지 않으면 안되었을 것이다. 환경 때문에 어쩔 수 없었다고

말하지 말자!

(3) 회개할 기회를 주시는 분
죄를 짓는 것보다 더 악한 것은 회개 할 기회를 주었는데도 회개치 않는 것이다. 다니엘서의 벨사살왕과 느부갓네살왕의 차이점

5. 징계
(1) 침상에 던지움 : 침상은(헬, 에이스 클리넨) 질병 : 질병과 사망

(2) 사람의 마음과 뜻을 살피는 자, 각 사람의 행위대로 갚아주는 분
살피다 : 어떤 것을 알아내기 위해 철저한 노력을 기울이다.
은밀한 행위, 마음과 생각과 행위를 보고 심판하시는 분
나에게 남이 모르는 은밀히 짓고 있는 죄악은 무엇인가?

(3) 그의 자녀 : 이세벨의 제자들

6. 이기는 자에게 주시는 상급
(1) 남아있는(2절) : "남은 자" 사상
장소적 개념이 아니라, 이세벨의 거짓 가르침에 구록치 않고 신앙을 지킨 자들을 의미. 아합왕과 이세벨 의 시절에 바알숭배 명령에 굴복치 않고 남아있는 칠천 명과 병행시키고 있는 것

(2) 굳게 잡으라

(3) 이기고 지키는 자에게

주님의 말씀을 지키는 것이 이기는 것이다

(4) 만국을 다스리는 권세를 주심 : 메시아 통치권을 계승

"네가 철장으로 그들을 깨뜨림이여 질그릇 같이 부수리라 하시도다" 시편 2:9

철장 권세로 질그릇을 깨뜨림 : 철로 만든 지팡이
만국을 다스릴 권세는 메시아의 권세이다. 이 메시아 주님의 통치에 동참하고 그리스도와 함께 왕노릇 하며, 에덴에서 부여받은 만물을 다스리는 통치권을 회복하는 것이다.
다스리다 :(헤) 포이마네이 : 부서뜨리다.

2중적 의미
가. 주님의 경고를 거부한 자에게는 심판의 방망이로
나. 이기는 자에게는 목자의 막대기 즉, 돌보심과 양육의 막대기이다.

예수님도 아버지로부터 받으신 권세
권세 : 엑수시아(헬), 에크(~ 로부터) + 우시아(본질), 본질에서 나오는 권세, 하나님 예수님 이기는 그리스도의 후사들(롬 8장)

누가 강한 하나님의 군사로 적진에 가서 땅을 점령하고 철장 권세를 가지겠는가? 그것은 영적, 육적 순결을 지키는 자이다. 철장 권세를 달라고 기도하지만 그 전에 거룩의 영을 달래 몸부림치게 기도하자!

(5) 새벽 별을 주심

1) 유대 전승 : 고난 받은 성도들이 부활 후에 별처럼 빛 날 것
2) 성경적 배경 : 새벽 별은 메시아의 통치와 관련됨

"내가 이 두루마리의 예언의 말씀을 듣는 모든 사람에게 증언하노니 만일 누구든지 이것들 외에 더하면 하나님이 이 두루마리에 기록된 재앙들" 계 22:16

3) 예수는 교회들을 위하여 내 사자를 보내어 이것들을 너희에게 증언하게 하였노라 나는 다윗의 뿌리요 자손이니 곧 광명한 새벽 별이라 하시더라
: 다윗의 뿌리 (메시아의 구약적 표현) 곧 새벽 별
결국, 예수님의 만국을 다스리시는 메시야의 통치에 함께 동참 한다는 것

"내가 그를 보아도 이 때의 일이 아니며 내가 그를 바라보아도 가까운 일이 아니로다 한 별이 야곱에게서 나오며 한 규가 이스라엘에게서 일어나서 모압을 이쪽에서 저쪽까지 쳐서 무찌르고 또 셋의 자식들을 다 멸하리로다" 민 24:17

"내가 그를 보아도 이 때의 일이 아니며 내가 그를 바라보아도 가까운 일이 아니로다 한 별이 야곱에게서 나오며 한 규가 이스라엘에게서 일어나서 모압을 이쪽에서 저쪽까지 쳐서 무찌르고 또 셋의 자식들을 다 멸하리로다" 벧후 1:19

▶ 에베소교회와 두아디라 교회 비교
　① 에베소 : 진리 지키다 사랑을 잃어버린 교회
　② 두아디라 : 사랑 지키다 진리를 잃어버린 교회

계 3장

영적 상태가 악화되는 3교회

◪ 사데 교회

겉으로는 살았으나 영적으로는 죽은 교회

1. 사데 교회[26]

- 섬유공업의 발달, 루디아 왕국의 수도였다. 금, 은 보석으로 풍요로운 삶
- 3면이 절벽, 천연요새로 자만, 페르시아 고레스 침공으로 함락, 그 후 많은 침입으로 전쟁, 대규모 지진(17년)으로 인한 죽음과 생존에 대한 관심

- 생사화복를 위해 자연숭배사상이 만연함
  : 사데는 루디아의 오래전 수도이다. 섬유와 붉은 염색으로 유명하다.
  : 흰옷을 입고 다니리라(4절). 순결을 지킨 교회에 대한 주님의 최상의 칭찬과 약속
  : 549년 페르시아, 218년 안티오커스에게 두 번 점령당했다.
- 아데미 여신전, 아시아 여신 키벨레(죽은 자 살린다는 신), 황제 숭배 참여

2. 그리스도의 모습

(1) 하나님의 일곱 영과 일곱 별을 가진 분

일곱 영, 성령님으로 나타나신다. 교회의 생명을 불어넣으신 주인

성령과 교회의 사자가 함께 등장하는 것은 교회에 생명과 능력을 공급하셔서 교회가 살아있게 만드시고, 교회의 종들을 직접 다스리시는 지키는 주님이시다.

사데 교회가 가망없어 보이지만 성령과 교회 지도자들을 통해 교회를 치유하고 거룩한 자리로 다시 세우려는 주님의 회복의 의지가 표현된 것. 그러나 이런 교회도 사랑하시고 포기치 않는 주님.

3. 칭찬이 점점 줄여들고 있는 현상

에베소 버가모 두아디라 사데 교회 : 책망이 더 심해지고 있다.

4. 책망 (死大 교회 : 신성종 박사)

(1) 행위를 아노니 : 다른 교회는 칭찬의 의로 쓰였다.

(2) 살았다 하는 이름을 가졌으나 죽은 자로다.

- 살았다 : (헬) 활기찬, 이름:(헬) 명성
- 즉, 활기찬 교회라는 명성을 가지고 있지만 죽은 교회
- 겉으로는 살아있고 활기찬 교회처럼 보이는데 주님 눈에는 그 속은 죽은 교회이다.
- 경건의 모양은 있으나 경건의 능력을 부인하는 교회
- 사람의 평가 vs 하나님의 평가
- 요한 5장 : 사람에게 오는 영광 vs 하나님께 오는 영광
- 사데 교회는 이단의 공격이나 외부의 핍박도 없었고, 경제적 풍요로움 속에서 신앙 생활했던 교회다. 그러니 자연히 신앙의 간절함이 없고 안일하고 나태한 것이 되었다. 때로는 고난과 핍박이 우리를 지키는 영적인 유익이다.
- 고난이 없는 성도, 고난이 없이 자라난 교회가 무력한 이유를 아는가?
- 교회가 죄와 싸우고, 거짓 진리와 싸우고 움직일 때가 살아있는 교회다.
- 비록 환경은 힘들지만....
- 형식과 껍데기만 자기 자랑만 남으니 성령의 역사가 없을 수밖에 없다.

(3) 온전함이 없다 : 어느 한가지도 하나님께 인정받는 것이 없다.

(4) 일깨워 죽게 된 것을 굳게 하라
- 죽게 된 : 미완료시제, 즉 계속해서 지금도 죽어가고 있는
- 영적인 잠에서 깨어라. : 도적 같이 임하실 주님 이기에

(5) 기억하라 – 지키라 – 회개하라

5. 이기는 자에게 주시는 상급
 (1) 옷을 더럽히지 않는 몇 명 : 남은 자 사상 (그루터기)
  두아디라 교회의 남은 자 사상과 동일

 (2) 흰 옷 : 거룩의 뜻
  자기 자랑과 자기 의로 자신을 더럽히지 않고 지킨 자

 (3) 생명 책에서 흐리지 않고 시인하리라
 • 교회 다닌다고 당연히 생명 책에 기록되었고 구원받았다고 착각한 선데이 그리스도인들에게 향한 경고이다. 실제 교회에 다니는 분들 중에 실제 구원 받을까는 정말 모르는 문제이다. 백보좌 심판 (20장).
 • 지금 세상의 인정을 받는 사데교회의 무리들은 백조좌 심판에서 모른 다할 수도 있지만, 지금 세상의 인정을 받지 못하는 없는 소수의 남은 자들은 하나님이 인정하니다.
 • 마태복음 7장을 읽으라.
 • 생명책 : 단 12장 2, 계 13장8, 20장 12, 15, 21장 27

▣ 빌라델비아 교회
 작지만 하나님의 말씀을 붙들어 하늘 문이 열린 교회

1. 빌라델비아 교회[27]
 • 터키지방, 사데로부터 약 40Km 지점의 소도시. 포도주로 유명하며,

- 술의 신 "디오니수스"를 숭배. 1392년까지 인근의 도시들이 회교화 되었지만 기독교 도시로 남아 있었다고 함. 로마와 아시아를 연결하는 통로 관문 : 사데의 지진의 영향을 받아서 건물이 불완전하고, 조각들이 떨어지기도 했다. 요한당시 이 지역은 인구가 적었고 지진의 위협이 있었고, 전염병도 있었다. 잦은 이주(대피)가 있게 마련이고 AD 17년 지진으로 멸망되었으나 다시 재건되었다. 작지만 12세기까지 중요한 도시였다.
- 버가모 왕 유메네스가 세운 도시, 로마가 유메네스의 동생 아탈루스에게 형을 배신하도록 부추였지만, 끝까지 형을 배반치 않았다고 하여 이 도시를 필라델푸스, '형제를 사랑하는 자' 라는 이름을 붙임
- 이 도시의 관습중 하나가 공헌한 사람의 이름을 신전의 기둥에 새겨주는 것
- 티베리우스, 칼리굴라, 베스파시안 황제 신전, 제우스, 아데미 신전

2. 그리스도의 모습

(1) 거룩하신 진실하사 : 거룩하고 "신실하사"

(2) 다윗의 열쇠를 가지신 분
1) 다윗의 열쇠 : 메시아의 왕권, 통치권을 상징

"내가 또 다윗의 집의 열쇠를 그의 어깨에 두리니 그가 열면 닫을 자가 없겠고 닫으면 열 자가 없으리라 못이 단단한 곳에 박힘 같이 그를 견고하게 하리니 그가 그의 아버지 집에 영광의 보좌가 될 것이요" 사 22:22~23

히스기야 시대에 셉나"라는 막강한 국고를 맡은 대신이다. 이 반역자 열쇠를 빼앗아 엘리아김에게 주어 국고를 관리하게 함.

① 그리스도께서 다윗의 열쇠를 가지신 것은 메시아 왕국에 들어오거나, 못 들어오게 할 수 있는 권한을 가지신 분이다.
② 열쇠는 통치 · 관리할 수 있는 권한입니다. 예수님이 아버지께로 모든 역사와 만물, 세상, 권세를 다스릴 권위를 받으셨다는 것입니다.

왜 이런 모습으로 나타나시냐면 빌라델비아 교회는 그 지위나 재산, 권세가 많이 부족한 교회였고 힘 있는 교회가 아니었기에 그들 스스로 우리는 연약하고 배경도 없고, 힘도 없는 부족한 교회라고 생각하고 있었다. 그래서 주님은 나는 열쇠를 가진 자로써 모든 것을 알고 교회에게 공급할 수 있는 능력의 주님이라는 것이다.

3. 칭찬만 있고 책망이 없는 교회
(1) 열린 문을 두드리니

"네 성문이 항상 열려 주야로 닫히지 아니하리니 이는 사람들이 네게로 이방 나라들의 재물을 가져오며 그들의 왕들을 포로로 이끌어 옴이라" 사 60:11

1) 메시아 왕국의 문
자칭 유대인들로 인해 경제적, 문화적, 정치적, 사회적으로 고립되고 소외된 빌라델비아 교회는 유대인과 로마에게는 문이 닫혀 지만은, 천국의 문은 활짝 여려있다는 위로의 말씀.

2) 선교의 문 : 복음을 전할 수 있는 문

(2) 적은 능력을 가지고도 말씀을 지킴
더 큰 능력을 구하기 전에 주신 것을 감사함으로 사용하고 말씀을 지키려고 노력하는 것.

(3) 사단의 회
자칭 유대인들, 원수들의 무릎을 꿇게 하심

1) 도저히 믿을 수 없는 사람이 회개하는 교회

"너를 괴롭히던 자의 자손이 몸을 굽혀 네게 나아오며 너를 멸시하던 모든 자가 네 발 아래에 엎드려 너를 일컬어 여호와의 성읍이라, 이스라엘의 거룩한 이의 시온이라 하리라" 사 60:14

2) 하나님이 사랑하시고 쓰신다는 증거
원수가 굴복하는 능력을 말씀하시는 유일한 교회

(4) 나의 인내의 말씀을 지킴, 나도 너를 지켜
1) 그냥 말씀을 지킨 것이 아니고 인내의 말씀
말씀을 지키려고 모든 것을 견디고 참는 고통이 있다.

2) 내가 말씀을 지키면 말씀이 내 영혼을 지킨다.
내가 말씀을 붙들면 말씀이 내 인생을 지킨다.
내가 말씀을 소중히 여기면 말씀이 내 인생을 존귀하게 만들어 주심.

(5) 시험의 때를 면하게 하리니

면하게 : (헬) 에크(-로부터) + 테레소(지키다)

시험의 때를 면제(x), 시험의 때에 지키심. 고난을 이길 힘을 주리니 진정한 능력은 시험이 없는 것이 아니고 시험을 이기는 것이다.

"내가 비옵는 것은 그들을 세상에서 데려가시기를 위함이 아니요 다만 악에 빠지지 않게 보전하시기를 위함이니이다" 요 17:15

(6) 면류관을 지키라

그러나 끝까지 굳게 서 있으라는 당부

▣ 라오디게아 교회

교만과 자기 의에 취해 토해내고 싶은 교회

1. 라오디게아 교회[28]

(1) 빌라델비아에서 **70Km** 지점. 주전 **260년**경 셀류큐스 왕조 안티오쿠스 2세의 아내 '라오디케'의 이름을 따서 세운 도시

(2) 경제적 부요, 많은 은행, 온천, 양털 생산의 고급 의류로 유명

(3) 제우스와 치료의 신 "멘카루" 숭배

(4) 의학교가 있어 '라오디게안' 나드 향유에서 추출한 귓병 약과 '브루기안'이라는 안질약으로 유명

(5) 에바브로디도가 설립함 : 골 4장 3절 :

(6) 요한 당시 여러 가지 면에서 부유한 도시였다. 은행의 중심이 있었고, 검은 양모의 카펫과 섬유의 생산지, 의료학교가 있었고 많은 질병치료를 위한 재료가 있었다. 도시의 수원지는 **10킬로미터**

떨어진 온천지 히에라 폴리의 '데니즐리'였다. 그러나 북쪽에 10마일 떨어진 데니즐리에서 운반도중 미지근해져서 먹을 수 없어서 토할 정도가 되었다고 한다. 남쪽으로 6마일 떨어진 골로새는 건강에 좋은 차가운 물이, 히에라폴리에는 온천수로 유명했다.

2. 주님의 모습
(1) 아멘이시요 충성되고 참된 증인, 창조의 근본

"또 너희가 남겨 놓은 이름은 내가 택한 자의 저줏거리가 될 것이니라 주 여호와 내가 너를 죽이고 내 종들은 다른 이름으로 부르리라 이러므로 땅에서 자기를 위하여 복을 구하는 자는 진리의 하나님을 향하여 복을 구할 것이요 땅에서 맹세하는 자는 진리의 하나님으로 맹세하리니 이는 이전 환난이 잊어졌고 내 눈 앞에 숨겨졌음이라 보라 내가 새 하늘과 새 땅을 창조하나니 이전 것은 기억되거나 마음에 생각나지 아니할 것이라" 사 65:15-17

- 진리의 하나님 : 아멘의 하나님으로써 17절의 새창조 사역과 관련된 호칭[29]
- 근본 : (헬. 아르케) 시작 : 그리스도는 이사야서에서 약속된 새 창조를 시작하시고 완성하실 분이라는 것. 십자가의 사역과 부활로 만유를 새롭게 창도하시는 일이 시작되고 재림으로 새 창조가 완성될 것이다.

"보라 내가 새 하늘과 새 땅을 창조하나니 이전 것은 기억되거나 마음에 생각나지 아니할 것이라 너희는 내가 창조하는 것으로 말미암아 영원히 기뻐하며 즐거워 할지니라 보라 내가 예루살렘을 즐거운 성으로 창조하며 그 백성을

기쁨으로 삼고" 사 65:17-18

재 창조의 방법은 복음이다.

"하나님의 아들 예수 그리스도의 복음의 시작이라" 막 1:1

- 모든 것의 시작과 처음 되시는 주님
- 이렇게 혹독히 책망 받고 "이런 교회가 무슨 교회야!"라고 말 할 만큼은 아니지만 그래도 이 교회의 시작은 근본은 주님이시라는 것.
- 라오디게아 교회가 주님의 책망을 듣고 회개하여 끝까지 충성되고 참된 증인의 교회가 되기를 바라심.

3. 책망

(1) 책망의 강도가 더 강해지고 있다.

에베소 – (서머나) – 버가모 – 두아디라 – 사데 – (빌라델비아) – 두아디라 – 라오디게아

(2) 차지도 않고 더웁지도 않은 미지근한 신앙

1) 부족함이 없는 풍족한 도시지만, 물이 없어서 공급받아야 했다.

2) 골로새 지역에서 오는 시원한 물을 공급받음

3) 실제 11km 윗 지방, 히아라볼리에서부터 온천물이 내려오는데 라오디게아지방에 오면 미지근해짐 역겨워 토하는 일이 있었다고 함.

(3) 토하여 내치리라

- 한 번도 주님 보시기에 역겨워 내치겠다는 경고는 없었다.

• 무감각한 자, 사모함도 없고, 믿는 것도 아니고 안 믿는 것도 아닌 자들.

(4) 라오디게아 교회의 3대 착각과 주님의 평가
1) 나는 부자라
영적인 가난뱅이 연단한 금으로 부유하게 하고

"에브라임이 말하기를 나는 실로 부자라 내가 재물을 얻었는데 내가 수고한 모든 것 중에서 죄라 할 만한 불의를 내게서 찾아 낼 자 없으리라 하거니와" 호 12:8

"내가 광야 마른 땅에서 너를 알았거늘 그들이 먹여 준 대로 배가 불렀고 배가 부르니 그들의 마음이 교만하여 이로 말미암아 나를 잊었느니라" 호 2:8

호세아 시대에 이스라엘의 부요는 우상숭배의 결과이다. 마찬가지로 라오디게아 교회가 부요한 것은 당시 길드 상인조합의 우상숭배와 타협하지 않고는 부를 얻을 수 없었다. 우상숭배를 거절하여 가난하였던 서머나 교회와 정확히 반대이다.

2) 나는 눈이 좋다 영적인 소경 안약을 사서 눈에 발라보라
   ① 영적인 분별력이 철저히 가려져 있다.
   ② 자기만족과 자기 의와 자랑에 빠져 있기에 하나님의 기준을 볼 수 없다.

3) 나는 좋은 옷을 입고 있다 영적인 벌거숭이 흰옷을 사서 입어라

① "벌거벗다"라는 표현은 우상숭배로 인한 하나님의 심판과 정죄와 관련된 구약의 표현이다.

"주 여호와께서 이같이 말씀하셨느니라 네가 네 누추한 것을 쏟으며 네 정든 자와 행음함으로 벗은 몸을 드러내며 또 가증한 우상을 위하며 네 자녀의 피를 그 우상에게 드렸은즉" 겔 16:36

"보라 내가 네게 말하노니 만군의 여호와의 말씀에 네 치마를 걷어 올려 네 얼굴에 이르게 하고 네 벌거벗은 것을 나라들에게 보이며 네 부끄러운 곳을 뭇 민족에게 보일 것이요" 나훔 3:5

4) 사랑하는 자를 징계하노라
① 사랑의 한 측면은 훈련이다.

독수리 훈련법
"지극히 높으신 자가 민족들에게 기업을 주실 때에, 인종을 나누실 때에 이스라엘 자손의 수효대로 백성들의 경계를 정하셨도다 여호와의 분깃은 자기 백성이라 야곱은 그가 택하신 기업이로다 여호와께서 그를 황무지에서, 짐승이 부르짖는 광야에서 만나시고 호위하시며 보호하시며 자기의 눈동자 같이 지키셨도다" 신 32:8-10

② 징계는 훈련이란 의미 : 훈련이 없는 자는 어쩌면 버리운 자이다.

가. 히브리서 12:5-8
또 아들들에게 권하는 것 같이 너희에게 권면하신 말씀도 잊었도다 일렀으되 내 아들아 주의 징계하심을 경히 여기지 말며 그에게 꾸지람을 받을 때에 낙심하지 말라 주께서 그 사랑하시는 자를 징계하시고 그가 받아들이시는 아들마다 채찍질하심이라 하였으니 너희가 참음은 징계를 받기 위함이라 하나님이 아들과 같이 너희를 대우하시나니 어찌 아버지가 징계하지 않는 아들이 있으리요 징계는 다 받는 것이거늘 너희에게 없으면 사생자요 친아들이 아니니라

나. 신 8장 5절 :
너는 사람이 그 아들을 징계함 같이 네 하나님 여호와께서 너를 징계하시는 줄 마음에 생각하고

다. 열심을 내서 회개하라
회개는 우는 것이 아니라 실제로 돌이키는 행동이다.

5) 주님의 처방
① 불로 연단한 금을 사고

"내가 그 삼분의 일을 불 가운데에 던져 은 같이 연단하며 금 같이 시험할 것이라 그들이 내 이름을 부르리니 내가 들을 것이며 나는 말하기를 이는 내 백성이라 할 것이요 그들은 말하기를 여호와는 내 하나님이시라 하리라" 슥 13:9

"그가 은을 연단하여 깨끗하게 하는 자 같이 앉아서 레위 자손을 깨끗하게 하되 금, 은 같이 그들을 연단하리니 그들이 공의로운 제물을 나 여호와께 바칠 것이라" 말 3:2

② 흰 옷을 사서 입고 : 계시록에서 흰 옷이란 칭의와 거룩의 옷이다. 구원받은 자로써 세상과의 구별을 통해 점점 하나님께 정결로 나아가야 한다.

③ 안약 사서 바르라 : '브루기안' 안약으로 유명했던 도시를 아심, 복음을 통해 영적 소경들이 개안되는 것

4. 교제의 회복
(1) 대표적인 오해구절
전도할 때 사용하는 구절로 오인

(2) 문밖에 서서 두드리노니
1) 교회의 주인이 문밖에 서 계신다?
2) 교제의 회복의 측면
   ① 아 5장 2절 : 내가 잘지라도 마음은 깨었는데 나의 사랑하는 자의 소리가 들리는구나 문을 두드려 이르기를 나의 누이, 나의 사랑, 나의 비둘기, 나의 완전한 자야 문을 열어 다오 내 머리에는 이슬이, 내 머리털에는 밤이슬이 가득하였다 하는구나
   ② 음성을 듣고 : 주님의 메시지에 순종하여 돌이키면
   ③ 내가 들어가 ∞ 먹으리라 : 친밀한 식탁 교제를 회복시킨다.
   ④ 주님과 함께 교제하고, 사귐의 관계를 회복

3) 예수님의 재림을 준비하는 측면
   ① 눅 12장 36-37절 : 너희는 마치 그 주인이 혼인집에서 돌아와 문을 두드리면 곧 열어 주려고 기다리는 사람과 같이 되라 주인

이 와서 깨어 있는 것을 보면 그 종들은 복이 있으리로다 내가 진실로 너희에게 이르노니 주인이 띠를 띠고 그 종들을 자리에 앉히고 나아와 수종들리라

② 주인의 다시 오심을 준비하며 문을 열려고 기다리는 종들과 같다.

③ 다른 교회들에게는 언젠가 주님이 임하시겠다고 하시지만, 라오디게아에게는 주님은 이미 이 교회에 문에 와서 서서 두드리고 계신 주님임을 강조함

④ 가장 문제가 심각한 교회일지라도 품으시고 새롭게 하시기를(새창조) 원하시는 예수님의 마음이 느껴지는가?

5. 듣고 이기는 자

(1) 보좌에 함께 앉게 하겠다. 내가 이기고 아버지 보좌에 함께 앉은 것 같이

(2) 메시아의 권세를 함께 공유하여 함께 다스릴 것

(3) 두아디라 교회의 "만국 다스리는 철장 권세, 새벽 별"과 같은 메시아적 통치의 표현

(4) 라오디게아 교회가 이길 때에 예수님의 보좌에 함께 앉게 된다는 것이 이어질 4-5장의 하나님과 그리스도의 보좌와 24장로들과 연결되어 있다.

6. 사람을 외모로 보지 않으신 하나님의 평가가 세상의 평가보다 더 중요

"너희의 하나님 여호와는 신 가운데 신이시며 주 가운데 주시요 크고 능하시며 두려우신 하나님이시라 사람을 외모로 보지 아니하시며 뇌물을 받지 아니

하시고" 신 10:17

"여호와께서 사무엘에게 이르시되 그의 용모와 키를 보지 말라 내가 이미 그를 버렸노라 내가 보는 것은 사람과 같지 아니하니 사람은 외모를 보거니와 나 여호와는 중심을 보느니라 하시더라" 삼상 16:7

7. 2-3장의 7교회의 메시지 구조 그려보기

제4장 하늘의 보좌와 천상의 예배

: 보좌에 앉으신 성부 하나님과 피조물들의 찬양과 경배

1. 배경

(1) 4~5장의 하늘 보좌와 어린양 환상은 6장부터 18장까지 계속될 3대 심판 시리즈와 교회와 용, 두 짐승과의 영적 전투, 그리고 심판이 시작되기 전에, 그 모든 심판의 과정이 하늘 보좌로부터 시작되고 집행되고 있음을 보여준다. 우주와 역사의 주권자와 심판자가 하나님과 어린양 예수임을 보여 준다. 역사의 시작과 끝 분만 아니라 그 과정도 섭리하시는 분임을 먼저 보여주고 있다.

(2) 1장~3장까지는 사단과 세상을 심판하기 전 교회를 바로 세우시는데 이는 교회가 하나님 앞에서 먼저 바로 세워지는 일이 우선임을

알게 한다. 아무리 교회가 부패하고 타락했지만 하나님은 그 소망은 교회에 두고 계시며 교회를 통해서 세상을 다스리며 빛을 비추심을 알아야 한다.

(3) 계시록에서 보좌라는 말이 44번 나온다. 핵심 단어이다

(4) 하니님과 예수(어린 양의) 보좌 : 7번 vs 사단의 보좌 : 3번

2. 주님의 음성

(1) 이리로 올라오라
- 휴거의 근거로 오해됨 (세대주의자)
- 완성된 하나님 나라가 지금 역사안에서 실현되고 있는 것

(2) 마땅히 될 일을 보이리라

3. 성령의 감동

(1) (헬) : 성령안에 있었다 (엔 프뉴마티, 두 번째)
- 1장 10절 : 성령의 감동 (엔 프뉴마티, 첫 번째)

4. 성부 하나님의 모습

(1) 열린 하늘 문:
- 열린(헬) : 아노아고 : 미 공개된 비밀 장소를 처음으로 만천하에 공개하다.
- 열어 주는 사람만이 들어 갈 수 있다.
- 천국은 더 이상 비밀스러운 곳이 아니라 우리가 꼭 가야할 곳

- 완료형 : 이미 열려진

(2) 보좌 위에 앉으신 분 : 보좌는 주권, 통치권을 의미함.
- 하늘 보좌 : 우주와 역사와 하나님 나라의 컨트롤 타워
- 모든 것이 계획되고, 집행되고, 완성되는 곳
- 당시 로마황제에게 핍박받는 성도들에게 로마황제의 보좌보다, 짐승의 보좌(13장 2절, 16장 10절) 더 높은 보좌에 계신 주권자인 하나님을 보여줌
- 보좌는 6장 -18장까지의 심판의 진원지요, 집행 장소이다.

(3) 3장 21절에 나오는 이기는 자에게 주시겠다는 보좌가 4장에 하나님 보좌 주변에 있는 24장로들의 보좌로 연결 된다. 보좌가 4장 5장에 17번 나옴

즉, 2-3장의 핍박과 고난가운데 있는 7교회가 이미 4장의 하늘 성전에 존재하고 있는 것으로 묘사함으로써 지상의 교회에게 힘과 위로를 주고 있다.

5. 보석에 담긴 하나님의 성품(상징)
(1) 벽옥 : 재스퍼라는 보석. 푸른 빛 : 하나님의 거룩과 생명

(2) 홍보석 : 루비. 붉은 빛으로 : 하나님의 공의

(3) 무지개 : 홍수 심판 후의 언약으로 : 언약의 하나님
- 무지개가 피조세계의 보존을 약속하시는 것이라면 이것은 피조 세계를 새롭게 하시는 새 창조와 관련됨

(4) 녹보석 : 에메랄드 : 하나님의 은혜

"너는 판결 흉패를 에봇 짜는 방법으로 금 실과 청색 자색 홍색 실과 가늘게 꼰 베 실로 정교하게 짜서 만들되 길이와 너비가 한 뼘씩 두 겹으로 네모 반듯하게 하고 그것에 네 줄로 보석을 물리되 첫 줄은 홍보석 황옥 녹주옥이요 둘째 줄은 석류석 남보석 홍마노요 셋째 줄은 호박 백마노 자수정이요 넷째 줄은 녹보석 호마노 벽옥으로 다 금 테에 물릴지니 이 보석들은 이스라엘 아들들의 이름대로 열둘이라 보석마다 열두 지파의 한 이름씩 도장을 새기는 법으로 새기고" 출 28:15-21

무지개 같은 색깔의 보석은 녹보석보다는 오팔이라는 보석인데 이 오팔은 전혀 색깔이 없다가 사람의 체온이 닿아 온도가 오르면 무지개 색깔을 낸다. 누군가 만지기 전에는 그냥 돌처럼 보이나 손길이 닿으면 보석이 된다. 우리도 오팔과 같다.

6. 24 장로들

(1) 12 (구약의 열두 지파) + 12 (신약의 열두 사도)
24(신 · 구약을 대표하는 구원 받은 성도, 교회)

(2) 보좌에 둘려 (라오디게아 약속 성취)
1) 승리하여 완성된 교회의 모습을 미리 보여 주신 것
2) 현재 고난받는 성도와 교회들의 위치가 주권자이신 하나님이 보좌 주변이라는 것은 오늘의 고난 속을 이길 힘을 가지게 한다.
3) **4-5장, 7장, 14장에서 완성된 교회의 하늘의 신분과 위치, 영광을 자주 보이시는 이유는 고난 받고 있는 지상의 교회와 성도들이 믿**

음을 포기하지 않도록 위로하고 격려하는 것, 이것은 과정일 뿐~~

"모든 통치와 권세와 능력과 주권과 이 세상뿐 아니라 오는 세상에 일컫는 모든 이름 위에 뛰어나게 하시고 또 만물을 그의 발아래에 복종하게 하시고 그를 만물 위에 교회의 머리로 삼으셨느니라 교회는 그의 몸이니 만물 안에서 만물을 충만하게 하시는 이의 충만함이니라" 엡 1:21-23

(3) 흰 옷
구원받은 상징. 의롭다함을 얻은 상징(사데 교회 약속 성취)

(4) 금 면류관
왕권을 의미, 비록 이 땅에서는 고난을 받지만 그리스도와 함께 왕노릇하며 영광의 통치에 참여하는 자 (서머나 교회 약속 성취)

(5) 로마적 배경
로마의 도미티안 황제의 보좌와 주변 호위 24명의 사람들

7. 번개와 음성과 뇌성 : 하나님이 나타나실 때의 위엄과 권위

"셋째 날 아침에 우레와 번개와 빽빽한 구름이 산 위에 있고 나팔 소리가 매우 크게 들리니 진중에 있는 모든 백성이 다 떨더라" 출 19:16

8. 일곱 영 : 성령님
(1) 4장의 성령님은 성부의 창조와 통치와 예배와 관련하여

(2) 5장의 성령님은 예수님의 구속 사역과 관련하여

(3) 5장에서 일곱 뿔 (능력), 일곱 눈 (진리의 성령)

(4) 결국 성령님은 성부의 통치의 대행자로, 성자의 구속사역의 대행자로 나옴

9. 수정과 같은 유리바다 같고 : 하나님의 거룩하심(성막의 물두멍)
   (1) 구약시대 성전에서 지성소를 들어가기 전에 반드시 거쳐야 되었던 물두멍을 의미함.

   (2) 모든 피조물들과 구별되시는, 초월하신 분
   (3) 겔 1장 22절 : 수정 같은 궁창
   그 생물의 머리 위에는 수정 같은 궁창의 형상이 있어 보기에 두려운데 그들의 머리 위에 펼쳐져 있고
   (4) 왕상 7장 23-26절 : 바다를 놋으로 부어 만들었으니...(성전의 물두멍)
   또 바다를 부어 만들었으니 그 직경이 십 규빗이요 그 모양이 둥글며 그 높이는 다섯 규빗이요 주위는 삼십 규빗 줄을 두를 만하며 그 가장자리 아래에는 돌아가며 박이 있는데 매 규빗에 열 개씩 있어서 바다 주위에 둘렸으니 그 박은 바다를 부어 만들 때에 두 줄로 부어 만들었으며 그 바다를 소 열두 마리가 받쳤으니 셋은 북쪽을 향하였고 셋은 서쪽을 향하였고 셋은 남쪽을 향하였고 셋은 동쪽을 향하였으며 바다를 그 위에 놓았고 소의 뒤는 다 안으로 두었으며 바다의 두께는 한 손 너비만 하고 그것의 가는 백합화의 양식으로 잔 가와 같이 만들었으니 그 바다에는

이천 밧을 담겠더라

"또 내가 보니 불이 섞인 유리 바다 같은 것이 있고 짐승과 그의 우상과 그의 이름의 수를 이기고 벗어난 자들이 유리 바다 가에 서서 하나님의 거문고를 가지고 하나님의 종 모세의 노래, 어린 양의 노래를 불러 이르되 주 하나님 곧 전능하신 이시여 하시는 일이 크고 놀라우시도다 만국의 왕이시여 주의 길이 의롭고 참되시도다 주여 누가 주의 이름을 두려워하지 아니하며 영화롭게 하지 아니하오리이까 오직 주만 거룩하시니이다 주의 의로우신 일이 나타났으매 만국이 와서 주께 경배하리이다 하더라" 계 15:2-4

(5) 15장에서 짐승을 이기고 나온 승리자들이 하나님의 거문고를 가지고 유리바다에서 서서 모세의 노래, 어린양의 노래를 부르는 장면이 나온다. 이는 홍해를 건넌 이스라엘 백성이 바로의 군대를 이기고 부르는 구원의 노래를 연상케 한다. 거룩하신 하나님께 어린양의 구속사역으로인해 유리바다에 서서 하나님께 나아가 찬양을 할 수 있게 된다.

10. 네 생물

(1) 네 생물 해석들

1) 4복음서를 상징한다는 견해(어거스틴)
- 사자 : 왕의 복음(마태복음), 소 : 종의 복음(마가복음)
- 사람 : 인자 복음(누가복음), 독수리 : 하나님 되신 예수님(요한복음)

2) 모든 피조물의 대표(최근 성경학자들)
① 새롭게 된 모든 피조 세계의 대표들로써 새 창조를 암시하고 있다.

② 사자 : 동물의 대표, 소 : 가축의 대표, 독수리 : 새들의 왕, 사람 : 피조물의 대표
③ 에스겔의 그룹 모습과 이사야의 스랍의 모습이 합치된 것

"그 얼굴들의 모양은 넷의 앞은 사람의 얼굴이요 넷의 오른쪽은 사자의 얼굴이요 넷의 왼쪽은 소의 얼굴이요 넷의 뒤는 독수리의 얼굴이니" 겔 1장 10

"그 온 몸과 등과 손과 날개와 바퀴 곧 네 그룹의 바퀴의 둘레에 다 눈이 가득하더라 내가 들으니 그 바퀴들을 도는 것이라 부르며 그룹들에게는 각기 네 면이 있는데 첫째 면은 그룹의 얼굴이요 둘째 면은 사람의 얼굴이요 셋째는 사자의 얼굴이요 넷째는 독수리의 얼굴이더라 그룹들이 올라가니 그들은 내가 그발 강가에서 보던 생물이라" 겔 10:12-15

"웃시야 왕이 죽던 해에 내가 본즉 주께서 높이 들린 보좌에 앉으셨는데 그의 옷자락은 성전에 가득하였고 스랍들이 모시고 섰는데 각기 여섯 날개가 있어 그 둘로는 자기의 얼굴을 가리었고 그 둘로는 자기의 발을 가리었고 그 둘로는 날며 서로 불러 이르되 거룩하다 거룩하다 거룩하다 만군의 여호와여 그의 영광이 온 땅에 충만하도다 하더라" 사 6:1-3

3) 하나님의 수종드는 천사이다. : 여섯 날개와 눈이 가득함

(2) 여섯 날개 : 하나님의 뜻을 이루는 민첩함
교회와 성도의 삶의 자세

(3) 눈이 가득함 : 교회를 보호하는 자들, 교회의 죄악을 감찰

(4) 사자 : 힘과 용맹, 소 : 충성 희생, 인내, 사람 : 지혜, 독수리 : 비전, 자유, 새힘

1) 실제 이런 생물들이 존재 한다기 보다는 상징으로 해석
2) 네 생물의 역할 : 경배와 네 가지 인심판을 주도함
3) 겔 1:14 : "그 생물의 왕래가 빠르더라"
4) 탈굼 번역(구약 성경을 아람어로 번역한 성경):

"네 생물들이 그들의 창조주의 뜻을 행하기 위해 보냄을 받는다"

5) 즉, 네 생물은 24장로들과 함께 하나님을 경배하는것과 하나님의 뜻을 행하고 하나님의 심판을 주도하는 역할을 한다.

(5) 네 생물의 경배(예배)의 내용 : 하나님의 속성, 성품(거룩, 전능, 영원, 심판)

1) 예배의 이유
① 하나님의 거룩함
거룩 거룩 거룩 : 하나님의 거룩함을 높이는 예배

"서로 불러 이르되 거룩하다 거룩하다 거룩하다 만군의 여호와여 그의 영광이 온 땅에 충만하도다 하더라" 사 6:3

② 하나님의 전능하심 : 전능하신 이여~
③ 하나님의 영원하심 : 이제도 계시고, 전에도 계셨고
④ 하나님의 심판의 권세 : 장차 오실이

2) 찬양의 자세

① 밤낮 쉬지 않고 찬양 :

② 하나님이 얼마나 찬양받기에 합당하신 분이신가~

③ 구원받은 성도들과 피조물들의 마땅한 모습

④ 영광, 존귀, 감사, 돌림

11. 이십 사 장로들의 찬양 : 창조주이신 하나님

(1) 엎드려, 면류관을 보좌에 던지며

1) 성도들에게 주시는 면류관마저도 하나님의 은혜로 받은 것임으로 그 면류관을 다시 돌려 드리는 것." 내 스스로의 힘으로 한 것이 아무것도 없고, 오직 하나님만이 다 하신 것입니다." 의 고백이다.

2) 문화적 배경 : 그 당시 전쟁문화에 정복 당한 왕이 정복한 왕에게 자신의 면류관을 던져 복종을 표현했다. 이는 성도들이 하나님을 온전한 왕으로, 주인으로 인정하고 순종하며, 그 통치와 다스림 아래 들어가겠다는 상징.

3) 예배가운데 있어야할 예배자의 자세는 무엇인가?

(2) 우리의 주, 하나님~~ 영광, 존귀, 능력을 받으시기에 합당한 분

1) 도미티안 황제를 "우리 주 하나님(dominus et deus noster)라고 불렀음.

2) 의도적으로 표현한 것 : 로마 황제가 아닌 하나님만이 이런 타이틀을 가지기에 합당하신 분이다. 영광과 찬양을 우주의 주권자 되시는 하나님께 돌리는 네 생물과 24 장로들이다. 온 세상 사람들이 로마황제에게 영광을 돌리지만 정말 그 영광과 존귀와 능력을 받으시기에 합당한 유일한 분은 하나님이시다. 나는 무엇에 영광을 돌리고 있는가?

(3) 4장, 5장, 7장, 11장, 12장, 14장, 19장에 나오는 성도를 상징하는 무리들이 나올 때 마다 그들은 항상 하나님을 찬양한다.

(4) (왜냐하면) 만물을 뜻대로 지으신 분이기에....
1) "왜냐하면"이 빠져 있다.
2) 찬양의 이유 : 만물과 우주와 역사와 세상 나라와 교회와 내 인생의 창조자이기기에 찬양하라는 것 이다.(창조주)
3) 그리고 자신의 창조 목적을 이루시기위해 그 만물을, 역사를, 교회를, 인생의 순간순간을 존재케 하시고, 보호하시고 완성시키는 분이기에..(섭리자)

제5-6장 하늘 보좌, 천상의 예배

〈5장〉 구속주 어린양과 교회의 찬양

1. 배경

6장부터 시작될 일곱인 재앙에 앞서서 4장에서는 보좌에 앉으신 하나님의 모습을, 5장 에서는 어린양 되신 예수님의 모습과 경배와 찬양을 말하고 있다.

2. 일곱 인으로 봉한 책

(1) 일곱 인

인을 찍는 것은 어느 누구도 맘대로 볼 수 없는 극비. 비밀이라는 것이다. 완전한 비밀이 적힌 책이다. 단지 종말의 심판에 대한 계시만이 아닌 하나님 나라의 시작과 완성의 구속 경륜에 대한 계시를 담은 책이다.

다니엘아 마지막 때까지 이 말을 간수하고 이 글을 봉함하라 많은 사

람이 빨리 왕래하며 지식이 더하리라

(2) 안팎에 가득한 글

"내가 보니 보라 한 손이 나를 향하여 펴지고 보라 그 안에 두루마리 책이 있더라 그가 그것을 내 앞에 펴시니 그 안팎에 글이 있는데 그 위에 애가와 애곡과 재앙의 말이 기록되었더라" 겔 2:9-10

(3) 오른 손에
오른 손은 권세를 나타냄. 하나님은 주권자 되심

3. 인봉을 떼시기에 합당하신 분
(1) 합당한 자가 없음
하나님의 비밀과 계시를 이루고 성취한 자가 아무도 없음. 오직 한 분이신 중보자만이 그 일을 하실 수 있다.

(2) 울었다
1) 세상의 종말과 심판에 대해서 인간은 어느 누구도 알 수 없다. 나의 미래를 알고 이루실 분이 있음을 알자

2) 울지 말라 : 교회가 선포해야할 것

4. 유대지파의 사자, 다윗의 뿌리가 이기었으니
(1) 유다지파의 사자

"유다는 사자 새끼로다 내 아들아 너는 움킨 것을 찢고 올라갔도다 그가 엎드리고 웅크림이 수사자 같고 암사자 같으니 누가 그를 범할 수 있으랴" 창 49:9

(2) 다윗의 뿌리

"이새의 줄기에서 한 싹이 나며 그 뿌리에서 한 가지가 나서 결실할 것이요" 사 11:1

1) 다윗의 자손(마1장) vs 다윗의 뿌리(계5장)

5. 죽임당한 어린양으로 이기심
   (1) 사자의 힘으로 이기지 않고, 어린양의 죽음으로 이기심
   (2) 죽임당하다 : 스파조(헬), 도살당하다.
   (3) 예수님이 얻으신 사자의 권세는 어린양과 같이 죽음으로서 얻으신 권세
   (4) 그렇다면 교회와 목회지와 성도가 이기는 길은 죽음으로써 얻는 권세로 이김
   (5) 계5장은 고난과 영광이 만난다.
   (6) 계시록에서는 예수(14번), 그리스도(7번) 라는 말보다 어린 양(아르니온) 이라는 표현이 29번 나온다.
   (7) 신약에서 어린 양은 30여번 나온 다, 계시록에서만 29회 나옴
   (8) 요한복음 : 말씀 기독론 vs 계시록 : 어린 양 기독론

6. 일곱 뿔 : 예수님의 능력, 뿔은 구약에서 능력과 힘을 상징

"여호와는 나의 반석이시요 나의 요새시요 나를 건지시는 이시요 나의 하나님이시요 내가 그 안에 피할 나의 바위시요 나의 방패시요 나의 구원의 뿔이시요 나의 산성이시로다" 시 18:2

7. 일곱 눈 : 7눈은 성령님이다. 예수님이 성령의 능력으로 사역

8. 하나님의 오른 손에 있는 두루마리 책을 취하심
   (1) 아버지로부터 모든 권세를 넘겨받으심
   (2) 하나님과 땅의 모든 권세를 내게 주셨으니(마 28:19-20)

9. 피조물들의 경배와 찬양
   (1) 네 생물과 24장로
      ① 엎드려 거문고
      ② 향이 가득한 금 대접을 드림
         성도의 기도, 계 8장 3절 이하

"나의 기도가 주의 앞에 분향함과 같이 되며 나의 손 드는 것이 저녁 제사 같이 되게 하소서" 시 141:2

사도요한이 기도와 찬양을 강조하고 있는 이유는 무엇일까?

   (2) 새 노래
   1) 4장에서 성부에 대한 찬양은 창조와 주권에 대한 경배와 찬양(2번)
   2) 5장에서 예수님에 대한 찬양은 구속 사역에 대한 경배와 찬양(2번)
   3) 마지막 1번은 창조주인 성부와 구속주인 어린양에 대한 경배와 찬양

4) 새 노래

구원받아 새 피조물이 된 성도들이 부르는 새 노래

"새 노래로 여호와께 노래하라 온 땅이여 여호와께 노래할 지어다 여호와께 노래하여 그의 이름을 송축하며 그의 구원을 날마다 전파할 지어다 어린양이 인봉 떼시기에 합당하시도다" 시 96:1-2

① 합당하시도다(4번),
- 합당하시도다.(왜냐하면, 호티). 일찍 죽임 당하심
② 일찍 죽임당하심 (3번)
③ 피로사서 하나님께 드리심
- 구원은 우리 쪽에서 보면 공짜지만 예수님 쪽에서 보면 피의 대가를 지불하심, 하나님의 소유된 자
④ 나라와 제사장과 왕으로 삼으심
- 1장 6절 : 아버지 하나님을 위해 나라와 제사장 삼으심
- 구원의 목적 : 하나님의 통치받고, 그분께 경배하고, 그분의 것으로 채워지고 그분의 것이 흘러서 열방을 하나님께로 부르는 자들

(3) 천사들의 찬양
능력, 부, 지혜, 힘, 존귀, 영광, 찬송

(4) 모든 피조물들의 찬양
수많은 천사와 만물의 경배를 받으심

제6장

일곱 인 재앙

1. 서론

(1) 재앙의 목적 : 일곱 인, 일곱 나팔, 일곱 대접 재앙
1) 하나님 나라를 대적하는 사단과 세상나라에 대한 심판선포와
2) 교회의 보호와 정결을 촉구

(2) 재앙의 구조 : 4 + 1 + 1 + (중간계시) + 1
처음 4개는 연결, 나머지는 독립적

(3) 인, 나팔, 대접 심판 시리즈에 대한 관점
1) 순서적 : 주로 시간적 순서의 사건으로 보는 세대주의적 견해
2) 반복적 : 주로 같은 내용을 점진적 강화로 반복하고 있다고 보는 견해

단2, 단 7장, 8장의 내용도 같은 내용을 반복하고 있음을 알 수 있다.

2. 6인 심판
(1) 첫째 인 : 흰 말 탄자

"내가 밤에 보니 한 사람이 붉은 말을 타고 골짜기 속 화석류나무 사이에 섰고 그 뒤에는 붉은 말과 자줏빛 말과 백마가 있기로 내가 말하되 내 주여 이들이 무엇이니이까 하니 내게 말하는 천사가 내게 이르되 이들이 무엇인지 내가 네게 보이리라 하니 화석류나무 사이에 선 자가 대답하여 이르되 이는 여호와께서 땅에 두루 다니라고 보내신 자들이니라" 슥 1:7-10

네 가지 말, 하나님의 심판의 대행자

"내가 또 눈을 들어 본즉 네 병거가 두 산 사이에서 나오는데 그 산은 구리 산이더라 첫째 병거는 붉은 말들이, 둘째 병거는 검은 말들이, 셋째 병거는 흰 말들이, 넷째 병거는 어룽지고 건장한 말들이 메었는지라" 슥 6:1-3

1) 흰말에 대한 해석
① 그리스도와 복음 선포 (계시록 19:11)
② 적 그리스도 : 대부분의 성경학자[30]
③ 인간의 정복욕과 소유욕 :
파르티아 민족에게 2번이나 패배한 로마
이기고 이려고 : 현재분사형, 이겼는데도 계속해서 이기고자 한다.
인간안에 있는 끊임없는 소유하고자 하는 욕심[31]

2) 면류관
① 스테파노스 : 승리자가 쓰는 면류관
② 디아데마타 : 왕이 쓰는 면류관

3) 활을 가짐
예수 그리스도는 검을 가지심(계 19장 11절)
활은 당시 아폴로신을 자처했던 도마티안 황제를 비유
활은 이스라엘의 대적 '곡'의 무기가 활이다

"그러므로 인자야 너는 곡에게 예언하여 이르기를 주 여호와께서 이같이 말씀하시되 로스와 메섹과 두발 왕 곡아 내가 너를 대적하여 너를 돌이켜서 이끌고 북쪽 끝에서부터 나와서 이스라엘 산 위에 이르러 네 활을 쳐서 네 왼손에서 떨어뜨리고 네 화살을 네 오른손에서 떨어뜨리리니" 겔 39:1-3

(2) 둘째 인 : 붉은 말 탄자
1) 화평을 제하고, 서로 죽이게 하고, 큰 칼을 받았고
① 전쟁과 살육을 상징
② 허락을 받아(헬, 에토떼) : 신적 수동태
하나님의 주권 아래 있음.

(3) 셋째 인 : 검은 말 탄자 (원어 : 잿빛)
1) 기근을 상징
2) 저울을 가짐 : 양식이 귀해짐
한 데나리온 : 밀이 한 되(평소에는 밀 12되), 보리 석되 (평소에 36되)
극심한 인플레이션 : 의뢰하는 물질우상을 심판하시는 것이다.

"여호와의 말씀이 또 내게 임하여 이르시되 인자야 가령 어떤 나라가 불법을 행하여 내게 범죄하므로 내가 손을 그 위에 펴서 그 의지하는 양식을 끊어 기근을 내려 사람과 짐승을 그 나라에서 끊는다 하자" 겔 14:12-12-13

3) 감람유와 포도주의 해석

① 물리적 기근, 영적 기근이다.

"주 여호와의 말씀이니라 보라 날이 이를지라 내가 기근을 땅에 보내리니 양식이 없어 주림이 아니며 물이 없어 갈함이 아니요 여호와의 말씀을 듣지 못한 기갈이라" 암 8:11

② 완전한 기근이 아닌, 본격적인 재앙은 아직 아니라

4. 넷째 인 : 청황색 말 탄 자 (시체색깔)

(1) 사망을 상징

(2) 전쟁과 살육과 기근의 결과

(3) 에스겔 14:21

레 26장에 나오는 언약적 심판이다. 하나님의 말씀을 불순종했기에 임하는 심판

(4) 사분의 일 : 전체적이 아닌 부분적인 사망

또한, 4말 재앙은 시간적 순서 개념이 아니라 동시다발적 사건이며, 신 32:23-25의 언약적 심판과 연관된다.

신 32:23-25 성경구절 추가

5. 다섯째 인 : 순교자들의 부르짖음, 신원기도

(1) (변)제단 아래 있는 영혼들
십자가의 길을 걷다가 죽임당한 영혼들

(2) 하나님의 말씀과 저희의 가진 증거로 인해

(3) 부르짖음
단순한 원한의 보복차원이 아니라, 하나님 나라의 공의가 세워짐 기도

(4) 흰 두루마기 입음
흰 옷 : 계시록에서 5번

(5) 그 수가 차기까지 쉬라
심판이 영원히 미뤄지는 게 아니다
로마서 2장 : 하나님의 오래 찾으심의 목적

(6) 계 18:20-21에서 응답됨
"하늘과 성도들과 사도들과 선지자들아, 그로 말미암아 즐거워하라 하나님이 너희를 위하여 그에게 심판을 행하셨음이라 하더라 이에 한 힘 센 천사가 큰 맷돌 같은 돌을 들어 바다에 던져 이르되 큰 성 바벨론이 이같이 비참하게 던져져 결코 다시 보이지 아니하리로다"

6. 여섯째 인 : 우주적 대 심판

예수님의 재림 직전에 있을 일들

"그 날 환난 후에 즉시 해가 어두워지며 달이 빛을 내지 아니하며 별들이 하늘에서 떨어지며 하늘의 권능들이 흔들리리라 그 때에 인자의 징조가 하늘에서 보이겠고 그 때에 땅의 모든 족속들이 통곡하며 그들이 인자가 구름을 타고 능력과 큰 영광으로 오는 것을 보리라 그가 큰 나팔소리와 함께 천사들을 보내리니 그들이 그의 택하신 자들을 하늘 이 끝에서 저 끝까지 사방에서 모으리라" 마 24:29-31

(1) 큰 지진

(2) 해가 총담 같이 검어지고, 달이 피같이 됨

총담 : 상복으로 염소의 검은 털로 짠 옷
해와 달이 어두워지는 것은 하나님의 심판에 대한 구약적 표현

바벨론 심판시

"하늘의 별들과 별 무리가 그 빛을 내지 아니하며 해가 돋아도 어두우며 달이 그 빛을 비추지 아니할 것이로다 그러므로 나 만군의 여호와가 분하여 맹렬히 노하는 날에 하늘을 진동시키며 땅을 흔들어 그 자리에서 떠나게 하리니" 사 13:10, 13

열방 심판

"여호와의 크고 두려운 날이 이르기 전에 해가 어두워지고 달이 핏빛 같이 변하려니와 누구든지 여호와의 이름을 부르는 자는 구원을 얻으리니 이는 나

여호와의 말대로 시온 산과 예루살렘에서 피할 자가 있을 것임이요 남은 자 중에 나 여호와의 부름을 받을 자가 있을 것임이니라" 욜 2:31-32

애굽 심판

"내가 너를 불 끄듯 할 때에 하늘을 가리어 별을 어둡게 하며 해를 구름으로 가리며 달이 빛을 내지 못하게 할 것임이여 하늘의 모든 밝은 빛을 내가 네 위에서 어둡게 하여 어둠을 네 땅에 베풀리로다 주 여호와의 말씀이니라" 겔 32:7-8

(3) 하늘의 별들이 떨어짐

(4) 하늘은 종이 축이 말리는 것같이 떠나가고

열국 심판

"열국이여 너희는 나아와 들을지어다 민족들이여 귀를 기울일지어다 땅과 땅에 충만한 것, 세계와 세계에서 나는 모든 것이여 들을지어다 하늘의 만상이 사라지고 하늘들이 두루마리 같이 말리되 그 만상의 쇠잔함이 포도나무 잎이 마름 같고 무화과나무 잎이 마름 같으리라" 사 34:1, 4

(5) 각 산과 섬이 옮기 우고

"그로 말미암아 산들이 진동하며 작은 산들이 녹고 그 앞에서는 땅 곧 세계와 그 가운데에 있는 모든 것들이 솟아오르는도다" 나훔 1:5

(6) 일곱 계층의 심판

하나님을 의지하지 않고 자신의 힘으로 살려고 한다.

(7) 굴과 바위틈에 숨음

"사람들이 암혈과 토굴로 들어가서 여호와께서 땅을 진동시키려고 일어나실 때에 그의 위엄과 그 광대하심의 영광을 피할 것이라" 사 2:19

(8) 산들아 우리위에 떨어지라

"이스라엘의 죄 곧 아웬의 산당은 파괴되어 가시와 찔레가 그 제단 위에 날 것이니 그 때에 그들이 산더러 우리를 가리라 할 것이요 작은 산더러 우리 위에 무너지라 하리라" 호 10:8

7. 누가 하나님과 어린양의 진노를 피하여 서리요?

"누가 능히 그의 분노 앞에 서며 누가 능히 그의 진노를 감당하랴 그의 진노가 불처럼 쏟아지니 그로 말미암아 바위들이 깨지는도다" 나훔 1:6

"그가 임하시는 날을 누가 능히 당하며 그가 나타나는 때에 누가 능히 서리요 그는 금을 연단하는 자의 불과 표백하는 자의 잿물과 같을 것이라 이에 대한 답으로 7장 중간계시인 144,000과 흰 옷입은 무리가 나오는 것" 말 3:2

제7장 144,000(중간 계시1)

중간계시(7장, 10-14장)의 주제
: 교회와 성도의 승리

- ▶ 땅에서 고난받는 교회가 하늘에서 어떤 영광을 누리고 있는지를 미리 보임
- ▶ 144,000(7장,14장) : 영적 군사
- ▶ 두 증인(10-11장) : 복음.
- ▶ 용과의 싸움(12-13장) : 영전전쟁

  삽입(x), 막간(x), 중간 계시(x), 중심계시(O)

1. 배경

8장의 일곱 인 재앙으로부터 시작 될 일곱 나팔 재앙에 앞서 성도들에게 구원의 보증과 보호를 확신케 하여 위로와 확신을 주기 위함

계시록의 핵심은 3개의 심판 시리즈에 있지 않고, 오히려 중간 계시

의 내용들에 있음을 명심하자.

2. 바람을 붙잡는 4천사

(1) 사방의 바람

신성종 박사 : 세속주의. 신비주의. 이데올로기. 물질주의

"다니엘이 진술하여 이르되 내가 밤에 환상을 보았는데 하늘의 네 바람이 큰 바다로 몰려 불더니 큰 짐승 넷이 바다에서 나왔는데 그 모양이 각각 다르더라" 단 7:2-3

4 바람 : 6장의 4말이다.

"내가 또 눈을 들어 본즉 네 병거가 두 산 사이에서 나오는데 그 산은 구리 산이더라 첫째 병거는 붉은 말들이, 둘째 병거는 검은 말들이, 셋째 병거는 흰 말들이, 넷째 병거는 어룽지고 건장한 말들이 메었는지라 내가 내게 말하는 천사에게 물어 이르되 내 주여 이것들이 무엇이니이까 하니 천사가 대답하여 이르되 이는 하늘의 네 바람인데 온 세상의 주 앞에 서 있다가 나가는 것이라 하더라" 슥 6:1-5

6장과 7장은 시간의 순서적 사건이 아니다. 6장의 4말 탄자의 공격 가운데서도, 하나님의 자녀들은 철저히 보호하신다는 주님의 메시지이다.

(2) 다른 천사

하나님의 백성들의 이마에 인을 침
네 바람을 붙잡아라

(3) 하나님의 인 맞는 144,000

1) 인의 의미

① 소유와 보호와 만드심의 의미

144,000 : 구약 12지파 X 신약 12제자 X 1,000 (충만수)

월부르드 : 민족적 이스라엘로 주장함[32]

상징으로 해석하여 구원받은 신, 구약의 하나님의 자녀들의 상징

열두 지파의 이름을 사용한 것은 언약의 백성임을 강조하기 위함

이마 : 육신의 이마? VS 인격과 사상, 가치관의 상징

2) 인침의 구약적 배경

"여호와께서 이르시되 너는 예루살렘 성읍 중에 순행하여 그 가운데에서 행하는 모든 가증한 일로 말미암아 탄식하며 우는 자의 이마에 표를 그리라 하시고 그들에 대하여 내 귀에 이르시되 너희는 그를 따라 성읍 중에 다니며 불쌍히 여기지 말며 긍휼을 베풀지 말고 쳐서 늙은 자와 젊은 자와 처녀와 어린 이와 여자를 다 죽이되 이마에 표 있는 자에게는 가까이 하지 말라 내 성소에서 시작할지니라 하시매 그들이 성전 앞에 있는 늙은 자들로부터 시작하더라" 겔 9:4-6

3) 계수의 의미 : 하나님 나라의 군대 (교회)

민 1장, 26장 : 군대

출애굽기에 이미 이스라엘을 하나님의 군대라고 함

"이스라엘 자손을 그들의 군대대로 애굽 땅에서 인도하라 하신 여호와의 명령을 받은 자는 이 아론과 모세요" 출 6:26

"바로가 너희의 말을 듣지 아니할 터인즉 내가 내 손을 애굽에 뻗쳐 여러 큰 심판을 내리고 내 군대, 내 백성 이스라엘 자손을 그 땅에서 인도하여 낼지라" 출 7:4

"너희는 무교절을 지키라 이 날에 내가 너희 군대를 애굽 땅에서 인도하여 내었음이니라 그러므로 너희가 영원한 규례로 삼아 대대로 이 날을 지킬지니라" 출 12:17

"사백삼십 년이 끝나는 그 날에 여호와의 군대가 다 애굽 땅에서 나왔은즉 이 땅의 교회도 예수의 군대이다" 출 12:41

계7장의 12지파는 종말에 구원받을 육신적 이스라엘이 아니다. 새 이스라엘인 교회를 의미한다.

"하나님과 주 예수 그리스도의 종 야고보는 흩어져 있는 열두 지파에게 문안하노라" 약 1:1

(4) 12지파 기록의 특징
1) 유다 지파 처음
메시아가 나온 유다 지파가 제일 처음에

2) 레위 지파
구약에서는 기업분배에서 제외된 레위지파가 들어감
이땅의 것을 욕심내는 가 아닌 하늘의 기업을 욕심내야할 성도들

3) 단 지파(x)
우상숭배 했던 단 지파는 빠짐

"단은 길섶의 뱀이요 샛길의 독사로다 말굽을 물어서 그 탄 자를 뒤로 떨어지게 하리로다" 창 49:17

"이스라엘에게서 태어난 그들의 조상 단의 이름을 따라 그 성읍을 단이라 하니라 그 성읍의 본 이름은 라이스였더라 단 자손이 자기들을 위하여 그 새긴 신상을 세웠고 모세의 손자요 게르솜의 아들인 요나단과 그의 자손은 단 지파의 제사장이 되어 그 땅 백성이 사로잡히는 날까지 이르렀더라 하나님의 집이 실로에 있을 동안에 미가가 만든 바 새긴 신상이 단 자손에게 있었더라" 삿 18:20-31

4) 에브라임 지파(x)
사사기에 주요할 때마다 자기의 사명을 경홀히 여김, 북 이스라엘의 대표 지파, 요셉의 이름이 들어감

3. 구원 얻은 성도들의 경배와 찬양
(1) 능히 셀 수 없는 큰 무리
140,000과 같은 무리인가?, 다른 무리인가?
같은 대상을 2가지로 표현 한 것 뿐
144,000 : 전투하는 교회, 흰옷 입은 무리 : 전투에서 승리한 교회
(2) 흰옷을 입고, 종려나무 가지를 들고
승리의 상징
B.C 164 마카비 혁명 승리, 마카비 군대 예루살렘 입성시 흰옷입고

종려나무 가지 흔들었다

(3) 구원에 대한 찬양
"구원하심이 우리 하나님과 어린양께 있도다"

4. 천사들 찬양
찬양, 영광, 지혜, 감사, 존귀, 능력, 힘 (7개)

5. 흰 무리는 누구인가?
(1) 밤낮 하나님을 섬김

(2) 어린양의 피로 씻겨 희게 됨

(3) 큰 환난에서 나옴
세대주의자들의 환난 전 휴거설이 성경적으로 맞지 않는 이유
구원 받은 성도들이 큰 환난을 통과하여 나옴

6. 하나님의 위로와 보상
(1) 하나님이 장막을 치심
하나님의 임재와 보호

(2) 영원한 안식과 풍요
주림x, 목마름x, 해x, 뜨거운 기운x
지금 교회와 성도들의 고난의 현실이 이와 같다.
하나님과 끊어진 인간의 근원적인 목마름과 주림이 더 이상 없다.

"오호라 너희 모든 목마른 자들아 물로 나아오라 돈 없는 자도 오라 너희는 와서 사 먹되 돈 없이, 값 없이 와서 포도주와 젖을 사라" 사 55:1

(3) 어린양이 목자가 되심
생명수 샘으로 인도 하심

"그들이 주리거나 목마르지 아니할 것이며 더위와 볕이 그들을 상하지 아니하리니 이는 그들을 긍휼히 여기는 이가 그들을 이끌되 샘물 근원으로 인도 할 것임이라" 사 49:10

(4) 모든 눈물을 씻어 주시리라

"사망을 영원히 멸하실 것이라 주 여호와께서 모든 얼굴에서 눈물을 씻기시며 자기 백성의 수치를 온 천하에서 제하시리라 여호와께서 이같이 말씀하셨느니라" 사 25:8

이 땅에서 예수와 복음 때문에 손해보고, 억울하고, 욕 먹고, 핍박당하고, 죽음당함으로 흘렸던 눈물이 있어야 이런 위로를 천국에서 받을 수 있다.

제8장

일곱 인과 4가지 나팔 재앙

1. 하늘이 반 시 동안 고요하더니.

폭풍 전야의 고요함. 하나님의 나팔 심판 앞의 고요함

"야곱의 하나님이여 주께서 꾸짖으시매 병거와 말이 다 깊이 잠들었나이다 주께서는 경외 받을 이시니 주께서 한 번 노하실 때에 누가 주의 목전에 서리이까 주께서 하늘에서 판결을 선포하시매 땅이 두려워 잠잠하였나니 곧 하나님이 땅의 모든 온유한 자를 구원하시려고 심판하러 일어나신 때에로다 (셀라)" 시 76:6-9

2. 일곱 나팔을 받은 천사

(1) 나팔 : 경고나 신호

"그날은 분노의 날이요 환난과 고통의 날이요 황폐와 패망의 날이요 캄캄하고 어두운 날이요 구름과 흑암의 날이요 나팔을 불어 경고하며 견고한 성읍들을 치며 높은 망대를 치는 날이로다" 스바냐 1:15-16

(2) 일곱 인 재앙과 일곱 나팔 재앙
단순한 반복이 나이고 점진적으로 강도를 더해 가는 것.

(3) 천사가 오른 발로 바다를, 왼 발로는 땅을 밟음
바다 : 바다 짐승(적 그리스도)가 올라오는 곳
땅 : 땅 짐승(거짓 선지자)이 올라오는 곳

3. 향과 기도
- 향과 기도를 보좌 앞에
- 다시 향로에 불을 담아 땅에 쏟음
- 일곱 나팔 재앙이 성도들의 기도의 응답으로 시작됨을 말해줌.
- 5장과 8장에서 성도들의 기도를 강조하는 이유는 고닌으로 인해 기도를 잃어버려 가고 있는 교회와 성도들을 위로하고 다시 기도하도록 도전하기 위함..

"향로를 가져다가 여호와 앞 제단 위에서 피운 불을 그것에 채우고 또 곱게 간 향기로운 향을 두 손에 채워 가지고 휘장 안에 들어가서 여호와 앞에서 분향하여 향연으로 증거궤 위 속죄소를 가리게 할지니 그리하면 그가 죽지 아니할 것이며 그는 또 수송아지의 피를 가져다가 손가락으로 속죄소 동쪽에 뿌리고 또 손가락으로 그 피를 속죄소 앞에 일곱 번 뿌릴 것이며" 레 16:12-14

4. 나팔 심판의 내용 (땅-바-강-해-어-유)

- 구약의 나팔의 성격
- 축제와 절기의 나팔, 왕의 등극 나팔, 회개의 나팔, 전쟁의 나팔,
- 심판 경고의 나팔, 승리의 나팔

"이스라엘 자손에게 말하여 이르라 일곱째 달 곧 그 달 첫 날은 너희에게 쉬는 날이 될지니 이는 나팔을 불어 기념할 날이요 성회라" 레 23:24

"또 너희의 희락의 날과 너희가 정한 절기와 초하루에는 번제물을 드리고 화목제물을 드리며 나팔을 불라 그로 말미암아 너희의 하나님이 너희를 기억하시리라 나는 너희의 하나님 여호와니라" 민 10:10

"제사장 사독이 성막 가운데에서 기름 담은 뿔을 가져다가 솔로몬에게 기름을 부으니 이에 뿔나팔을 불고 모든 백성이 솔로몬 왕은 만세수를 하옵소서 하니라" 왕상 1:39

"주께서 혹시 마음과 뜻을 돌이키시고 그 뒤에 복을 내리사 너희 하나님 여호와께 소제와 전제를 드리게 하지 아니하실는지 누가 알겠느냐 너희는 시온에서 나팔을 불어 거룩한 금식일을 정하고 성회를 소집하라" 욜 2:14

"나팔을 불어 경고하며 견고한 성읍들을 치며 높은 망대를 치는 날이로다" 습 1:14-17

"인자야 너는 네 민족에게 말하여 이르라 가령 내가 칼을 한 땅에 임하게 한다 하자 그 땅 백성이 자기들 가운데의 하나를 택하여 파수꾼을 삼은 그 사람

이 그 땅에 칼이 임함을 보고 나팔을 불어 백성에게 경고하되 그들이 나팔 소리를 듣고도 정신 차리지 아니하므로 그 임하는 칼에 제거함을 당하면 그 피가 자기의 머리로 돌아갈 것이" 겔 33:2-4

(1) 첫째 나팔 재앙(출애굽 당시의 7번째 재앙 : 자연계의 재앙)
1) 피 섞인 우박과 불

"우박이 내림과 불덩이가 우박에 섞여 내림이 심히 맹렬하니 나라가 생긴 그 때로부터 애굽 온 땅에는 그와 같은 일이 없었더라" 출 9:24

2) 삼분의 일

(2) 두 번째 나팔 재앙 (출애굽 당시의 1번째 재앙)
1) 바다의 삼분의 일이 피가 됨
2) 불붙은 큰 산과 같은 것이 바다에 던지움
세상의 악한 세력인 바벨론을 큰 산이라고 표현

"너희 눈 앞에서 그들이 시온에서 모든 악을 행한 대로 내가 바벨론과 갈대아 모든 주민에게 갚으리라 여호와의 말씀이니라 여호와의 말씀이니라 온 세계를 멸하는 멸망의 산아 보라 나는 네 원수라 나의 손을 네 위에 펴서 너를 바위에서 굴리고 너로 불 탄 산이 되게 할 것이니" 렘 51:24-25

3) 바다의 생물과 배들의 삼분의 일이 죽고 깨어짐

(3) 세 번째 나팔 재앙 (출애굽 당시의 1번째 재앙)

1) 횃불 타는 큰 별이 떨어짐

이름은 쑥이라, 쓴쑥 : 우상숭배 심판

"그 마음의 완악함을 따라 그 조상들이 자기에게 가르친 바알들을 따랐음이라 그러므로 만군의 여호와 이스라엘의 하나님께서 이와 같이 말씀하시니라 보라 내가 그들 곧 이 백성에게 쑥을 먹이며 독한 물을 마시게 하고" 렘 9:14-15

"너희 중에 남자나 여자나 가족이나 지파나 오늘 그 마음이 우리 하나님 여호와를 떠나서 그 모든 민족의 신들에게 가서 섬길까 염려하며 독초와 쑥의 뿌리가 너희 중에 생겨서" 신 29:18

2) 강물과 샘에 ⅓이 쑥이 되어
3) 많은 사람이 죽음

(4) 네 번째 재앙 (출애굽 당시 9번째 흑암 재앙)

1) 해, 달, 별들의 1/3이 어두워짐
- 이미 6장의 6번째 인 심판에서 다 어두워진 해가 또 다시 1/3이 어두워진다?
- 그러므로 계시록은 시간적 순서기 아니라 같은 내용의 반복적, 점진적 계시다.
- 세대주의 자들 : 월식, 일식, 행성들의 그랜드 크로스로 해석
- 해, 달, 별 : 첫 창조의 대표, 첫 창조가 사라지고 예수안에서 재창조가 완성됨

2) 마 24:29

"그 날 환난 후에 즉시 해가 어두워지며 달이 빛을 내지 아니하며 별들이 하늘에서 떨어지며 하늘의 권능들이 흔들리리라"

5. 나머지 3가지 나팔 재앙의 예고(8:13)
(1) 1화 (5번째 나팔), 2화 (6번째 나팔), 3화 (7번재 나팔)

(2) 독수리의 2가지 이미지
1) 하나님의 인도와 보호

"곧 여호와께서 멀리 땅 끝에서 한 민족을 독수리가 날아오는 것 같이 너를 치러 오게 하시리니 이는 네가 그 언어를 알지 못하는 민족이요" 신 28:49

2) 하나님의 심판과 재앙에 대한 상징

"이는 여호와의 말씀이니라 보라 그가 독수리 같이 날아와서 모압 위에 그의 날개를 펴리라" 렘 48:40

"여호와께서 이같이 말씀하여 이르시되 색깔이 화려하고 날개가 크고 깃이 길고 털이 숱한 큰 독수리가 레바논에 이르러 백향목 높은 가지를 꺾되" 겔 17:3

"나팔을 네 입에 댈지어다 원수가 독수리처럼 여호와의 집에 덮치리니 이는 그들이 내 언약을 어기며 내 율법을 범함이로다" 호 8:1

제9장

다섯, 여섯 번째 나팔 재앙

1. 5번째 나팔 재앙 : 어둠, 황충 재앙

(1) 하늘에서 떨어진 별의 정체

1) 사단 :

"예수께서 이르시되 사탄이 하늘로부터 번개 같이 떨어지는 것을 내가 보았노라" 눅 10:18

떨어지다 : (헬) 핍토, 눅 10:8에 사단이 "떨어지다" 와 같은 단어[33]

"너 아침의 아들 계명성이여 어찌 그리 하늘에서 떨어졌으며 너 열국을 엎은

자여 어찌 그리 땅에 찍혔는고" 사 14:12

2) 하나님의 천사 혹은 하나님의 메신저
요한계시록 안에서 별은 하나님의 사자(엥겔로스)이다. 엥겔로스는 천사, 혹은 하나님의 보내심을 받은 메신저란 의미이다. 만일 무저갱을 여는 별이 하나님의 메시지를 받은 자이고, 그가 하늘에서 땅으로 떨어진 존재라면(사탄이 하늘에서 떨어졌다와 같은 단어 '핍토'를 사용함) 그가 타락한 별, 타락한 메신저로서 거짓 복음으로 무저갱을 열어 영적 어둠의 세력인 황충들을 올라오게 한 것이다. 사람들을 거짓 복음의 독으로 마비시키기 위해서이다. 필자의 이런 해석이 동의치 않아도 좋다. 필자는 그저 이 황충들이 물리적 존재가 아니라면 다양한 해석이 가능하다고 생각하기 때문이다.

(2) 무저쟁의 열쇠를 받은 별
1) 무저갱 구멍에서 연기
- 가치관의 혼란, 거짓 복음

2) 황충 올라옴
- 다섯 달 동안 괴롭힘 : 일시적, 잠깐 동안, 하나님의 주권 아래 있음
- 하나님의 인침이 없는 자들만 괴롭힘
- 하나님의 인 맞은 자는 보호하심
- 팔레스틴땅의 메뚜기 출몰 기간이 45월에서 8월까지 5달임
- 메뚜기 재앙(황충) 출애굽기의 7번째
- 욜 1장, 2장의 메뚜기 재앙 : 남 유다를 치는 바벨론 상징

"팥중이가 남긴 것을 메뚜기가 먹고 메뚜기가 남긴 것을 느치가 먹고 느치가

남긴 것을 황충이 먹었도다" 욜 1:4

"주 여호와께서 내게 보이신 것이 이러하니라 왕이 풀을 벤 후 풀이 다시 움 돋기 시작할 때에 주께서 메뚜기를 지으시매 메뚜기가 땅의 풀을 다 먹은지라 내가 이르되 주 여호와여 청하건대 사하소서 야곱이 미약하오니 어떻게 서리이까 하매" 암 7:1-2

3) 전갈의 권세 가짐

"인자야 너는 비록 가시와 찔레와 함께 있으며 전갈 가운데에 거주할지라도 그들을 두려워하지 말고 그들의 말을 두려워하지 말지어다 그들은 패역한 족속이라도 그 말을 두려워하지 말며 그 얼굴을 무서워하지 말지어다" 겔 2:6

"내가 너희에게 뱀과 전갈을 밟으며 원수의 모든 능력을 제어할 권능을 주었으니 너희를 해칠 자가 결코 없으리라" 눅 10:19

(3) 황충의 모습
1) 전쟁을 위하여 예비한 말과 같음 : 빠른 속도
2) 머리에 금 면류관
금 면류관은 승리의 상징, 승리자처럼 보임
3) 사람의 얼굴과 같다 : 악한 지혜
4) 여자의 머리털과 같다
황충이의 더듬이 : 사람을 미혹하는 매력이 있다.
5) 사자의 이, 전갈의 꼬리 : 파괴력
6) 왕이 있다.

(히)아바돈, (헬) 아볼루 : 파괴자

7) 세대주의자 라일(신학자) : 미국의 아파치 헬기로 문자적 해석

2. 6번째 나팔재앙 : 유브라데스강, 2만 마병대
(1) 큰 강 유브라데강의 네 천사가 놓임
유브라데스 강의 의미 : 교회와 세상의 경계

"그 날에 여호와께서 아브람과 더불어 언약을 세워 이르시되 내가 이 땅을 애굽 강에서부터 그 큰 강 유브라데까지 네 자손에게 주노니" 창 15:18

"이 백성이 천천히 흐르는 실로아 물을 버리고 르신과 르말리야의 아들을 기뻐하느니라 그러므로 주 내가 흉용하고 창일한 큰 하수 곧 앗수르 왕과 그의 모든 위력으로 그들을 뒤덮을 것이라 그 모든 골짜기에 차고 모든 언덕에 넘쳐 흘러 유다에 들어와서 가득하여 목에까지 미치리라 임마누엘이여 그가 펴는 날개가 네 땅에 가득하리라 하셨느니라" 사 8:6-8

(2) 금 제단에서 음성이 나서
하나님의 명령이 금단, 기도의 단에서 시작. 성도들의 기도를 듣고 심판하시는 것.

(3) 년, 월, 일, 시 : 정관사로서 정해진 날
인류의 역사가 우연히 아닌 하나님이 정하신 때에

(4) 사람 1/3이 죽음

(5) 이만만(2억)의 마병대의 모습

1) 불빛, 자주빛과 유황빛 흉갑이 있고

2) 입에서 불과 연기와 유황이 나옴

하나님의 흉내를 냄, 거짓 복음으로 미혹

3) 사자의 머리

4) 입과 꼬리의 힘, 꼬리는 뱀 같고

뱀의 세력, 사단의 세력,

(6) 세대주의자들의 해석

중국과 인도군의 연합 vs 이스라엘의 전쟁

(7) 남은 자들이 회개치 않음(2번)

귀신과 우상숭배, 살인, 복술(마약), 음행, 도적질

심판과 재앙으로는 사람들은 회개치 않는다.

마 12장에서도 기적을 가장 많이 경험한 3도시(고라신, 벳세다, 가버나움)가 회개치 않음을 예수께서 책망하심

(8) 그러면 누가, 어떻게 회개할 수 있나?

이에 대한 답으로 10장-11장의 두 증인 사역으로 대답한다

일곱 나팔 심판과 일곱 대접 심판과 출애굽 재앙[35]

일곱 나팔 심판	일곱 대접 심판
우박, 불, 피가 땅에 쏟아지다. 땅의 삼분의 일이 불에 타다. 일곱째 출애굽 재앙(출 9:22 이하)	대접을 땅에 쏟다. 악성 종기가 짐승의 표를 받은 사람과 그 우상에게 경배하는 자들에게 나타나다. 여섯째 출애굽 재앙(출 9:8 이하)
불 붙는 큰 산이 바다에 던져지다. 바다의 삼분의 일이 피가 되고, 바다 피조물의 삼분의 일이 죽고, 배들의 삼분의 일이 파괴되다. 첫째 출애굽 재앙(출 7:17 이하)	대접을 바다에 쏟다. 바다가 피가 되고, 바다의 모든 생물이 죽다. 첫째 출애굽 재앙(출 7:17 이하)
횃불 같이 타는 별(쓴 쑥)이 강과 물샘의 삼분의 일에 떨어지고, 그 물이 쓴 물이 되어 많은 사람이 죽다. 첫째 출애굽 재앙(출 7:17 이하)	대접을 강과 물 근원에 쏟고, 그 물이 피가 되다. 첫째 출애굽 재앙(출 7:17 이하)
해, 달, 별들의 일이 타격을 받다. 어둠이 낮과 밤의 삼분의 일에 임하다. 아홉째 출애굽 재앙(출 10:21 이하)	대접을 해에 쏟고, 그 결과 불로 사람들을 태우다 일곱째 출애굽 재앙(출 9:22 이하)
무저갱의 구멍이 열리다. 해와 공기가 연기로 어두워지고, 연기 가운데로부터 황충이 나와 하나님의 인침을 받지 않은 사람을 괴롭히다. 여덟째와 아홉째 출애굽 재앙(출 10:4 이하, 출 10:21 이하)	대접을 짐승의 왕좌에 쏟다. 짐승의 나라가 어두워지고, 사람들이 고통을 겪다. 아홉째 출애굽 재앙(출 10:21 이하)
유브라데에 결박한 네 천사가 놓임을 받고, 200만의 마병대를 가지다. 사람들 삼분의 일이 그들에게 죽임을 당하다.	대접을 유브라데에 쏟고, 강물이 말라 동방에서 오는 왕들의 길을 예비하다. 개구리 같은 더러운 영이 천하 왕들을 속여 아마겟돈 전쟁을 위해 모으다 둘째 출애굽 재앙(출 8:2 이하)
하늘에서 소리가 나서 하나님과 그리스도의 나라의 도래를 선언하다. 번개, 우레, 지진, 우박이 나타나다. 일곱째 출애굽 재앙(출 9:22 이하)과 시내 산 신현 묘사(출 19:16-19)	대접을 공중에 쏟고, 하나님의 보좌로부터 큰 음성이 나서 "되었다"고 선언하다. 번개, 우레, 큰 지진이 일어나고 큰 우박이 내리다. 일곱째 출애굽 재앙(출 9:22 이하)과 시내 산 신현 묘사(출 19:1-19)

제10장-14장 : 중간계시 2,3

#. 6장- 16장 구조

- ▶ 6장 : 6인 심판
- ▶ 7장 : 중간계시(1), 140,000
- ▶ 8~9장 : 7나팔심판
- ▶ 10장~11:4, 중간계시(2)

  1) 두루마리(10장)

  2) 성전측량(11:1~2)

  3) 두 증인(11:3~14)

  ◆ 7번째 나팔(11:15) 세상나라 예수 그리스도 나라, 왕노릇

- ▶ 중간계시(3)

  1) 24장로 찬양(11:16)

  2) 성전과 언약궤(11:19)

  3) 해입은 여자와 용(12장)

  4) 두짐승과 666표(13장)

  5) 144,000, 2 추수(14장)

- ▶ 15~16장 : 7대접심판

제10장

중간 계시 2 : 두루마리 환상

1. 힘센 다른 천사 : 예수 그리스도의 대행자

  (1) 하늘에서 내려옴

  (2) 머리 위에 무지개가 있고

  (3) 얼굴이 해 같고

  (4) 발은 불기둥 같고

  (5) 손에 작은 책을 들고

  (6) 오른발은 바다를 밟고 왼발은 땅을 밟고

  (7) 사자 같은 큰 소리 : 일곱 우레가 소리를 발함

  "그들은 사자처럼 소리를 내시는 여호와를 따를 것이라 여호와께서 소리를 내시면 자손들이 서쪽에서부터 떨며 오되" 호 11:10

"사자가 부르짖은즉 누가 두려워하지 아니하겠느냐 주 여호와께서 말씀하신즉 누가 예언하지 아니하겠느냐" 아모스 3:8

2. 힘센 천사의 맹세의 음성

"내가 들은즉 그 세마포 옷을 입고 강물 위쪽에 있는 자가 자기의 좌우 손을 들어 하늘을 향하여 영원히 살아 계시는 이를 가리켜 맹세하여 이르되 반드시 한 때 두 때 반 때를 지나서 성도의 권세가 다 깨지기까지이니 그렇게 되면 이 모든 일이 다 끝나리라 하더라" 단 12:7

(1) 창조하신이가 지체하지 아니하리니
(2) 하나님의 비밀이 선지자들에게 전하신 복음같이 이루리라

3. 두루마리를 먹으라(9~10절)

"또 그가 내게 이르시되 인자야 너는 발견한 것을 먹으라 너는 이 두루마리를 먹고 가서 이스라엘 족속에게 말하라 하시기로 내가 입을 벌리니 그가 그 두루마리를 내게 먹이시며 내게 이르시되 인자야 내가 네게 주는 이 두루마리를 네 배에 넣으며 네 창자에 채우라 하시기에 내가 먹으니 그것이 내 입에서 달기가 꿀 같더라" 겔 3:1-3

(1) 교회의 사명

11장에 두 증인 복음을 선포하기 전에 먼저 복음으로 자신이 채워져야 한다.

(2) 입에는 꿀같이 달지만
복음에 담긴 하나님의 은혜의 단맛, 회개의 역사
복음의 말씀을 먹고, 소회하고, 그 말씀이 내 힘이 되어져서 전해야 한다.

(3) 배에는 쓰다
삶의 순종, 복음을 삶에서 녹여내는 과정의 아픔, 복음 거부하는 대적, 핍박

4. 다시 예언하여야 함(11절)
내게 소화된 말씀을 다시 전하여야 하는 선교적 사명
백성과 나라와 방언과 임금에게
세대주의자들 : 이때부터 후 3년 반이 시작된다고 해석

5. 고난 목사의 별명
아더 핑크, 리차드 백스터, 제임스 보잇, 조지 휫필드[36]

제11장

보충계시 2 : 성전 척량 환상과 두 증인 환상

1. 성전 측량 환상(1-2절)

(1) 갈대로 성전 척량하라(헬, 메트라손)

1) 갈대는 길이를 재는 도구였다.

보호, 만드심, 겔 40장, 슥 2장의 성전 측량

2) 성전과 제단과 경배하는 자들을 재보라

교회가, 성도가 정말 하나님이 원하시는 교회, 성도인지 그들의 예배가 하나님께서 받으실 만한 예배인지, 겉으로만 드리는 예배인지

(2) 성전 바깥 마당은 척량치 말라

1) 마흔 두 달 : 3년 반, 1260일, 한때 두때 반

2) 이방인에게 짓밟힘

성도의 영혼과 신분과 위치(성전 안)는 하나님께서 보호하신다. 그러나 성도의 외적 삶(성전 밖)은 복음을 대벽하는 자들에 의한 핍박과 고난 하나님이 성도의 환경과 외적 삶을 고난으로 허락하시는 이유가 있다. 고나과 핍박을 통해 성도와 교회를 다듬으시고 이방인들에게 회개할 기회를 주시고자 함이다[37]

2. 두 증인 환상

(1) 두 증인의 해석

1) 과거 인물

2) 미래 인물 : 재림 직전
- 다니엘 윙, 오스본 : 미래에 나타날 종말의 사역자 2명으로 문자적 해석[38]

3) 교회를 상징
- 교회를 증인으로 묘사하고 있는 것은 교회의 사명이 증거하는 일이기에

(2) 일천이백육십일 : 3년 반 동안 예언

(3) 두 감람나무와 두 촛대

1) 감람나무(성령)의 기름을 받아 빛을 발하는 촛대(교회)

이는 힘으로도 아니되고, 능으로도 아니되니

2) 두 감람나무(슥 4장)

스룹바벨(왕권), 여호수아(대제사장)

3) 두 촛대 : 계 1장의 교회

(4) 교회의 권세

1) 권세 : (헬) 엑수시아

본질에서 나오는 복음과 긍휼과 사랑과 용서의 권세

2) 엘리야의 권세

① 입에서 불이 나옴

세대주의자들은 이 불을 '화염방사기'로 푼다.[39]

두 증인의 불의 권세 : 교회의 복음의 권세, 말씀의 권세

"그러므로 만군의 하나님 여호와께서 이와 같이 말씀하시니라 너희가 이 말을 하였은즉 볼지어다 내가 네 입에 있는 나의 말을 불이 되게 하고 이 백성을 나무가 되게 하여 불사르리라" 렘5:14

② 하늘을 닫고 여는 권세

3년 6개월 하늘의 비를 닫고 여는 권세

3) 모세의 권세

물이 변하여 피가 되게 함

4) 두 증인의 사역

모세와 엘리야처럼 우상숭배를 심판하는 권세

(5) 무저갱의 짐승과의 전쟁과 과 두 증인의 죽음

1) 무저갱에서 올라오는 그 짐승

계시록에 처음 나오는 짐승인데도 정관사 '토 (테리온)' 가 붙었다. 이미 나온 짐승이라는 것이다. 언제 나왔을까?

(사자 – 곰 – 표범 – 열뿔 짐승)

"다니엘이 진술하여 이르되 내가 밤에 환상을 보았는데 하늘의 네 바람이 큰 바다로 몰려 불더니 큰 짐승 넷이 바다에서 나왔는데 그 모양이 각각 다르더라 첫째는 사자와 같은데 독수리의 날개가 있더니 내가 보는 중에 그 날개가 뽑혔고 또 땅에서 들려서 사람처럼 두 발로 서게 함을 받았으며 또 사람의 마음을 받았더라 또 보니 다른 짐승 곧 둘째는 곰과 같은데 그것이 몸 한쪽을 들었고 그 입의 잇사이에는 세 갈빗대가 물렸는데 그것에게 말하는 자들이 있어 이르기를 일어나서 많은 고기를 먹으라 하였더라 그 후에 내가 또 본즉 다른 짐승 곧 표범과 같은 것이 있는데 그 등에는 새의 날개 넷이 있고 그 짐승에게 또 머리 넷이 있으며 권세를 받았더라 내가 밤 환상 가운데에 그 다음에 본 넷째 짐승은 무섭고 놀라우며 또 매우 강하며 또 쇠로 된 큰 이가 있어서 먹고 부서뜨리고 그 나머지를 발로 밟았으며 이 짐승은 전의 모든 짐승과 다르고 또 열 뿔이 있더라" 단 7:2-7

바다에서 나온 네 짐승의 합체이다.
짐승이 전쟁을 일으킴

2) 두 증인을 미워함
- 복음전하는교회와 성도를 죽임
- 땅의 사람들을 복음으로 괴롭힘
- 땅의 것이 전부인 줄 알고 땅 만 추구하던 자들을 복음으로 돌이키고자 선포한 것이 그들에게는 괴롭히게 되는 것
- 복음의 빛이 자신들의 더러움을 드러내니까 그 빛 자체를 죽이고 꺼버리는 것

3) 두 증인의 죽음

교회가 예수의 길을 걷는다.

4) 사흘 반 동안 죽음
- 고난의 기간 : 사흘 반, 3년반
- 왕 노릇 기간, 하나님의 보호기간 : 42개월, 1260일
- 고난의 기간은 짧게, 하나님의 보호의 기간은 길게 표현
- 시체 큰성 버림, 영적 애굽과 소돔
- 주께서 못 박하신 골고다

5) 세상이 두 증인의 죽음 보고 즐거워함

6) 예수와 똑 같은 길을 가는 교회

(6) 두 증인이 하나님의 생기로 부활
1) 하나님의 생기로 일어섬 (겔 37장)
2) 발로 일어섬(교회의 회복)
3) 이리로 올라 오라

(7) 큰 지진으로 칠천 명이 죽음
1) 성 1/10 무너짐
세상 세력이 완전히 멸망할 것을 상징수로 보임
2) 7,000명 죽음
왕상의 엘리야 시대에 남은 자 7,000명
완전수 7

(8) 회개의 역사
1) 남은자들이 두려워하여 하나님께 영광을 돌림

14장 7절 vs 16장 9절

2) 두 증인의 복음 사역의 결과

"하나님의 지혜에 있어서는 이 세상이 자기 지혜로 하나님을 알지 못하므로 하나님께서 전도의 미련한 것으로 믿는 자들을 구원하시기를 기뻐하셨도다"
고전 1;21

하나님이 전도의 미련한 것으로 구원하기를 기뻐하심

3. 7번째 나팔 소리 (11:15~19) : 계시록의 중심부분
(1) 7번째 나팔
일곱 번째 나팔을 불었을 때 어떠한 화도 즉각적으로 임하지 않았다. 이는 일곱 번째 나팔 재앙의 내용은 15장, 16장의 일곱 대접 재앙이라고 볼 수 있다.

(2) 큰 음성이 남
1) 세상나라가 주와 그리스도의 나라가 되어

2) 예수 그리스도가 왕노릇 하시리라

성경 전체의 주제가 하나님 나라의 시작과 완성이다.

이를 위해 우주와 세상의 모든 역사가 하나님의 섭리아래 흘려온 것이다.

예수 그리스도와 성도들이 하나님 나라에서 왕노릇 할 것

(3) 중간계시 : 24장로들의 경배

1) 엎드려

2) 옛적, 지금

장차 오실 자(X) : 이미 예수의 재림으로 하나님 나라가 완성된 그림을 미리 보여주는 장면이기 때문이다. 11장 15절이하만 봐도 계시록이 시간적 순서가 아님이 증명된다.

3) 주 하나님

4) 왕 노릇 하심

4. 성전 언약궤 보이심

(1) 하늘 성전이 열림

(2) 언약궤 의미

1) 하나님의 임재

2) 인도와 보호

3) 전쟁의 승리

(3) 12장, 13장의 영적 전투 앞에서 성전 언약궤 보이신 이유는 무엇일까?

(4) 11장 : 두 증인 사역 vs 13장 : 두 짐승의 미혹

제12-14장

중간계시 3 : 왜 세상은 심판받아야 하나?
성경의 전 역사 : 창세기의 타락, 예수의 초림
(십자가, 부활, 승귀)과
재림 〈12장〉 여자(교회) 와 붉은 용간의 전쟁

1. 해를 옷 입은 여자 : 교회

(1) 해를 입고, 발아래 달이 있고, 열두 별의 면류관을 썼다.

- 겉으로는 초라해 보이나, 하나님의 눈에는 찬란한 영광스러운 교회
- 교회를 여자로 묘사하는 이유 : 신부된 교회(계19장-22장), 아가서의 신부

(2) 해산의 고통

- 아이를 배어 아파서 부르짖음과 해산
- 구약교회(행 7장)가 메시아를 해산하기까지 수많은 사단의 공격

"시내 산에서 말하던 그 천사와 우리 조상들과 함께 광야 교회에 있었고 또 살아 있는 말씀을 받아 우리에게 주던 자가 이 사람이" 행 7:38

"여호와여 잉태한 여인이 산기가 임박하여 산고를 겪으며 부르짖음 같이" 사 26:17

"시온은 진통을 하기 전에 해산하며 고통을 당하기 전에 남아를 낳았으니 이러한 일을 들은 자가 누구이며 이러한 일을 본 자가 누구이냐 나라가 어찌 하루에 생기겠으며 민족이 어찌 한 순간에 태어나겠느냐 그러나 시온은 진통하는 즉시 그 아들을 순산하였도다 여호와께서 이르시되 내가 아이를 갖도록 하였은즉 해산하게 하지 아니하겠느냐 네 하나님이 이르시되 나는 해산하게 하는 이인즉 어찌 태를 닫겠느냐 하시니라" 사 66:7-9

(3) 아이를 낳음과 아이의 권세
1) 예수 그리스도의 성육신
2) 철장으로 만국 다스림

"내가 여호와의 명령을 전하노라 여호와께서 내게 이르시되 너는 내 아들이라 오늘 내가 너를 낳았도다 내게 구하라 내가 이방 나라를 네 유업으로 주리니 네 소유가 땅 끝까지 이르리로다 네가 철장으로 그들을 깨뜨림이여 질그릇 같이 부수리라 하시도다" 시 2:7-9

3) 하나님 앞으로 올라감(예수 그리스도의 부활과 승귀)

12장에서 여자가 낳은 아이가 누구인지에 대한 많은 논란이 있다. 대부분은 이 아이를 예수 그리스도로 보지만, 그렇게 보지 않는 사람들도 있다. 12장에서 아이라고 쓰인 단어는 '테크논(중성, 단수)과 휘오스(남성 단수)다. 특히 휘오스는 마1:1에서 예수 그리스도를 묘사할 때 아브라함과 다윗의 자손에서 쓰인 자손(휘오스)과 같은 단어이며, 계 2장에서 이 아이 앞에는 정관사가 앞에 붙어 있다. 이는 이 아이가 이미 정해진 바로 그 아이란 의미이다. 다시 말해 구약에서 예언한 바로 그 아이, 그 메시야다. 또한, 이 아이가 철장 권세를 가지고 만국을 다스릴 아이이다. 철장 권세를 가진 자는 시 2편에서 메시야에 대해 예언한 메시야 표현이다.

또한, 여자가 아이를 낳았다(12:5)에서 낳다 '에테켄'은 부정과거형이다. 또한, 그 아이가 하나님의 보좌 앞에 올려간다(12:5). 이때 쓰인 올려가다는 '헤르파스테' 로서 부정 과거이다. 즉, 이는 이 동사의 시제는 이 아이의 낳음과 승천이 미래의 사건이 아니라 이미 미루어진 과거 사건임을 의미한다.

그러므로 이 아이를 7장의 144,000으로 보거나, 11장의 두 증인을 받은 단어로 보는 것은 무리이다. 특히 한국에서 이런한 관점이 팽배한 것은 이상한 일이다. 이런 주장의 배경에는 요한계시록을 재림까지의 시간적 순서, 재림까지의 시간표로 보는 편견 때문이다. 다시 말해 4장의 휴거 이후는 무조건 미래의 일이라고 주장하는 자이거나, 6장부터 22장까지는 시간적 순서임을 전제하고 보기 때문에, 12장의 아이가 예수 그리스도임을 인정할 수 없는 신학적 한계를 가지는 것이다.

2. 여자(교회)의 광야 양육과 훈련

(1) 여자가 광야로 도망가 일천이백육십일 동안 양육 받음

1) 독수리의 날개로

"내가 애굽 사람에게 어떻게 행하였음과 내가 어떻게 독수리 날개로 너희를

업어 내게로 인도하였음을 너희가 보았느니라" 출 19:4

"마치 독수리가 자기의 보금자리를 어지럽게 하며 자기의 새끼 위에 너풀거리며 그의 날개를 펴서 새끼를 받으며 그의 날개 위에 그것을 업는 것 같이" 신 32:11

광야에 대한 세대주의자 해석

적 그리스도의 핍박이 시작되면, 의로운 이스라엘 사람들이 사해 남쪽 페트라 요새로 피해 갈 것. 그래서 실제로 이곳 요새를 구입함. 독수리의 날개는 미국 공군기로 보고 미국의 세대주의 단체들이 모금 운동함.[40]

2) 한때, 두때 반 양육

(2) 광야, 하나님이 예비하신 곳

1) 누구의 힘으로 사는 존재인가를 항복하는 곳

2) 옛 사람의 자아가 십자가에 못 박혀 죽는 곳

3) 하나님의 말씀이 들려지는 곳

(히) 광야 : 미드바르, 말씀 : 다바르

4) 사단의 공격이 있는 것(마 4장)

3. 붉은 용

(1) 붉은 용 모습

큰 용, 옛 뱀, 마귀, 사단

1) 용은 구약에서 애굽과 바로의 의미함

2) 용을 굳이 옛 뱀으로 표현하는 이유

창세기에 아담과 허와를 타락 시킨자

용 : 사단의 분노, 박해, 뱀 : 사단의 미혹의 역사

3) 머리가 일곱, 뿔이 열, 머리에 일곱 면류관(디아데마타)

예수 그리스도의 흉내

4) 삼위 하나님일 패러디 하는 사단의 3인조

  ① 사단 : 성부 하나님 흉내

  ② 적 그리스도 : 예수 그리스도 흉내

  ③ 거짓 선지자 : 성령님 모방

5) 용의 대적

  ① 꼬리로 하늘의 별 1/3를 땅에 떨어뜨림

"그것이 하늘 군대에 미칠 만큼 커져서 그 군대와 별들 중의 몇을 땅에 떨어뜨리고 그것들을 짓밟고" 단 8:10

  별 1/3의 정체

    가. 사단을 따르던 천사들의 타락

    나. 하나님 백성과 지도자들을 박해함[41] : 계 1장에 별은 사자

  ② 아이를 삼키고자 함

예수 그리스도를 죽이려 했던 사단,

헤롯의 유아 살해, 마귀의 광야 시험, 베드로 통한 시험….

  ③ 고소자, 참소자

6) 전쟁이야기 관점에서 본 구조(4장~22장)[42]

  ① 성 삼위 한님(4:1~5:14, 특히 5:6)

② 영광스러운 하나님의 백성(12:1)

③ 용(사탄)(12:3)

④ 짐승들(13:1~18)

바다에서 나온 짐승(13:1~10)

땅에서 올라온 짐승(거짓 선지자)(13:11~18)

⑤ 순결한 하나님의 백성(14:1~5)

⑥ 미혹하는 음녀 바벨론(17:1~18)

⑥' 바벨론 심판(18:1~24)

⑤' 순결한 백성에 대한 보상(19:1~10)

④' 짐승들에 대한 심판(19:11~21)

③' 용에 대한 심판(20:1~12)

②' 영광스러운 백성에 대한 보상(21:1~22:5)

①' 성 삼위 하나님(22:1)

4. 미가엘과 용의 싸움

(1) 사단의 타락 사건인가?

(2) 예수 그리스도의 십자가와 부활로 패배한 사건인가?

5. 용이 이기지 못해 땅으로 쫓김

(1) 예수 그리스도의 십자가와 부활로 사단의 머리가 깨뜨려짐(창 3:15의 성취)

(2) 하나님 앞에서 쫓겨남

(3) 자기때가 얼마남지 않은 것 알고 분노하여 내려감

분노 : 슈모스(헬), 하나님과 어린양의 진노와 같은 단어

마치 자신이 하나님인 것처럼 분노함

(4) 옛 뱀, 마귀, 사단과 그의 사자들

6. 하늘에 큰 음성
하늘에 있는 자는 즐거워하라
순교한 자들을 말하기보다 하늘의 백성이 된 교회와 성도들

7. 용이 여자(교회)를 핍박함
(1) 남자(예수 그리스도)를 낳은 여자(교회)를 핍박

(2) 핍박의 방법
1) 여자의 뒤에서
교회의 약한 부분을 공격한다.
2) 입의 물로 떠내려가게
생명수를 내시는 하나님의 패러디일 뿐이다.

"여호와를 떠나는 자는 흙에 기록이 되오리니 이는 생수의 근원이신 여호와를 버림이니이다" 렘 17:13

"위에서부터 주의 손을 펴사 나를 큰 물과 이방인의 손에서 구하여 건지소서 그들의 입은 거짓을 말하며 그의 오른손은 거짓의 오른손이니이다" 시 144:7-8

"이스라엘은 이제 말하기를 여호와께서 우리 편에 계시지 아니하셨더라면 우리가 어떻게 하였으랴 사람들이 우리를 치려 일어날 때에 여호와께서 우리 편에 계시지 아니하셨더라면 그 때에 그들의 노여움이 우리에게 맹렬하여 우리를 산채로 삼켰을 것이며 그 때에 물이 우리를 휩쓸며 시내가 우리 영혼을

삼켰을 것이며 그 때에 넘치는 물이 우리 영혼을 삼켰을 것이라 할 것이로다 우리를 내주어 그들의 이에 씹히지 아니하게 하신 여호와를 찬송할지로다"
시 124:1-6

- 거짓 복음, 다른 복음, 기복주의, 종교 다원주의, 신비주의, 인본주의 사상들..
- 세상의 문화, 가치관, 철학, 이데올로기
- 사단과의 싸움은 물리적 전쟁이 아니라 진리의 전쟁
- 용의 입의 물에 미혹되는 이유 : 사욕을 쫓아 자기의 귀를 즐겁게 하는 자를 추종하기 때문에

"때가 이르리니 사람이 바른 교훈을 받지 아니하며 귀가 가려워서 자기의 사욕을 따를 스승을 많이 두고 또 그 귀를 진리에서 돌이켜 허탄한 이야기를 따르리라" 딤후 4:3-4

입의 검으로 싸우시는 예수님을 흉내내는 것
성령님의 생수의 역사를 모방하는 것

(3) 땅이 여자를 도와…강물을 삼키니
고라의 사건
"그가 이 모든 말을 마치자마자 그들이 섰던 땅바닥이 갈라지니라 땅이 그 입을 열어 그들과 그들의 집과 고라에게 속한 모든 사람과 그들의 재물을 삼키매 그들과 그의 모든 재물이 산 채로 스올에 빠지며 땅이 그 위에 덮이니 그들이 회중 가운데서 망하니라" 민 16:31-33

8. 교회의 승리 비결

(1) 어린양의 피와

내 힘, 내 공로, 내 자격, 내 의가 아닌 오직 어린양의 대속의 은혜와 하나님의 긍휼만이 나를 살리신다는 것

(2) 자기의 증거하는 말로 인하여 이김

그 긍휼의 십자가만을 붙드는 믿음과 삶으로 으로만 이길 수 있다.

이김의 구조

| 이기는 자(2-3장, 7번) | 이기었음(12:11절) | 이기는 자의 상(21:7) |

(3) 여자의 남은 자손(교회) 과 용의 싸움

1) 계명을 지키며

2) 예수의 증거를 가진 자들과 싸우려고 함

예수를 삶으로, 진리로 증언하는 자들을 죽이려는 싸움

3) 바다에 서서

13장의 두 짐승과 함께 사단의 군대의 진이 형성됨

14장에 어린 양과 144,00의 성도가 서서 어린양의 군대의 진이 형성됨

제13장

보충계시 3 : 두 짐승 (용의 대리자들)

1. 바다에서 한 짐승이 올라옴

(1) 바다 : 하나님을 대적하는 세상 나라와 세력을 상징

"여호와여 큰 물이 소리를 높였고 큰 물이 그 소리를 높였으니 큰 물이 그 물결을 높이나이다 높이 계신 여호와의 능력은 많은 물 소리와 바다의 큰 파도보다 크니이다" 시 93:3-4

"여호와께서 이와 같이 말씀하시되 보라 내가 네 송사를 듣고 너를 위하여 보복하여 그의 바다를 말리며 그의 샘을 말리리니 바벨론이 돌무더기가 되어서 승냥이의 거처와 혐오의 대상과 탄식 거리가 되고 주민이 없으리라" 렘 51:36-37

"주께서 주의 능력으로 바다를 나누시고 물 가운데 용들의 머리를 깨뜨리셨으며" 시 74:13

"여호와의 팔이여 깨소서 깨소서 능력을 베푸소서 옛날 옛시대에 깨신 것 같이 하소서 라합을 저미시고 용을 찌르신 이가 어찌 주가 아니시며 바다를, 넓고 깊은 물을 말리시고 바다 깊은 곳에 길을 내어 구속 받은 자들을 건너게 하신 이가 어찌 주가 아니시니이까" 사 51:9-10

"인자야 너는 애굽의 바로 왕에 대하여 슬픈 노래를 불러 그에게 이르라 너를 여러 나라에서 사자로 생각하였더니 실상은 바다 가운데의 큰 악어라 강에서 튀어 일어나 발로 물을 휘저어 그 강을 더럽혔도다" 겔 32:2

(2) 바다짐승의 구약의 배경

단 7장의 네 짐승이 합체된 모습

"내가 밤에 환상을 보았는데 하늘의 네 바람이·큰 바다로 몰려 불더니 큰 짐승 넷이 바다에서 나왔는데 그 모양이 각각 다르더라 첫째는 사자와 같은데 독수리의 날개가 있더니 내가 보는 중에 그 날개가 뽑혔고 또 땅에서 들려서 사람처럼 두 발로 서게 함을 받았으며 또 사람의 마음을 받았더라 또 보니 다른 짐승 곧 둘째는 곰과 같은데 그것이 몸 한쪽을 들었고 그 입의 사이에는 세 갈빗대가 물렸는데 그것에게 말하는 자들이 있어 이르기를 일어나서 많은 고기를 먹으라 하였더라. .그 후에 내가 또 본즉 다른 짐승 곧 표범과 같은 것이 있는데 그 등에는 새의 날개 넷이 있고 그 짐승에게 또 머리 넷이 있으며 권세를 받았더라 내가 밤 환상 가운데에 그 다음에 본 넷째 짐승은 무섭고 놀라우며 또 매우 강하며 또 쇠로 된 큰 이가 있어서 먹고 부서뜨리고 그 나머지를 발로 밟았으며 이 짐승은 전의 모든 짐승과 다르고 또 열 뿔이 있더라"
단 7:2-4

사자, 곰, 표범, 10뿔 짐승
바다 짐승은 주로 정치 권력, 제국, 혹은 통치자를 상징

(3) 바다 짐승의 모습 (적 그리스도)
1) 용과 바다짐승의 모습이 유사하다
   적 그리스도인 바다 짐승은 사단의 형상
   예수 그리스도는 하나님의 형상

2) 용이 권세를 짐승에게 줌

3) 뿔(능력)이 10, 머리(지혜)가 7, 10 면류관(디아데마타)
   예수 그리스도 흉내 (계19:12)
   7머리 : 로마가 앉은 7산, 7언덕의 도시라는 명칭이 있는 로마(칠산절)
   세대주의자의 10뿔 해석 : 유럽 공동체 E.C
   이미 10개국이 훨씬 넘었다. 탈퇴해 10개국 남기를 기다린다.

4) 계13장과 단 7장의 짐승 비교 도표[43]

계 13장의 짐승	단 7장의 짐승
바다에서 나옴(13:1)	바다에서 나옴(7 : 3)
사자, 표범, 곰처럼 생김(13:2)	사자, 표범, 곰처럼 생김(7:4-6)
일곱 머리(13:1)	네 짐승의 머리합계 일곱머리(7:4-7)
열 뿔(13:1)	열 뿔(7:7)

계 13장의 짐승	단 7장의 짐승
하나님을 향한 비방(13:6)	하나님을 향한 비방(7:25)
성도들과 싸워 이김(13:7)	성도들과 싸워 이김(7:21)
42달 다스리는 권세를 받음(13:5)	한 때 두 때 반 때의 권세를 받음(13:5)

5) 바다 짐승의 예수 그리스도의 흉내

① 용으로부터 능력, 권세, 보좌 받음

예수께서 하나님으로부터 능력(5;12), 보좌(3:21), 권세(12:10)받으신 것 모방

② 머리 하나가 죽은 상처러부처 나음

③ 땅이 짐승에게 경배

④ 누가 이 짐승과 같으랴?

누가 여호와와 같으랴? 의 패러디

6) 바다짐승의 활동

① 42 달 동안

예수의 초림과 재림 사이의 기간(1260일, 3년 반, 한때 두때 반)

② 신성 모독의 말, 과장함

입을 벌려 하나님 비방

입이 강조됨 : 마지막 때의 전쟁이 입의 전쟁, 즉, 진리의 전쟁

③ 하나님과 하늘에 거하는 자들을 비방함

하늘에 사는 자란 하늘에 속한 이 땅의 성도들을 의미

④ 성도들을 이김

잠시 성도들을 이기는 듯 보임

"내가 본즉 이 뿔이 성도들과 더불어 싸워 그들에게 이겼더니 옛적부터 항상 계신 이가 와서 지극히 높으신 이의 성도들을 위하여 원한을 풀어 주셨고 때가 이르매 성도들이 나라를 얻었더라" 단 7:21

성도들이 받는 고난과 환난과 순교로 인해 그렇게 보일 수도 있다.
⑤ 생명책에 녹명 된자 외에 다 짐승에게 경배함

(4) 성도와 교회의 승리의 비결
귀있는 자는 들을 지어다.
사로 잡는 자, 칼로 죽이는 자

"여호와께서 이와 같이 말씀하시니라 죽을 자는 죽음으로 나아가고 칼을 받을 자는 칼로 나아가고 기근을 당할 자는 기근으로 나아가고 포로 될 자는 포로됨으로 나아갈지니라 하셨다 하라" 렘 15:2

성도들의 인내와 믿음으로 이김

2. 땅에서 올라오는 한 짐승(거짓 선지자)

(1) 땅에서 올라오는
하늘에 속한 것이 아닌 땅의 가치로 사람들을 미혹하는 자

(2) 땅 짐승의 모습
1) 어린양 같음, 2뿔
두 뿔의 배경 : 단 8장 3절의 두 뿔의 양(메대+ 바사)

"내가 눈을 들어 본즉 강 가에 두 뿔 가진 숫양이 섰는데 그 두 뿔이 다 길었으며 그 중 한 뿔은 다른 뿔보다 길었고 그 긴 것은 나중에 난 것이더라" 단 8:3

"말할 수 없는 그의 은사로 말미암아 하나님께 감사하노라" 고후 9:15

"거짓 선지자들을 삼가라 양의 옷을 입고 너희에게 나아오나 속에는 노략질하는 이리라" 마 7:15

2) 용처럼 말함
모습은 어린양이신 예수 같으나 그 말의 내용은 용의 메시지를 말함
용의 메시지 : 너도 하나님처럼 된다. 네가 네 인생의 주인이다.

3) 정체 : 거짓 선지자

"또 내가 보매 개구리 같은 세 더러운 영이 용의 입과 짐승의 입과 거짓 선지자의 입에서 나오니" 계 16:13

"짐승이 잡히고 그 앞에서 표적을 행하던 거짓 선지자도 함께 잡혔으니 이는 짐승의 표를 받고 그의 우상에게 경배하던 자들을 표적으로 미혹하던 자라 이 둘이 산 채로 유황불 붙는 못에 던져지고" 계 19:20

"또 그들을 미혹하는 마귀가 불과 유황 못에 던져지니 거기는 그 짐승과 거짓 선지자도 있어 세세토록 밤낮 괴로움을 받으리라 거짓 그리스도들과 거짓 선지자들이 일어나 큰 표적과 기사를 보여 할 수만 있으면 택하신 자들도 미혹하리라" 계 20:10

"거짓 그리스도들과 거짓 선지자들이 일어나 큰 표적과 기사를 보여 할 수만 있으면 택하신 자들도 미혹하리라" 마 24:24

황제 사제단(행 19:30-31)
바울이 백성 가운데로 들어가고자 하나 제자들이 말리고 또 아시아 관리 중에 바울의 친구된 어떤 이들이 그에게 통지하여 연극장에 들어가지 말라 권하더라

(3) 땅 짐승의 활동
1) 바다에서 올라온 짐승에게 경배하게 함
바다 짐승 : 죽음의 상처에서 나온 자 (2번째)
황제 숭배 사제단
60명의 황제 중 36명이 신으로 추대되고, 황제 가족 중에서도 27명이 신격화

2) 큰 이적 행함
불이 하늘에서
11장의 두 증인처럼, 참 교회인 것처럼

3) 땅의 사람을 미혹

4) 바다짐승의 우상을 세움
칼에 상했다가 살아난 자(3번째)
죽었다가 살아나신(5장에 3번나옴 예수 그리스도를 패러디

5) 바다짐승 우상 생기 줌

성령님 흉내, 겔 37장에 마른 뼈들에게 생기가 임하여 살아난 것 흉내

6) 우상숭배 거부자 살해

유대인 : 성전에서 로마 황제 제사 드리는 것으로 타협

7) 오른손과 이마에 짐승의 표를 받게 하고

"여호와께서 이르시되 너는 예루살렘 성읍 중에 순행하여 그 가운데에서 행하는 모든 가증한 일로 말미암아 탄식하며 우는 자의 이마에 표를 그리라 하시고 그들에 대하여 내 귀에 이르시되 너희는 그를 따라 성읍 중에 다니며 불쌍히 여기지 말며 긍휼을 베풀지 말고 쳐서 늙은 자와 젊은 자와 처녀와 어린 이와 여자를 다 죽이되 이마에 표 있는 자에게는 가까이 하지 말라 내 성소에서 시작할지니라 하시매 그들이 성전 앞에 있는 늙은 자들로부터 시작하더라" 겔 9:4-6

8) 짐승의 표를 가진 자 외에는 매매를 못하게 한다

(4) 짐승의 표, 666 해석

1) 표
   ① 주인의 소유
   ② 주인의 보호함
   ③ 주인의 만드심
   ④ 겔 9장의 하나님 백성의 이마에 인 치심

2) 하나님 자녀들의 인침

　　이미 계7장에, 계14장에 인 치심

　　엡 1장, 고후에 성령으로 인 치심

3) 이마와 오른 손

　　① 이마 : 사상과 가치관, 생각의 영역

　　② 손 : 구체적인 삶의 방식

"너는 또 그것을 네 손목에 매어 기호를 삼으며 네 미간에 붙여 표로 삼고" 신 6:8

4) 666의 수

　　① 짐승의 수, 사람의 수

　　② 지혜있는 자는 세어보라 666이니라

지혜는 곧 예수님이고, 예수의 복음이다. 이 예수 십자가의 복음이 있는 자들만이 666이라는 세상 세력의 미혹을 분별하고 이길 수 있다.

"지혜가 또 너를 음녀에게서, 말로 호리는 이방 계집에게서 구원하리니" 잠 2:16

"나 지혜는 명철로 주소를 삼으며 지식과 근신을 찾아 얻나니" 잠 8:12

"여호와께서 그 조화의 시작 곧 태초에 일하시기 전에 나를 가지셨으며 만세 전부터, 태초부터, 땅이 생기기 전부터 내가 세움을 받았나니 아직 바다가 생기지 아니하였고 큰 샘들이 있기 전에 내가 이미 났으며 산이 세워지기 전에,

언덕이 생기기 전에 내가 이미 났으니 하나님이 아직 땅도, 들도, 세상 진토의 근원도 짓지 아니하셨을 때에라 그가 하늘을 지으시며 궁창을 해면에 두르실 때에 내가 거기 있었고 그가 위로 구름 하늘을 견고하게 하시며 바다의 샘들을 힘 있게 하시며 바다의 한계를 정하여 물이 명령을 거스르지 못하게 하시며 또 땅의 기초를 정하실 때에 내가 그 곁에 있어서 창조자가 되어 날마다 그의 기뻐하신 바가 되었으며 항상 그 앞에서 즐거워하였으며" 잠 8:22-30

5) 666의 다양한 해석들

① 네로 황제(히브리어, 내로 카이사르, נרון קסר)
 게마트라 방식으로 네로를 히브리어로 숫자계산하면 666
 제2의 네로 라는 별명을 가진 도미티안 황제를 지칭
 A.D 베수비오 화산 폭발로 매몰된 폼페이 유적물중에
 발견 된 벽의 글씨
 "나는 545인 여자를 사랑한다."

② 특정 인물, 사물로 보려는 견해들
 컴퓨터의 바코드, 브뤼셀의 슈퍼 컴퓨터 이름 "Beast" 베리칩
 교황, 히틀러, 스탈린, 후세인, 레이건(?),

⑤ 불완전한 수 666이다.
 하나님의 수 777에 못 미치는 불완전한 숫자이다

⑥ 하나님 나라의 복음 대적하고, 하나님이 아닌 다른 세상의 힘을(돈, 명예, 지위, 학벌, 권력 등등) 하나님처럼 의지하며 살게 만들고 부추기는 세상의 모든 사상, 철학, 가치, 풍조, 시대정신, 문화이다. 이것이 교회안에서 선포되고 있는 기복신앙, 번영신학, 물질주의, 극단적 신비주의 인 것이다. 하나님이 아인 세상의 것을 힘 삼도록 하는 세력들

오늘날 적 그리스도적 세력은 이슬람 제국, 공산국가, 로마 카톨릭, 종교 다원주의, 교회안에서는 종교 통합세력들, 기복주의, 율법주의, 극단적 신비주의

⑦ 성경의 6은 하나님이 아닌 세상의 금, 은, 말, 아내를 힘 삼는 것의 상징 수

느부갓네살의 신상 : 높이 60규빗, 폭 6규빗

솔로몬의 부귀영화 : 세입금 666 금 달란트, 금 방패 600세겔, 큰 보좌 6 층계

"솔로몬의 세입금의 무게가 금 육백육십육 달란트요 그 외에 또 상인들과 무역하는 객상과 아라비아의 모든 왕들과 나라의 고관들에게서도 가져온지라 솔로몬 왕이 쳐서 늘인 금으로 큰 방패 이백 개를 만들었으니 매 방패에 든 금이 육백 세겔이며 또 쳐서 늘인 금으로 작은 방패 삼백 개를 만들었으니 매 방패에 든 금이 삼 마네라 왕이 이것들을 레바논 나무 궁에 두었더라 왕이 또 상아로 큰 보좌를 만들고 정금으로 입혔으니 그 보좌에는 여섯 층계가 있고 보좌 뒤에 둥근 머리가 있고 앉는 자리 양쪽에는 팔걸이가 있고 팔걸이 곁에는 사자가 하나씩 서 있으며 또 열두 사자가 있어 그 여섯 층계 좌우편에 서 있으니 어느 나라에도 이같이 만든 것이 없었더라" 왕상 10:14-20

⑧ 하라그마

당시 로마제국은 황제숭배라는 시민의 의무를 강화하기 위해 이 의무를 행한 사람들에게만 황제의 공식적인 인장이 찍힌 증표(하라그마)를 주었다. 단속이 심할 때는 증표를 휴대하게 하고 이 증표를 소지하지 않는 자들을 가차 없이 처형하였다. 때로는 이 증표를 소지한 자들만 물건을 사고팔 수 있도록 제한하기도 하고, 그 외의 사회적인 활동도 제한하

였다. 그래서 후대 데시우스(250년경)의 박해 때에는 관리를 매수하여 이 증표를 돈으로 사서 박해를 피한 기독교인이 배교자로 보아야 하는지 논쟁이 되기도 하였다. [출처] 666(2)|작성자 프리스트, 인터넷

    짐승의 표는 로마 때 있었던 상인조직인 길드 조합을 의미한다고 주장합니다. 당시, 상인들이 거래하기 위해서는 조합에 가입해야 했는데 그러기 위해서는 로마제국이 황제숭배라는 시민의 의무를 강화하기 위해 이 의무를 행한 사람들에게만 황제의 공식적인 인장이 찍힌 증표(하라그마)를 갖고 있어야만 했습니다. 따라서 황제 숭배의무를 거부하면 이 표를 받을 수 없었고, 이 표가 없으면 경제활동에 큰 제약이 있었습니다.
[출처] 짐승의 표 등장 |작성자 주어진 상황에 순종, 인터넷 카페)

제14장

중간계시 3 : 어린양과 144,000의 노래와 2가지 추수, 영원한 역전의 장

1. 어린양과 144,000의 노래

(1) 시온산에 어린양과 144,000명이 서 있음

문자적인 시온산과 144,000이 아니다.

왜 서 있을까?

12장 끝에 용에 바다가에 서 있는 것 과 관련하여

예수님의 하늘 보좌 앉으심 : 예수의 왕적 통치와 주권 강조

예수님의 서심 : 교회와 성도 위해 싸우심

(2) 이마에 어린양의 이름과 아버지의 이름이 쓰여짐

왜? 13장에 이마에 짐승의 표를 받은 자들과 대조하여

하늘의 것으로 생각과 삶을 새기고 채우고 살아가는 자들

(3) 이 노래를 배울 자가 없다.
구원받은 성도만이 부를수 있는 노래

(4) 여자로 더불어 더럽히지 아니하고 정절 지킴
여기서 여자는 음녀 바벨론을 의미한다.
로마의 가치와 사상, 세상의 가치와 사상으로 삶과 영혼을 더럽히지 않음
세대주의자들 : 문자적으로 해석해서 결혼 거부함

(5) 어린양이 어디로 가든지 따르는 자
어린양이 가시는 십자가의 좁은 길을 따라가는 자

(6) 하나님과 어린양에게 속한 자

(7) 거짓말이 없고 흠이 없는 자
윤리적 완전을 말하는 것이 아니다.
어린양의 피로 씻겨져 흠이 없는 것, 그리고 거짓 복음을 전하지 않는 자

(8) 13장과 14장의 대조

13장	14장
사단의 3인조	어린양과 144,000
짐승표	하나님과 어린양의 이름
짐승표없는 자 다 죽임	짐승표 받은 자 다 심판
지상의 교회의 고난	천상의 교회의 승리

2. 세 천사의 선포

(1) 첫째 천사 : 구속에 관한 선포

1) 영원한 복음을 가짐

2) 복음의 내용

  ① 심판의 시간이 이르렀다

  ② 근원을 만드신 이를 경배하라

  ③ 하나님을 두려워하고 하나님께 영광을 돌리라

(2) 둘째 천사 : 심판에 관한 선포

1) 큰 성 바벨론이 무너졌다.(2번)

2) 음행으로 인하여 진노의 포도주로 먹이던 자

(3) 셋째 천사

1) 만일 짐승에게 경배하고 이마에 손에 표를 받으면

경배하고 : 현재형

2) 하나님의 진노의 포도주와 불과 유황의 심판

3. 성도와 교회 승리 비결
  (1) 성도들의 인내
  (2) 하나님의 계명과 예수의 믿음을 지킴

4. 주 안에서 죽는 복 (2번째 복)과 성령의 말씀
  (1) 주 안에서 죽는 자는 복이 있으리니 (2번째 복)

"그의 경건한 자들의 죽음은 여호와께서 보시기에 귀중한 것이로다" 시 116:15

  (2) 성령의 말씀
  쉬리니
  성도의 쉼은 어디 있는가?
  마 11장의 쉼의 약속과 비교해 보라

"수고하고 무거운 짐 진 자들아 다 내게로 오라 내가 너희를 쉬게 하리라 나는 마음이 온유하고 겸손하니 나의 멍에를 메고 내게 배우라 그리하면 너희 마음이 쉼을 얻으리니 이는 내 멍에는 쉽고 내 짐은 가벼움이라 하시니라" 마 11:28-30

5. 마지막 2가지 추수
  (1) 곡식 추수 (알곡 성도)
  이한 낫(예리한 낫)을 가진 이, 인자, 금 면류관
  낫은 구약에서 추수와 관련됨

"너희는 낫을 쓰라 곡식이 익었도다 와서 밟을지어다 포도주 틀이 가득히 차

고 포도주 독이 넘치니 그들의 악이 큼이로다" 욜 3:13

곡식이 다 익었다.

익었다 : (헬) '에크세란떼' 마르다

삶의 형편은 마르고 폐폐하진 것 같지만, 하나님 보시기에 익은 것

(2) (들) 포도추수

1) 낫 천사, 불을 다스리는 천사

심판의 불

2) 포도송이를 익었으니 거두라

봄 : 밀,보리 곡식 추수

가을 : 포도 열매 추수

익었다 : (헬) '에크마산', 만개하다.

겉으로는 만개한 삶처럼 보이나 하나님 눈에는 심판받을 대상

3) 하나님의 기대

　① 극상품의 포도를 기대하심

"나는 내가 사랑하는 자를 위하여 노래하되 내가 사랑하는 자의 포도원을 노래하리라 내가 사랑하는 자에게 포도원이 있음이여 심히 기름진 산에로다 땅을 파서 돌을 제하고 극상품 포도나무를 심었도다 그 중에 망대를 세웠고 또 그 안에 술틀을 팠도다 좋은 포도 맺기를 바랐더니 들포도를 맺었도다" 사 5:1-2

　② 들포도를 맺음

4) 하나님의 진노의 포도주 틀에 넣어 밟힘

① 포도주 틀에 던지니 피가 나서 1600 스다디온에 퍼짐(321km)
② 피가 말 굴레까지

"에돔에서 오는 이 누구며 붉은 옷을 입고 보스라에서 오는 이 누구냐 그의 화려한 의복 큰 능력으로 걷는 이가 누구냐 그는 나이니 공의를 말하는 이요 구원하는 능력을 가진 이니라 어찌하여 네 의복이 붉으며 네 옷이 포도즙틀을 밟는 자 같으냐 만민 가운데 나와 함께 한 자가 없이 내가 홀로 포도즙틀을 밟았는데 내가 노함으로 말미암아 무리를 밟았고 분함으로 말미암아 짓밟았으므로 그들의 선혈이 내 옷에 튀어 내 의복을 다 더럽혔음이니 이는 내 원수 갚는 날이 내 마음에 있고 내가 구속할 해가 왔으나 내가 본즉 도와 주는 자도 없고 붙들어 주는 자도 없으므로 이상하게 여겨 내 팔이 나를 구원하며 내 분이 나를 붙들었음이라 내가 노함으로 말미암아 만민을 밟았으며 내가 분함으로 말미암아 그들을 취하게 하고 그들의 선혈이 땅에 쏟아지게 하였느니라" 사 63:1-6

제15- 16장 7대접 심판

〈15장〉 7대접 심판의 서론

1. 마지막 재앙
시간적 순서, 최종적 계시

2. 모세의 노래, 어린양의 노래

(1) 불 섞인 유리바다를 통과하여 있는 자들

불 같은 연단을 통과하여 서 있는 자들,
7장에서 큰 환난을 통과해 나오는 자들

(2) 짐승과 우상을 이긴 자들

이기고 벗어난 자들의 찬양

(3) 계시록에서 하나님 백성의 특징

세상의 힘이 아닌 하나님만 두려워하고 경외하는 교회

(4) 모세의 노래와 어린양의 노래 비교 도표[44]

	모세의 노래(15장)	어린 양의 노래(계 15:2~4)
하나님의 원수에 대한 심판은 하나님의 백성에 대한 구원을 목적으로 함	애굽에 대한 심판은 이스라엘의 구원을 목적으로 함 (15:1~10,12)	짐승과 짐승의 우상 숭배자들에게 대한 심판은 교회의 구원을 목적으로 함(15:2)
이방신에 대한 하나님의 비교할 수 없는 우월성	여호와여 신 중에 주와 같은 자가 누구니이까 주와 같이 거룩함으로 영광스러우며 찬송 할 만한 위엄이 있으며 기이한 일을 행하는 자가 누구니이까(15:11)	주여 누가 주의 이름을 두려워하지 아니하며 영화롭게 하지 아니하오리이까(15:4)
이방 나라에 대한 효과	이방 나라가 두려워함 (15:14~16)	만국이 경배함(15:4)
하나님의 백성을 성소로 인도	이스라엘을 성전으로 이끎 (15:13,17)	교회를 불이 섞인 유리 바다로 표현된 하늘 성전으로 이끎(15:2)
노래의 결론	여호와께서 영원무궁 하도록 다스리시도다(15:18)	만국의 왕(15:3), 만국이 와서 주께 경배함(15:4)

애굽처럼 로마도 하나님의 심판받을 것

3. 일곱 천사의 모습

7천사가 7대접을 받음

성도들의 기도를 담았던 대접에, 이제 하나님의 진노가 담겨 교회와 성도들을 피박했던 세상을 심판하신다.

제16장

7대접 심판

▶ 최종적 심판, 나팔 재앙과 순서와 장소가 같다[45]

나팔 심판	대접 심판
땅	땅
바다	바다
강과 물	강과 물
해, 달, 물	해
어두워지며	어두워지며
큰 강 유브라데	큰 강 유브라데
번재, 우레, 음성, 지진, 큰 우박	번개, 우레, 음성, 지진, 큰 우박

자연적 재해 + 영적인 심판

1. 1번째 대접 : 땅
   (1) 악한 종기 (애굽재앙6)
   (2) 짐승표 받은 자

2. 2번째 대접 : 바다

   피로(애굽재앙1)

3. 3번째 대접 : 강 · 물의 근원

   피로 (애굽재앙1)

   ▶ 삽입 : 천사들, 제단 찬양
   (1) 심판이 의로우심
   (2) 성도, 선지자의 피를 흘림

4. 4번째 대접 : 해
   (1) 불로 사람 태움
   (2) 성도들은 보호(7장)
   (3) 하나님 비방(1), 회개(x,1) 하나님께 영광(x)

5. 5번째 대접 : 어둠이 임함(짐승보좌)

   사단의 중심부에 쏟아부음

   5째 인 : 하나님 나라의 중심부 vs 5째 대접 : 사단의 중심부

   (1) 짐승의 나라 어두워짐

   물리적 어두움이 아니다. 사단의 나라와 권세의 상징

"요한이 그에 대하여 증언하여 외쳐 이르되 내가 전에 말하기를 내 뒤에 오시는 이가 나보다 앞선 것은 나보다 먼저 계심이라 한 것이 이 사람을 가리킴이라 하니라" 요 1:15

"그가 우리를 흑암의 권세에서 건져내사 그의 사랑의 아들의 나라로 옮기셨으니" 골 1:13

"그의 형제를 미워하는 자는 어둠에 있고 또 어둠에 행하며 갈 곳을 알지 못하나니 이는 그 어둠이 그의 눈을 멀게 하였음이라" 요일 2:11

    (2) 아파서 혀 깨묾
    (3) 하나님 비방(2), 회개(x,2)

6. 6번째 대접 : 유브라데강
    (1) 유브락데스강 : 교회와 세상의 구별 경계
    (2) 강이 마름, 동방의 왕들이 모임
        교회와 세상의 구별이 없어짐
    (3) 개구리3영, 귀신의 영
        용, 두짐승의 입에서 나옴
        불결과 부정 상징
        출애굽재앙 모티브에서 개구리는 다산과 풍요의 신
        사단의 입에서 나오는 거짓 복음
    (4) 아마겟돈으로 왕들 모음
    1) 므깃도의 산이란 뜻
        이스라엘의 수많은 전쟁이 일어난 곳
        드보라와 바락 VS 가나안의 전쟁(삿 4-5장)
        기드온 VS 미디안 전쟁(삿 7장)

사울 VS 블레셋 전쟁

요시아 왕과 애굽 바로 느고의 전쟁

2) 므깃도는 평지이지, 산이 없다
3) 그러므로 므깃도의 산은 므깃도 주변에 있는 갈멜산을 의미
4) 갈멜산에 벌어진 바알선지자와 엘리야의 영적 전쟁

우상숭배를 심판한 것

하나님을 예배할거인가? 세상의 것을 의지할 것인가의 영적전쟁
날마다 우리의 삶속에 아마겟돈 전쟁이 일어나고 있다.

(6) 세대주의자 해석 : 중동에서 일어날 제3차 세계대전
그럴수도 있지만, 아마겟돈전쟁이 진리의 전쟁임을 잊지말라

(7) 계시록의 3대 전쟁[46]

	아마겟돈 전쟁 (16:12~16)	백마 탄 재림 예수님과 두 짐승 전쟁 (19:11~21)	사탄의 곡과 마곡전쟁 (20:7~10)
전쟁의 주체 (악의 삼위일체)	용과 짐승과 거짓 선지자	짐승	용
전쟁의 용병 (세상)	온 천하 임금들	땅의 임금들과 그 군대	땅의 사방 백성
전쟁의 대상 (교회)	깨어 옷을 지키라는 말 속에서 교회 암시	그리스도와 그의 군대(교회)	성도들의 진과 사랑하시는 성(교회)
전쟁의 결과 (악의 세력의 궁극적 패배)	용과 짐승과 거짓 선지자의 멸망 암시	짐승과 거짓 선지자가 불못에 던져짐	용이 불못에 던져짐
전쟁의 시기	하나님 곧 전능하신 이의 큰 날 (예수의 재림)	예수님의 재림	천년왕국이 끝날 때 (예수님의 재림)

▶ 세 번째 복 선언: 깨어있어, 벗지아니하고(x) 부끄러움 당하지 않
는 자 (복3)

7. 7번째 대접 : 공기
(1) 공기 : 아에르

"그 때에 너희는 그 가운데서 행하여 이 세상 풍조를 따르고 공중의 권세 잡은 자를 따랐으니 곧 지금 불순종의 아들들 가운데서 역사하는 영이라" 엡2:2

공중권세 잡은 자

(2) 다 되었다
(3) 큰성 바벨론 세갈래 무너짐
(4) 하나님이 기억하신 바
(5) 하나님이 명령한 진노 포도주잔
(6) 각 섬, 산악 없어짐
(7) 1달란트 우박(50kg)

우박은 하나님의 심판의 무기

"주 여호와의 말씀이니라 내가 내 모든 산 중에서 그를 칠 칼을 부르리니 각 사람이 칼로 그 형제를 칠 것이며 내가 또 전염병과 피로 그를 심판하며 쏟아지는 폭우와 큰 우박덩이와 불과 유황으로 그와 그 모든 무리와 그와 함께 있는 많은 백성에게 비를 내리듯 하리라" 겔 38:21-22

(8) 하나님 비방(3)
〈17장~20장〉 세상과 사단 심판
- ▶17,18장 : 큰 성 바벨론 심판
- ▶19장 : 두 짐승 심판
- ▶20장 : 용과 불신자 심판

제17장

음녀 바벨론 멸망

1. 17장-18장의 바벨론 멸망사건

(1) 16장에서 이미 바벨론이 3갈래로 무너졌는데 도 다시 바벨론 멸망을 언급하는 것은 바벨론 멸망을 좀더 구체적으로 '클로즈 업' 한 것이다.

(2) 6번째 대접재앙과 7번째 대접 재앙 사이에 있었던 것을 뒤로 뺀 것으로 보는 견해

2. 음녀의 심판

(1) 많은 물 위에 앉음

많은 물은 하나님을 대적하는 대적 세력

"그가 높은 곳에서 손을 펴사 나를 붙잡아 주심이여 많은 물에서 나를 건져내셨도다 나를 강한 원수와 미워하는 자에게서 건지셨음이여 그들은 나보다 힘이 세기 때문이로다" 시 18:16-17

"그러므로 주 내가 흉용하고 창일한 큰 하수 곧 앗수르 왕과 그의 모든 위력으로 그들을 뒤덮을 것이라 그 모든 골짜기에 차고 모든 언덕에 넘쳐" 사 8:7-8

"또 천사가 내게 말하되 네가 본 바 음녀가 앉아 있는 물은 백성과 무리와 열국과 방언들이니라" 계 17:15

일곱 산(17:9) : 7언덕의 도시

(2) 심판의 이유
1) 땅 · 임금 음행으로 취하게 함
   거짓 복음으로, 세상 가치로 사람들을 타락시킨 것
   교회 안에서 하나님이 아닌 세상의 힘을 더 사랑하게 만드는 것

"간음한 여인들아 세상과 벗된 것이 하나님과 원수 됨을 알지 못하느냐 그런즉 누구든지 세상과 벗이 되고자 하는 자는 스스로 하나님과 원수 되는 것이니라" 약 4:4

"신실하던 성읍이 어찌하여 창기가 되었는고 정의가 거기에 충만하였고 공의가 그 가운데에 거하였더니 이제는 살인자들뿐이로다" 사 1:21

"그러나 네게 책망할 일이 있노라 자칭 선지자라 하는 여자 이세벨을 네가 용

납함이니 그가 내 종들을 가르쳐 꾀어 행음하게 하고 우상의 제물을 먹게 하는도다" 계 2:20

(3) 성령이 요한을 광야로 이끎

엔 프뉴마(3번째)

교회가 양육 받고 있는 광야에 음녀가 활동하고 있다.

(4) 붉은빛 짐승탄 음녀의 모습

사단의 3인조는 다 붉은 색이다

붉은 용(12;3), 붉은 빛 짐승(17:1), 붉은 옷 입은 음녀(17:4)

"곧 살아 있는 자라 내가 전에 죽었었노라 볼지어다 이제 세세토록 살아 있어 사망과 음부의 열쇠를 가졌노니" 사 1:18

결국 사단의 세력의 공통점은 죄를 짓게 만드는 세력이다.

2. 음녀의 미혹

(1) 자주, 붉은 옷, 금, 보석, 진주, 금잔

세상의 화려함으로 하나님 백성들을 미혹하여 타락시킴

"바벨론은 여호와의 손에 잡혀 있어 온 세계가 취하게 하는 금잔이라 뭇 민족이 그 포도주를 마심으로 미쳤도다" 렘 51:7

(2) 가증한 물건, 음행 더러운 것

그 속에는 하나님 보시기에 가증한 것과 더러운 것
가증한 것은 무엇일까?

"네 하나님 여호와께서 네게 주시는 땅에 들어가거든 너는 그 민족들의 가증한 행위를 본받지 말 것이니 그의 아들이나 딸을 불 가운데로 지나게 하는 자나 점쟁이나 길흉을 말하는 자나 요술하는 자나 무당이나 진언자나 신접자나 박수나 초혼자를 너희 가운데에 용납하지 말라 이런 일을 행하는 모든 자를 여호와께서 가증히 여기시나니 이런 가증한 일로 말미암아 네 하나님 여호와께서 그들을 네 앞에서 쫓아내시느니라" 신 18:9-12

(3) 땅 음녀들의 어미
땅의 가치를 따라 살게만드는 세력들

(4) 성도의 피, 예수님 증인 피에 취함
교회와 성도의 피에 취함, 요한의 놀람

3. 짐승 · 음녀의 비밀
(1) 전에 있었다가
예수 그리스도의 사역 이전

(2) 지금은 없고
예수 그리스도의 십자가와 부활로 인해 머리가 깨뜨려진 사단

(3) 장차 올라와 멸망
장차 심판 받을 사단

4. 7머리의 해석
(1) 로마의 7 황제

(2) 7 대제국
애굽, 앗수르, 바벨론, 페르시아, 그리스, 로마, 마지막 제국

(3) 사단의 세력이 꺾임 : 사단의 주 세력은 이미 꺾였다[47]
5머리 : 이미 멸망
1머리 : 지금 있고
1머리 : 아직 (x)

5. 짐승과 어린양 싸움
(1) 만주의 주 만왕의 왕이신 어리양이 이기심
구약에서 하나님을 표현 힐 때 쓰는 표현

"너희의 하나님 여호와는 신 가운데 신이시며 주 가운데 주시요 크고 능하시며 두려우신 하나님이시라 사람을 외모로 보지 아니하시며 뇌물을 받지 아니하시고" 신 10:17

(2) 부름받은 자, 택함 받은자, 진실한 자가 이김

6. 짐승과 음녀 싸움
(1) 악의 세력 특징
갈등, 싸움, 분열

"우리도 전에는 어리석은 자요 순종하지 아니한 자요 속은 자요 여러 가지 정욕과 행락에 종 노릇 한 자요 악독과 투기를 일삼은 자요 가증스러운 자요 피차 미워한 자였으나" 딛 3:3

예수의 영이신 성령님의 역사는 원수까지도 사랑하게 하신다.

"나는 너희에게 이르노니 너희 원수를 사랑하며 너희를 박해하는 자를 위하여 기도하라" 마 5:44

"새 계명을 너희에게 주노니 서로 사랑하라 내가 너희를 사랑한 것 같이 너희도 서로 사랑하라 너희가 서로 사랑하면 이로써 모든 사람이 너희가 내 제자인 줄 알리라" 요 13:34-35

(2) 짐승이 음녀를 미워하여 망하게 하고 그 살을 먹고 불로 사름 (17:16)

마치 아합의 아내 이세벨의 마지막 죽음과 흡사하다

"돌아와서 전하니 예후가 이르되 이는 여호와께서 그 종 디셉 사람 엘리야를 통하여 말씀하신 바라 이르시기를 이스르엘 토지에서 개들이 이세벨의 살을 먹을지라 그 시체가 이스르엘 토지에서 거름같이 밭에 있으리니 이것이 이세벨이라고 가리켜 말하지 못하게 되리라 하셨느니라 하였더라" 왕하 9:36-37

7. 하나님 말씀 응하기까지(계17:17)

"그가 또 그 땅에 기근이 들게 하사 그들이 의지하고 있는 양식을 다 끊으셨도다 그가 한 사람을 앞서 보내셨음이여 요셉이 종으로 팔렸도다 그의 발은 차꼬를 차고 그의 몸은 쇠사슬에 매였으니 곧 여호와의 말씀이 응할 때까지라 그의 말씀이 그를 단련하였도다" 시 105:16-19

사단과 세상을 멸망시키는 것이 하나님의 목적이시라면 지금 당장오실 것이다. 그러나 세상을 멸망시키는 것이 하나님의 목적이 아니고 어린양의 신부인 교회와 성도의 거룩이 하나님의 목적이기에 신부가 신부답게 단장될 때 까지 기다리고 계신 것이다.

제18장

큰 성 바벨론 멸망

1. 큰 성 바벨론

- 17장은 음녀 바벨론으로 표현 : 하나님 백성들을 세상의 화려함으로 미혹하는 세력임을 강조
- 18장은 큰 성 바벨론으로 표현 : 19장의 거룩한 성 예루살렘과 대조함, 세상이 화려함과 강한 힘, 외적 크기를 통해 자신을 드러내려는 성향을 가졌으나, 하나님 나라의 교회는 큼이 아닌 거룩을 추구해야 할 것을 강조함
- 교회가 거룩을 가르치고 있나? 성공을 가르치고 있나?

(1) 무너졌도다(x2)

이미 14장 8, 16장 절에 무너짐

반복적 계시, 구체적 묘사, 그들이 의지한 세상의 힘, 물질이 무너짐

(2) 귀신 처소, 가증한 새 감옥
- 고대 바벨론 : 마르둑 신전 55개, 1000개 이상의 신전들, 이슈타르 여신을 위한 제단이 180개 이상
- 바벨론의 철저한 멸망 예언 성취

"열국의 영광이요 갈대아 사람의 자랑하는 노리개가 된 바벨론이 하나님께 멸망 당한 소돔과 고모라 같이 되리니 그 곳에 거주할 자가 없겠고 거처할 사람이 대대에 없을 것이며 아라비아 사람도 거기에 장막을 치지 아니하며 목자들도 그 곳에 그들의 양 떼를 쉬게 하지아니할 것이요 오직 들짐승들이 거기에 엎드리고 부르짖는 짐승이 그들의 가옥에 가득하며 타조가 거기에 깃들이며 들양이 거기에서 뛸 것이요 그의 궁성에는 승냥이가 부르짖을 것이요 화려하던 궁전에는 들개가 울 것이라 그의 때가 가까우며 그의 날이 오래지 아니하리니" 사 13:19-22

"가뭄이 물 위에 내리어 그것을 말리리니 이는 그 땅이 조각한 신상의 땅이요 그들은 무서운 것을 보고 실성하였음이니라 그러므로 사막의들짐승이 승냥이와 함께 거기에 살겠고 타조도 그 가운데에 살 것이요 영원히 주민이 없으며 대대에 살 자가 없으리라 여호와의 말씀이니라 하나님께서 소돔과 고모라와 그 이웃 성읍들을 뒤엎었듯이 거기에 사는 사람이 없게 하며 그 가운데에 머물러 사는 사람이 아무도 없게 하시리라" 렘 50:38-40

애돔의 철저한 멸망
"이것은 여호와께서 보복하시는 날이요 시온의 송사를 위하여 신원하시는 해

라 에돔의 시내들은 변하여 역청이 되고 그 티끌은 유황이 되고 그 땅은 불붙는 역청이 되며 낮에나 밤에나 꺼지지 아니하고 그 연기가 끊임없이 떠오를 것이며 세세에 황무하여 그리로 지날 자가 영영히 없겠고 당아새와 고슴도치가 그 땅을 차지하며 부엉이와 까마귀가 거기에 살 것이라 여호와께서 그 위에 혼란의 줄과 공허의 추를 드리우실 것인즉" 사 34:8-15

(3) 음행의 진노 포도주

만국 무너뜨림

땅 왕들 음행케

(4) 큰 성 vs 거룩한 성

"그들을 진리로 거룩하게 하옵소서 아버지의 말씀은 진리이니다" 요 17:17

"너희 육신이 연약하므로 내가 사람의 예대로 말하노니 전에 너희가 너희 지체를 부정과 불법에 내주어 불법에 이른 것 같이 이제는 너희 지체를 의에게 종으로 내주어 거룩함에 이르라" 롬 6:19

"누구든지 하나님의 성전을 더럽히면 하나님이 그 사람을 멸하시리라 하나님의 성전은 거룩하니 너희도 그러하니라" 고전 3:17

"그런즉 사랑하는 자들아 이 약속을 가진 우리는 하나님을 두려워하는 가운데서 거룩함을 온전히 이루어 육과 영의 온갖 더러운 것에서 자신을 깨끗하게 하자" 고후 7:1

"곧 창세 전에 그리스도 안에서 우리를 택하사 우리로 사랑 안에서 그 앞에 거룩하고 흠이 없게 하시려고" 엡 1:4

"자기 앞에 영광스러운 교회로 세우사 티나 주름 잡힌 것이나 이런 것들이 없이 거룩하고 흠이 없게 하려 하심이라" 엡 5:27

"하나님의 뜻은 이것이니 너희의 거룩함이라 곧 음란을 버리고" 살전 4:3

"그러므로 예수도 자기 피로써 백성을 거룩하게 하려고 성문 밖에서 고난을 받으셨느니라" 히 13:12

"오직 너희를 부르신 거룩한 이처럼 너희도 모든 행실에 거룩한 자가 되라" 벧전 1:15

신약에서만 거룩이 113번이나 나온다

2. 내 백성아! 거기서 나오라

"바벨론 가운데서 도망하여 나와서 각기 생명을 구원하고 그의 죄악으로 말미암아 끊어짐을 보지 말지어다 이는 여호와의 보복의 때니 그에게 보복하시리라" 렘 51:6

나오라 : 부정과거, 단번에, 머뭇거리지 말고..

"네 하나님 여호와께서 네게 넘겨주신 모든 민족을 네 눈이 긍휼히 여기지 말고 진멸하며 그들의 신을 섬기지 말라 그것이 네게 올무가 되리라 네가 혹시 심중에 이르기를 이 민족들이 나보다 많으니 내가 어찌 그를 쫓아낼 수 있으리요 하리라마는" 신 7:16

"주께서 주의 백성 야곱 족속을 버리셨음은 그들에게 동방 풍속이 가득하며 그들이 블레셋 사람들 같이 점을 치며 이방인과 더불어 손을 잡아 언약하였음이라" 사 2:6-9

그 죄 참예치 말고,, 그 재앙 받지 말라

3. 바벨론 죄악
   (1) 얼마나 자기를 높였는가
   (2) 얼마나 사치하였나

4. 심판의 긴박함
   (1) 하루, 한시동안
   (2) 심판주 하나님은 강한자

5. 땅의 왕들의 애통(1)
   한 시간에 심판
   화 있도다(x2)

6. 땅 상인들 애통(2)
   (1) 7종류, 28개 상품[48]

1	귀금속류	금, 은, 보석, 진주
2	의류	세마포, 자주 옷감, 비단, 붉은 옷감
3	가재도구류	각종향목, 각종 상아 그릇, 값진 나무 그릇, 각종 구리 그릇, 각종 철 그릇, 각종 대리석 그릇
4	향품류	계피, 향료, 향, 향유, 유향
5	식품류	포도주, 감람유, 고운 밀가루, 밀
6	가축류	소, 양, 말, 수레
7	사람	종들과 사람의 영혼

(2) 사람의 영혼

자신의 사치와 이익을 위해 사람의 영혼까지도 수단으로 이용한다. 로마의 경제적 부요 뒤에는 노예무역이 있었다.

(3) 화 있도다(x2)

(4) 자주, 붉은, 금, 보석, 진주 꾸밈

(5) 한 시간에 망함

7. 선장 선원 애통(3)

화 있도다(x2), 한 시간에 망함

철저한 두로의 멸망 성취

"재물과 상품과 바꾼 물건과 네 사공과 선장과 네 배의 틈을 막는 자와 네 상인과 네 가운데에 있는 모든 용사와 네 가운데에 있는 모든 무리가 네가 패망하는 날에 다 바다 한가운데에 빠질 것임이여 네 선장이 부르짖는 소리에 물결이 흔들리리로다 노를 잡은 모든 자와 사공과 바다의 선장들이 다 배에서 내려 언덕에 서서 너를 위하여 크게 소리 질러 통곡하고 티끌을 머리에 덮어 쓰며 재 가운데에 뒹굴며 그들이 다 너를 위하여 머리털을 밀고 굵은 베로 띠를 띠고 마음이 아프게 슬피 통곡하리로다 그들이 통곡할 때에 너를 위하여 슬픈 노래를 불러 애도하여 말하기를 두로와 같이 바다 가운데에서 적막한 자 누구인고 네 물품을 바다로 실어 낼 때에 네가 여러 백성을 풍족하게 하였음이여 네 재물과 무역품이 많으므로 세상 왕들을 풍부하게 하였었도다 네가 바다 깊은 데에서 파선한 때에 네 무역품과 네 승객이 다 **빠졌음이여**" 겔 27:25-35

8. 교회여 즐거워하라

하늘, 성도, 사도, 선지자
너희 신원의 기도에 대한 응답으로 심판이 행해짐

"큰 소리로 불러 이르되 거룩하고 참되신 대주재여 땅에 거하는 자들을 심판하여 우리 피를 갚아 주지 아니하시기를 어느 때까지 하시려 하나이까 하니" 계 6:10

9. 바벨론의 완전 멸망

맷돌 바다 던짐

"너는 이 책 읽기를 다한 후에 책에 돌을 매어 유브라데 강 속에 던지며 말하기를 바벨론이 나의 재난 때문에 이같이 몰락하여 다시 일어서지 못하리니 그들이 피폐하리라 하라 하니라 예레미야의 말이" 렘 51:63-64

"너는 이 책 읽기를 다한 후에 책에 돌을 매어 유브라데 강 속에 지며 말하기를 바벨론이 나의 재난 때문에 이같이 몰락하여 다시 일어서지 못하리니 그

들이 피폐하리라 하라 하니라 예레미야의 말이 이에 끝나니라 이에 끝나니라" 사 61:10

다시 보이지(x)

10. 결코 ~치 아니라하리라
음악, 문화, 무역, 식량, 등불, 신랑신부 음성

"내가 그들 중에서 기뻐하는 소리와 즐거워하는 소리와 신랑의 소리와 신부의 소리와 맷돌 소리와 등불 빛이 끊어지게 하리니" 렘 25:10

11. 바벨론 심판 이유
 (1) 교만과 사치
 (2) 복술로 만국 미혹
 (3) 선지자, 성도, 순교자의 피

제19장

백마타신 예수 그리스도

1. 할렐루야(4번)

18장의 3부류의 애통과 19장의 3부류의 찬양

구원, 영광, 능력 하나님께

참, 의 심판

하나님 경외하는 종들의 피 갚으심

주 하나님 전능자 통치

즐겁고 기쁘고 영광

2. 어린양의 혼인 기약

(1) 그 아내가 예비됨(단장함)

- 능동태 : 신부인 교회가 스스로 자원으로 예비하는 것

- 유대의 결혼 풍습 중 정혼 기간
- 약혼과 결혼사이의 1년 정도는 정혼 기간으로 신부가 신랑을 위해 단장하는 기간
- 예수의 초림과 재림 사이의 기간은 정혼기간

"내가 여호와로 말미암아 크게 기뻐하며 내 영혼이 나의 하나님으로 말미암아 즐거워하리니 이는 그가 구원의 옷을 내게 입히시며 공의의 겉옷을 내게 더하심이 신랑이 사모를 쓰며 신부가 자기 보석으로 단장함 같게 하셨음이라" 사 61:10

(2) 세마포 입게 허락
- 성도들의 옳은 행실은 윤리적, 도덕적 행위 이상의 것이다.
- 십자가 정신, 십자가의 원리, 긍휼의 마름과 자세로 사는 것

(3) 음녀(가짜 신부)가 17-18장에 멸망당하고, 진짜 신부인 자들이
- 19장에서 신랑이신 예수님과 혼인 잔치한다.

3. 4번째 복
어린양의 혼인잔치 청함받은 자는 복이 있도다

4. 오직 하나님께만 경배하라, (왜냐하면)
(1) 천사 경배(x) : 19장과 22장에 2번 나옴
(2) 예수님의 증거 받은 종
(3) 예수님의 증거는 대언의 영
　성령은 예수님을 증거하시는 영

5. 백마타신 예수 그리스도

(1) 충신과 진실의 이름(1)
- 충신 : 성실, 신실
- 진실; 진리, 언약
- 자신이 약속한 언약과 진리에 늘 신실하게 충성하신 분
- 라오디게아 교회에 나타나신 예수님의 모습

"라오디게아 교회의 사자에게 편지하라 아멘이시요 충성되고 참된 증인이시요 하나님의 창조의 근본이신 이가 이르시되" 계 3:14

(2) 공의로 심판하고 싸우심
- 싸우심 : (헬) 플레메오, 현재형, 계속해서 늘 싸우시는 분
- 승천하셔서 가만히 계시다가 재림때만 반짝 나타나셔서 싸우시는 분이 아니라 교회와 성도 위해 늘 싸워 오신 분이다.

(3) 불꽃 눈

(4) 많은 면류관(디아데마타)
- 왕이 쓰는 면류관
- 12장의 용은 7면류관, 짐승은 10면류관
- 예수님은 셀 수 없는 많은 면류관
- 많은 : (헬) 폴루스, 비교할 수 없이 엄청난 양

(5) 피 뿌린 옷과 하나님 말씀(이름 2)
1) 피뿌린 옷

재림하시는 예수님이 적들을 정복하시고 진노의 포도주 틀을 밟는 것과 관련하여 죄인들의 피를 상징한다.

"태초에 말씀이 계시니라 이 말씀이 하나님과 함께 계셨으니 이 말씀은 곧 하나님이시니라" 요 1:1

(6) 하나님의 군대가 따름
어린양과 함께 진리의 전쟁을 싸우는 교회와 성도들

(7) 입의 날선 검
만국치심, 철장으로 다스림

(8) 진노의 포도주를 밟으심

(9) 옷과 다리의 이름(3)
만왕의 왕, 만주의 주

(10) 자기밖에 아는 자가 없는 이름(4)
- 어떤 누구도 예수 그리스도를 다 알수 없다.
- 그러니 절대 자신만이 하나님의 모든 것을 아는 것처럼 교만 할 수 없다

6. 하나님의 큰 잔치
(1) 각종 새가 사람들의 고기 먹으리라

"주 여호와께서 이같이 말씀하셨느니라 너 인자야 너는 각종 새와 들의 각종 짐승에게 이르기를 너희는 모여 오라 내가 너희를 위한 잔치 곧 이스라엘 산 위에 예비한 큰 잔치로 너희는 사방에서 모여 살을 먹으며 피를 마실지어다 너희가 용사의 살을 먹으며 세상 왕들의 피를 마시기를 바산의 살진 짐승 곧 숫양이나 어린 양이나 염소나 수송아지를 먹듯 할지라 내가 너희를 위하여 예비한 잔치의 기름을 너희가 배불리 먹으며 그 피를 취하도록 마시되 내 상에서 말과 기병과 용사와 모든 군사를 배부르게 먹일지니라 하라 주 여호와의 말씀이니라" 겔 39:17-20

(2) 언약적 저주

"네 시체가 공중의 모든 새와 땅의 짐승들의 밥이 될 것이나 그것들을 쫓아줄 자가 없을 것이며" 신 28:26

(3) 어린양과 신부의 혼인잔치 VS 불신자들의 심판의 큰 잔치

7. 짐승군대 vs 예수님의 군대

(1) 전쟁 일으키니
- 16장의 아마겟던 전쟁, 19장의 어린야의 군대와 짐승의 군대 전쟁
- 20장의 곡과 마곡의 전쟁은 같은 전쟁이지, 시간적 순서의 세 번의 전쟁이 아니다.

(2) 두 짐승 잡힘(바다, 땅)
미혹하던 자 : 유황 불못 던져짐

제20장

용의 잡힘, 멸망, 천년 왕노릇 백보좌 심판

▶ 20장의 3가지 사건은 시간의 순서인가?

(1) 천년동안 사단이 무저갱에 결박됨

(2) 천년동안 예수 그리스도와 성도들이 왕 노릇함

(3) 천년의 끝에 사단이 잠시 풀려나고 난후 불못에 던져짐

1. 용의 잡힘

(1) 옛뱀, 마귀, 사단

(2) 천년동안 결박, 무저갱에 던져짐

- 천년이 차도록 다시 만구을 미혹(x), 그후 잠깐 놓임
- 사단을 잡아 결박하여
- 결박하다 : (헬) 에데센(부정과거형), 마 12:29에 이미 쓰인 단어

"사람이 먼저 강한 자를 결박하지 않고서야 어떻게 그 강한 자의 집에 들어가 그 세간을 강탈하겠느냐 결박한 후에야 그 집을 강탈하리라" 마 12:29

"사람이 먼저 강한 자를 결박하지 않고는 그 강한 자의 집에 들어가 세간을 강탈하지 못하리니 결박한 후에야 그 집을 강탈하리라" 막 3:27

예수의 십자가와 부활로 이미 사단은 결박당함

"칠십 인이 기뻐하며 돌아와 이르되 주여 주의 이름이면 귀신들도 우리에게 항복하더이다 예수께서 이르시되 사탄이 하늘로부터 번개 같이 떨어지는 것을 내가 보았노라" 눅 10:17-18

"이제 이 세상에 대한 심판이 이르렀으니 이 세상의 임금이 쫓겨나리라" 요 12:31

"통치자들과 권세들을 무력화하여 드러내어 구경거리로 삼으시고 십자가로 그들을 이기셨느니라" 골 2:15

구약적 배경

"그 날에 여호와께서 높은 데에서 높은 군대를 벌하시며 땅에서 땅의 왕들을 벌하시리니 그들이 죄수가 깊은 옥에 모임 같이 모이게 되고 옥에 갇혔다가 여러 날 후에 형벌을 받을 것이라 그 때에 달이 수치를 당하고 해가 부끄러워하리니 이는 만군의 여호와께서 시온 산과 예루살렘에서 왕이 되시고 그 장로들 앞에서 영광을 나타내실 것임이라" 사 24:21-23

2. 3대 천년왕국론 도표

1) 세대주의적 전천년설

① 19장과 20장을 역사적 순서로 봄

② 예수의 공중재림(1차) → 7년(3년 반+3년 반) 대환난 → 예수의 지상재림(2차) → 예수의 지상통치 1,000년 → 용이 결박됨(천년왕국 초기) → 용이 놓여짐(천년왕국 마지막 시기) → 곡·마곡 전쟁 → 그리스도의 승리 → 최후의 백보좌 심판(악인과 의인) → ① 영원한 새하늘과 새땅, ② 영원한 형벌(지옥)

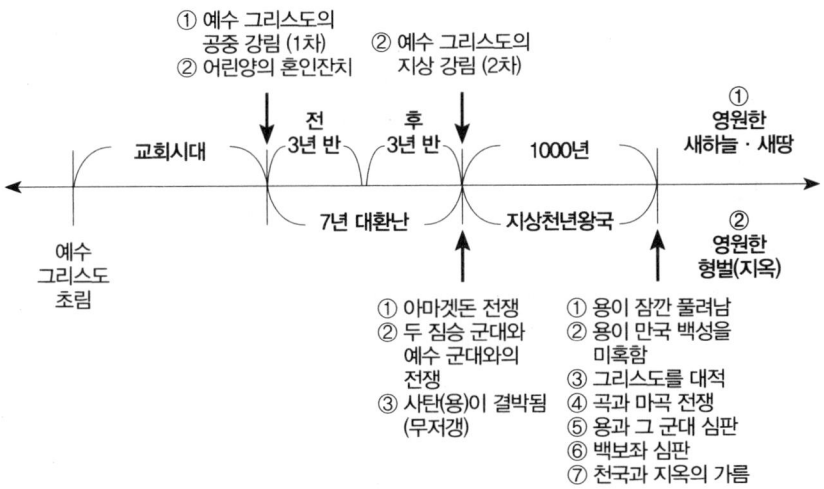

예수 그리스도의 재림이후에 천년의 기간동안 예수가 왕노릇하시며 통치하시고, 천년의 끝에 사단이 잠시 풀려나 그리스도를 대적하지만 종국에는 최종 심판이 있다. 그후 새 하늘, 새 땅으로 들어간다.

2) 역사적 전천년설

① 19장과 20장을 역사적 순서로 봄

② 세대주의 전천년설의 "7년 대환난"을 부정함

③ 예수의 재림 → 예수의 지상통치 1,000년 → 용이 결박됨(천년왕국 초기) → 용이 놓여짐(천년왕국 마지막 시기), 곡과 마곡 전쟁 → 그리스도의 승리 → 최후의 백보좌 심판(악인과 의인) → ① 영원한 새하늘·새땅 ② 영원한 형벌(지옥)

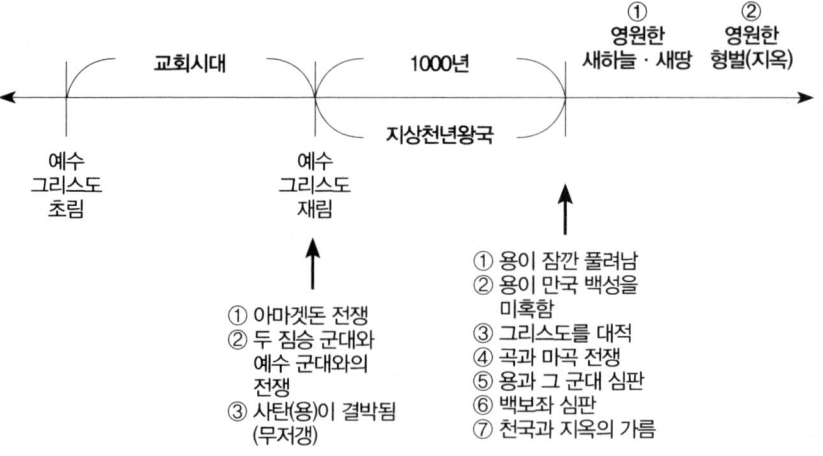

역사적 전 천년설과 같이 예수의 재림후에 천년왕국이 있다는 점에서는 동일하다. 그러나 예수님께서 7년 대 환난전에 공중재림하셔서 성도들은 휴거됨. 지상에서는 7년 대환난이 시작되고 그동안 휴거된 성도들은 예수님과 하늘에서 혼인잔치를 한다. 그리고 7년 대 환난후 예수와 휴거된 성도들이 다시 지상에 내려와 천년왕국을 건설한다.

7년 대환난기에 적그리스도의 핍박이 있고, 이때 유대인의 144,00이 구원받는다. 7년 대환난기의 끝에 사단의 세력들과 하나님 나라 백성들간의 아마겟돈 전쟁이 있고, 예수께서 다시 지상 강림하셔서 사단의 세력을 멸하고, 그대까지 살아남은 유대인들과 먼저 휴거되고 순교한 성도들이 예수님과 함께 천년완국을 지상에서 시작하셔서, 이스라엘의 회복이 이루어진다. 그리고 천년왕국이 끝날 지음, 사단이 잠시 풀려나와 천년완국에서 예수를 믿지 않는 사람들을 모아 곡과 마곡의 전쟁을 일으키지만, 예수님이 그들을 영원히 심판하시고, 영원히 새 하늘, 새 땅이 펼쳐진다는고 본다.

예수님의 이중 재림을 주장
- 예수님이 재림하시고 난후에도 세상이 종결되지 않고, 또한 예수님을 부인하는 자들이 존재하여 예수님을 향해 최후 전쟁을 일으킨다??
- 계시록에는 나와 있지도 않는 7년 대환난을 주장
- 7년 대 환난설의 주장의 근거 : 단 9장의 70이레

3) 무(현)천년설
① 19장과 20장을 반복적 계시로 보는 견해
② 예수의 초림과 재림 사사의 기간을 "그리스도의 천년통치"로 봄. 상징적 해석, 복음과 교회의 영적 통치
③ 예수의 재림으로 모든 인간역사가 종결되고, 새하늘·새땅으로 들어감

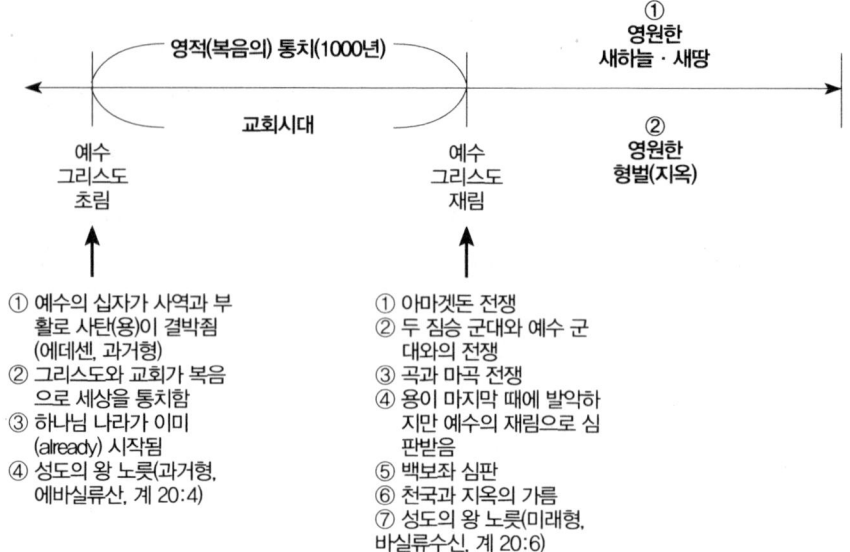

천년왕국을 상징적 의미로 보는 견해, 예수재림후 1000년이 따로 있는 것이 아니라 예수의 초림부터 재림까지의 기간이라고 보는 견해.

계시록의 숫자는 문자적인 것이 아니라 상징적인 의미를 가진다. 7영, 7머리, 열뿔, 144, 000, 666등등.. 1000의 은유적 용례들 : 1000은 충만을 상징한다.

"너희의 하나님 여호와께서 너희를 번성하게 하셨으므로 너희가 오늘날 하늘의 별 같이 많거니와 너희 조상의 하나님 여호와께서 너희를 현재보다 천 배나 많게 하시며 너희에게 허락하신 것과 같이 너희에게 복 주시기를 원하노라" 신 1:10-11

"이는 여호와께서 강대한 나라들을 너희의 앞에서 쫓아내셨으므로 오늘까지 너희에게 맞선 자가 하나도 없었느니라 너희 중 한 사람이 천 명을 쫓으리니

이는 너희의 하나님 여호와 그가 너희에게 말씀하신 것 같이 너희를 위하여 싸우심이라" 수 23:10

"사람이 하나님께 변론하기를 좋아할지라도 천 마디에 한 마디도 대답하지 못하리라" 욥 9:3

"하나님의 병거는 천천이요 만만이라 주께서 그 중에 계심이 시내 산 성소에 계심 같도다" 시 50:10

"네 목은 무기를 두려고 건축한 다윗의 망대 곧 방패 천 개, 용사의 모든 방패가 달린 망대 같고" 아 4:4

"그 날에는 천 그루에 은 천 개의 가치가 있는 포도나무가 있던 곳마다 찔레와 가시가 날 것이라" 사 7:23

"한 사람이 꾸짖은즉 천 사람이 도망하겠고 다섯이 꾸짖은즉 너희가 다 도망하고" 사 30:17

"그 작은 자가 천 명을 이루겠고 그 약한 자가 강국을 이룰 것이라 때가 되면 나 여호와가 속히 이루리라" 사 60:22

"불이 강처럼 흘러 그의 앞에서 나오며 그를 섬기는 자는 천천이요 그 앞에서 모셔 선 자는 만만이며 심판을 베푸는데 책들이 펴 놓였더라" 단 7:10

"주 여호와께서 이와 같이 말씀하시되 이스라엘 중에서 천 명이 행군해 나가

던 성읍에는 백 명만 남고 백 명이 행군해 나가던 성읍에는 열 명만 남으리라 하셨느니라" 암 5:3

(2) 예수 그리스도와 성도의 왕 노릇
1) 예수님 증거와 하나님 말씀 인해 목베인 자
   짐승표(x), 짐승의 우상에게 경배(x) 자들
2) 천년동안 예수 그리스도와 왕 노릇(2번)
3) 하나님과 예수 그리스도의 제사장이 되어
   힘과 군림의 왕 노릇이 아니라 썸김과 사랑의 왕노릇, 은혜와 긍휼의 왕 노릇이다.

3. 5번째 복 선언:
첫째 부활에 참여하는 자는 복이 있나니
둘째 사망 다스림(x)

4. 곡과 마곡 전쟁
(1) 천년이 차매 잠시 사단이 놓임
- 천년은 시간적 개념이 아닌 그리스도의 왕 노릇의 통치의 상징
- 예수의 십자가와 부활로 이미 결박당한 사단, 그러나 동시에 하나님 나라 자녀들의 훈련과 성숙을 위해 그들의 활동을 잠시 허락하신 것

(2) 곡과 마곡 전쟁에 대한 구약 배경
사방 백성 미혹하여 싸움케 함

"인자야 너는 마곡 땅에 있는 로스와 메섹과 두발 왕 곧 곡에게로 얼굴을 향하고 그에게 예언하여 이르기를 주 여호와께서 이같이 말씀하시기를 로스와 메섹과 두발 왕 곡아 내가 너를 대적하여" 겔 38:2-3

"내가 또 전염병과 피로 그를 심판하며 쏟아지는 폭우와 큰 우박덩이와 불과 유황으로 그와 그 모든 무리와 그와 함께 있는 많은 백성에게 비를 내리듯 하리라 이같이 내가 여러 나라의 눈에 내 위대함과 내 거룩함을 나타내어 나를 알게 하리니 내가 여호와인 줄을 그들이 알리라" 겔 38:22-23

바다의 모래 수와 같은 대적들
아브라함에게 약속하신 하나님 백성과 의도적 대조이다.

"내가 네게 큰 복을 주고 네 씨가 크게 번성하여 하늘의 별과 같고 바닷가의 모래와 같게 하리니 네 씨가 그 대적의 성문을 차지하리라" 창 22:17

(3) 성도들의 진, 사랑하시는 성 두름
'진'은 영적 군대라는 의미이다

(4) 하나님의 불의 심판

5. 용의 최후 심판받음
미혹하던자, 마귀
불, 유황못 던져짐, 세세토록 괴로움

6. 백 보좌 심판

"네가 어찌하여 네 형제를 비판하느냐 어찌하여 네 형제를 업신여기느냐 우리가 다 하나님의 심판대 앞에 서리라" 롬 14:10

"이는 우리가 다 반드시 그리스도의 심판대 앞에 나타나게 되어 각각 선악간에 그 몸으로 행한 것을 따라 받으려 함이라" 고후 5:10

7. 처음 땅, 하늘이 없어짐

8. 생명책과 다른 책
(1) 생명책

"그 때에 네 민족을 호위하는 큰 군주 미가엘이 일어날 것이요 또 환난이 있으리니 이는 개국 이래로 그 때까지 없던 환난일 것이며 그 때에 네 백성 중 책에 기록된 모든 자가 구원을 받을 것이라 땅의 티끌 가운데에서 자는 자 중에서 많은 사람이 깨어나 영생을 받는 자도 있겠고 수치를 당하여서 영원히 부끄러움을 당할 자도 있을 것이며" 단 12:1-2

(2) 행위의 책

"내가 보니 왕좌가 놓이고 옛적부터 항상 계신 이가 좌정하셨는데 그의 옷은 희기가 눈 같고 그의 머리털은 깨끗한 양의 털 같고 그의 보좌는 불꽃이요 그의 바퀴는 타오르는 불이며 불이 강처럼 흘러 그의 앞에서 나오며 그를 섬기는 자는 천천이요 그 앞에서 모셔 선 자는 만만이며 심판을 베푸는데 책들이 펴 놓였더라" 단 7:9-10

9. 자기 행위 따라 심판

　(1) 불신자의 행위 : 불 못 심판
　(2) 신자의 행위 : 상급의 심판

10. 불신자의 최후 심판

- 사망과 음부의 불못
- 둘째 사망에 던져짐
- 생명책 기록되지 못한 자

첫째사망	둘째사망	첫째 부활	둘째 부활
육체적 죽음	영적 죽음	영적 부활	육체적 부활
신자와 불신자 모두	불신자만	신자만	신자와 불신자 모두

11. 첫째 사망, 둘째 사망, 첫째 부활, 둘째 부활[49]

12. 음부, 불못, 낙원, 새하늘 새땅[50]

음부	불신자의 영혼이 가는 곳
불못	음부에 있던 불신자의 영혼이 부활하여 영원히 들가는 곳
새하늘	신자의 영혼이 들어가는 곳
새땅	낙원에 있던 영혼이 부활하여 몸과 함께 들어가는 곳

제21장

새하늘 새땅, 하나님 나라의 완성
새예루살렘, 신부된 교회의 영광의 모습

1. 새하늘, 새땅

(1) 처음 하늘, 땅(x), 바다(x)

"이제 하늘과 땅은 그 동일한 말씀으로 불사르기 위하여 보호하신 바 되어 경건하지 아니한 사람들의 심판과 멸망의 날까지 보존하여 두신 것이니라 이 모든 것이 이렇게 풀어지리니 너희가 어떠한 사람이 되어야 마땅하냐 거룩한 행실과 경건함으로 하나님의 날이 임하기를 바라보고 간절히 사모하라 그 날에 하늘이 불에 타서 풀어지고 물질이 뜨거운 불에 녹아지려니와 우리는 그의 약속대로 의가 있는 곳인 새 하늘과 새 땅을 바라보도다" 벧후 3:5-7, 10-13

• 하나님 나라를 대적하는 세산 나라와 죄가 사라진 곳

• 미래적 장소의 개념에 강조점(X), 어린양의 신부인 교회와 성도의 정체성과 영광, 삶의 원리에 초점을 둠

(2) 완전 소멸설과 갱신설

1) 완전 소멸

처음 하늘과 처음 땅은 완전히 소멸되고 완전히 새로운 하늘과 땅이 될 것이다

2) 갱신설

처음 하늘과 처음 땅은 완전히 소멸되는 것이 아니라 지금 세상과는 전혀 질적으로 다른 세상으로 갱신될 것이다는 주장이다. 대부분의 학자들이 지지하고 있다. 이유는 새 하늘 새땅에 쓰인 단어가 '완전히 새로움을 뜻하는 네오스'가 아닌 질적으로 새로운 '카이오스'를 쓰고 있다는 것이다. 또한 로마서 8장도 이것을 지지하고 있다.

> "피조물이 고대하는 바는 하나님의 아들들이 나타나는 것이니 피조물이 허무한 데 굴복하는 것은 자기 뜻이 아니요 오직 굴복하게 하시는 이로 말미암음이라 그 바라는 것은 피조물도 썩어짐의 종 노릇 한 데서 해방되어 하나님의 자녀들의 영광의 자유에 이르는 것이니라" 롬 8:19-23

피조물이 다 이제까지 함께 탄식하며 함께 고통을 겪고 있는 것을 우리가 아느니라 그뿐 아니라 또한 우리 곧 성령의 처음 익은 열매를 받은 우리까지도 속으로 탄식하여 양자 될 것 곧 우리 몸의 속량을 기다리느니라

(3) 창 1-2장과 계시록 21-22장 비교[51]

창 1장 천지창조 인간창조	창 2장 인간창조
새천지 창조 계 21:1~8 새 하늘 새 땅 새 예루살렘	새사람 창조 계 21:9~22:5 새 예루살렘

2. 거룩한 성 새 예루살렘

- 하늘로부터 내려오는
- 어린양의 아내를 보아리라= 거룩한 성을 예루살렘을 보이니
- 신부가 남편 위해 단장
- 단장함; 수동태이다. 이는 신부의 단장이 우리의 힘만으러 되는 것이 아니라 하나님의 능력으로 가능함을 말한다. 반면 19장에서의 신부의 단장은 능동태이다. 이는 신부로 준비되는 일이 전적인 하나님의 역사와 성도의 전적인 순종의 작품이라는 것을 말한다.

"그 성읍의 문들은 이스라엘 지파들의 이름을 따를 것인데 북쪽으로 문이 셋이라 하나는 르우벤 문이요 하나는 유다 문이요 하나는 레위 문이며 동쪽의 너비는 사천오백 척이니 또한 문이 셋이라 하나는 요셉 문이요 하나는 베냐민 문이요 하나는 단 문이며 남쪽의 너비는 사천오백 척이니 또한 문이 셋이라 하나는 시므온 문이요 하나는 잇사갈 문이요 하나는 스불론 문이며 서쪽도 사천오백 척이니 또한 문이 셋이라 하나는 갓 문이요 하나는 아셀 문이요

하나는 납달리 문이며" 겔 48:30-35

- 그 사방의 합계는 만 팔천 척이라 그 날 후로는 그 성읍의 이름을 여호와삼마라 하리라
- 에스겔 성전환상은 "여호와 삼마"이다. 하나님이 거기 계시다이다.

3. 하나님이 함께 계셔(x3)
- 사망, 애통, 곡, 아픔(x), 모든 눈물을 씻기시매
- 죄의 결과인 사망과 그 증상이 사라짐

4. 하나님 나라의 완성, 재 창조의 완성
(1) 만물 새롭게 하노라
(2) 이루었도다
(3) 알파와 오메가, 처음과 나중이라
(4) 생명수 샘

　목마른 자 값없이

(5) 나는 저희의 하나님이 되고, 저희는 내 아들이 되리라

　성경 전체에 나오는 표현, 하나님 나라의 완성과 그 목적

(6) "다 이루었다" 성경의 3번의 역사[52]

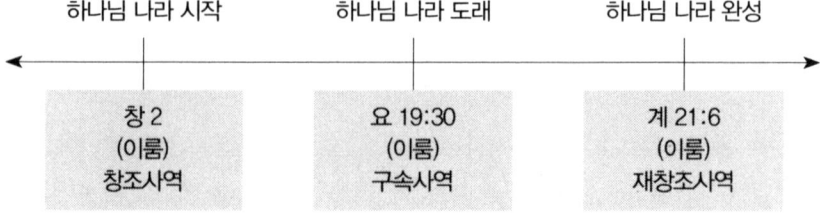

5. 둘째 사망 심판 받을 자

8종류 사람들

그러나 두려워하는 자들과 믿지 아니하는 자들과 흉악한 자들과 살인자들과 음행하는 자들과 점술가들과 우상 숭배자들과 거짓말하는 모든 자들은 불과 유황으로 타는 못에 던져지리니

표준 새번역

그러나 비겁한 자들과 신실하지 못한 자들과 가증한 자들과 살인자들 음행하는 자들과 마술쟁이들과 우상 숭배자들과 모든 거짓말쟁이들이 차지할 몫은, 불과 유황이 타오르는 바다뿐이다. 이것이 둘째 사망이다

비겁한 자들과 신실하지 못한 자들은 세상의 가치에 굴복하여 믿음을 지키지 못하고 예수님을 배반한 자들이며, 가증한 자들과 음행하는 자들, 가증한 자들과 우상 숭배자들은 황제 숭배와 이방신 제사에 참여하여 영적 음행, 육적 음행에 참여한 자들이며, 모든 거짓말쟁이들은 단지 도덕적인 면 뿐만 아니라 거짓 메시지를 전한 자들을 의미한다. 8종류를 말하지만 사실 다 우상 숭배를 받아들인 자나 우상숭배를 부추긴 자들이다. 이들은 불과 유황이 타오르는 영벌에 처해진다. 이것이 둘째 사망이다

6. 어린양 신부인 교회

- 거룩한 성 예루살렘
- 보석의 이미지가 나온ㄴ 것은 실제 천국이 보석으로 이루어져 있다는 것이 아니라 천국의 영광을 인간의 언어로 묘사한 것뿐이다.

(1) 빛 : 보석, 벽옥, 수정 같음

(2) 12진주문 : 12지파 이름(구약)

(3) 12기초석

　어린양의 12사도 이름(신약)

(4) 성의 측량

- 12,000 스타디온 (2400km)
- 미국 전체의 3/4 의 면적
- 길이, 높이, 넓이 같음
- 성저의 지성소도 길이, 넓이, 높이가 같다.

"여호와의 언약궤를 두기 위하여 성전 안에 내소를 마련하였는데 그 내소의 안은 길이가 이십 규빗이요 너비가 이십 규빗이요 높이가 이십 규빗이라 정금으로 입혔고 백향목 제단에도 입혔더라" 왕상 6:19-20

하나님이 임재하셨던 성전의 지성소와 같이 어린양의 신부인 새 예루살렘성도 정 육면체이다. 이것은 이제 하나님께서 그의 처소를 교회와 성도들로 삼아 임재하심을 의미한다.

- 천국의 장소성을 거부한 학자들도 있다 : 건드리
- 사탄의 존재를 거부한 학자 : 슈라이어마허 '단지 악한 영향력이다'[53]

(5) 성곽의 기초석의 12보석

대 제사장의 흉패의 12보석

"그것에 네 줄로 보석을 물리되 첫 줄은 홍보석 황옥 녹주옥이요 둘째 줄은 석류석 남보석 홍마노요 셋째 줄은 호박 백마노 자수정이요 넷째 줄은 녹보석 호마노 벽옥으로 다 금 테에 물릴지니 이 보석들은 이스라엘 아들들의 이름대로 열둘이라 보석마다 열두 지파의 한 이름씩 도장을 새기는 법으로 새기고" 출 28:17-21

보석 같은 성도들로 빚으심

이스라엘의 남편이신 하나님

"두려워하지 말라 네가 수치를 당하지 아니하리라 놀라지 말라 네가 부끄러움을 보지 아니하리라 네가 네 젊었을 때의 수치를 잊겠고 과부 때의 치욕을 다시 기억함이 없으리니 이는 너를 지으신 이가 네 남편이시라 그의 이름은 만군의 여호와이시며 네 구속자는 이스라엘의 거룩한 이시라 그는 온 땅의 하나님이라 일컬음을 받으실 것이라 여호와께서 너를 부르시되 마치 버림을 받아 마음에 근심하는 아내 곧 어릴 때에 아내가 되었다가 버림을 받은 자에게 함과 같이 하실 것임이라 네 하나님께서 말씀하셨느니라" 사 54:4-6

"너 곤고하며 광풍에 요동하여 안위를 받지 못한 자여 보라 내가 화려한 채색으로 네 돌 사이에 더하며 청옥으로 네 기초를 쌓으며 홍보석으로 네 성벽을 지으며 석류석으로 네 성문을 만들고 네 지경을 다 보석으로 꾸밀 것이며" 사 54:11-12

(6) 성벽 : 벽옥

(7) 성의 길 : 정금

(8) 성전이 없음
- 주 하나님, 어린양이 성전
- A.D 70년 티토에 의한 성전 파괴후 25년,
- 복음에 대한 배도와 유대교에로의 회귀라는 상황속에서 보라

(9) 해와 달(x), 밤(x)
하나님 영광, 어린양이 등불

"네 성문이 항상 열려 주야로 닫히지 아니하리니 이는 사람들이 네게로 이방 나라들의 재물을 가져오며 그들의 왕들을 포로로 이끌어 옴이라 다시는 낮에 해가 네 빛이 되지 아니하며 달도 네게 빛을 비추지 않을 것이요 오직 여호와가 네게 영원한 빛이 되며 네 하나님이 네 영광이 되리니 다시는 네 해가 지지 아니하며 네 달이 물러가지 아니할 것은 여호와가 네 영원한 빛이 되고 네 슬픔의 날이 끝날 것임이라" 사 60:11, 19-20

(10) 사람들이 만국의 영광을 가지고 들어옴

"일어나라 빛을 발하라 이는 네 빛이 이르렀고 여호와의 영광이 네 위에 임하였음이니라 보라 어둠이 땅을 덮을 것이며 캄캄함이 만민을 임하려니와 오직 여호와께서 네 위에 임하실 것이며 그의 영광이 네 위에 나타나리니 나라들은 네 빛으로, 왕들은 비치는 네 광명으로 나오리라" 사 60:1-3

(11) 생명책에 기록된 자들만

(12) 지상에서 전투하는 교회와 천상에서 승리한 교회의 구조

제22장

하나님 나라의 완성
생명수 강, 생명나무

1. 생명수 강

- 하나님과 어린양의 보좌부터
- 창 2장에서 에덴에서 흘러나온 4개의 강

강이 에덴에서 흘러 나와 동산을 적시고 거기서부터 갈라져 네 근원이 되었으니 땅에서 물이 솟아서, 온 땅을 적셨다. 주 하나님이 땅의 흙으로 사람을 지으시고, 그의 코에 생명의 기운을 불어넣으시니, 사람이 생명체가 되었다. 주 하나님이 동쪽에 있는 에덴에 동산을 일구시고, 지으신 사람을 거기에 두셨다. 주 하나님은 보기에 아름답고 먹기에 좋은 열매를 맺는 온갖 나무를 땅에서 자라게 하시고, 동산 한가운데는 생명나무와 선과 악을 알게 하는 나무를 자라게 하셨다. 강 하나가 에덴에서 흘러나와서 동산을 적시고, 에덴을 지나서는 네 줄기로 갈라져서 네 강을 이루었다. 첫째의 이름은 비손이라 금이 있는 하윌라 온 땅을 둘렀으며 그 땅의 금은 순금이요 그 곳에는 베델리엄과 호마노도 있으며 둘째 강의 이름은 기혼이라 구스 온 땅을 둘렀고 셋째 강의 이름은 힛데겔이라 앗수르 동쪽으로 흘렀으며 넷째 강은 유브라데더라

"그가 나를 데리고 성전 문에 이르시니 성전의 앞면이 동쪽을 향하였는데 그 문지방 밑에서 물이 나와 동쪽으로 흐르다가 성전 오른쪽 제단 남쪽으로 흘러 내리더라 그가 또 나를 데리고 북문으로 나가서 바깥 길로 꺾어 동쪽을 향한 바깥 문에 이르시기로 본즉 물이 그 오른쪽에서 스며 나오더라 그 사람이 손에 줄을 잡고 동쪽으로 나아가며 천 척을 측량한 후에 내게 그 물을 건너게 하시니 물이 발목에 오르더니 다시 천 척을 측량하고 내게 물을 건너게 하시니 물이 무릎에 오르고 다시 천 척을 측량하고 내게 물을 건너게 하시니 물이 허리에 오르고 다시 천 척을 측량하시니 물이 내가 건너지 못할 강이 된지라 그 물이 가득하여 헤엄칠 만한 물이요 사람이 능히 건너지 못할 강이더라 그가 내게 이르시되 인자야 네가 이것을 보았느냐 하시고 나를 인도하여 강 가로 돌아가게 하시기로 내가 돌아가니 강 좌우편에 나무가 심히 많더라 그가 내게 이르시되 이 물이 동쪽으로 향하여 흘러 아라바로 내려가서 바다에 이르니 이 흘러 내리는 물로 그 바다의 물이 되살아나리라 이 강물이 이르는 곳마다 번성하는 모든 생물이 살고 또 고기가 심히 많으리니 이 물이 흘러 들어가므로 바닷물이 되살아나겠고 이 강이 이르는 각처에 모든 것이 살 것이며 또 이 강 가에 어부가 설 것이니 엔게디에서부터 에네글라임까지 그물 치는 곳이 될 것이라 그 고기가 각기 종류를 따라 큰 바다의 고기 같이 심히 많으려니와 그 진펄과 개펄은 되살아나지 못하고 소금 땅이 될 것이며 강 좌우

가에는 각종 먹을 과실나무가 자라서 그 잎이 시들지 아니하며 열매가 끊이지 아니하고 달마다 새 열매를 맺으리니 그 물이 성소를 통하여 나옴이라 그 열매는 먹을 만하고 그 잎사귀는 약 재료가 되리라" 겔 47:1-12

"명절 끝날 곧 큰 날에 예수께서 서서 외쳐 이르시되 누구든지 목마르거든 내게로 와서 마시라 나를 믿는 자는 성경에 이름과 같이 그 배에서 생수의 강이 흘러나오리라 하시니" 요 7:37-38

하나님 자녀의 삶속에 흐르는 생명의 능력이 흘러나가는 것

2. 생명나무

12과실, 잎사귀 만국 치료

강 좌우 가에는 각종 먹을 과실나무가 자라서 그 잎이 시들지 아니하며 열매가 끊이지 아니하고 달마다 새 열매를 맺으리니 그 물이 성소를 통하여 나옴이라 그 열매는 먹을 만하고 그 잎사귀는 약 재료가 되리라" 겔 47:12

3. 저주(x), 밤(x), 등불 · 햇빛(x)

4. 하나님 종들 이마의 이름

5. 성도들의 왕노릇(3)

6. 새 예루살렘성은 창세기의 에덴을 완벽하게 회복한 것

7. 음녀 바벨론과 새 예루살렘의 비교[54]

바벨론	새 예루살렘
땅의 왕들이 더불어 음행을 행했던 음녀(17:2)	어린양의 아내, 거룩한 신부(21:2,9)
바벨론의 영광은 그의 제국을 착취한 것이다(17:4, 18:12~13, 16)	그 광채는 하나님의 영광이다 (21:11~12)
바벨론은 나라들을 더럽히고 기만한다(17:2, 18:3, 23, 19:2)	나라들은 하나님의 영광인 그 빛에 의해 걸어다닌다(21:24)
바베론은 땅의 왕들을 지배한다(17:18)	땅의 왕들이 그들의 영광을 새 예루살렘으로 가지고 들어온다(21:24)
바벨론의 사치스런 부는 모든 세상으로부터 얻은 것이다 (18:12~17)	땅의 왕들이 그들의 나라들의 영광과 존귀를 새 예루살렘으로 가지고 들어온다(21:26)
바벨론은 가증한 것들과 부정한 것들과 미혹케 하는 것들로 충만하다(17:4,5, 18:23)	속된 것이나 가증한 일 또는 거짓말 하는 자는 새 예루살렘에서 제외된다(21:27)
바벨론은 술로 나라들을 취하게 한다 (14:8, 17:2, 18:3)	생명수와 생명나무가 나라들을 치료하기 이해 있다 (21:6, 22:1~2)
살육자의 피(17:6, 18:24)	생명과 치료(21:1~2)
하나님의 백성이 바벨론으로부터 나오라고 요구 받는다(18:4)	하나님의 백성이 새 예루살렘으로 들어가도록 요구 받는다(22:14)

결어

예수 그리스도의 마지막 말씀

서언과 결어의 대칭 구조[55]

서론(1:1~8)	비교	결론(22:6~21)
하나님(1:1)	계시의 기원 : 하나님	하나님(22:6)
예수 그리스도의 증거 (1:2)	계시의 주체 : 예수님	나 예수는..증언하게 하였 노라 (22:16)
그의 천사를 ...보내어(1:1)	계시의 전달자 : 천사	그의 천사를 보내셨도다 (22:6)
요한은 하나님의 말씀과 자기의 증거 곧 자기의 본 것을 다 증언하였느니라 (1:2)	예시의 기록자 : 요한	이것들을 보고 들은 자는 나 요한이니(22:8)
그 종들에게 보이시려고(1:1) 아시아에 있는 일곱 교회(1:4)	계시의 최종 수신: 교회	그의 종들에게 보이시려고(22:6) 교회들(22:16)

예언의 말씀(1:3)	책의 장르1 : 예언	예언의 말씀 (22:6,10,18,19)
은혜가 너희에게 있기를 원하노라(1:5)	책의 장르2: 편지와 인사말	은혜가 모든 자들에게 있을지어다(22:21)
반드시 속히 일어날 일 (1:1)	책의 내용	반드시 속히 되어질 일 (22:6)
이 예언의 말씀을... 지키는 자는 복이 있나니 (1:3)	책에 대한 독자의 바른 반응	이 두루마리의 예언의 말씀을 지키는 자는 복이 있으리라 하더라(22:7)
때가 가까움이라(1:3)	때의 임박성	때가 가까우니라(22:10)
볼지어다 그가 구름을 타고 오시리라(1:7)	예수님의 오심	보라 내가 속히 오리니 (22:7) 보라 내가 속히 오리니 (22:12) 내가 진실로 속히 오리라 (22:20)
주 하나님이 이르시되 나는 알파와 오메가라(1:8)	알파와 오메가 칭호	나는 알파와 오메가요 처음과 마지막이요 시작과 마침이라(21:13)

1. 반드시 속히 될 일

1장에서 나온 표현, 대칭구조이다. 예수님은 첫 장과 끝장에 반드시 속히 될 일임을 선포하신다. 고난 받고 있는 1세기의 원 독자드에게 엄청난 위로가 되었을 것이며, 주님은 더디지라도 반드시 오실 것임을 재천명하고 계심

2. 속히 오리니

22장에만 이 표현이 총 3번 나온다. 완전수를 써서 다시 오심을 약속하신다.

3. 6번째 복(6)

"예언의 말씀을 지키는 자는 복이 있나니"

1장의 첫 복과 같다. 끝까지 하나님의 말씀을 지키는 싸움을 하는 자가 복이 있다.

4. 오직 하나님께 경배하라

천사 숭배, 로마 황제 숭배를 경고하고, 오직 경배를 받으실 분은 하나님과 어린양이심을 재차 확인한다. 누구에게 예배하는 가는 계시록의 핵심주제이다.

5. 예언 말씀 인봉(x)

"다니엘아 마지막 때까지 이 말을 간수하고 이 글을 봉함하라 많은 사람이 빨리 왕래하며 지식이 더하리라"

단 12:4에 인봉치 말라는 두루마리를 이제는 인봉치 말라 하신다. 이유는 때가 가까움이다.

6. 내가 줄 상이 있어 갚아 주리라

주님은 반드시 믿음을 지킨 자들에게 갚아주시는 분이다.

7. 알파/오메가, 처음과나중, 시작과 끝

1장의 예수님의 선포가 다시 선포된다. 원독자들을 위로하시기 위함이며, 주님은 역사의 처음과 끝이다. 시작하셨기에 완성하신다.

8. 7번째 복(7)

"두루마기 빠는자 는 복이 있나니"
7복의 마지막을 성화의 싸움을 촉구하는 이유가 무엇인가?

9. 나 예수는
(1) 다윗의 뿌리
다윗의 자손이 아닌 다윗의 뿌리
(2) 새벽별
어둠을 밝히는 광명한 새벽별
이 새벽별은 금성이다. 어둠을 가장 먼저 밝혀 주는 별이다.

10. 교회를 위하여
신비롭고 무서운 재앙의 책이 아니라 교회를 위한 책이다.

11. 성경과 신부의 선포
(1) 오라!
예수님을 향한 성령님과 교회의 초청

12. 듣는 자들도 와치라

"오호라 너희 모든 목마른 자들아 물로 나아오라 돈 없는 자도 오라 너희는 와서 사 먹되 돈 없이, 값 없이 와서 포도주와 젖을 사라" 사 55:1

복음 들은 자들도 외쳐야 한다. " 내 백성아 ! 거기서 나오라"

13. 예언의 말씀을 더하거나, 빼지 말라
예수의 십자가 복음에 어떤 것도 섞지 마라

14. 아멘! 마라나타
"마라나타"는 아람어이다. " 마라나~ 타!" 는 "주 예수여~ 오시 옵소서" 이다. 이것을 "마라~ 나타~"로 읽으면 " 주 예수님은 오셨습니다~" 이다.

15. 예수 그리스도의 은혜가 모든 자에게
성경의 마지막 구절이 예수 그리스도의 은혜이다. 오직 은혜만이 이기는 자가 되게 한다. 오직 은혜만이 하나님 나라를 완성한다. 오직 은혜만이 우리를 우리되게 한다.

그러나 내가 나 된 것은 하나님의 은혜로 된 것이니 내게 주신 그의 은혜가 헛되지 아니하여 내가 모든 사도보다 더 많이 수고하였으나 내가 한 것이 아니요 오직 나와 함께 하신 하나님의 은혜로라

참고문헌

그랜트 오즈번, 『BECNT 요한계시록』, 김귀탁 역 (서울 : 부흥과 개혁사, 2012).

리챠드 보쿰, 『요한계시록의 신학』 (서울 : 한들출판사, 2000).

리챠드 보쿰, 『예언의 절정』 (서울 : 한들출판사, 2000).

G.K.Beale, 『요한계사록 주석』 (서울 : 복있는 사람, 2015).

김선정, 『요한복음서와 로마황제숭배』 (서울 : 한들출판사, 2003).

송영목, 『요한계시록의 신학』, (서을 : 성광문화사, 2007), 203-204.

김추성, 하나님과 어린양의 보좌, 이레서원

백금산 · 김종두. 『요한계시록1,2』. (서울 : 부흥과 개혁사)

이광진, 『요한계사록 주석과 설교가이드』 (대전 : 대장간, 2012).

박정식, 『하나님의 사랑 요한계시록』, 92-93

강신권 · 김형종, 『읽기만해도 열리는 요한계시록』 (서울 : 솔로놈, 2009), 27.

김상훈, 『해석매뉴얼』 (서울 : 그리심, 2003), 139-140

조영호, 『복과 영광으로 가득한 요한계시록』 (서울:솔로몬, 2014), 19.

오광만, 『영광의 목음, 요한계시록』 (서울 : 생명나무, 2013)

윌리암 골드워즈, 『복음과 요한계시록』 (서울 : 성서유니온, 1991).

이필찬, 2004 새롬교회 요한계시록 강의안

신은철, 『요한계시록 시간여행』 (서울 : 그리심, 2013)

이상웅, 『개혁파 종말론의 관점에서 본 요한계시록』 (용인 : 목양, 2013)

유도순, 요한계시록 파노라마, 머릿돌

김성수, 요한계시록 강해집 묵시에게 공격당하는 역사 (1~2권), 서머나북스

박영선, 일곱교회, 세움

이필찬, 요한계시록 어떻게 읽을 것인가? 성서유니온

이필찬, 내가 속히 오리라, 이레서원

김서택, 역사의 대 드리마 요한계시록, 성서유니온

이찬수, 오늘을 견뎌라, 규장
한홍, 결말을 알면 두렵지 않다, 규장
노우호, 쉽게 이해되는 요한계시록, 하나
송태근, 쾌도난마 요한계시록(1-2권), 지혜의 샘
이남하, 거품빼고 보는 요한계시록, 대장간
김나사로, 인과 표, 등과 빛
김나사로, 미혹과 재앙의 물, 등과 빛
이광복, 계시록 종말론 3가지 핵심열쇠, 흰돌
우석철, 요한계시록 주해 설교, 하야북
해그너, 요한계시록, WBC
핸드릭슨, 요한계시록, 아가페
HOW 주석, 요한계시록, 두란노
오니, wbc, 요한계시록 주석

하나님 나라로 보는 성경 세미나 소개

성경이 열리지 않아 답답한 분들, 말씀을 갈급해 하는 분들, 복음의 감격과 성경의 깊이를 느끼고 싶은 분들, 설교의 어려움 때문에 고민하는 분들을 초청합니다.

▶ **세미나 내용**
1. 성경의 숲과 나무를 동시에 한 눈에 보게 됩니다.
한 권의 전체구조와 단락 소제목들, 핵심 단어들을 세밀하게 구성, 한 권을 한 눈에, 한 판에, 한 맥으로 통으로 보게 됩니다.

2. 성경의 구조에도 분명한 메세지가 있습니다.
성경은 대칭구조 (히브리 문장구조, 키아즘)로 정교하게 구성되어 메세지를 드러내고 있습니다. 각 권의 대칭구조를 통해 숨겨진 성령님의 의도를 깨닫게 됩니다. 성경의 심오함과 재미를 느끼는 시간이 됩니다.

3. 각 장의 소제목들, 핵심단어들을 한 맥으로, 색깔로 포인트를 주어 한 눈에 들어옴, 한 권을 하나의 메세지로 꿰뚫게 됩니다.

흩어진 퍼즐조각처럼 전체 문맥의 흐름을 연결치 못하는 단순한 암기위주의 성경연구로만은 각권의 핵심의도를 파악하는데 분명한 한계가 있습니다.

4. 무엇보다도 복음을 밝히 드러내는 시간이 될 것입니다.

성경연구는 지식이 아닌 복음 앞에 자신이 무너져 항복하는 것입니다. 설교는 테크닉이 아닙니다. 복음이 열리면 설교와 삶의 목적이 열립니다.

▶ **강사 : 유 석영 목사**

한국외국어대학교 영어교육과 졸업, 전직 고교교사,
침례신학대학원 신학과 졸업(M.DIV),
세종그나라교회 담임목사,
크로스웨이 성경 연구 강사, 구약 파노라마 강사, 원어설교연구원,
한국, 캐나다, 미국 목회자 성경 세미나 강사,
하나님 나라 성경 연구원 대표

▶ **저서**

『한눈에 보는 마태복음』 (포기하지 않는 하나님의 사랑)
『한눈에 보는 로마서』 (고난의 신비와 아들의 형상)
『한눈에 보는 성경관통 1』 (창세기-에스더)
『한눈에 보는 성경관통 2』 (욥기-다니엘)
『한눈에 보는 성경관통 3』 (호세아-말라기)

『한눈에 보는 성경관통 4』(마-계)

『더킹덤 바이블 신약성경』

『하나님 나라로 본 아가서』(미성숙한 신부에서 성숙한 신부로)

『하나님 나라로 본 요한계시록』(승리한 어린양의 신부들)

『하나님 나라로 본 창세기 1』(창1-11장, 하나님 나라의 시작, 4대 사건:창조, 타락, 홍수, 바벨탑)

『하나님 나라로 본 창세기 2』(창12-50장, 하나님의 동역자의 사명과 빚으심)

『하나님 나라로 본 출애굽기』(제사장 나라)

『하나님 나라로 본 성막』(하나님과의 사귐)

『하나님 나라로 본 사도행전』(하늘의 가치로 땅을 이긴 자들)

『하나님 나라로 본 요한복음』(하나님을 보이신 예수)

『하나님 나라로 본 고린도전후서』(십자가, 그 약함의 강함)

1. 신약과정
: 매월 셋째 주, 월-화, 오후1-5시, 신약 27권 다 배움

2. 구약과정
: 매월 넷째주, 월-화, 오후1시-5시, 구약 39권 다 배움

| 문의 | 유석영 목사 (010-2308-1042)

미주

1 송영목,『요한계시록의 신학』(서울 : 성광문화사, 2007).
2 리챠드 보쿰,『예언의 절정』(서울 : 한들출판사, 2002).
3 백금산 · 김종두『요한계시록』. (서울 : 부흥과개혁사,2010).
4 강신권 · 김형종,『읽기만해도 열리는 요한계시록』
5 강신권 · 김형종,『읽기만해도 열리는 요한계시록』
6 그랜트 오즈번,『BECNT 요한계시록』
7 GK. Beale,『요한계시록주석』
8 G.K.Beale,『요한계시록 주석』(서울 : 복있는 사람, 2015).
9 조자 거스리 · D.A. 카슨 · G.K 빌,『신약의 구약사용 적용시리즈5 : 일반서신 요한계시록』. 김주원 · 김용재 · 박전식 옮김 (서울 : CLC, 2012)
10 이필찬,『내가 속히 오리라』
11 김추성,『하나님과 어린양의 보좌』(서울 : 이레서원, 2015).
12 김성수,『요한계시록 강해1』
13 김성수,『요한계시록 강해1』, 94
14 그랜트 오즈번,『BECNT 요한계시록』
15 김추성,『하나님과 어린양 보좌』
16 이필찬, 새롬교회 요한계시록 강의안 참조(2004, 성서유나온)
17 이필찬, 새롬교회 요한계시록 강의안 참조(2004, 성서유니온)
18 이필찬, 새롬교회 요한계시록 강의안 참조(2004, 성서유니온)
19 이필찬,『내가 속히 오리라』
20 이 촛대 구조는 필자가 오랫동안 고민하면서 2장과 3장의 7교회를 대칭 구조로 분석해본 결과이다.
21 그랜트 오즈번,『BECNT 요한계시록』. 백금산 · 김종두『요한계시록』
22 그랜트 오즈번,『BECNT 요한계시록』. 백금산 · 김종두『요한계시록』
23 그랜트 오즈번,『BECNT 요한계시록』. 백금산 · 김종두『요한계시록』
24 G.K Beale,『요한계시록 주석』(서울 : 복있는 사람, 2015).
25 그랜트 오즈번,『BECNT 요한계시록』. 백금산 · 김종두『요한계시록』
26 그랜트 오즈번,『BECNT 요한계시록』. 백금산 · 김종두『요한계시록』
27 그랜트 오즈번,『BECNT 요한계시록』. 백금산 · 김종두『요한계시록』
28 그랜트 오즈번,『BECNT 요한계시록』. 백금산 · 김종두『요한계시록』
29 김성수,『요한계시록1』
30 G.K.Beale,『요한계사록 주석』(서울 : 복있는 사람, 2015).
31 김추성,『하나님과 어린양의 보좌』(서울 : 이레서원, 2015).
32 그랜트 오즈번,『BECNT 요한계시록』. 김귀탁 역 (서울 : 부흥과 개혁사, 2012).
33 김성수,『요한계시록1』
34 김성수,『요한계시록강해1』(서울 : 미스바, 2010).
35 G. K. Beale,『요한계사록 주석』, 520
36 김성수,『요한계시록1』

37 그랜트 오즈번, 『BECNT 요한계시록』, 김귀탁 역 (서울 : 부흥과 개혁사, 2012).
38 그랜트 오즈번, 『BECNT 요한계시록』, 김귀탁 역 (서울 : 부흥과 개혁사, 2012).
39 G.K.Beale, 『요한계시록 주석』
40 김성수, 『요한계시록강해1』 (서울 : 서머나북스, 2010).
41 G.K.Beale, 『요한계사록 주석』 (서울 : 복있는 사람, 2015)
42 오광만, 『영광의 목음, 요한계시록』
43 백금산 · 김종두 『요한계시록』, (서울 : 부흥과개혁사, 2010).
44 백금산 · 김종두 『요한계시록』, (서울 : 부흥과개혁사, 2010).
45 백금산 · 김종두 『요한계시록』, (서울 : 부흥과개혁사, 2010).
46 백금산 · 김종두 『요한계시록』, (서울 : 부흥과개혁사, 2010).
47 김성수, 『요한계시록강해1』 (서울 : 서머나북스, 2010).
48 김성수, 『요한계시록강해1』 (서울 : 서머나북스, 2010).
49 백금산 · 김종두 『요한계시록』, (서울 : 부흥과개혁사, 2010).
50 백금산 · 김종두 『요한계시록』, (서울 : 부흥과개혁사, 2010).
51 백금산 · 김종두 『요한계시록』, (서울 : 부흥과개혁사, 2010).
52 유도순, 『구속사 파노라마』
53 김추성, 『어린양과 하나님의 보좌』
54 백금산 · 김종두 『요한계시록』, (서울 : 부흥과개혁사, 2010).
55 백금산 · 김종두 『요한계시록』, (서울 : 부흥과개혁사, 2010).